Kosten- und Leistungsrechnung

D1924692

SCHÄFFER POESCHEL

William Jórasz

Kosten- und Leistungsrechnung

Einführung mit Aufgaben und Lösungen

1996
Schäffer-Poeschel Verlag Stuttgart

Praxisnahes Wirtschaftsstudium

Herausgegeben von Bernd P. Pietschmann und Dietmar Vahs
Prof. Dr. Bernd P. Pietschmann, Fachhochschule Reutlingen – Hochschule für Technik und Wirtschaft
Prof. Dr. Dietmar Vahs, Fachhochschule Esslingen – Hochschule für Technik
Prof. Dr. William Jórasz lehrt an der Fachhochschule Würzburg – Schweinfurt – Aschaffenburg

Hilfsmaterial für die Lehre

Dozenten können einen Band mit DIN A 4-Vergrößerungen aller in diesem Buch enthaltenen Abbildungen beim Verlag bestellen. Von diesen Vorlagen lassen sich Transparentfolien zur Anwendung in Lehrveranstaltungen ziehen. Richten Sie Ihre Bestellung an den

Schäffer-Poeschel Verlag
Vertrieb
Werastraße 21–23
D-70182 Stuttgart
Fax 07 11/21 94-119

Bitte nennen Sie Autor, Titel und ISBN dieses Buches und fügen Sie eine Bescheinigung über Ihre Dozententätigkeit bei.

Die Deutsche Bibliothek – CIP Einheitsaufnahme

Jórasz, William:
Kosten und Leistungsrechnung : Einführung mit Aufgaben und Lösungen / William Jórasz.
– Stuttgart : Schäffer-Poeschel, 1996
(Praxisnahes Wirtschaftsstudium)
ISBN 3-7910-1032-8

Gedruckt auf chlorfrei gebleichtem, säurefreiem und alterungsbeständigem Papier

Einbandgestaltung: Willy Löffelhardt
Satz: A & M dtp, Stuttgart
Druck: Franz Spiegel Buch GmbH, Ulm
Printed in Germany

Schäffer-Poeschel Verlag Stuttgart
Ein Tochterunternehmen der Verlagsgruppe Handelsblatt

Vorwort der Herausgeber

Die Reihe *Praxisnahes Wirtschaftsstudium* bietet eine lebendige und praxisorientierte Vermittlung aktuellen betriebswirtschaftlichen Wissens.

Dazu trägt vor allem die langjährige Praxiserfahrung sämtlicher Autoren und Autorinnen dieser Reihe bei. Durch ihre Tätigkeit als Führungskräfte in Unternehmen, als Hochschullehrer und als Wirtschaftsberater verfügen sie sowohl über fundierte Fachkenntnisse als auch über umfassende praktische Erfahrungen.

Die Reihe *Praxisnahes Wirtschaftsstudium* umfaßt mehrere Bände, die in Aufbau und Gestaltung derselben Systematik folgen. Dadurch finden sich die Leserinnen und Leser in den einzelnen Wissensgebieten schnell zurecht und können die Themen leichter miteinander »vernetzen«. Der leichteren Orientierung dienen auch die Marginalien am Rande des Textes und die Kennzeichnung von Beispielen mit einem B und von Definitionen mit einem D. Die Bücher bestehen aus jeweils drei Elementen:

- In einem **Thementeil** werden die Lehrinhalte systematisch und anhand einer Vielzahl von erklärenden Graphiken und Beispielen aus der Wirtschaft erläutert.
- Durchgängige **Fallbeispiele** führen realitätsnah durch die verschiedenen Problembereiche eines Unternehmens und ermöglichen die unmittelbare Anwendung des erarbeiteten Wissens.
- Das ausführliche **Stichwortverzeichnis** am Ende jeden Buches macht die Reihe zu einem Nachschlagewerk, in dem sich die Leserinnen und Leser schnell zurechtfinden.

Wo immer dies sinnvoll ist, wird jeder Abschnitt des Thementeils durch Kontrollfragen zur Überprüfung des Lernfortschritts ergänzt; am Ende des Buches findet der Leser dann Übungsaufgaben mit Musterlösungen.

Die Bücher der Reihe *Praxisnahes Wirtschaftsstudium* wenden sich insbesondere an zwei Adressatengruppen:

- **Studierende** an Fachhochschulen, Universitäten, Akademien und sonstigen Einrichtungen, denen in dieser Reihe Lehrbücher angeboten werden, die wissenschaftliche Grundlagen mit konkretem Praxisbezug verbinden und die durch ihren Aufbau auch über das Studium hinaus als Nachschlagewerk dienen.

- **Praktiker,** die im Rahmen ihrer Tätigkeit mit betriebswirtschaftlichen Problemen konfrontiert werden und sich schnell und systematisch einen fundierten Einblick in den gegenwärtigen Stand der Betriebswirtschaftslehre und einiger wichtiger Nachbardisziplinen verschaffen wollen.

Für Hinweise, die einer Verbesserung der Reihe *Praxisnahes Wirtschaftsstudium* dienen, sind die Herausgeber jederzeit dankbar.

Reutlingen und Stuttgart *Bernd P. Pietschmann*
Dietmar Vahs

Vorwort

Unmittelbar auf die Bedürfnisse der Unternehmensführung zugeschnittene, entscheidungsorientierte Kosteninformationen werden zunehmend für das Controlling erforderlich. Die Informationen der Kosten- und Leistungsrechnung bilden dabei den maßgeblichen Anteil der Managementinformationen. Somit hängt die Ausgestaltung der Kosten- und Leistungsrechnung von den Informationsbedürfnissen der Entscheidungsträger und den spezifischen Gegebenheiten des Betriebes ab. Die Entwicklung eines fundierten Konzeptes sollte sich jedoch nicht nur auf den Kreis von solchen Betrieben reduzieren, die eine Kosten- und Leistungsrechnung einführen möchten, sondern auch jene einschließen, die das bestehende System zeitgemäß ausgestalten und damit modern halten wollen.

Ziel dieses praxisnah konzipierten Buches ist es deshalb, zunächst umfassende Kenntnisse über das System einer Kosten- und Leistungsrechnung zu vermitteln. Hierzu bietet sich die Ist-Vollkostenrechnung an, die um das Rechnen mit Normalgemeinkosten erweitert wird. Die damit dargestellten Techniken und Methoden der einzelnen Teilbereiche (Kostenarten-, Kostenstellen- und Kostenträgerrechnung) und die Einbindung des Systems in den Industrie-Kontenrahmen (IKR) haben auch für andere Ausgestaltungsformen grundlegende Bedeutung. Vor diesem Hintergrund können anschließend weitere Konzepte – zumindest einführend – behandelt werden, die eine effiziente Kostenkontrolle leisten (Plankostenrechnungen), entscheidungsorientierte Kosteninformationen zur Verfügung stellen (Teilkostenrechnungen) oder modernes Kostenmanagement (Prozeßkostenrechnung, Target Costing) zum Inhalt haben.

Die Erstellung dieses Buches stand in dem Bemühen, praxisnah zu vermitteln. So wurden die verschiedenen Fragestellungen aus der Sicht eines Musterunternehmens beantwortet. Der Verfasser hat die Beispiele – wo notwendig – durchgängig gehalten, was insbesondere dem Verständnis der Kostenstellen- und Kostenträgerstückrechnung zugute kommen soll. Zudem kann der Leser anhand einer Vielzahl von Fragen und Aufgaben seine Kenntnisse prüfen und mit den integrierten Lösungsvorschlägen vergleichen. Marginalien am Buchrand sollen dem eiligen Leser ein gezieltes Durcharbeiten ermöglichen.

Dieses Buch erwuchs u.a. aus der langjährigen Durchführung von Lehrveranstaltungen an der Universität und an Fachhochschulen und von Aus- oder Weiterbildungsveranstaltungen verschiedener Institutionen. Es richtet sich an Personen, die mit Fragen der Kosten-

und Leistungsrechnung befaßt sind. Hierzu zählen neben Studierenden der Wirtschaftswissenschaften und verwandter Disziplinen auch Praktiker, die spezielle Kenntnisse erlangen oder vertiefen möchten.

Anregungen steht der Verfasser aufgeschlossen gegenüber.

Würzburg, im Mai 1996 *William Jórasz*

Inhaltsverzeichnis

Abkürzungsverzeichnis

A	steuerlich zulässiger Aufwand
AfA	Abschreibung für Abnutzung
A_n	Allgemeine – oder Hilfskostenstelle n
a_t	kalkulatorischer Abschreibungsbetrag/Periode
b	Preissteigerungsrate
BAB	Betriebsabrechnungsbogen
BE	Betriebsergebnis
B^I	Istbeschäftigung
B^P	Planbeschäftigung
BS	Buchungssatz
d	Degressionsbetrag
DB	Deckungsbeitrag
db	Stückdeckungsbeitrag
DBU-Faktor	Deckungsbeitrag pro DM Umsatz
E	(Umsatz-)Erlöse
ESK	Endstellenkosten
EStR	Einkommensteuer-Richtlinien
FGK	Fertigungsgemeinkosten
FH	Fachhochschule
FHWSA	Fachhochschule Würzburg-Schweinfurt-Aschaffenburg
Fifo	first in – first out
GKR	Gemeinschafts-Kontenrahmen
h	Stunde
Hifo	highest in – first out
HK	Herstellkosten
H_n	Hauptkostenstelle n
IKR	Industrie-Kontenrahmen
K	Kosten
KF	Fixkosten
$k_{f/e}$	Stückfertigungsgemein/-einzelkosten
kg	Kilogramm
k_h	Stückherstellkosten
K^I	Istkosten
km	Kilometer
$k_{m/e}$	Stückmaterialgemeinkosten/-einzelkosten
K^P	Plankosten
k_s	Stückselbstkosten
k_v	variable Stückkosten
kWh	Kilowattstunde
L	Gemeinkostenwert der Gesamtleistungsmenge einer Kostenstelle

Lifo	last in – first out
ln	natürlicher Logarithmus
Lofo	lowest in – first out
LSP	Leitsätze für die Preisermittlung aufgrund von Selbstkosten
ME	Mengeneinheit
MGK	Materialgemeinkosten
n	Nutzungsdauer
P	Abschreibungsprozentsatz
p	Preis
PK	Periodenkapazität
PSK	primäre Stellenkosten
q	Gemeinkostenwert der Endleistungen pro Leistungseinheit
RE	Recheneinheiten
RW	Restwert
S	Abschreibungssumme
s	Steuersatz
SEK	Sondereinzelkosten
SIV	Soll-Ist-Vergleich
SK	Selbstkosten
SSKE/B	sekundäre Stellenkostenentlastung/-belastung
t	Tonne
TDM	Tausend DM
TK	Totalkapazität
VPöA	Verordnung über die Preise bei öffentlichen Aufträgen
WBW	Wiederbeschaffungswert
WiSt	Wirtschaftsstudium
x_a	abgesetzte Menge
x_p	produzierte Menge
ZfB	Zeitschrift für Betriebswirtschaft

Abbildungsverzeichnis

1. Kosten- und Leistungsrechnung als zentrales Instrument des operativen Controlling

B

Die Speedy GmbH ist ein international tätiges Unternehmen der Fahrzeugindustrie, das als Hersteller und Anbieter von Automobilen seine Marktschwerpunkte in Deutschland und dem europäischen Ausland hat. Eines der Kernprodukte der Speedy GmbH ist ein familienfreundlicher Personenkraftwagen auf neuestem technischen Stand, der mit einer Brennstoffzelle betrieben und in verschiedenen Produktvarianten angeboten wird. Das Unternehmen hat 1 200 Beschäftigte bei einem Jahresumsatz von 420 Millionen DM. Davon werden z. Zt. rd. 90% im Inland und rd. 10% im europäischen Ausland erzielt. Es wird eine langfristige Wachstumsstrategie verfolgt, die das Ziel hat, auch neue, dem Kerngeschäft nahestehende Geschäftsfelder zu erschließen.

Seit einiger Zeit treten jedoch neue Anbieter mit vergleichbaren Produkten und niedrigeren Preisen auf dem Absatzmarkt auf. Die über Jahre hinweg positive Ergebnissituation der Speedy GmbH weist in der jüngeren Vergangenheit eine nahezu dramatisch rückläufige Tendenz auf.

In der Geschäftsführung bestehen derzeit folgende Verantwortlichkeiten:

Vorsitzender Dr. Karl-Heinz Scharrenbacher					
Einkauf	**Finanzen**	**Marketing**	**Personal**	**Produktion**	**Forschung und Entwicklung**
Bernd Glattmann	Manfred Kolb	Dirk Süßlich	Pascal Frohgemuth	Hermann Rothi	Sabine Falckenstein-Comenius

SCHÄFFER POESCHEL

Abb. 1: *Geschäftsführung der Speedy GmbH*

Dr. Karl-Heinz Scharrenbacher, neu berufener Vorsitzender der Geschäftsführung, möchte sich deshalb bei Manfred Kolb, seinem Leiter der Finanzabteilung und zuständig für das Rechnungswesen, ein genaues Bild über die derzeitige Kostensituation geben lassen. So interessieren ihn z.B. die Selbstkosten aller Produktvarianten, die jeweils zugehörige langfristige und kurzfristige Preisuntergrenze, das Betriebsergebnis aufgeschlüsselt nach Produkten und Regionen, die Wirtschaftlichkeit bestehender Verantwortungsbereiche. Auch wünscht er Aussagen darüber, ob gegebenenfalls eine Fremdvergabe derzeit selbst gefertigter Teile sinnvoll wäre, ob sich Produktionsverlagerungen rechnen oder ob sich mittelfristig die Ergebnisentwicklung wieder positiver gestaltet.

Doch Dr. Karl-Heinz Scharrenbacher muß feststellen, daß schon auf diese wenigen Fragen keine zufriedenstellenden Antworten zu erhalten sind. Über die vom Gesetzgeber geforderten Jahresabschlußrechnungen hinaus werden bisher keine Instrumente des internen Rechnungswesens eingeführt und genutzt.

Die Geschäftsführung ist sich deshalb sehr schnell einig, daß sofort alle Aktivitäten eingeleitet werden müssen, damit alle Entscheidungsträger zukünftig auch über derartige Informationen verfügen können. Manfred Kolb wird beauftragt, zunächst ein leistungsfähiges Kostenrechnungssystem zu installieren, das einmal Bestandteil eines Controllingkonzeptes werden soll.

Mit dieser Aufgabenstellung wird bereits die Bedeutung einer ausgeprägten Kosten- und Leistungsrechnung und deren herausragende Stellung als Instrument der Unternehmensführung angedeutet.

Da die Begriffe *Kostenrechnung* und *Controlling* jedoch sehr oft synonym verwendet werden, sind zunächst zur Systematisierung und damit für das Gesamtverständnis die wichtigsten Zusammenhänge im Überblick darzustellen, bevor die eigentliche Aufgabe für Manfred Kolb gelöst werden kann.

1.1. Entwicklungen des Controlling

historische Entwicklung

Controlling hatte in seinen Anfängen insbesondere eine finanzwirtschaftliche Dimension.[1] So wurde die erste Comptroller[2]-Stelle im Jahre 1880 in den USA bei der Eisenbahngesellschaft »Atchison, Topeka & Santa Fe Railway System« eingerichtet. Zu den Aufgaben gehörte inbesondere die Verwaltung der Finanzanlagen und des Grundkapitals und der Sicherheiten der Gesellschaft. Als erster Industriebetrieb richtete 1892 die »General Electric Company« die Stelle eines Controllers[3] ein. Obgleich die amerikanische Gesetzgebung kein Kontrollorgan wie den Aufsichtsrat im deutschen Aktienrecht kannte, die Überwachung der Gesellschaft sich somit auf den Board of Directors erstreckte, seine sich daraus ableitenden Rechte wiederum weitgehend delegierbar waren, ließ die Verbreitung von Controller-Stellen auf sich warten. Erst durch die Weltwirtschaftskrise verstärkte man in den USA die Anstrengungen auf den bisher vernachlässigten Gebieten der Planung und des Rechnungswesens. 1931 wurde das »Controller's Institute of America« gegründet und 1962 in »Financial Executives Institute« umbe-

1 Vgl. insbesondere Bramsemann, R., 1990, S. 25ff.; Horváth, P., 1994, S. 26ff.; Peemöller, V. H., 1990, S. 39ff. mit weiteren Nachweisen.

2 compter = zählen, (ab-, aus-, be-)rechnen.

3 Vgl. hierzu auch die etymologische Betrachtung bei Bramsemann, R., 1990, S. 44f.

nannt. Bereits Anfang der vierziger Jahre erstreckten sich die Funktionen des amerikanischen Controllers über die reinen Aufgaben des Rechnungswesens hinaus.[4]

In Deutschland beschränkten sich die ersten Überlegungen zur Ausgestaltung der Controllingfunktionen in den fünfziger Jahren zunächst auf die Tochtergesellschaften amerikanischer Unternehmen. Dies lag u.a. daran, daß die deutsche Wirtschaft bis in die siebziger Jahre von außerordentlichen Wachstumsraten gekennzeichnet war und dadurch wenig Bereitschaft bestand, bestehende Strukturen zu verändern. Als Mitte der sechziger Jahre durch die Divisionalisierungs- und Anfang der achtziger Jahre durch die Insolvenzwelle verstärkt Koordinierungs- und Steuerungsaufgaben bzw. kritische Rechen- und Bewertungsaufgaben gefragt waren, entstand zusätzlicher Bedarf an Controllern.[5]

Begriff

Controlling wird in Theorie und Praxis in unterschiedlichen Zusammenhängen und mit unterschiedlichen Inhalten verwendet. Die Übersetzung des amerikanischen Fachausdrucks ist wegen der Übersetzungsproblematik und der morphologischen und phonologischen Ähnlichkeit zu Kontrolle/Kontrolleur nicht hilfreich. Zur Deutung sollte besser eine Beschreibung der Funktionen und Aufgaben erfolgen.

Aufgaben

Dazu kann auf *empirisches Material* zurückgegriffen werden.[6] Während für den *amerikanischen* Controller folgende Aufgabenverteilung erarbeitet wurde:

- *Planung:* Aufstellung, Koordinierung und Durchführung von Unternehmensplänen zur Kontrolle der Aktivitäten. Die Planung umfaßt Gewinnpläne, Investitions- und Finanzierungsprogramme, Absatzpläne, Gemeinkostenbudgets und Kostenstandards.

- *Berichterstattung und Interpretation:* Vergleich der Ergebnisse mit den Plänen und Standards. Berichterstattung und Analyse der Geschäftsergebnisse an alle Management-Ebenen und Kapitaleigner. Diese Funktion schließt die Formulierung von Buch-

---

4 Vgl. auch Horváth, P., 1994, S. 27f.

5 Vgl. Bramsemann, R., 1990, S. 27. So wurden auch seit 1969 Organisationen und Vereine ins Leben gerufen wie z.B. die »Gesellschaft für Finanzwirtschaft in der Unternehmensführung e.V. Frankfurt«, die »Controller-Akademie« in Gauting bei München, die »Arbeitsgemeinschaft Wirtschaftswissenschaft und Wirtschaftspraxis im Controlling und Rechnungs- Rechnungswesen der FH Köln im Fachbereich Wirtschaft« oder der »Controller Verein e.V. München«. Empirische Erhebungen, Entwicklungs- und Erfahrungsberichte über Controlling-Konzepte nahmen ebenfalls seither zu.

6 Vgl. hierzu insbesondere die Übersichten bei Bramsemann, R., 1990, S. 48ff.

haltungs- und Bilanzrichtlinien mit ein, die Koordination von Systemen und Vorgehensweisen, die Vorbereitung von zu bearbeitenden Daten und von Sonderberichten.

- *Bewertung und Beratung:* Beratung sämtlicher Bereiche des Managements, die für die Richtlinien und Ausführungen verantwortlich sind, in jeder Prozeßphase hinsichtlich der Erreichung der gesetzten Ziele, der Wirksamkeit der Politiken, der Organisationsstrukturen und -abläufe.
- *Steuerangelegenheiten:* Aufstellung und Anwendung von Richtlinien und Verfahren für die Bearbeitung von Steuerangelegenheiten.
- *Berichterstattung an staatliche Stellen:* Überwachungs- und Koordinationsaufgaben bei der Abfassung von Berichten an staatliche Stellen.
- *Vermögenssicherung:* Gewährleistung der Sicherung des Unternehmensvermögens durch interne Kontrollen, interne Revision und Überwachung des Versicherungsschutzes.
- *Volkswirtschaftliche Analysen:* Ständige Untersuchung der wirtschaftlichen, sozialen und politischen Umweltfaktoren und Beurteilung ihrer Auswirkungen auf das Unternehmen.

und damit eine sehr breite Auslegung der Controlleraufgaben ersichtlich wird, ergeben sich für den *deutschen* Controller folgende Aufgabenschwerpunkte:

- Planung und Budgetierung
- Kostenrechnung
- Finanzbuchhaltung
- Berichts- und Informationswesen
- Finanzwesen
- Allgemeine und spezielle Analysen einschließlich Überwachungsaufgaben
- Organisation und Verwaltung.

In der deutschsprachigen Literatur nehmen begriffliche und konzeptionelle Diskussionen einen starken Raum ein[7]. Es kann festgestellt werden, daß Controlling

- Planungsaufgaben
- Informationsaufgaben
- Kontrollaufgaben und
- Steuerungsaufgaben

umfaßt.

Um diese Aufgaben erfüllen zu können, muß dem *Controlling* eine *Führungsfunktion* zugesprochen werden.

Planungsfunktion

Zur Erfüllung der *Planungs*funktion des Controlling sind die betrieblichen Einzelpläne zu einem Gesamtplan für eine kurz-, mittel- oder langfristige Unternehmensplanung zusammenzuführen, aus der verbindliche Vorgaben für die Verantwortlichen hervorgehen.

Kontrollfunktion

Kontrolle bedeutet Durchführung eines Soll-Ist-Vergleichs und insbesondere die Analyse der Abweichungen. Die Kontrolle sollte jedoch nicht nur zur Überprüfung eines Istzustandes dienen, sondern auch dazu, ob die Planung von richtigen Annahmen ausgegangen ist.

Informationsfunktion

Alle notwendigen *Informationen* müssen selbstverständlich systematisch erfaßt, aufbereitet und bereitgestellt werden.

Steuerungsfunktion

Das Selbstverständnis von Controlling sieht in der *Steuerung* eine in die Zukunft gerichtete, regulierende Funktion.

Diese vier Funktionen dürfen nicht nacheinander abzuwickelnde Phasen darstellen, die Bestandteil eines fest vorgegebenen Zeitrasters sind. Ein effizientes Controlling macht ein *laufendes* Sammeln von Informationen, ein *dauerndes* Kontrollieren, Analysieren und Steuern notwendig. Damit stellt Controlling ein funktionsübergreifendes Hauptelement in der Gestaltung der unternehmerischen Aktivitäten dar. Dazu kann festgestellt werden, daß die für die Controllingaufgaben geschaffenen Instrumente und formulierten Teilaufgaben i.d.R. nicht neu sind, vielmehr deren Verknüpfung zu einem Konzept und nunmehr deren organisatorischen Einbindung.

---

7 Vgl. u.a. Mann, R./Mayer, E., 1992, S. 166; Mann, R., 1983ff., Gruppe 3, S. 4ff.; Ziegenbein, K.; 1989, S. 18; Deyhle, A.; 1992, Bd. II, S. 112ff.; vgl. auch die Übersicht bei Horváth, P., 1994, S. 62ff.

D

Controlling stellt somit ein funktionsübergreifendes Steuerungsinstrument dar. Durch zielgerichtete Informationser- und -verarbeitung unterstützt es den unternehmerischen Entscheidungs- und Steuerungsprozeß. Durch den Controller ist ein wirtschaftliches Instrumentarium zur Verfügung zu stellen, das vor allem durch systematische Planung und Kontrolle die aufgestellten Unternehmensziele zu erreichen hilft.[8]

amerikanische und deutsche Controller

Verschiedentlich wird die Meinung vertreten, daß die organisatorische Zuordnung der Aufgaben des Rechnungswesens in Abhängigkeit von einem amerikanischen oder europäischen Konzept zu sehen ist.[9] Demnach wäre dem Controller das gesamte Rechnungswesen aufgrund des breit angelegten amerikanischen Aufgabenkatalogs zu unterstellen, das interne Rechnungswesen hingegen aufgrund der europäischen und damit deutschen Konzeption. Derartige Abweichungen seien auch durch die Unterschiede in den amerikanischen und deutschen Führungsstrukturen begründbar. Andere Untersuchungen kommen demgegenüber zu dem Ergebnis, daß tatsächliche Unterschiede zwischen dem amerikanischen und deutschen Controller in erster Linie durch den individuellen unterschiedlichen Entwicklungsstand in den einzelnen Unternehmen festzustellen sind.[10] Strategie und Struktur in amerikanischen wie europäischen Unternehmen würden sich sehr ähneln. Die Nationalität selbst könne nicht als Begründung für feststellbare Abweichungen herangezogen werden.

1.2. Strategisches und operatives Controlling

Zusammenwirken

In Anknüpfung an die Unterteilung der Unternehmensplanung in eine strategische und in eine operative Dimension, unterscheidet sich das Controlling in strategisches und operatives Controlling.

---

8 Vgl. auch Horváth, P., 1994, S. 144; Ebert, G./Koinecke, J./Peemöller, V., 1990, S.16.

9 Vgl. hierzu Hahn, D., 1992, S. 157; Deyhle, A., 1992, Bd. I, S. 10f.

10 Vgl. Horváth, P., 1994, S. 68.

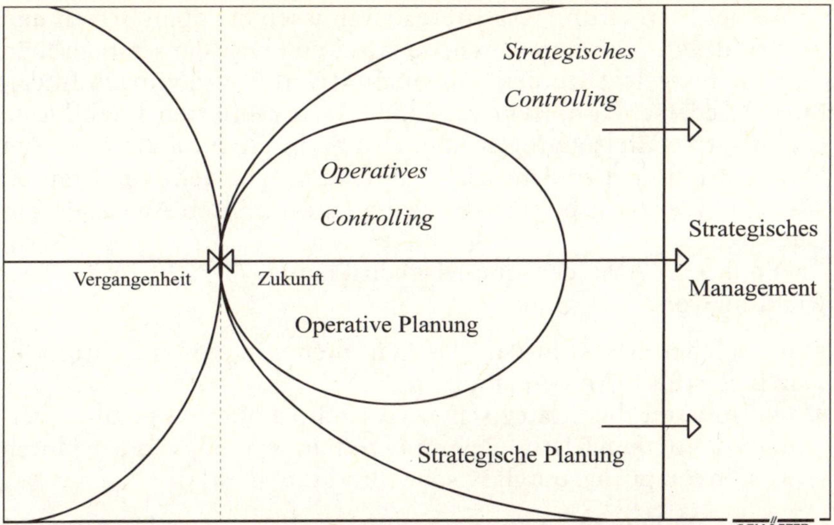

Abb. 2: *Gliederung des Controlling nach den Planungsphasen*[11]

Die Bausteine (Informations-, Planungs-, Steuerungs- und Kontrollfunktion) sind beim strategischen und operativen Controlling identisch.

strategisches Controlling

Strategisches, primär umweltbezogenes *Controlling* soll die strategische Führung des Unternehmens unterstützen. Im Mittelpunkt steht die *dauerhafte Existenzsicherung* des Unternehmens. Hierzu müssen die zukünftigen Chancen und Risiken/Stärken und Schwächen systematisch erkannt werden.

Erfolgspotentiale wie Know-how oder Innovationskraft stellen hierbei Steuerungsgrößen dar. Dazu wird eine *strategische Planung, eine strategische Kontrolle und eine strategische Information* benötigt.

strategische Analyse

Die erste Phase der strategischen Planung stellt die *strategische Analyse* dar, die sich auf das Gesamtunternehmen und auf die strategischen Geschäftseinheiten des Unternehmens bezieht. Hier werden z.B. der Marktanteil des Unternehmens und seiner Konkurrenten, Absatzkanäle und Kundenstruktur oder Funktionen der gegenwärtigen Produktfamilien untersucht. Die Analyse der Umweltbedingungen, denen sich das Unternehmen nach außen hin gegenüber sieht, die Analyse der zur Verfügung stehenden Ressourcen (relative Stärken und Schwächen des Unternehmens zur Konkurrenz) und das Herausfiltern eines Wertsystems (Unternehmensleitbilder, Führungsgrundsätze) sind im einzelnen vorzunehmen.

11 In Anlehnung an Mann, R., 1983ff., Gruppe 3, S. 8.

Zielsetzungen

Vor der Erarbeitung von Strategien müssen die qualitativen und quantitativen *Zielsetzungen* in der zweiten Phase der strategischen Planung festgelegt werden. Die qualitativen Zielsetzungen finden ihren Niederschlag in den verständlich formulierten Leitbildern. Quantitative Zielsetzungen können z.B. in einer anzustrebenden Umsatzrendite, dem Umsatz je Beschäftigten, dem Marktanteil oder dem Deckungsbeitrag in % vom Umsatz ihren Ausdruck finden.

Strategien

Die dritte Phase der strategischen Planung besteht in der Entwicklung von *Strategie*n:

- in welchen Märkten will das Unternehmen weshalb tätig sein (z.B. Portfolio-Analyse) und
- wie müssen die strategischen Geschäftseinheiten geführt werden, damit langfristig Gewinne erzielt werden können (durch Kostenvorsprung, durch Nischenprodukte usw.).

strategische Kontrolle

Die Besonderheit der *strategischen Kontrolle* besteht darin, daß sie nicht erst im nachhinein durchgeführt wird, sondern den Planungs- und Realisierungsprozeß von Anfang an begleiten muß. Störgrößen sind frühzeitig zu erkennen, damit gegebenenfalls die Strategie verändert werden kann. Die Entwicklung eines Frühwarnsystems erfordert hierbei die Festlegung von Indikatoren (z.B. Hochrechnung kalkulatorischer Ergebnisse, Preispolitik der Konkurrenten, Einkaufsverhalten der Kunden, Auftragseingänge, usw.).

Informationsversorgung

Die strategische Planung und Kontrolle macht eine ausreichende *Information*sversorgung notwendig, damit zur richtigen Zeit am richtigen Ort die notwendigen Informationen in der erforderlichen Aufbereitung zur Verfügung stehen. Hierzu ist mit der Bereitstellung von DV-Potentialen die Informationsbeschaffung (z.B. Datenbanken), die Informationbearbeitung (z.B. Selektion), die Informationsaufbereitung (z.B. Textverarbeitung) und die Informationsverteilung (z.B. Geschäftsführung) zu organisieren.

operatives Controlling

Das *operative Controlling* wird vom strategischen überlagert. Operativ läßt sich immer nur das erreichen, was strategisch zuvor geschaffen wurde. Der Schwerpunkt des operativen Controlling liegt in der *Gewinnsteuerung*.[12] Wirtschaftlichkeit, Rentabilität und Gewinn als Zielgrößen können durch die quantifizierbaren Größen Aufwand und Ertrag, Kosten und Leistungen ermittelt werden.

Das operative Controlling beginnt in der Gegenwart und betrachtet kurz- und mittelfristige Zeiträume – in der Regel bis zu einem Jahr (in Monate unterteilt). Um die Gewinne sicherzustellen oder zu erhöhen, ist in Anlehnung an die strategische Vorgehens-

12 Vgl. Deyhle, A., 1992, Bd. I, S. 14.

weise das operative Geschehen ebenfalls zu planen, zu kontrollieren und zu steuern.

operative Planung

Die *operative Planung* leitet sich aus der strategischen ab. Sie wird dadurch weitgehend durch die bereits getroffenen langfristigen Entscheidungen bestimmt und hat naturgemäß einen höheren Detaillierungsgrad.

operative Kontrolle

Die aus der operativen Planung abgeleiteten Vorgaben von Leistungszielen und Kostenwerten werden im Rahmen der *operativen Kontrolle* mit dem entsprechenden Istzustand verglichen und Abweichungen festgestellt. Das erfordert natürlich, daß sich sowohl Soll- wie Istzustand in zeitlicher und sachlicher Hinsicht entsprechen.

operative Steuerung

Die aus dem Soll-Ist-Vergleich ermittelten Abweichungen sind für eine *operative Steuerung* auf ihre Abweichungsursachen hin zu analysieren, so daß daraufhin entsprechende Korrekturmaßnahmen eingeleitet werden können. Ein adäquates *Berichtswesen* sollte in diesem Prozeß enthalten sein.

Die Kosten- und Leistungsrechnung nun stellt mit ihren vielfältigen Ausgestaltungsmöglichkeiten das zentrale Instrument des operativen Controlling dar. Mit ihrer Hilfe sind viele Aufgaben erfüllbar, die zur Gewinnsteuerung beitragen. Dennoch darf nicht verkannt werden, daß sich der Controller noch weiterer Analysen und Werkzeuge[13] bedienen muß, um (effizientes) Controlling betreiben zu können.

1.3. Externes und internes Rechnungswesen

Bereitstellung von Informationen

Für die verschiedenen Betrachtungen stehen im Mittelpunkt alle Aktivitäten im Rahmen des Transformationsprozesses eines Unternehmens, der die beschafften Produktionsfaktoren zu den spezifischen Leistungen überführt, die zur Erreichung bestimmter Ziele (Gewinn-, Umsatz-, Wachstumsziele usw.) von den Entscheidungsträgern festgelegt wurden. Um diesen Transformationsprozeß planen, durchführen und kontrollieren zu können, werden *Informationen* benötigt.

Da der Controller einen Planungs- und Steuerungsapparat (Methoden- und Systementwicklungen) aufzubauen und zu handhaben hat, der darauf hinwirkt, daß das Unternehmen am Ende Gewinn erzielt, muß ein geeignetes Rechnungswesen zur Verfügung gestellt werden. So kann durch diese Bereitstellung von Zahlen die Voraussetzung zur Verwirklichung von Controlling geschaffen

13 Vgl. Vollmuth, H.J., 1992.

werden. Steuern und regeln kann man jedoch nur, wenn eine Planung existiert. Durch den Vergleich einer Istsituation mit einem Sollzustand, der Abweichungsermittlung, kann gezielt reagiert werden.

Informationsempfänger

Dem Rechnungswesen kommt in einem ersten Schritt zunächst die Aufgabe zu, aufgrund von Belegen, in denen die Geschäftsvorfälle dokumentarisch festgehalten werden, Informationen zu produzieren. Im Rahmen des Informationsverarbeitungsprozesses sind zahlenmäßige Berichte zu erstellen und an die Personen weiterzuleiten, die sich für die wirtschaftliche Lage interessieren. Dabei spielen sich mehrere informationswirtschaftliche Teilprozesse ab, um verschiedenen Informationsempfängern bestimmte Informationen zur Verfügung zu stellen. Naturgemäß sind – je nach Empfängergruppe – die Informationswünsche sehr unterschiedlich. Hier hat sich die für die Informationswünsche angepaßte Einteilung in *externe* und *interne* Informationsempfänger bewährt. Das unterschiedliche Informationsbedürfnis beider Informationsempfängergruppen kann so jeweils zusammengefaßt und befriedigt werden.

externes/internes Rechnungswesen

Es bietet sich an, das Rechnungswesen entsprechend in ein *externes* und in ein *internes Rechnungswesen* zu gliedern. Beide Teilbereiche unterscheiden sich hinsichtlich ihres Informations*gegenstandes* und der Informations*empfänger*, d.h. welcher Ausschnitt des wirtschaftlichen Geschehens zahlenmäßig dargestellt und für wen berichtet wird.

Informationssystem *Rechnungswesen*	
⇩	⇩
externes Informationssystem *externes Rechnungswesen*	internes Informationssystem *internes Rechnungswesen*
Finanz- oder Geschäftsbuchhaltung; Jahresabschlußrechnung	insbesondere: *Kosten- und Leistungsrechnung*
⇩	⇩
Abbildung der finanziellen Beziehungen des Unternehmens zu seiner Umwelt und des/der internen Güterverbrauchs/-entstehung	Abbildung des wirtschaftlich bedeutsamen Geschehens im (Leistungserstellungsprozeß)
Rechenschaftslegung durch den Jahresabschluß	Planung, Steuerung und Kontrolle des Betriebsgeschehens
⇩	⇩
Informationsempfänger: Eigentümer, Gläubiger, Belegschaft, Lieferanten, Kunden, (Steuer-)Behörden, Öffentlichkeit, interne Entscheidungsträger,	*Informationsempfänger:* interne Entscheidungsträger

SCHÄFFER POESCHEL

Abb. 3: *Gliederung des Rechnungswesens*

externes Rechnungswesen

Das *externe* Rechnungswesen bildet den internen Güterverzehr und die Güterentstehung und alle finanziellen Vorgänge ab, die sich zwischen dem Unternehmen und der Umwelt abspielen. Basis dafür sind die allen Geschäftsvorfällen zu irgendeinem Zeitpunkt zugrundeliegenden Zahlungen. Zur Umwelt zählen insbesondere die Partner auf den verschiedenen Beschaffungs- und Absatzmärkten, die Kapitalgeber und -empfänger sowie der Staat. Seinen zusammenfassenden Abschluß findet das externe Rechnungswesen in der Bilanz und in der Gewinn- und Verlustrechnung, dem sogenannten Jahresabschluß. Er dient in erster Linie der vergangenheitsorientierten Dokumentation und Rechenschaftslegung. Da er sich insbesondere an externe Informationsempfänger richtet, die i.d.R. keine weiteren Einblicksmöglichkeiten haben, existieren umfangreiche gesetzliche Vorschriften für die Erstellung des Jahresabschlusses und die Gestaltung des ihm zugrundeliegenden Rechenwerks, der Finanz- oder Geschäftsbuchhaltung. Natürlich liefern auch die Finanzbuchhaltung und Jahresabschlußrechnung Informationen für unternehmerische Entscheidungen (z.B. für die Finanzplanung).

internes Rechnungswesen

Das *interne* Rechnungswesen bildet die wirtschaftlich bedeutsamen Vorgänge ab, die gänzlich durch die im Unternehmen tätigen Personen beeinflußt oder gesteuert werden. Eine Hauptaufgabe des internen Rechnungswesens besteht darin, den Verzehr von Produktionsfaktoren und die damit verbundene Entstehung von Leistungen mengen- und wertmäßig zu erfassen und die Wirtschaftlichkeit der Leistungserstellung zu überwachen. Von einigen Ausnahmen abgesehen[14], müssen die Zahlen und Kalkulationen des internen Rechnungswesens Dritten nicht zugänglich gemacht werden, sondern dienen zur Information der Entscheidungsträger, die sie zur Planung, Steuerung und Kontrolle des Betriebsgeschehens verwenden. So gibt es im Gegensatz zum externen Rechnungswesen kaum zwingende gesetzliche Vorschriften.

Zur Abbildung des wirtschaftlich bedeutsamen Geschehens *im* Unternehmen (Leistungserstellungsprozeß) wird man jedoch nicht allein auf die Informationen der Kosten- und Leistungsrechnung zurückgreifen. Daneben wird auch in irgendeiner organisatorischen Form die *Betriebsstatistik*, in der Daten in übersichtlicher Form dargestellt, komprimiert oder mittels mathematischer Verfahren analysiert werden[15], und die *Planung* vorhanden sein müssen.

14 Öffentliche Aufträge.
15 Vgl. z.B. Erhard, U., 1986, S. 341ff.

2. Charakterisierung und Gestaltung einer Kosten- und Leistungsrechnung

B

Vor der Einführung einer effizienten Kosten- und Leistungsrechnung will sich Manfred Kolb, der auch für das Rechnungswesen zuständige Leiter der Finanzabteilung der Speedy GmbH, über die Unterschiede gegenüber dem gesetzlich vorgeschriebenen externen Rechnungswesen und über die grundsätzlichen Ausgestaltungsmöglichkeiten einer Kosten- und Leistungsrechnung klarwerden. Danach wird er in der Lage sein, eine Entscheidung über das einzuführende System treffen zu können.

2.1. Merkmale

Die Gliederung des Rechnungswesens in einen externen und einen internen Teil gibt zunächst jedoch noch keinen Aufschluß darüber, wieso es überhaupt eine Kosten- und Leistungsrechnung neben der Finanzbuchhaltung geben soll. Man könnte argumentieren, der Gesetzgeber habe schließlich Vorschriften erlassen, die dazu beitragen, daß auch ein Außenstehender einen Einblick in die Finanz-, Vermögens- und Ertragslage erhält. Die sich mit der Kosten- und Leistungsrechnung zusätzlich eröffnenden Gestaltungsmöglichkeiten werden jedoch bereits durch die Darstellung der Merkmale deutlich:[1]

Die Kosten- und Leistungsrechnung	
... ist ...	... kann ...
• Bestandteil des internen Rechnungswesens	• eine Vor- und/oder Nachrechnung sein
• eine kalkulatorische Rechnung	• eine Stück- und/oder Periodenrechnung sein
• eine vorwiegend kurzfristige Rechnung	• eine Voll- und/oder Teilkostenrechnung sein
• eine Erfolgsrechnung	• eine Ermittlungs- und/oder Entscheidungsrechnung sein
• vorwiegend eine laufend erstellte Rechnung	
• eine freiwillig durchgeführte Rechnung	

SCHÄFFER POESCHEL

Abb. 4: *Merkmale der Kosten- und Leistungsrechnung*

1 Vgl. Hummel, S./Männel, W., 1990, S. 7ff.

Bestandteil des internen Rechnungswesens

Die weiter oben dargestellte Einteilung des Rechnungswesens (Abb. 3) zeigt, daß die Kosten- und Leistungsrechnung ein Teilgebiet des *internen Rechnungswesens* umfaßt, während die Finanzbuchhaltung mit ihrer Jahresabschlußrechnung zum externen Rechnungswesen gehört. Dies ist insofern bedeutsam, weil die jeweilig zu verarbeitenden Informationen – je nach Informationsempfänger – sich inhaltlich und von ihrer Darstellung und Verwertbarkeit her unterscheiden.

kalkulatorische Rechnung

Die Charakterisierung der Kosten- und Leistungsrechnung in Abb. 4 als *kalkulatorische Rechnung* mag zunächst überraschen, denn anders ausgedrückt heißt dies doch, daß es sich um eine rechnerische Rechnung handelt. Doch damit soll zum Ausdruck kommen, daß die Kosten- und Leistungsrechnung im Gegensatz zur Finanzbuchhaltung auch fiktive Rechengrößen berücksichtigt. In die Finanzbuchhaltung hingegen gehen nur solche Geschäftsvorfälle ein, denen zu irgendeinem Zeitpunkt Zahlungen zugrunde liegen.

pagatorische Rechnung

Sie ist deshalb eine *pagatorische Rechnung*. Letztlich werden Zahlungsströme zwischen der Umwelt und dem Unternehmen abgebildet. Während – wie später noch zu zeigen ist – die Finanzbuchhaltung den Kauf von Rohstoffen zum Zeitpunkt des Kaufs erfaßt, verrechnet die Kosten- und Leistungsrechnung die Rohstoffe erst zum Zeitpunkt des Verbrauchs. Der eigentliche Kaufvorgang ist zunächst uninteressant. Auch fühlt sich die Kosten- und Leistungsrechnung berechtigt, Zinsen für das eingesetzte Eigenkapital anzusetzen, die Finanzbuchhaltung hingegen verbucht nur die tatsächlich gezahlten Fremdkapitalzinsen. Auch die Rückzahlung eines Bankkredits ist ein Vorgang, der nur in die Finanzbuchhaltung Eingang findet, jedoch nicht in die Kosten- und Leistungsrechnung. Entscheidend für die Kosten- und Leistungsrechnung sind Realgüter-, nicht Zahlungsmittelbewegungen. Darauf wird bei den Begriffsabgrenzungen noch einzugehen sein.

kurzfristige Rechnung

Die Kosten- und Leistungsrechnung sollte nicht zu lange Abrechnungsperioden zugrunde legen. Monatszeiträume sind zu empfehlen. Durch die *kurzen* Perioden spielt der zeitlich unterschiedliche Anfall der Kosten- und Leistungsgrößen im Gegensatz zu Ein- und Auszahlungen in Investitionsrechnungen, in denen zehn und mehr Jahren abgebildet werden und die Ein- und Auszahlungen durch Auf- oder Abzinsungen gleichnamig gemacht werden müssen, kaum eine Rolle.

Erfolgsrechnung

Durch die Gegenüberstellung von Kosten und Leistungen wird ein *Betriebsergebnis* ermittelt. Dieses Betriebsergebnis deckt sich in der Regel nicht mit dem Erfolg, der in der Gewinn- und Verlustrechnung im externen Rechnungswesen ermittelt wird, auch dann nicht, wenn sich beide Rechnungen auf dieselbe Abrechnungsperiode beziehen. In beide Ergebnisrechnungen fließen zum Teil unterschiedliche Rechengrößen ein.

laufende Rechnung

Eine Kosten- und Leistungsrechnung kann nur dann ihre Aufgaben erfüllen, wenn sie *laufend* erstellt wird. Der Güterverbrauch und die Güterentstehung sind kontinuierlich zu erfassen. Fallweise zu erstellende Sonderrechnungen müssen auch auf laufend erfaßtes Zahlenmaterial zurückgreifen können. Investitionsrechnungen hingegen erübrigen sich spätestens nach Abschluß der Investition.

freiwillige Rechnung

Während die Finanzbuchhaltung verschiedene gesetzliche Bestimmungen beachten muß (HGB, EStR, AktG, GmbHG usw.), bestehen im Grundsatz für die Einrichtung und Durchführung einer Kosten- und Leistungsrechnung – von wenigen Ausnahmen abgesehen[2] – keine Vorschriften. Es liegt in der *freien* Entscheidung des Unternehmens *ob*, und wenn ja, *wie* eine Kosten- und Leistungsrechnung durchgeführt wird. Damit ergeben sich verschiedene Gestaltungsmöglichkeiten:

Vor- und/oder Nachrechnung

Soll das vergangene oder das zukünftige wirtschaftlich bedeutsame Geschehen abgebildet werden, unterscheidet man zwischen einer *Nach*- oder *Vorrechnung*. Im ersten Fall handelt es sich um eine Ist-, aber auch um eine Normalkostenrechnung, im zweiten Fall um eine Plankostenrechnung. Sowohl Ist- wie Plankostenrechnung können z.B. für eine effiziente Kostenkontrolle kombiniert werden, was seinen Ausdruck in einem Soll-Ist-Vergleich findet.

Stück- und/oder Periodenrechnung

Obgleich eine Kosten- und Leistungsrechnung nur stück-/auftragsorientiert oder periodenorientiert ausgerichtet sein könnte, ist es jedoch zweckmäßig, beide Ausgestaltungsformen wahrzunehmen. Die Entscheidungsträger werden sich nicht nur für die Kosten eines einzelnen Stücks, sondern sicherlich auch für die gesamten Kosten oder den Erfolg mit diesem Erzeugnis in einem bestimmten Monat interessieren.

Voll- und/oder Teilkostenrechnung

Kostenrechnungssysteme können in ihrer Ausprägung als *Voll*- oder als *Teilkostenrechnung* ausgestaltet sein. Im ersten Fall werden die vollen Kosten *verrechnet* (kalkuliert), im zweiten Fall »nur« die Teilkosten (variablen oder beschäftigungsabhängigen Kosten), da der andere Teil der Kosten (die Fixkosten) für den zugrundeliegenden Zeitraum als unverändert anzunehmen sind. Erst in der *Ergebnis*rechnung werden auch die Fixkosten eingerechnet. Beide Systeme haben ihre Vor- und Nachteile und entsprechende Anwendungsgebiete. Darauf wird an späterer Stelle noch genauer einzugehen sein. Während eine Teil- (oder Deckungsbeitrags-)rechnung die variablen Stückkosten als *kurzfristige Preisuntergrenze* ermittelt und damit nur für kurzfristige, vorübergehende oder – an-

2 Z.B. Preiskalkulationen bei öffentlichen Aufträgen, Bestandsbewertungen für Zwecke der Bilanzierung.

ders ausgedrückt – nicht dauerhafte Entscheidungen herangezogen werden sollte, kalkuliert die Vollkostenrechnung die vollen Selbstkosten, und damit die *langfristige Preisuntergrenze*. Die Kritik an der Vollkostenrechnung, die Fixkosten wie variable Kosten zu behandeln, und sich damit evt. aus dem Markt zu kalkulieren, sei an folgendem Beispiel aus dem Jahr 1900 verdeutlicht:

B

»Ein Reisebüreau hatte für eine Reihe von Sonntagen Extrazüge bestellt und sich verpflichtet, für jeden Zug 250 Mark zu zahlen. Der Zug sollte 400 Plätze, alle dritter Klasse, haben. Am ersten Sonntage hatte das Büreau den Fahrpreis auf 2 Mark festgesetzt, und es kamen 125 Theilnehmer. Die Roheinnahmen betrugen also 250 Mark, ebensoviel wie die Ausgaben. Nun sagten sich die Direktoren des Büreaus: ›Mit diesem Preise kommen wir ja nur auf unsere Selbstkosten; etwas müssen wir doch verdienen‹; und so wurde der Preis auf 3 Mark erhöht. Nächsten Sonntag kamen 50 Theilnehmer. Das Ergebnis war eine Einnahme von 150 Mark, und ein reiner Verlust von 100 Mark. Daraufhin meinte man im Büreau: ›die Durchschnittskosten betragen ja 5 Mark für die Person, und wir befördern die Reisenden für 3 Mark; so kann es nicht gehen‹. Der Preis wurde jetzt auf 6 Mark erhöht mit dem Ergebnis, daß der Zug am nächsten Sonntag nur 6 Reisende beförderte. Der Verlust steigerte sich jetzt auf 214 Mark. Jetzt endlich traten die Direktoren zusammen und sagten sich: ›Diese Geschichte mit den Selbstkosten muß doch ein Unsinn sein: die bringt uns ja nur Verluste.‹ So wurde der Preis auf einmal auf 1 Mark herabgesetzt. Der Erfolg war glänzend: die Zahl der Reisenden betrug den nächsten Sonntag 400; es entstand ein Überschuß von 150 Mark, und, das Merkwürdigste von allem, die Selbstkosten waren auf 62,5 Pf. für die Person gesunken.«[3]

Andererseits besteht bei Teilkostenrechnungen durchaus die Gefahr, daß durch die Kenntnis allein der kurzfristigen Preisuntergrenze auf die Deckung der Fixkosten langfristig verzichtet, und damit die Existenz des Unternehmens bedroht wird.

Ermittlungs- und/ oder Entscheidungsrechnung

Zunächst diente die Kosten- und Leistungsrechnung vorwiegend *Ermittlungs*zwecken. Der Leistungserstellungsprozeß sollte möglichst realitätsgetreu abgebildet werden. Für *Entscheidungs*rechnungen hingegen sind die Informationen spezifisch aufzubereiten. Typische Entscheidungsrechnungen wie Eigenfertigung oder Fremdbezug, Verfahrensalternativen, Programmoptimierungen usw. bedürfen eines spezifischen Datenmaterials. Hierfür ist die Kosten- und Leistungsrechnung in ihrer Ausgestaltung anzupassen, sofern diese Zwecksetzung(en) verfolgt werden.

3 Cassel, G.; 1900, S. 128, zitiert nach: Hummel, S./Männel, W., 1990, S. 28f., und Plinke, W., 1991, S. 58.

2.2. Abgrenzung

Die bisherigen Ausführungen wiesen an verschiedenen Stellen bereits auf die Unterschiede der Kosten- und Leistungsrechnung gegenüber der Finanzbuchhaltung mit ihren Jahresabschlußrechnungen hin. Nachstehend sind die wichtigsten Unterschiede zusammengetragen:

externe/interne Informationsempfänger

Beide Rechnungen stellen ihre Informationen unterschiedlichen Personengruppen zur Verfügung, die entweder *außerhalb* oder *innerhalb* des Unternehmens zu suchen sind.

Gesamtrechnung/ Teilrechnung

Während die Finanzbuchhaltung als *Gesamtrechnung* einzuordnen ist, da sie die Real- und Nominalgüterströme zwischen Unternehmen und Umwelt, den Güterverbrauch und die Güterentstehung im Unternehmen erfaßt, beschränkt sich die Kosten- und Lei-

Finanzbuchhaltung	*Kosten- und Leistungsrechnung*
externe Informationsempfänger	interne Informationsempfänger
Gesamtrechnung (Unternehmen – Umwelt – unternehmensinterne Vorgänge)	Teilrechnung (betriebstypischer Leistungserstellungsprozeß)
vielfältige Vorschriften (HGB, EStR, AktG, GmbHG, PublG usw.)	grundsätzlich keine Vorschriften (Ausnahme: öffentliche Aufträge)
Anschaffungswertprinzip (Prinzip der nominellen Kapitalerhaltung)	zweckorientierte Bewertung (Prinzip der substantiellen Kapitalerhaltung)
Abschluß am Ende des Geschäftsjahres	kurze Abrechnungsperioden
Ergebnis = Differenz von Aufwand und Ertrag	Ergebnis = Differenz von Kosten und Leistungen
steuerliche Aspekte stehen im Vordergrund	Abbildung des tatsächlichen Geschehens
pagatorische Rechnung (auf tatsächlichen Zahlungen basierend)	kalkulatorische Rechnung (enthält auch Rechengrößen, die nicht zu Zahlungen führen)

SCHÄFFER POESCHEL

Abb. 5: *Unterschied: Finanzbuchhaltung – Kosten- und Leistungsrechnung*

stungsrechnung als *Teilrechnung* auf die Darstellung des Prozesses der betrieblichen Leistungserstellung einschließlich des Absatzprozesses.

gesetzliche Vorschriften

Um den unterschiedlichen Informationsbedürfnissen der überwiegend außerhalb des Unternehmens zu findenden Interessengruppen Rechnung zu tragen, hat der Gesetzgeber vielfältige Vorschriften (HGB, EStG, AktG, GmbHG, GenG, PublG, branchenspezifische Regelungen wie KWG, VAG usw.) erlassen, die für die laufende Buchführung und Abschlußrechnung zu beachten sind.

Für die Kosten- und Leistungsrechnung hingegen haben sich Gestaltungsempfehlungen herausgebildet. Aufgrund der Freiwilligkeit können hierfür keine gesetzlichen Vorgaben existieren. Ausnahmen bestehen nur für die Angebotsabgabe bei öffentlichen Aufträgen und für den Ansatz von *Herstellungs*kosten für die Bestände in der Finanzbuchhaltung, wenn sie aus den *Herstellkosten* der Kosten- und Leistungsrechnung abgeleitet werden.

Bewertung

Zudem schreibt der Gesetzgeber vor, für die Bewertung von Vermögensgegenständen maximal die Anschaffungs- oder Herstellungskosten anzusetzen. Dieses *Anschaffungswert*prinzip, das auch als das Prinzip der nominellen Kapitalerhaltung bezeichnet werden kann, gilt nicht für die Kosten- und Leistungsrechnung. Vielmehr steht das Prinzip der Substanzerhaltung als Grundlage für die Wertansätze im Vordergrund. Oberster Grundsatz sollte immer die Aufrechterhaltung der Substanz sein. I.d.R. werden in die Kosten- und Leistungsrechnung die *Wiederbeschaffungswerte* einfließen, unabhängig davon, ob sie über oder unter den derzeitigen Anschaffungs- oder Herstellungskosten liegen.

Periodenlänge

Die Abrechnungsperiode für die Finanzbuchhaltung umfaßt ein Geschäftsjahr. Selbst wenn die Kosten- und Leistungsrechnung als Istkostenrechnung dargestellt würde, wäre diese Abrechnungsperiode zu *lang*. Die Ergebnisse würden zu spät vorliegen. Deshalb werden *kurze* Abrechnungsperioden (in der Regel ein Monat, gelegentlich ein Vierteljahr) zugrundegelegt.

Ergebnisermittlung

Wie im nächsten Kapitel zu zeigen ist, gehen in die Finanzbuchhaltung und in die Kosten- und Leistungsrechnung unterschiedliche Stromgrößen ein. Während in der Gewinn- und Verlustrechnung das Ergebnis als Differenz von *Aufwand* und *Ertrag* gebildet wird, ermittelt die Betriebsergebnisrechnung den Erfolg als Differenz von *Kosten* und *Leistungen*. Unterschiede im Inhalt und in der Höhe führen zwangsläufig zu unterschiedlichen Ergebnissen.

Rechnungszweck

Der Gesetzgeber gesteht den Unternehmen trotz vieler Vorschriften *Spielräume* bei den Wertansätzen in der Jahresabschlußrechnung zu. So bestehen beispielsweise beim Ansatz der Anschaffungs- oder Herstellungskosten Pflicht- und Wahlbestandteile, die zu Wertober- und -untergrenzen führen. Oder das Steuerrecht läßt aus politischen Gründen bestimmte Sonderabschreibungen zu. Derartige Wertansätze sind für die Beurteilung des tatsächliche Betriebsgeschehens wenig hilfreich. Im Vordergrund dürfen nicht steuerliche Überlegungen oder Gewinnausschüttungsaspekte stehen, sondern die *realitätsgetreue* Abbildung des betrieblichen Leistungserstellungsprozesses, um gezielt planen, kontrollieren und steuern zu können.

pagatorische/ kalkulatorische Rechnung

Während die Berücksichtigung von Sachverhalten in der Finanzbuchhaltung an tatsächliche *Zahlungsvorgänge* gebunden ist, verrechnet die Kosten- und Leistungsrechnung – abgesehen von Vertretern des pagatorischen Kostenbegriffs[4] – auch *Rechengrößen*, denen keine Zahlungen zugrundeliegen.

Beurteilung der Finanzbuchhaltung

Aus Sicht der Kosten- und Leistungsrechnung ist aus den vorgenannten Gründen die Finanzbuchhaltung wie folgt zu beurteilen:

- Die Berichtsperioden sind zu lang.
- Die Ergebnisse kommen zu spät.
- Der Erfolgsausweis ist zu global.
- Die Darstellungen unterliegen zu starken Normierungen.
- Das Anschaffungswertprinzip ist nicht realistisch.
- Entscheidungsrelevante Vorfälle sind nicht enthalten.

4 Vgl. Koch, H., 1958; Riebel, P., 1982.

2.3. Zwecke

Da eingangs der Kosten- und Leistungsrechnung eine zentrale Bedeutung für das operative Controlling zugeschrieben wurde, leiten sich aus den Controlling-Funktionen

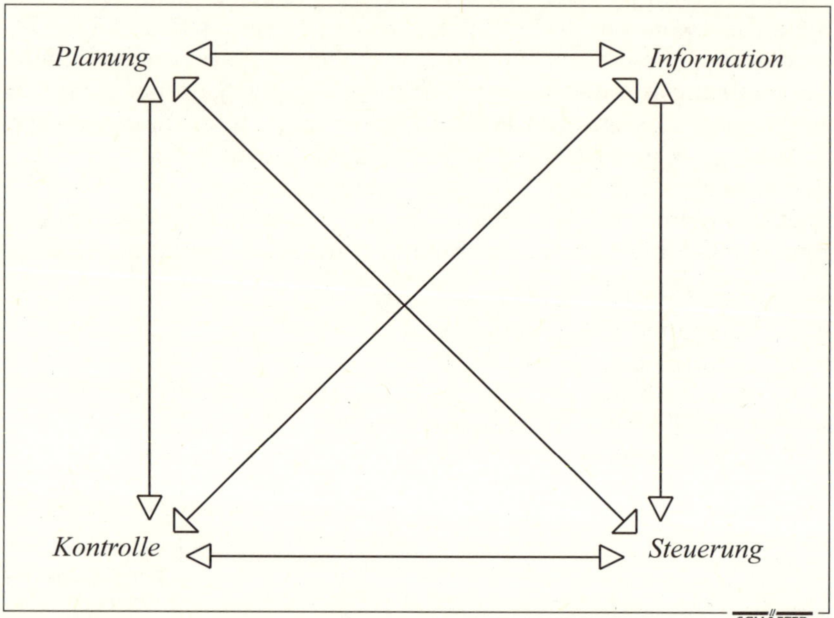

Abb. 6: *Funktionen des Controlling*

allgemeine Aufgaben

die folgenden *allgemeinen* Aufgaben zur Unterstützung der unternehmerischen Planungs- und Entscheidungsprozesse ab:

- *Ermittlung und Darstellung des Güterverbrauchs, der Güterentstehung und -verwertung*
- *Planung von Kosten- und Leistungsgrößen*
- *Vorgabe von Richtwerten*
- *Kontrolle der Zielerreichung.*

Neben der dokumentarisch-abrechnungstechnischen Funktion muß die Kostenrechnung in der Lage sein, erwartete Kosten und Leistungen zu prognostizieren, als Zielgrößen Sollkosten vorgeben, deren Einhaltung kontrollieren und Ursachenanalyse betreiben können.

Als *spezielle* Aufgaben leiten sich ab[5]:

spezielle Aufgaben

- *Kalkulation*
- *Wirtschaftlichkeitskontrolle*
- *Informationsbereitstellung für Entscheidungsrechnungen*
- *Erfolgsermittlung und Bestandsbewertung.*

Kalkulation

Eine der Hauptaufgaben der Kosten- und Leistungsrechnung besteht darin, alle im Rahmen des Leistungserstellungsprozesses angefallenen Kosten zu erfassen und den Kostenträgern verursachungsgerecht zuzurechnen. Somit werden die Selbstkosten *kalkuliert*.

Da sich in der Regel in einer Marktwirtschaft der Marktpreis durch Angebot und Nachfrage bildet, somit verschiedene Faktoren, und nicht die Kostensituation des anbietenden Unternehmens allein, diesen Marktpreis beeinflussen, kann die Formulierung »Die Kosten- und Leistungsrechnung kalkuliert die Preise« nicht mehr gelten. Die Vorgehensweise, auf die Selbstkosten nur noch den Gewinn zu beaufschlagen, mag nur dann funktionieren, wenn eine relativ preisunempfindliche Nachfrageseite existiert oder vergleichbare Konkurrenzprodukte fehlen.

In der Regel werden jedoch Konkurrenzprodukte auf dem Markt angeboten und aus dem bestehenden Angebot wird von der Nachfrageseite nach deren Kriterien eine Auswahl getroffen. Somit kann die Kosten- und Leistungsrechnung letztendlich zur Ermittlung der Preisuntergrenzen herangezogen werden, oder anders ausgedrückt: Die Kosten- und Leistungsrechnung dient der *Preisbeurteilung*.

Preisbeurteilung

Dadurch erfährt das Unternehmen, ob es sich mit seinen Vollkosten (langfristige Preis*unter*grenze) im Rahmen der Marktpreise bewegt. Auch sind Situationen denkbar, die ein Unternehmen veranlassen könnte, vorübergehend auf den Ersatz von Teilen seiner Selbstkosten zu verzichten (kurzfristige Preis*unter*grenze).

Eine gut ausgebaute Kostenrechnung sollte darüberhinaus in der Lage sein, die Preis*ober*grenze der zu beschaffenden Produktionsfaktoren bei gegebenem Verkaufspreisen und festgelegter Fertigungs- und Vertriebsstruktur zu ermitteln.

Auch interne Leistungen sind kalkulierbar. Die ermittelten Werte können die Grundlage für die Festlegung von Verrechnungspreisen darstellen (z.B. Minutensatz für Rechenzentrumsleistungen, Stundensatz für Instandhaltungsleistungen, Kilometersatz für Transportleistungen usw.).

Wirtschaftlichkeitskontrolle

Eine weitere Hauptaufgabe der Kosten- und Leistungsrechnung ist die *Wirtschaftlichkeitskontrolle*. Aussagekräftig kann diese jedoch nur sein, wenn man Unwirtschaftlichkeiten im Unterneh-

5 Vgl. auch Abb. 8.

men lokalisieren kann. Es bietet sich deshalb an, die Wirtschaftlichkeitskontrolle auf Kostenstellenebene durchzuführen. Durch Vergleich der entstandenen Istkosten mit einer Maßgröße, können Abweichungen pro Kostenstelle festgestellt werden. Als Maßgröße sollten *Sollkosten* (= auf eine Istbeschäftigung umgerechnete Plankosten) in Frage kommen, sind jedoch nur recht aufwendig ermittelbar. *Normalkosten* (= durchschnittliche Istkosten) eignen sich zwar weniger gut als Maßstab, können jedoch relativ schnell gebildet werden. Ziel derartiger Methodiken ist es, insbesondere die mengenwirtschaftliche Komponente des Betriebsergebnisses zu überwachen.

Wirtschaftlichkeit

Doch es sollte festgehalten werden, daß zur Feststellung der Wirtschaftlichkeit *Kosten mit Kosten* verglichen werden. In einem Soll-Ist-Vergleich sind es die Soll- und die Istkosten, in einem Normal-Ist-Vergleich die Normal- und die Istkosten.

Rentabilität

Gelegentlich taucht in diesem Zusammenhang der Begriff *Rentabilität* auf. Eine Rentabilitätskennziffer ermittelt sich immer, indem eine *Gewinn*größe (in der Regel die Differenz aus Aufwand und Ertrag als ein Ergebnis aus dem externen Rechnungswesen) ins Verhältnis zu einer *Basis* gesetzt wird (z.B. Eigenkapital, Fremdkapital, Umsatz usw.), was in den meisten Fällen auf Kostenstellenebene von den Daten her gar nicht zur Verfügung stehen kann. Rentabilität sollte als Begriff der Finanzbuchhaltung, Wirtschaftlichkeit der Kosten- und Leistungsrechnung vorbehalten bleiben.

Zeit-/Betriebsvergleich

Andere Vorgehensweisen wie der Zeit- oder Betriebsvergleich sind weniger dazu geeignet, Unwirtschaftlichkeiten in einem Unternehmen festzustellen. Vergleicht man beispielsweise die Personalkostenentwicklung im Zeitablauf, stellt man fest, daß sie zu- oder abnehmen. Die Gründe, die Kostenbestimmungsfaktoren (z.B. Beschäftigung, Auftragszusammensetzung, Lohnsätze usw.) sind nicht erkennbar, und wenn, dann nur in Ansätzen. Betriebsvergleiche über Verbände, mit denen sich das Unternehmen an Branchendurchschnitten messen kann, helfen auch nur sehr bedingt, die eigene Unwirtschaftlichkeit festzustellen.

Benchmarking

Seit geraumer Zeit versprechen sich Unternehmen mit dem Instrument *Benchmarking* die Aufdeckung von bspw. Kostensenkungspotentialen. Hier werden Produkte, Dienstleistungen und insbesondere Prozesse und Methoden betrieblicher Funktionen über mehrere Unternehmen hinweg verglichen.[6] Es handelt sich jedoch damit nicht nur um einen Kostenvergleich, sondern um einen kontinuierlichen Prozeß, bei dem die Unterschiede zu anderen Unternehmen offengelegt, die Ursachen für die Unterschiede und Möglichkeiten zur Verbesserung aufgezeigt sowie wettbewerbs-

6 Vgl. Horváth, P./Herter, R.N., 1992, S. 4ff.

orientierte Zielvorgaben ermittelt werden. Es hat sich jedoch gezeigt, daß in indirekten Bereichen die Vergleichbarkeit oft nur schwerlich gegeben ist, da die Aufgaben sehr unterschiedlich definiert und abgegrenzt werden. Das Benchmarking führt in der Regel zu Aufhol- und nur begrenzt zu Überholeffekten. Mit dem Instrument Benchmarking wird nicht nur die eigene Kostensituation mit anderen verglichen. Dazu gehört auch, die Prozesse und Methoden des Besseren zu verstehen, um dadurch Veränderungen im eigenen Unternehmen vorzunehmen, und auf diese Weise die Kosten zu beeinflussen.

Entscheidungsrechnungen

Eine weitere sehr bedeutsame Aufgabe der Kosten- und Leistungsrechnung ist die Informationsbereitstellung für Entscheidungsrechnungen. Letztlich soll aus mehreren Möglichkeiten eine Alternative ausgewählt werden soll. Typische Entscheidungsrechnungen können sein:[7]

- Eigenfertigung/Fremdbezug
- Ermittlung wirtschaftlicher Produktionsverfahren
- Ermittlung des gewinnmaximalen/kostenoptimalen Produktionsprogramms
- Vergleich verschiedener Absatzmethoden
- Beurteilung von Zusatzaufträgen
- Verlagerungsrechnungen

  usw.

Erfolgsermittlung/ Bestandsbewertung

Die Überlegung, das Unternehmen mit Hilfe der Gewinn- und Verlustrechnung zu steuern, wurde bereits oben im Rahmen der Abgrenzung der Kosten- und Leistungsrechnung zur Finanzbuchhaltung verworfen. Hierzu benötigt man eine flexibel gestaltbare, kurzfristige, wesentlich differenziertere *Betriebsergebnisrechnung*. Diese Hauptaufgabe hat die Kosten- und Leistungsrechnung zu erfüllen. So muß beispielsweise der Erfolgsbeitrag eines jeden Kostenträgers am Gesamterfolg erkennbar sein. Das gleiche gilt auch für bestimmte Produktgruppen, Geschäftsbereiche, Regionen usw., und dies ausschließlich bezogen auf den der betrieblichen Leistungserstellung erwachsenen Erfolg.

Da sich normalerweise die Produktionsmenge von der Absatzmenge unterscheidet, kommt es zu Bestandsveränderungen sowohl für Halb- wie für Fertigfabrikate, unabhängig ob sie für den Absatzmarkt oder für den Eigenverbrauch bestimmt sind. Diese *Bestände* müssen *bewertet* werden. Deshalb muß die Kosten- und Leistungsrechnung in der Lage sein, die Herstellkosten von den Gesamtkosten zu trennen, um sie den Beständen zuordnen zu kön-

7 Vgl. auch Kapitel 8.

nen. Nicht alle Kosten dürfen nur den produzierten oder nur den abgesetzten Erzeugnissen zugerechnet werden.

Dies gilt natürlich auch für das externe Rechnungswesen. Hierzu müssen die in der Kalkulation ermittelten Herstellkosten in Herstellungskosten (eigentlich: Herstellungsaufwand) umgewandelt werden.

2.4. Teilgebiete

Jedes Kostenrechnungssystem unterteilt sich in zunächst drei Teilgebiete:

Kostenartenrechnung

Die erste Stufe oder das erste Teilgebiet eines Kostenrechnungssystems stellt die Kostenartenrechnung dar. Hier sollen alle Kosten erfaßt und für die weitere Verrechnung zweckorientiert gegliedert werden. Die zentrale Frage lautet: *Welche* Kosten sind angefallen? Sie ist eine Zeitraum- oder Periodenrechnung, denn es werden die Kosten je Art pro Periode erfaßt.

Kostenstellenrechnung

In der zweiten Stufe, der Kostenstellenrechnung, werden die Kosten, die den Kostenträgern nicht unmittelbar zugerechnet werden können, aufgenommen, indem sie auf den Ort der Kostenentstehung verteilt und dann weiter verrechnet werden. Hier lautet die zentrale Frage: *Wo* sind diese Kosten angefallen? Auch die Kostenstellenrechnung ist eine Zeitraumrechnung. Sie ermittelt die Kosten je Stelle pro Periode.

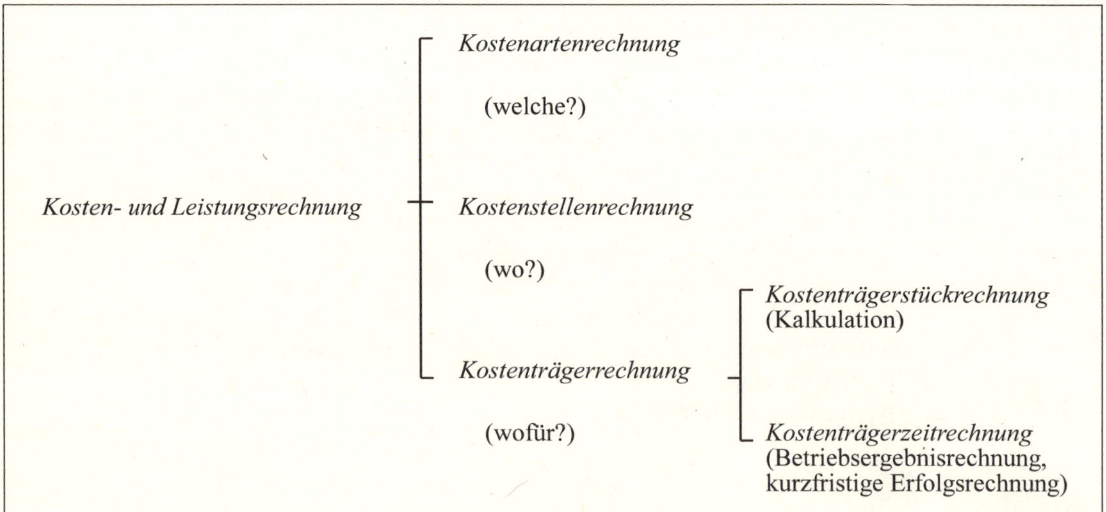

Abb. 7: *Teilgebiete der Kosten- und Leistungsrechnung*

Kostenträgerrechnung

Die nächste Stufe, die Kostenträgerrechnung, unterteilt sich in die Kostenträger*stück*rechnung (oder Kalkulation) und in die Kostenträger*zeit*rechnung (oder Betriebsergebnisrechnung oder kurzfristige Erfolgrechnung). Die zentrale Frage lautet nun: *Für welche* Produkte sind die Kosten angefallen? Entsprechend der beiden Ausprägungen werden in der Kalkulation die Kosten für eine Kostenträgereinheit ermittelt, in der Ergebnisrechnung für die Produktarten einer Periode. In einer Vollkostenrechnung erhält die Kalkulation in der Regel ihre zu verrechnenden Kosten aus der Kostenarten- und Kostenstellenrechnung, die so ermittelten Kosten speisen dann die Ergebnisrechnung (bei Anwendung des Umsatzkostenverfahren). In einer Teilkostenrechnung ergeben sich durch die Fixkostenproblematik noch ein paar zusätzliche Rechnungsvarianten, auf die an dieser Stelle noch nicht eingegangen werden kann. Da die Kostenträgerzeitrechnung das Periodenergebnis pro Periode ermittelt, ist auch dieses Teilgebiet eine Periodenrechnung, während allein die Kalkulation naturgemäß eine Stückrechnung sein muß (Kosten pro Leistungseinheit).

Die nachstehende Übersicht stellt die Zusammenhänge bildlich dar und ordnet die oben erarbeiteten Hauptaufgaben (Abschnitt 2.3.) den einzelnen Abrechnungsstufen zu:

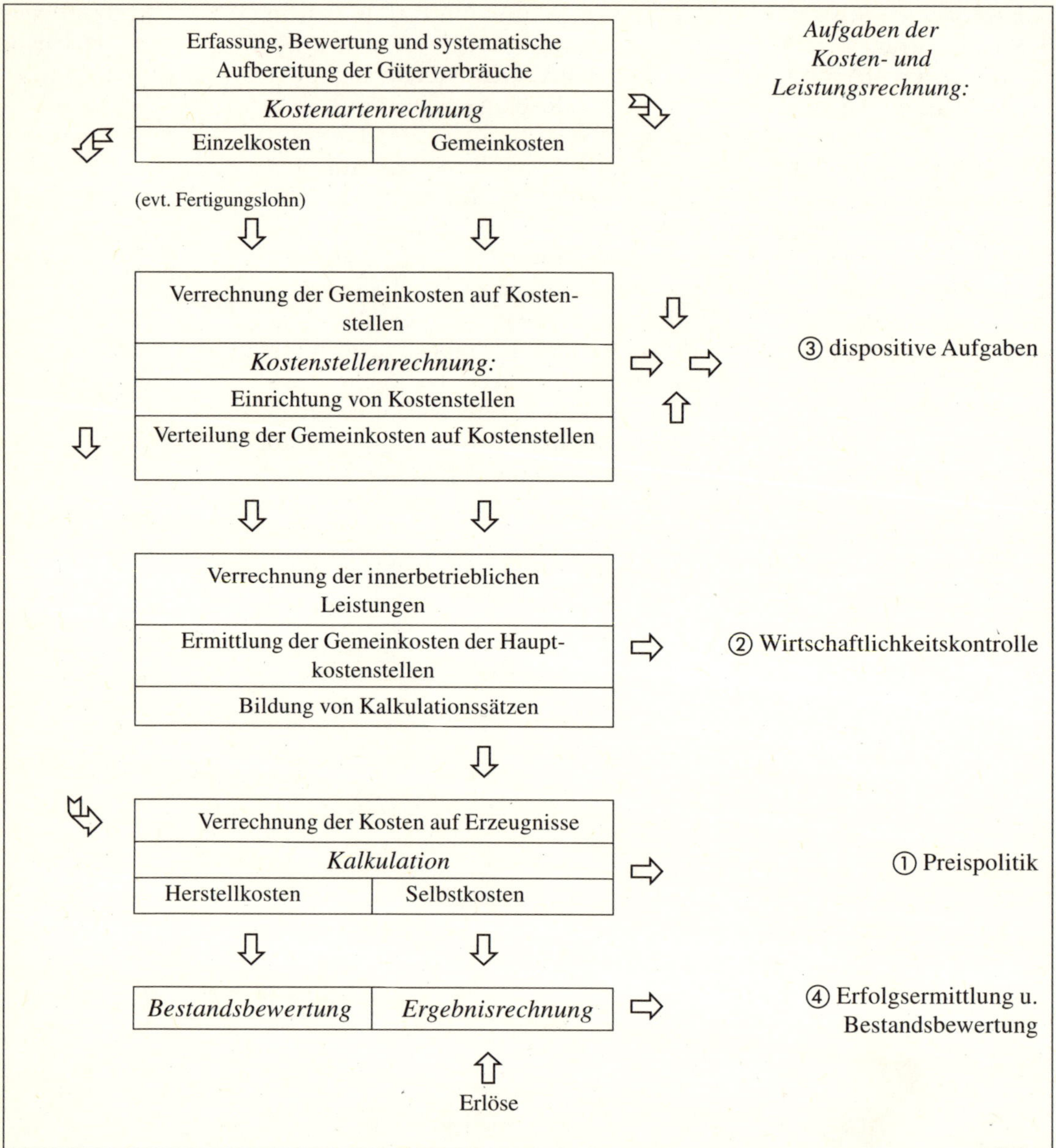

Abb. 8: *Stufen der Kostenabrechnung[8] und Zuordnung der Hauptaufgaben einer Kosten- und Leistungsrechnung*

8 Am Beispiel der Vollkostenrechnung.

2.5. Verrechnungsprinzipien

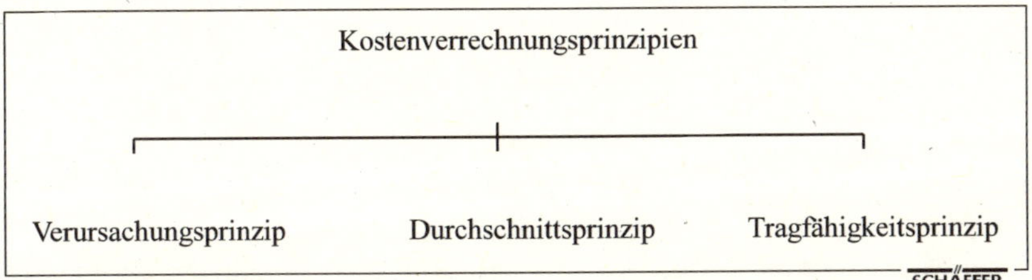

SCHÄFFER POESCHEL

Abb. 9: *Verrechnungsprinzipien der Kosten- und Leistungsrechnung*

Verursachungsprinzip

Ziel einer Kalkulation ist es, die Kosten eines bestimmten Erzeugnisses zu ermitteln. Das setzt voraus, daß auch alle für dieses Erzeugnis angefallenen Kosten dort ankommen. Der oberste Grundsatz der Kosten- und Leistungsrechnungsrechnung muß deshalb lauten: Jedes Erzeugnis sollte nur die Kosten tragen, die es auch *verursacht* hat.

Problem

Bei Massenfertigung eines Produktes stellt sich die Frage der Kostenverursachung naturgemäß nicht. Alle Kosten fallen für die Erzeugung dieses einen Produktes an. Anders sieht es aus, wenn mehrere, aber ähnliche Erzeugnisse produziert werden, jedoch nur die Gesamtkosten undifferenziert bekannt sind. Noch schwieriger wird es, wenn ganz unterschiedliche Produkte gefertigt werden, bestimmte Leistungen jedoch für alle anfallen. Und versagt die Kosten- und Leistungsrechnung vollends bei Kuppelproduktion? Wie hat hier die Kostenzurechnung zu erfolgen?

Wie noch zu zeigen ist, sind es gerade die Gemeinkosten, die hinsichtlich ihrer Aufteilung auf die Kostenträger Problemlösungen erfordern. Es beginnt schon in der Kostenartenrechnung, in der Jahresabschreibungen ermittelt werden und diese auf einen Monat umzurechnen sind. Ist eine Zwölftelung der richtige Weg? Oder beim Ansatz von Wagniskosten wird oftmals ein Prozentsatz zugrunde gelegt, der eine Abhängigkeit der Kosten zu einer Basis zum Ausdruck bringen soll (z.B. Wagniskosten für das Risiko Forderungsausfall in Abhängigkeit vom Umsatz). In der Kostenstellenrechnung muß in vielen Fällen eine Schlüsselung von Kostenarten auf Kostenstellen vorgenommen werden. Welcher Schlüssel ist der richtige für eine Gebäudeabschreibung, wenn das Gebäude in mehrere Kostenstellen unterteilt ist? Werden die innerbetrieblichen Leistungen richtig und vollständig erfaßt und verursachungsgerecht verrechnet? Dürfen überhaupt Fixkosten in der Kostenstellenrechnung verrechnet werden, wenn sie von den Enderzeugnissen gemeinschaftlich verursacht wurden? Drückt nicht ein

Gemeinkostenzuschlagssatz für die Kalkulation eine Proportionalität aus, die möglicherweise gar nicht vorhanden ist?

Für diese und weitere Problemfelder sind von der Kosten- und Leistungsrechnung zufriedenstellende Antworten zu geben. Auch deshalb wurden unterschiedliche Kostenrechnungssysteme entwickelt. Zu denken wäre in diesem Zusammenhang an die Prozeßkostenrechnung, die gerade eine verursachungsgerechtere Zurechnung der Gemeinkosten auf die Erzeugnisse erreichen möchte. Dennoch gibt es kein System, das auf alle Fragen zufriedenstellende Antworten geben kann. Entscheidungsträger müssen das von ihnen befürwortete Grundsystem so ausgestalten, daß es für ihre Zwecke möglichst optimal geeignet ist.

Dennoch sollte nie das Verursachungsprinzip aus den Augen verloren werden.

Durchschnittsprinzip/ Kostentragfähigkeitsprinzip

Gelegentlich muß die Kosten- und Leistungsrechnung das *Durchschnitts-* und das *Kostentragfähigkeitsprinzip* anwenden. Im ersten Fall wird ein bestimmtes Kostenvolumen *gleichmäßig* durch Division auf die Produkteinheiten verteilt. Im zweiten Fall werden die Kosten nach einem Schlüssel verteilt, der dazu führt, daß bestimmte Erzeugnisse mehr oder weniger Kosten tragen können. Seinen Ausdruck findet dieses Prinzip beispielsweise in der Zurechnung von Verwaltungskosten. Da diese in Abhängigkeit von den Herstellkosten gesehen werden, bekommt ein Erzeugnis mit hohen Herstellkosten relativ mehr Verwaltungskosten angelastet als ein Erzeugnis mit vergleichsweise niedrigen Herstellkosten. Aber auch in die Kuppelkalkulation finden (allerdings zwangsläufig) diese beiden Prinzipien Eingang.

Doch Durchschnitts- und Kostentragfähigkeitsprinzip erwachsen nicht aus dem Verursachungsdenken. Sie sollten daher nur in Ausnahmefällen Anwendung finden.

2.6. Kostenrechnungssysteme (Grundtypen)

Zur Systematisierung und damit für das Verständnis sind nunmehr die Grundtypen der verschiedenen Kostenrechnungssysteme kurz aufzuzeigen. Die Kosten- und Leistungsrechnung hat als Informationsinstrument der Unternehmensführung – wie oben bereits dargestellt – verschiedenen Zwecken zu dienen. Zur Erfüllung dieser Aufgaben wurden verschiedene Ausgestaltungsformen entwickelt.

Für eine Einteilung haben sich zwei Merkmale herausgebildet:

- *Zeitbezug der Rechengrößen*
- *Ausmaß der verrechneten Kosten.*

Zeitbezug der verrechneten Kosten

Nach dem Zeitbezug der verrechneten Kosten unterscheidet man

- *Ist*kostenrechnungen
- *Normal*kostenrechnungen
- *Plan*kostenrechnungen.

Typisch für sie ist, ob die tatsächlich angefallenen Kosten, die durchschnittlich angefallenen Kosten oder die geplanten Kosten verrechnet werden.

Ausmaß der verrechneten Kosten

Unterteilt man nach dem Kriterium *Ausmaß der verrechneten Kosten*, so spricht man von

- Vollkostenrechnungen und
- Teilkostenrechnungen.

Im Mittelpunkt stehen in Vollkostenrechnungen die in die Kalkulation einfließenden vollen Kosten. In Teilkostenrechnungen werden nur die variablen Kosten oder auch nur die Einzelkosten (Teilkosten) verrechnet. Erfaßt werden dennoch in allen Systemen alle Kosten. Spätestens in der Betriebsergebnisrechnung sind alle Kosten enthalten. Nur für Kalkulationszwecke werden entweder die Voll- oder die Teilkosten berücksichtigt.

Demnach sind sechs *Grund*typen von Kostenrechnungssystemen unterscheidbar:

Zeitbezug der Kosten ⇨ / Ausmaß der Kostenverrechnung ⇩	vergangenheitsorientiert		zukunftsorientiert
	Istkosten (tatsächlich angefallen)	*Normalkosten* (durchschnittlich angefallen)	*Plan*kosten
Verrechnung der *vollen* Kosten auf die Kostenträger	Vollkostenrechnung auf Istkostenbasis	Vollkostenrechnung auf Normalkostenbasis	Plankostenrechnung auf Vollkostenbasis (starr/flexibel)
Verrechnung nur *bestimmter* Kostenkategorien auf die Kostenträger	Teilkostenrechnung auf Istkostenbasis	Teilkostenrechnung auf Normalkostenbasis	Teilkostenrechnung auf Plankostenbasis (Grenzplankostenrechnung)

SCHÄFFER POESCHEL

Abb. 10: *Kostenrechnungssysteme (Grundtypen)*

Mischformen

Da diese sechs Kostenrechnungssysteme Grundtypen darstellen, sind Mischformen selbstverständlich möglich und auch notwendig. Es besteht schließlich Gestaltungsfreiheit. So können z.B. die Kosten als Produkt von Istpreisen und durchschnittlichen Verbrauchsmengen ermittelt werden. Ferner können die Einzelkosten als Istkosten und die Gemeinkosten als Normalkosten oder die Einzelkosten als geplante und die Gemeinkosten als normalisierte Kosten verrechnet werden. Denkbar ist weiterhin, als Teilkosten nur die Einzelkosten oder die Einzelkosten einschließlich der variablen Gemeinkosten zu berücksichtigen. Letztlich liegt auch die Prozeßkostenrechnung als ergänzendes Instrument für das Gemeinkostenmanagement in Form einer Vollkostenrechnung vor. Ein vollständig marktorientierter Ansatz unter strategischen Gesichtspunkten findet seinen Niederschlag im Target costing (Zielkostenrechnung).[9]

Die Istkostenrechnung auf Vollkostenbasis stellt die traditionelle Form der Kosten- und Leistungsrechnung dar. Im Mittelpunkt steht die Nachkalkulation.

Aus Gründen einer einfacheren Betriebsabrechnung und der (allerdings nur bedingten) Kostenkontrolle wurde die Normalkostenrechnung auf Vollkostenbasis entwickelt.

Für eine effizientere Kostenkontrolle entstanden die Plankostenrechnungssysteme, die – abgesehen von der starren Plankostenrechnung – nunmehr in der Lage waren, unplanmäßig aufgetretene Kostenbestimmungsfakoren zu identifizieren und zu quantifizieren.

Insbesondere wegen der bestehenden Fixproblematik in Vollkostenrechnungssystemen (es werden Fixkosten proportionalisiert)[10] entstanden die Systeme der Deckungsbeitragsrechnungen (oder Teilkostenrechnungssysteme). Je nach Behandlung der fixen Kosten in der Betriebsergebnisrechnung kann jeweils in das Direct costing (Einstellung der Fixkosten en bloc) oder in die stufenweise Fixkostendeckungsrechnung (differenzierte Einstellung der Fixkosten) weiter unterschieden werden:

---

9 Vgl. Kapitel 8.

10 Vgl. auch Jórasz, W., 1995, S. 20ff.

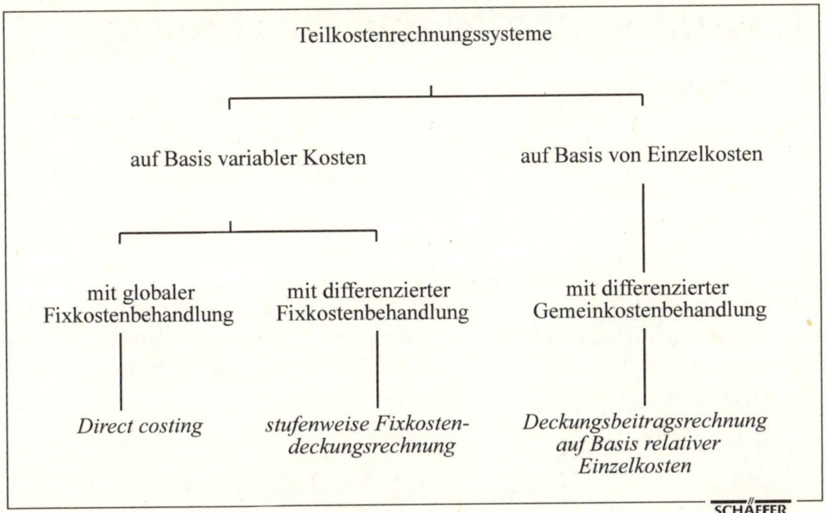

Abb. 11: *Teilkostenrechnungssysteme*

Für ein systematisches Vorgehen bietet es sich nun an, auf das traditionelle Kostenrechnungssystem, die Istkostenrechnung auf Vollkostenbasis, zurückzugreifen.

Erinnern wir uns: Manfred Kolb, Leiter Finanzen und zuständig für das Rechnungswesen der Speedy GmbH, hat den Auftrag, ein leistungsfähiges Kostenrechnungssystem einzuführen. Er wird somit zunächst eine Istkostenrechnung mit teilweisen Ergänzungen aufbauen, um auf dieser Basis – je nach Zwecksetzungen – weitere Ausgestaltungsformen zu installieren.

B

3. Grundbegriffe des Rechnungswesens

3.1. Stromgrößen

Für das Verständnis und die Beurteilung der Zielsetzungen und damit der Möglichkeiten und Grenzen der einzelnen Teilbereiche des Rechnungswesens ist es unerläßlich, den Unterschied zwischen den Begriffspaaren

Auszahlung – *Einzahlung*
Ausgabe – *Einnahme*
Aufwand – *Ertrag*
Kosten – *Leistungen*

herauszuarbeiten.

externes Rechnungswesen

Das *externe* Rechnungswesen kennt die Grundbegriffe *Auszahlung/Einzahlung, Ausgabe/Einnahme, Aufwand/Ertrag.*[1] Damit kann dort nachvollzogen werden, warum bestimmte Geschäftsvorfälle wann und in welcher Höhe erfolgswirksam sind oder das Ergebnis der Gewinn- und Verlustrechnung nicht beeinflussen. Deshalb ist es notwendig, im externen Rechnungswesen sehr genau zwischen Ausgaben (Auszahlungen) und Aufwendungen (Erträgen) zu unterscheiden.

internes Rechnungswesen

Das interne Rechnungswesen und damit insbesondere die *Kosten- und Leistungsrechnung* arbeitet mit dem Begriffspaar *Kosten und Leistungen.* Und hier sind insbesondere die Kenntnisse über die Gemeinsamkeiten und Unterschiede mit bzw. gegenüber dem Begriffspaar Aufwand und Ertrag wichtig. Die unterschiedlichen Zwecksetzungen des externen und internen Rechnungswesens führen dazu, daß beispielsweise – wie später noch zu erläutern ist – die bilanziellen Abschreibungen keineswegs unverändert aus der Finanzbuchhaltung in die Kosten- und Leistungsrechnung über-

1 Auch wenn beispielsweise im AktG von Anschaffungs- und Herstellungskosten die Rede ist, müßte im strengen Sinne eigentlich von Anschaffungs- und Herstellungsaufwand gesprochen werden.

nommen werden dürfen. Es wird sich zeigen, daß die Gewinn- und Verlustrechnung und die Betriebsergebnisrechnung nicht zu demselben Ergebnis kommen können.

Abgrenzungsproblematik

Unsaubere terminologische Abgrenzungen führen zwangsläufig zu Mißverständnissen, denn die Kosten im Sinne der Kostenlehre sind nicht Kosten im Sinne des allgemeinen Sprachgebrauchs. Nicht alles, das etwas gekostet hat, stellt auch Kosten für das interne Rechnungswesen dar. Und Güter, die etwas gekostet haben und verbraucht werden, finden keineswegs immer mit ihren Ausgabenbeträgen ihre Berücksichtigung. Hinzu kommt, daß – zeitlich gesehen – ein Gut von der Kosten- und Leistungsrechnung erst dann erfaßt wird, wenn es im betrieblichen Leistungserstellungsprozeß eingesetzt wird, und nicht in dem Augenblick, in dem es gekauft wurde und eine Ausgabe verursachte. Der Verbrauch, nicht das Geldausgeben entscheidet. Da im allgemeinen Sprachgebrauch Kosten an die Tatsache der Geldausgabe anknüpft, können sich – bei entsprechender Übertragung – Fehler in der Kostenartenrechnung einschleichen. Es stimmen dann die zu erfassenden Kosten und damit die Auswertungsrechnungen nicht. Eine saubere terminologische Abgrenzung vermeidet auch die Verwendung von Begriffen wie Unkosten oder Kostenaufwand.

Aus der Definition der beiden Begriffe

D

Auszahlung = Abgang von Bar- oder Buchgeld
Ausgabe = Auszahlung + Schuldenzugang + Forderungsabgang

wird deutlich, daß der Begriff Ausgabe weiter gefaßt ist als der Begriff Auszahlung. Er kann über die reinen Zahlungsvorgänge hinaus auch Kreditierungsvorgänge umfassen. Manche Geschäftsvorfälle führen auch entweder zu einer Erhöhung der Schulden und/oder zu einer Reduzierung von bestehenden Forderungen der Unternehmung.

Damit stellt eine Auszahlung immer eine Ausgabe, eine Ausgabe hingegen nicht immer eine Auszahlung dar (bezogen auf definierte Abrechnungsperioden).

Erfolgsunwirksamkeit

Dennoch ist weder bei einer Auszahlung noch bei einer Ausgabe eine Erfolgswirksamkeit vorhanden. Bei einem Barkauf liegt ein erfolgsunwirksamer Tausch vor (Aktivtausch). Bei einem Zielkauf (Schuldenzugang) nehmen Vorräte und Verbindlichkeiten der Unternehmung zu (Bilanzsumme erhöht sich), zum Zeitpunkt der Zahlung verringern sich wiederum Schulden und Bar- oder Buchgeldbestand (Bilanzsumme nimmt ab). Durch Aufrechnung bestehender Forderungen der Unternehmung gegenüber einem Lieferanten (Forderungsabgang) bei einem Kaufvorgang ist ebenfalls keine

Erfolgswirksamkeit gegeben (Aktivtausch). In diesen Fällen kompensieren sich die Komponenten erfolgsrechnerisch.[2]

D

Aufwand = zu Anschaffungsausgaben bewerteter Güterverbrauch

Güterverbrauch

Das Entstehen von Aufwand setzt den Verzehr oder Verbrauch eines Gutes voraus. Damit ist jedoch nicht der gemeint, bei dem unmittelbar und in einem Vorgang auch ein Güterzufluß enthalten ist. Dies würde dem Tauschvorgang entsprechen und damit erfolgsunwirksam sein.

Einem Verbrauch können folgende Güterarten unterliegen:[3]

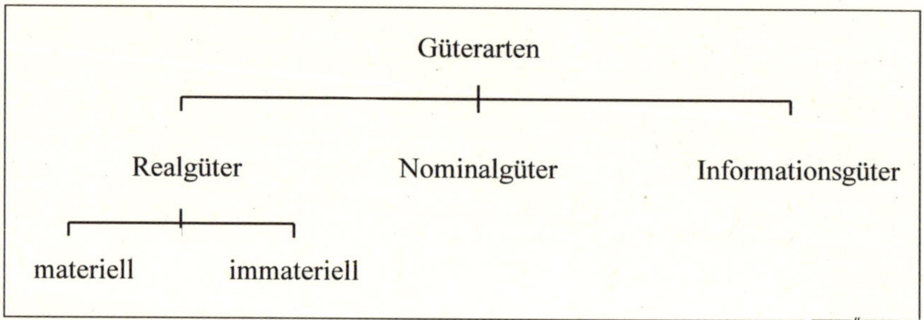

Abb. 12: *Systematisierung der Güterarten*

materielle u. immaterielle Güter

Zu den materiellen Realgütern gehören die Gebäude, die Maschinen, die Werkstoffe usw., zu den immateriellen Realgütern die Arbeits- und Dienstleistungen, die Nutzung von Mieträumen, Versicherungsschutz, Transportleistungen von Speditionen usw.

Nominalgüter

Nominalgüter umfassen Geld, Ansprüche auf Geld (Forderungen) und Ansprüche auf Realgüter.

Informationsgüter

Da Informationen eine besondere Bedeutung für die Arbeits- und Entscheidungsprozesse haben, werden Erfindungen und sonstige geistige Schöpfungen aller Art (Marktstudien, Software, Rechtsberatung usw.) als eigene Güterart *(Informationsgüter)* aufgeführt.

Diese verschiedenen Güterarten können unterschiedlichen Verbräuchen unterliegen, die mengenmäßig zu erfassen (und zu be-

2 Für viele *finanz*wirtschaftliche Fragestellungen ist der so definierte Ausgabebegriff hingegen nicht praktikabel, da Doppelzählungen stattfinden: Der Kreditkauf führt zweimal zu einer Ausgabe, einmal in Form des Schuldenzugangs beim Kauf, zum anderen bei der konkreten Zahlung. Deshalb wird häufig in der Finanzwirtschaft der Begriff der Auszahlung verwendet (vgl. z.B. auch: Veit, Th./Walz, H./Gramlich, D. 1990, S. 13ff.; Möser, H.-D., 1993; Schneider, D., 1980).

3 In Anlehung an Kosiol, E., 1972, S. 119ff.

werten) sind, um im externen Rechnungswesen als Aufwand berücksichtigt werden zu können.

Mengenkomponente des Aufwands

Folgende Verbrauchsarten lassen sich unterscheiden:

Der bewußt gewollte oder *willentliche Güterverbrauch* unterscheidet zum einen den *Sofortverbrauch*, bei dem ein Gut sofort

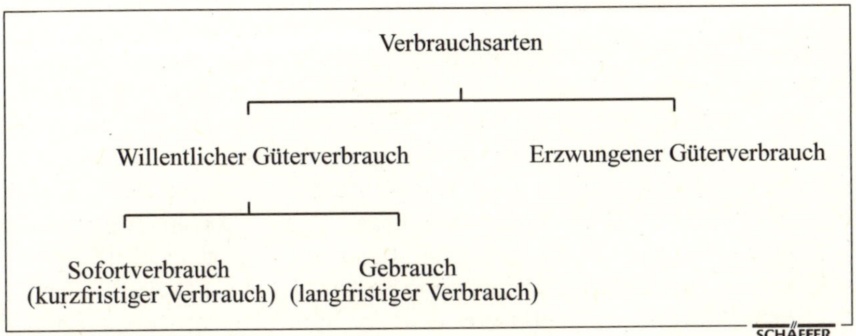

SCHÄFFER POESCHEL

Abb. 13: *Systematisierung der Verbrauchsarten*

und auf einmal für die entsprechenden Zwecke eingesetzt und damit verbraucht wird. Derartiges spiegelt sich beispielsweise im Einsatz von Materialien wider. Gewisse Güterarten hingegen werden nicht einmalig, sondern sukzessive oder allmählich verbraucht. Dieser Verbrauch zieht sich über mehrere Perioden hin, ist deshalb zum anderen als *Gebrauch* zu umschreiben und findet seine Quantifizierung beispielsweise in der Mengenkomponente der Abschreibungen.

willentlicher Güterverbrauch

Im Gegensatz zum willentlichen Güterverbrauch, bei dem die eigentlichen Ursachen und die damit verbundenen Zielsetzungen in der Unternehmung selbst zu suchen sind, ist das Gegenstück dazu der *erzwungene Güterverbrauch*, von der Unternehmung nicht oder nur mit einem unangemessenen hohen Aufwand zu beeinflussen. Hierzu zählen Diebstahl, Katastrophenverschleiß, wirtschaftliche Entwertung, Steuern usw.

erzwungener Güterverbrauch

Da im externen Rechnungswesen das *Prinzip der nominellen Kapitalerhaltung* vom Gesetzgeber gewünscht ist, sind die unterschiedlichen mengenmäßigen Verbräuche der verschiedenen Güterarten mit maximal den Anschaffungs- oder Herstellungskosten (eigentlich: Anschaffungs- oder Herstellungsaufwand) zu *bewerten.*

Wertkomponente des Aufwands

Kosten nun beinhalten teilweise andere Dimensionen:

Kosten = bewerteter leistungsbezogener Güterverbrauch

D

Kostenkomponenten

Dieser am weitesten verbreitete Kostenbegriff setzt sich aus drei Komponenten zusammen, die immer erfüllt sein müssen, damit ein Sachverhalt als Kosten in der Kosten- und Leistungsrechnung Berücksichtigung finden kann:

- *mengenmäßiger Güterverbrauch*
- *leistungsbezogener Güterverbrauch*
- *Bewertung der leistungsbezogenen Verbrauchsmengen.*

leistungsbezogener Güterverbrauch

Wenngleich bei der Verbuchung von Aufwand wie bei der Verrechnung von Kosten ein *Güterverbrauch* vorliegen muß, so bezieht die Kosten- und Leistungsrechnung allerdings nur jenen Güterverbrauch mit ein, der im Rahmen eines festgelegten und erklärten, somit betriebstypischen Leistungserstellungsprogramms anfällt. Das bedeutet, daß alle Güterverbräuche, die für die Erstellung der für den Absatzmarkt bestimmten Leistungen und für alle Arten von innerbetrieblichen Leistungen bestimmt sind, Kosten verursachen. Entsteht beispielsweise für ein Industrieunternehmen, zu dessen erklärtem Leistungserstellungsprogramm die Herstellung von industriellen Produkten gehören, ein Verlust durch die Spekulation mit Wertpapieren, so berührt dieser Vorgang nicht die Kosten- und Leistungsrechnung, sondern allein die Finanzbuchhaltung. Entstehen derartige Verluste für eine Bank, wären sie sehr wohl als Kosten anzusetzen. Der *Leistungsbezug* ist somit eine entscheidende Komponente für die Berücksichtigung von Kosten.

Übertragen auf das zugrundeliegende Musterunternehmen, die Speedy GmbH, heißt das: Sie definiert sich als ein international tätiger Hersteller und Anbieter von Automobilen. Eines der Kernprodukte ist ein familienfreundlicher Personenkraftwagen auf neuestem technischen Stand, der mit einer Brennstoffzelle betrieben und in verschiedenen Produktvarianten angeboten wird. Es wird auch eine langfristige Wachstumsstrategie verfolgt, die das Ziel hat, dem Kerngeschäft nahestehende Geschäftsfelder zu erschließen. Dieses definierte Leistungserstellungsprogramm sollte bei sämtlichen Überlegungen als Grundlage für die Überlegungen zum Kosten- oder Leistungscharakter festzustellender Güterverbräuche und -entstehungen dienen.

Wertkomponente der Kosten

Wie im externen Rechnungswesen der Aufwand müssen auch in der Kosten- und Leistungsrechnung die Kosten ein *Wert*gerüst haben, damit der nur in unterschiedlichen Dimensionen darstellbare mengenmäßige Verbrauch verschiedenartiger Güter vergleichbar und rechenbar wird. Nur so kann die Verrechnungsfunktion erfüllt werden. Im Gegensatz zum externen Rechnungswesen, in dem das Prinzip der nominellen Kapitalerhaltung verfolgt wird (werden muß), gilt für das interne Rechnungswesen das *Prinzip der substanziellen Kapitalerhaltung.* Da die Erhaltung der betrieblichen Substanz im Vordergrund zu stehen hat, wird man bei der Bewertung des leistungsbezogenen Güterverbrauchs nicht die veralteten Anschaffungswerte, sondern die aktuellen Wiederbeschaffungswerte zugrundelegen müssen.

Auch wenn es für die Erhaltung der betrieblichen Substanz unumgänglich ist, daß ausreichende Erlöse erzielt werden müssen, so kann die Kosten- und Leistungsrechnung letztlich nur die notwendigen Preisuntergrenzen mit Wiederbeschaffungswerten bei einem gegebenen Marktpreis kalkulieren *(Preisbeurteilungsfunktion)*. Der tatsächliche Gewinn oder Verlust stellt sich letztlich in der Betriebsergebnisrechnung (Kostenträgerzeitrechnung) dar.

Folgende Wertansätze kommen je nach Zwecksetzung der Kosten- und Leistungsrechnung grundsätzlich in Frage[4]:

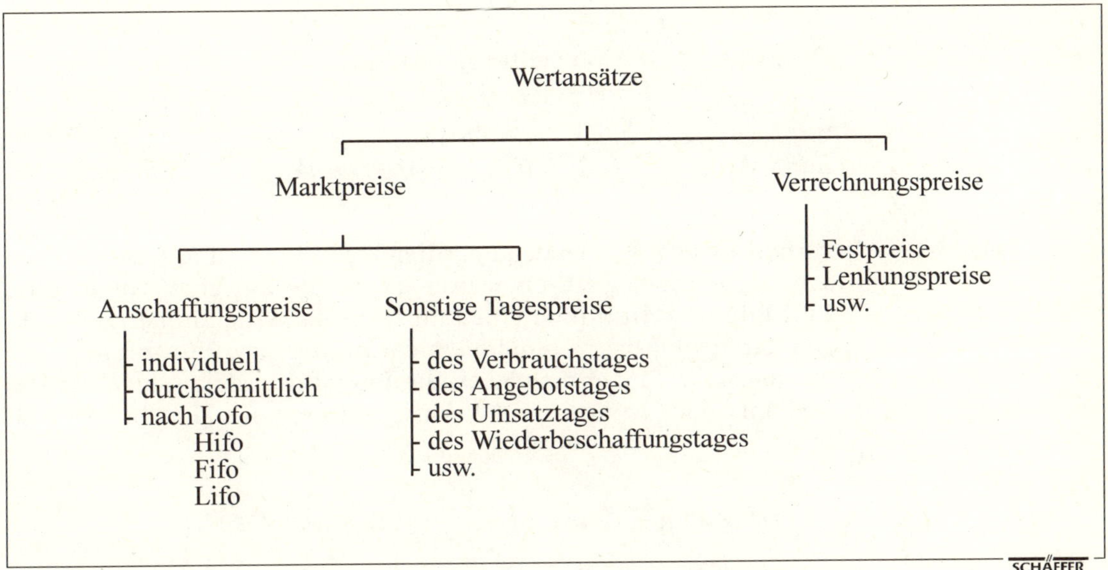

Abb. 14: *Mögliche Wertansätze in der Kosten- und Leistungsrechnung*

Da die Ausgestaltung eines Kostenrechnungssystem letztlich von der individuellen Zwecksetzung und nicht von gesetzlichen Vorschriften[5] abhängt, muß es dem einzelnen Entscheidungsträger überlassen bleiben, welchen Wertansatz er auswählt. Seine Auswahl sollte jedoch das Verursachungsprinzip (beispielsweise bei der Anwendung eines Verbrauchsfolgeverfahrens) anstreben und dem Substanzerhaltungsprinzip entsprechen.

4 In der Abbildung bedeuten: Lofo: Lowest in – first out, Hifo: Highest in – first out, Fifo: First in – first out, Lifo: Last in – first out.

Da in der Regel der (teilweise geschätzte) Wiederbeschaffungswert zum Tragen kommt, wird deutlich, daß Aufwand und Kosten der Höhe nach nicht nur aufgrund eines anderen Mengengerüstes, sondern auch aufgrund unterschiedlicher Wertansätze differieren.

Analoge Beziehungen wie innerhalb der Begriffsgruppe *Auszahlung, Ausgabe, Aufwand* und *Kosten* gibt es auch innerhalb der dazugehörigen Begriffsgruppe *Einzahlung, Einnahme, Ertrag* und *Leistung*. Nicht jede Einnahme hängt mit einer Leistung zusammen; umgekehrt ist nicht jede Leistung mit einer Einnahme verknüpft. Sofern einer Leistung eine Einnahme gegenübersteht, können beide Größen zeitlich auseinanderfallen. Und schließlich können Leistung und Einnahme wertverschieden sein. Diese und andere wesentliche Zusammenhänge müssen im folgenden geklärt werden.

Durch die Definition der beiden Begriffe

D

Einzahlung = Zugang von Bar- oder Buchgeld
Einnahme = Einzahlung + Forderungszugang + Schuldenabgang

verhält es sich wie bei den Begriffen Auszahlung und Ausgabe: Die Einnahme ist begrifflich weiter gefaßt als die Einzahlung. Eine Einzahlung stellt immer eine Einnahme dar, eine Einnahme hingegen durch die Zusatzeinnahme nicht immer eine Einzahlung.

Weder die Einzahlung noch die Einnahme wirken sich auf das Ergebnis der Gewinn- und Verlustrechnung aus (Ergebnisneutralität).

D

Ertrag = Bewertete Güterentstehung aller Art

Güterentstehung im weitesten Sinne[6] ist somit kennzeichnend für Ertrag. Für seine Bewertung kommen folgende Wertansätze in Frage: In der Regel werden es die im Rahmen des Absatzprozesses[7] erzielten Einnahmen (Erlöse) sein, so daß Ertrag auch als *für Zwecke der Jahresabschlußrechnung periodisierte Einnahmen* umschrieben werden könnte. Sofern es sich um entstandene Güter handelt, für die noch keine Einnahmen erzielbar sind (z.B. Fertigerzeugnisse auf Lager) hat die Bewertung in der Finanzbuchhaltung zu Herstel*lungs*kosten[8] zu erfolgen.

5 Abgesehen von den Vorschriften bei öffentlichen Aufträgen.
6 Entstehung von Real-, Nominal- und Informationsgütern.
7 Der Absatzprozeß schließt hier alle Aktivitäten auf Märkten mit ein, auf denen die verschiedenen Güterarten absetzbar sind.

D

Leistung = bewertete Güterentstehung im Rahmen der betriebstypischen Tätigkeit

Die Güterentstehung beschränkt sich wiederum auf jene, die sich aus dem erklärten Leistungserstellungsprogramm ergibt.

Grundsätzlich können zwei Arten von Leistungen unterschieden werden: die innerbetriebliche Leistung und die Marktleistung.

innerbetriebliche Leistung

Die *innerbetriebliche Leistung* stellt eine Leistung dar, die vom Betrieb erzeugt wird, marktfähig ist, aber wieder vom Betrieb verbraucht wird. Sie ist mit (Herstell)Kosten zu bewerten.

Marktleistung

Die *Marktleistung* wird im Gegensatz dazu vom Betrieb erzeugt und ist – wie es der Name schon sagt – für den Absatzmarkt bestimmt. Ihre Bewertung erfolgt zu Verkaufspreisen. Da sich der Verkaufspreis i.d.R. durch Angebot und Nachfrage auf ein bestimmtes Niveau einspielt, das über oder unter den Selbstkosten liegen kann, kommt der Kostenrechnung hinsichtlich ihrer Preisbeurteilungsfunktion eine besondere Bedeutung zu. Gehen die Marktleistungen jedoch zunächst in ein Fertigwarenlager, sind sie in der Kosten- und Leistungsrechnung noch mit Herstellkosten zu bewerten.

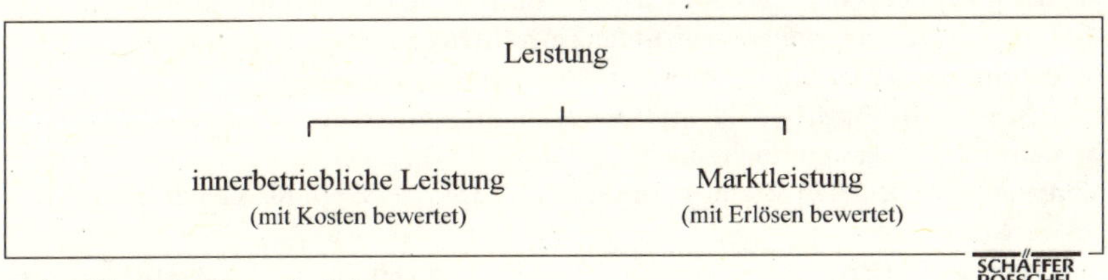

Abb. 15: *Arten von Leistungen*

8 Vgl. hierzu die im Abschnitt über die Kostenträgerstückrechnung dargestellten Unterschiede zwischen den Herstell- und den Herstellungskosten (Kapitel 6).

3.2. Abgrenzung von Auszahlung, Ausgabe, Aufwand und Kosten

saubere Abgrenzung

Anhand des bewährten traditionellen Abgrenzungsschemas werden im folgenden zunächst die Grundbegriffe *Auszahlung, Ausgabe, Aufwand und Kosten*, anschließend die Begriffsgruppe *Einzahlung, Einnahme, Ertrag und Leistung* systematisch mit Beispielen erläutert.

Abb. 16 zeigt, daß Auszahlung, Ausgabe, Aufwand und Kosten nicht immer deckungsgleich sein können, sich teilweise sogar ausschließen. Gemeinsamkeiten und Unterschiede finden ihren Niederschlag auch in den eingetragenen Unterbegriffen. Damit zeigt sich die Notwendigkeit einer sauberen Abgrenzung. Hier werden die Grundlagen der beabsichtigten Rechnungen und Auswertungen gelegt. Durch eine falsche Zuordnung von Geschäftsvorfällen oder Sachverhalten verlieren beispielsweise das Ergebnis der Gewinn- und Verlustrechnung, das Betriebsergebnis oder die Kalkulationsergebnisse erheblich an Aussagekraft.

B

Die Speedy GmbH kauft Ende März für DM 10 000,– Material ein und bezahlt bar bzw. überweist den Betrag sofort.

In diesem Fall liegt eine Auszahlung vor. Da die Auszahlung (Abgang von Bar- oder Buchgeld) auch Bestandteil der Ausgabe ist, kann dieser der Geschäftsvorfall auch zugeordnet werden. Dieser Vorgang ist erfolgsunwirksam: Die Vorräte nehmen zu, der Kassenbestand/das Bankguthaben nimmt ab. Es liegt ein Aktivtausch vor.

Von diesem Material werden Anfang April DM 6 000,– aus dem Lager entnommen und in der Produktion eingesetzt.

Erst jetzt (im April) findet ein (zu Anschaffungsausgaben bewerteter) Güterverbrauch statt, so daß nunmehr auch von Aufwand gesprochen werden kann. Dieser Vorgang ist ergebniswirksam; er fließt i.H.v. DM 6 000,– in die Gewinn- und Verlustrechnung ein.

Da dieses Material in die laufende PKW-Serie eingeht, ist auch das Kriterium der Leistungsbezogenheit erfüllt. Damit wird die Kosten- und Leistungsrechnung ebenfalls mit DM 6 000,– Kosten berührt.

Zusatzausgabe

Grenzt man Auszahlung und Ausgabe voneinander ab, wird erkennbar, daß der Unterschied in einer *Zusatzausgabe* liegen kann. Sie stellt eine *Ausgabe* dar, der in der Periode keine konkrete Auszahlung gegenübersteht (Schuldenzugang und/oder Forderungsabgang). Ansonsten decken sich – wie oben dargestellt – der Auszahlungs- und Ausgabebegriff.

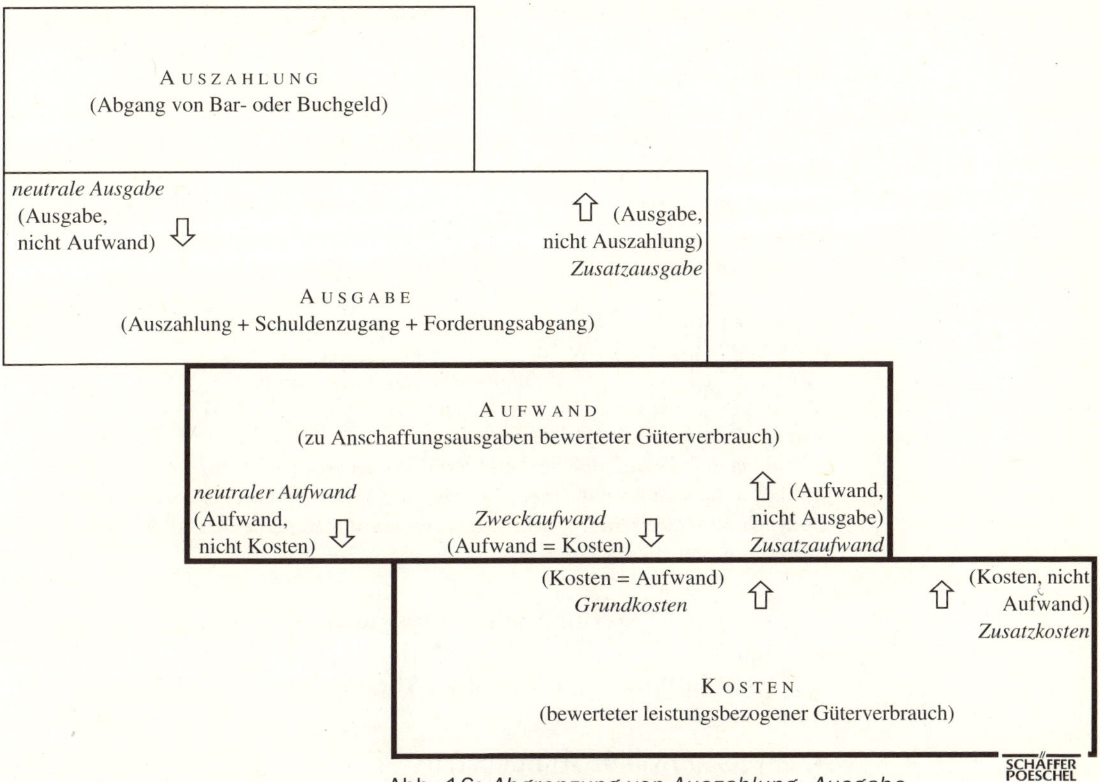

Abb. 16: *Abgrenzung von Auszahlung, Ausgabe, Aufwand und Kosten*

Die Speedy GmbH bezahlt den o.g. Materialeinkauf i.H.v. DM 10 000,– Ende März nicht bar, sondern nimmt das vom Lieferanten eingeräumte Ziel von 14 Tagen in Anspruch.

Damit findet im März keine Auszahlung statt, die Schulden nehmen zu, der Forderungsbestand bleibt unverändert: Es liegt im März eine Zusatzausgabe vor.

Bei Bezahlung 14 Tage später (Mitte April) wiederum wird aus der Zusatzausgabe eine Auszahlung.

Die Speedy GmbH nimmt auch nicht das Zahlungsziel in Anspruch, sondern begleicht die Rechnung durch Abgabe eines Besitzwechsels an den Verkäufer.

Nunmehr beträgt die Auszahlung Null, der Schuldenzugang Null, bestehende Forderungen gegenüber dem Lieferanten nehmen um DM 10 000,– ab (Zusatzausgabe).

Die Speedy GmbH bezahlt für das eingekaufte Material DM 3 000,– in bar, nimmt das Zahlungsziel von 14 Tagen (falls möglich) für DM 5 000,– in Anspruch und gibt einen Besitzwechsel i.H.v. DM 2 000,– ab.

Nun beträgt im März die Auszahlung DM 3 000,–, die Zusatzausgabe DM 7 000,– (DM 5 000,– Schuldenzugang; DM 2 000,– Forderungsabgang). Im April entsteht eine weitere Auszahlung von DM 5 000,–.

Es bleibt festzuhalten: Keine der aufgeführten Beispielvarianten wirkt sich auf das Ergebnis der Speedy GmbH aus. Allein in einzelnen Bilanzpositionen finden sich Veränderungen durch einen Aktivtausch, eine Bilanzverlängerung oder -verkürzung.

neutrale Ausgabe

Grenzt man die Ausgabe vom Aufwand ab, kann es Fälle geben, bei denen zwar eine *Ausgabe* vorliegt, aber in der betrachteten Abrechnungsperiode das Verbrauchskriterium nicht erfüllt wird, und somit *kein Aufwand* entsteht. Hier spricht man von *neutraler Ausgabe*. Andererseits kann ein Verbrauch und damit *Aufwand* vorliegen, dem jedoch *keine Ausgabe* in der betrachteten Periode gegenübersteht. Dies wäre begrifflich als *Zusatzaufwand* zu fassen. In der Regel liegen dem Aufwand jedoch zu irgendeinem Zeitpunkt Ausgaben zugrunde.

Zusatzaufwand

B

Material-Bareinkauf (DM 10 000,–) Ende März, davon Materialverbrauch (DM 6 000,–) Anfang April.

Dieser bisher zugrundeliegende Fall kann auch auf diese Ausgabenunterbegriffe übertragen werden: Im März liegt eine *neutrale Ausgabe* (DM 10 000,–) vor, da ein Verbrauch erst im Folgemonat gegeben ist.[9]

Der Materialverbrauch von DM 6 000,– wiederum stellt im April *Aufwand* dar, für den in diesem Monat keine Ausgabe und somit auch keine Auszahlung anfällt. Dadurch handelt es sich um *Zusatzaufwand*; die Ausgabe war in der vergangenen Abrechnungsperiode (März).

Die Gegenüberstellung von Aufwand und Kosten (und damit der Rechengrößen der Finanzbuchhaltung bzw. der Kosten- und Leistungsrechnung) zeigt, daß drei Abgrenzungsmöglichkeiten bestehen:

- Zweckaufwand/Grundkosten
- neutraler Aufwand
- Zusatzkosten.

Zweckaufwand/ Grundkosten

Dem *Aufwand* stehen Kosten in gleicher Höhe gegenüber. Man bezeichnet dies als *Zweckaufwand* (kostengleicher Aufwand) aus Sicht der Finanzbuchhaltung und als *Grundkosten* (aufwandsgleiche Kosten) aus Sicht der Kosten- und Leistungsrechnung. Der entsprechende Geschäftsvorfall fließt in beide Rechnungen unverändert ein.

B

Materialverbrauch Anfang April i.H.v. DM 6 000,– für die laufende PKW-Serie der Speedy GmbH.

Aufgrund der erfüllten Kriterien Güterverbrauch und Leistungsbezogenheit wird dieser Wertansatz aus Sicht der Finanzbuchhaltung als *Zweckaufwand*, aus Sicht der Kosten- und Leistungsrechnung als *Grundkosten* bezeichnet. Beide Rechnungen werden in gleicher Höhe berührt.

9 Zu einer weiteren Variante vgl. das zusammenfassende Beispiel am Ende der Abgrenzungen von Auszahlung, Ausgabe, Aufwand und Kosten.

neutraler Aufwand

Allerdings kann auch ein Verbrauch stattfinden und damit *Aufwand* entstehen, dem das Kriterium der Leistungsbezogenheit grundsätzlich oder zum Zeitpunkt der Betrachtung fehlt, und damit *keine Kosten* anfallen. Dieser Verbrauch fließt als *neutraler Aufwand* in die Finanzbuchhaltung ein, berührt jedoch nicht die Kosten- und Leistungsrechnung.

Die Speedy GmbH verbraucht im April Material i.H.v. DM 6 000,–; davon gehen DM 4 000,– in die laufende PKW-Serie ein und DM 2 000,– werden der Gemeinde als Spende zur Verfügung gestellt.

Da ein betriebsuntypischer (leistungsfremder) Güterverbrauch über DM 2 000,– stattfindet, liegt ein neutraler Aufwand in dieser Höhe vor. Diesem Aufwand stehen wegen des fehlenden Leistungsbezugs keine Kosten gegenüber. Allein DM 4 000,– fließen in die Kosten- und Leistungsrechnung ein (Grundkosten = Zweckaufwand); DM 6 000,– hingegen in die Finanzbuchhaltung (= Aufwand, davon DM 2 000,– neutraler Aufwand und DM 4 000,– Zweckaufwand).

Der Aufwand läßt sich auch wie folgt differenzieren:

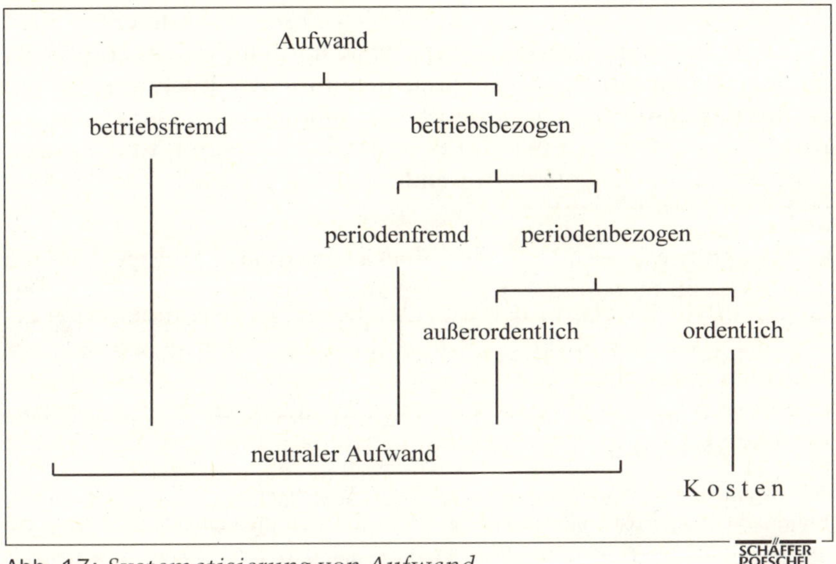

Abb. 17: *Systematisierung von Aufwand*

Nach dieser Einteilung führt

- betriebsfremder Aufwand (z.B. Spende),
- betriebsbezogener, aber periodenfremder Aufwand (z.B. Steuernachzahlung) und
- betriebs- und periodenbezogener, aber außerordentlicher Aufwand (z.B. außergewöhnlich hohe Schadensfälle, Konkurs eines Kunden)

zu neutralem Aufwand.[10] Es ist jedoch zu beachten, daß der außerordentliche Aufwand, der aus den betrieblichen Risiken resultieren kann, nur dann neutraler Aufwand in voller Höhe darstellt, wenn keine kalkulatorischen Wagniskosten in der Kosten- und Leistungsrechnung verrechnet werden.

Zusatzkosten

Werden *Kosten* verrechnet, denen *kein Aufwand* gegenübersteht – einerseits, weil kein Aufwand anfällt oder anfallen kann, oder andererseits, weil Aufwand in geringerer Höhe[11] entsteht –, führt dies begrifflich zu *Zusatzkosten*.

B

Die Speedy GmbH muß zum Zeitpunkt des Verbrauchs feststellen, daß der Lieferant zukünftig das Material zu 5 % über dem heutigen Preisniveau bereitstellen wird.

Da die Kosten- und Leistungsrechnung das Substanzerhaltungsprinzip verfolgt, sind die gestiegenen Wiederbeschaffungswerte anzusetzen. Somit verbucht die Finanzbuchhaltung einen Materialverbrauch von DM 4 000,–; die Kosten- und Leistungsrechnung verrechnet DM 4 200,–. Der den Aufwand übersteigende Betrag (DM 200,–) stellt Zusatzkosten dar; DM 4000,– hingegen sind aufwandsgleiche Kosten oder kostengleicher Aufwand.

Ziel der Abgrenzungen

Abgrenzungen in dieser detaillierten *begrifflichen* Form erscheinen zunächst möglicherweise als unnötig oder nur als eine theoretische Übung. Zudem arbeiten das externe und interne Rechnungswesen in ihren Darstellungen nur mit den Oberbegriffen Auszahlung, Ausgabe, Aufwand (Ausnahme: neutraler Aufwand) und Kosten. Dennoch sind derartige differenzierte Überlegungen für das *Verständnis* wichtig, denn

- das externe Rechnungswesen hat jeder Abrechnungsperiode die Aufwendungen und Erträge zuzurechnen, in der sie auch entstanden sind, auch wenn die entsprechenden Zahlungsvorgänge in früheren oder späteren Abrechnungsperioden liegen (Grundsatz der Periodisierung).
- die Kosten- und Leistungsrechnung verfolgt andere Zwecksetzungen als die Jahresabschlußrechnung.

zusammenfassendes Abgrenzungsbeispiel

Die Speedy GmbH kauft Ende März Material i.H.v. DM 10 000,– (Barzahlung DM 3 000,–, Zielkauf DM 7 000,–); DM 6 000,– werden Anfang April aus dem Lager entnommen und verbraucht (DM 4 000,– für die laufende Serie, DM 2 000,– als Spende); Wiederbeschaffungskosten 5 % über den Anschaffungswerten.

10 Unter betriebsbezogenen Aufwendungen werden regelmäßig anfallende Aufwendungen für den Betriebszweck verstanden, was i.d.R. auch zu Kosten führt.

11 Bedingt durch eine ungleiche periodische Erfassung der Mengenkomponente von Aufwand und Kosten oder durch die Bewertung des Güterverbrauchs zu über den Anschaffungswerten liegenden Preisen.

Lösung:

Abgrenzungen im *März*:

AUSZAHLUNG DM 3 000,–

AUSGABE DM 10 000,–

Zusatzausgabe
DM 7 000,–

neutrale Ausgabe
DM 10 000,–

Abgrenzungen im *April*:

AUSZAHLUNG DM 7 000,–

AUSGABE DM 7 000,–

Zusatzausgabe
DM 0,–

neutrale Ausgabe
DM 1 000,–

AUFWAND DM 6 000,–

Zusatzaufwand
DM 0,–

neutraler Aufwand
DM 2 000,–

Zweckaufwand
DM 4 000,–

Grundkosten DM 4 000,–

Zusatzkosten
DM 200,—

KOSTEN DM 4 200,–

Es zeigt sich, daß im Monat März der oben beschriebene Geschäftsvorfall nicht erfolgswirksam wird. Die Ausgabe ist in voller Höhe neutral, die Gewinn- und Verlustrechnung wird nicht ergebnisverändernd berührt. Da der Güterverbrauch im April stattfindet, muß er – wegen des Prinzips der Periodisierung – erst in diesem Monat als Aufwand erfaßt und damit erfolgswirksam werden.

Auch wird nochmals deutlich, daß die Gewinn- und Verlustrechnung und die Kosten- und Leistungsrechnung aufgrund ihrer unterschiedlichen Intensionen und Zielsetzungen zu verschiedenen Ergebnissen kommen (müssen).

Anderskosten

In dem eben dargestellten Beispiel stehen den DM 4 000,– Aufwand DM 4 200,– Kosten gegenüber. Kosten und Aufwand weichen der Höhe nach voneinander ab. Die in die Kosten- und Leistungsrechnung eingehenden Kosten können größer oder kleiner als der entsprechende Aufwand sein. Manche Autoren sprechen in diesem Zusammenhang von *Anderskosten*.[12] Doch damit wird nur ein weiterer Begriff eingeführt, der letztlich auf die in dem oben beschriebenen Abgrenzungsschema dargestellten Begriffe zurückgeführt werden kann. Auch besteht die Gefahr, daß mit Anderskosten andere Kostenarten gemeint sein könnten.

B

Die kalkulatorische Abschreibung einer Universaldrehmaschine in der Kostenstelle 4711 beträgt DM 10 000,–, die bilanzielle Abschreibung DM 8 000,– (DM 11 000,–).

Die Anderskosten von DM 10 000,– setzen sich aus DM 8 000,– Grundkosten und DM 2 000,– Zusatzkosten zusammen[13]. Beträgt die bilanzielle Abschreibung hingegen DM 11 000,– und die kalkulatorische DM 10 000,–, sind die Anderskosten von DM 10 000,– identisch mit den Grundkosten (Differenz von DM 1 000,– = neutraler Aufwand).

kalkulatorische Kosten

In Abb.18 tauchen Begriffe wie *kalkulatorischer* Unternehmerlohn, *kalkulatorische* Miete usw. auf. Grundsätzlich ist festzuhalten, daß alle Kosten kalkulatorische Größen sind, so daß dieses Adjektiv entfallen könnte. Jedoch ist es aus sprachlichen Überlegungen heraus sinnvoll, dennoch einen Sachverhalt mit kalkulatorisch zu umschreiben, wenn es um verwechselbare Aufwendungen geht (bilanzielle und kalkulatorische Abschreibung; GmbH-Geschäftsführergehalt – kalkulatorischer Unternehmerlohn; Fremdkapitalzinsen – kalkulatorische Zinsen; Mietzahlungen – kalkulatorische Miete; usw.).[14] Kalkulatorische Kosten können, müssen jedoch nicht mit den Zusatzkosten identisch sein.

Vergleich Aufwand – Kosten

Es hat sich gezeigt, daß der Kostenbegriff einerseits enger, andererseits aber auch weiter als der Aufwandsbegriff ist. Grundsätzlich können vier Ursachen festgehalten werden:

- Die Güterverbräuche müssen das Kriterium der Leistungsbezogenheit erfüllen.
- Den Kosten müssen nicht grundsätzlich Ausgaben zugrunde liegen.
- Das Mengengerüst von Aufwand und Kosten weicht voneinander ab.
- Die Bewertung unterscheidet sich.

---

12 Vgl. z.B. Huch, B., 1974, S. 32ff.; Kloock, J./Sieben, G./Schildbach, Th., 1991, S. 33f.

13 Es wäre auch nicht hilfreich, die Zusatzkosten selbst als Anderskosten zu bezeichnen.

14 Näheres hierzu in der Kostenartenrechnung.

Abgrenzungsbegriffe	*Beispiele*
Neutraler Aufwand	• Spenden für wohltätige Zwecke • Differenz zwischen höherer bilanzieller und niedrigerer kalkulatorischer Abschreibung • Reparaturen an nicht betriebsnotwendigen Gebäuden • Verlust beim Anlageverkauf • Spekulationsverluste mit Wertpapie-ren • Differenz zwischen tatsächlichem Brandschaden und für dieses Risiko verrechneten kalkulatorischen Wagniskosten • Steuernachzahlung usw.
Zweckaufwand = Grundkosten	• Versicherungen • Materialsofortverbrauch • Energiekosten • Akkordlöhne • Meistergehalt • Grundsteuer • usw.
Zusatzkosten	• kalkulatorischer Unternehmerlohn • kalkulatorische Eigenkapitalzinsen • Differenz zwischen höherer kalkulatorischer und niedrigerer bilanzieller Abschreibungen • kalkulatorische Miete • Garantiekostenverrechnung, ohne daß Garantieleistungen vom Kunden in Anspruch genommen werden usw.

SCHÄFFER POESCHEL

Abb. 18: *Beispiele für die Abgrenzung von Aufwand und Kosten*

Damit können (aus Sicht der Finanzbuchhaltung) dem Aufwand

- *keine Kosten (neutraler Aufwand),*
- *Kosten in gleicher Höhe (Zweckaufwand = Grundkosten) oder*
- *Kosten in anderer Höhe (Grund- und Zusatzkosten),*

(aus Sicht der Kosten- und Leistungsrechnung) den Kosten

- *kein Aufwand (Zusatzkosten),*
- *Aufwand in gleicher Höhe (Grundkosten = Zweckaufwand) oder*
- *Aufwand in anderer Höhe (neutraler – und Zweckaufwand)*

gegenüberstehen.

3.3. Abgrenzung von Einzahlung, Einnahme, Ertrag und Leistung

Die bisherige Abgrenzungsmethodik kann auch auf die Begriffsgruppe *Einzahlung, Einnahme, Ertrag und Leistung* angewendet werden:

Im Mai produziert und verkauft die Speedy GmbH im Rahmen eines Kooperationsvertrages für DM 120 000,– Motoren (Fertigerzeugnisse). Der Zahlungseingang erfolgt im selben Monat.

Einzahlung/Einnahme

Es liegt eine *Einzahlung* und eine *Einnahme* über DM 120 000,– vor.

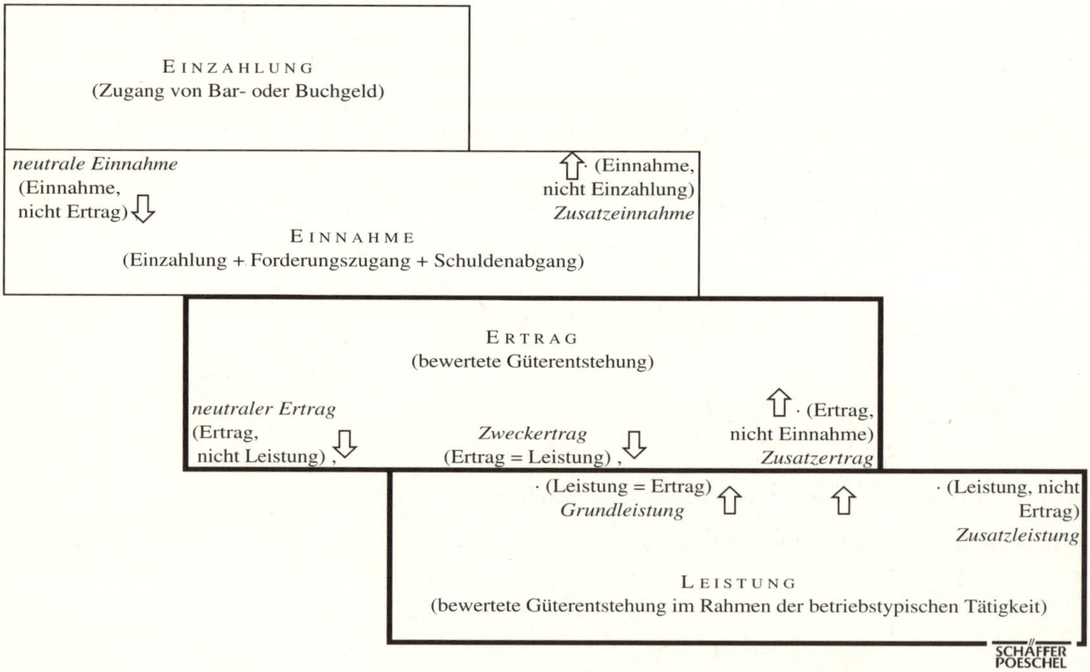

Abb.19: *Abgrenzung von Einzahlung, Einnahme, Ertrag und Leistung*

Ertrag/Leistung

Da Güterentstehung im Rahmen des erklärten Leistungserstellungsprogramms vorliegt, ist dieser Geschäftsvorfall zudem als *Ertrag* (Güterentstehung) und *Leistung* (betriebstypische Güterentstehung) einzuordnen.

Zusatzeinnahme

Die Speedy GmbH räumt dem Empfänger für die Ende Mai gelieferten Motoren (DM 120 000,–) ein Zahlungsziel ein.

Im Mai liegt eine Einnahme in Form des Forderungszugangs über DM 120 000,– (Einzahlung und Schuldenzugang hingegen = 0). Begrifflich wäre dies als *Zusatzeinnahme (Einnahme, nicht Einzahlung)* einzuordnen. Eine Zusatzeinnahme liegt auch dann vor, wenn die Speedy GmbH die Motorenlieferung mit bestehenden Schulden beim Kooperationspartner verrechnet.

Erst im Juni entsteht eine Einzahlung, die gleichzeitig eine Einnahme darstellt.

neutrale Einnahme/ Zusatzertrag

Bei der Speedy GmbH geht im Mai eine Vorauszahlung des Kooperationspartners über noch zu produzierende und zu liefernde Motoren ein (DM 90 000,–).
Damit liegt eine Einzahlung = Einnahme über DM 90 000,– vor. Da jedoch noch keine Güter entstanden sind, ist diese Einnahme im Mai als *neutrale Einnahme (Einnahme, der kein Ertrag gegenübersteht)* einzuordnen. Diese Vorauszahlung wirkt sich nicht verändernd auf den Erfolg der Speedy GmbH aus.

Im Juni werden die vorausbezahlten Motoren produziert und geliefert.
In diesem Monat entstehen die Güter (Motoren), die Einnahme lag jedoch bereits im Mai vor, so daß für den Juni ein *Zusatzertrag (Ertrag, dem keine Einnahme gegenübersteht)* gegeben ist. Nun wird dieser Vorgang erfolgswirksam.

neutraler Ertrag

Manfred Kolb, Leiter der Abteilung Finanzen, konnte im Juni durch den Verkauf von Wertpapieren, die er spekulativ für die Speedy GmbH anlegte, einen Gewinn von DM 10 000,– realisieren.

Diese betriebs*un*typische Nominalgüterentstehung stellt einen Ertrag dar, dem jedoch *keine Leistung* gegenüberstehen darf (*neutraler Ertrag*). Die DM 10 000,– fließen in die Gewinn- und Verlustrechnung ein, in die Kosten- und Leistungsrechnung hingegen nicht.

Der Ertrag kann auch folgendermaßen unterschieden werden:

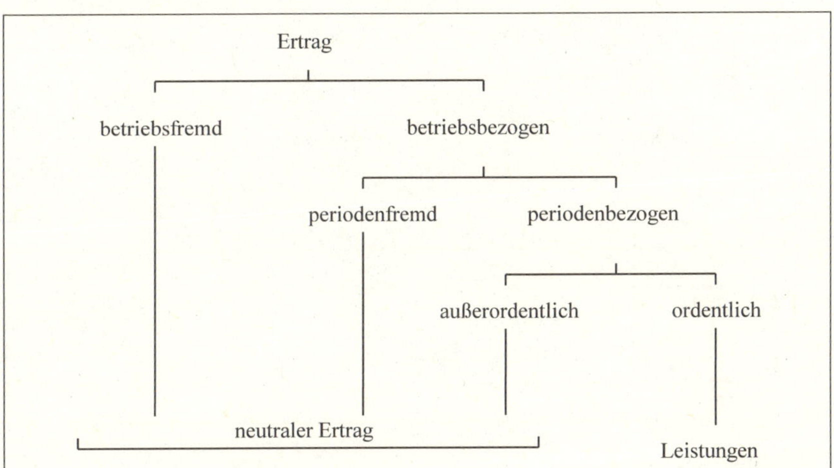

Abb. 20: *Systematisierung der Ertragsarten*

Gemäß dieser Aufspaltung von Ertrag führt

- betriebsfremder Ertrag (z.B. erhaltene Spende)
- betriebsbezogener, aber periodenfremder Ertrag (z.B. Steuererstattung) und
- betriebs- und periodenbezogener, aber außerordentlicher Ertrag (z.B. Erträge aus dem Verkauf von Anlagegütern)

zu neutralem Ertrag.

Zweckertrag/ Grundleistung

Das oben verwendete Beispiel (Verkauf von Motoren an den Kooperationspartner; DM 120 000,–) stellt begrifflich *Zweckertrag* (aus Sicht der Finanzbuchhaltung) und *Grundleistung* (aus Sicht der Kosten- und Leistungsrechnung) dar. Neben der Herstellung eines Personenkraftwagens gehören bei der Speedy GmbH auch Aktivitäten in Geschäftsfeldern, die dem Kerngeschäft nahestehen, zum erklärten Leistungserstellungsprogramm.

Zusatzleistung

B

Sabine Falckenstein-Comenius, Leiterin der Abteilung Forschung und Entwicklung, hat selbst ein Patent entwickelt, welches nunmehr für die aktuelle Serie Anwendung findet. Dafür werden in der Kosten- und Leistungsrechnung DM 8 000,– angesetzt.

Da es sich um ein selbsterschaffenes Patent handelt, ist ein Ansatz in der Finanzbuchhaltung nicht erlaubt. Die vorliegende betriebstypische Güterentstehung stellt damit eine *Leistung* dar, der kein Ertrag i.H.v. DM 8 000,– gegenübersteht (= *Zusatzleistung*).

Umfassendes Abgrenzungsbeispiel

B

Die Speedy GmbH erhält im Mai eine Anzahlung des Kooperationspartners über noch zu produzierende und zu liefernde Motoren i.H.v. DM 90 000,–. Im Juni werden die Motoren produziert (DM 120 000,–). Der Kooperationspartner besteht inzwischen jedoch nur auf eine Lieferung an Motoren für DM 100 000,–. Die restliche Zahlung dafür erfolgt im folgenden Monat. Die Speedy GmbH bewertet die auf Lager gehenden Motoren wegen zu erwartender höherer Materialpreise mit DM 21 000,–.

Lösung:

Abgrenzungen im *Mai:*

Einzahlung DM 90 000,–

Einnahme DM 90 000,–

Zusatzeinnahme
DM 0,–

neutrale Einnahme
DM 90 000,–

Abgrenzungen im *Juni:*

Einzahlung DM 0,–

Einnahme DM 10 000,–

Zusatzeinnahme
DM 10 000,–

neutrale Einnahme
DM 0,–

Ertrag DM 120 000,–

Zusatzertrag
DM 110 000,–

neutraler Ertrag
DM 0,–

Zweckertrag
DM 120 000,–

Grundleistung DM 120 000,–

Zusatzleistung
DM 1 000,—

Leistung DM 121 000,–

Abgrenzungen im *Juli:*

Einzahlung DM 10 000,–

Einnahme DM 10 000,–

Zusatzeinnahme
DM 0,–

neutrale Einnahme
DM 10 000,–

Da im Mai eine Anzahlung des Kooperationspartners erfolgt, bei der Speedy GmbH jedoch noch keine Güterentstehung stattgefunden hat, liegt als Einnahme (= Einzahlung) eine *neutrale Einnahme* vor (Einnahme, noch nicht Ertrag). Dieser Vorgang ist nicht ergebniswirksam.

Im Juni hat die Speedy GmbH in Form der *Zusatzeinnahme* (= Forderungszugang) eine Einnahme, denn die Anzahlung betrug bisher DM 90 000,–, der Lieferumfang jedoch DM 100 000,–. Insgesamt hat jedoch eine betriebstypische Güterentstehung i.H.v. DM 120 000,– (leistungsgleicher Ertrag = *Zweckertrag* oder ertragsgleiche Leistung = *Grundleistung*) stattgefunden, davon waren DM 100 000,– für den Kooperationspartner bestimmt, DM 20 000,– gingen auf Lager. Da die auf Lager gegangenen Motoren in der Kosten- und Leistungsrechnung um DM 1 000,– höher bewertet wurden (= Unterschied zwischen Herstell- und Herstellungskosten) sind diese als *Zusatzleistung* einzuordnen (Leistung, der kein Ertrag gegenübersteht). Damit wird die Gewinn- und Verlustrechnung i.H.v. DM 120 000,–, die Kosten- und Leistungsrechnung i.H.v. DM 121 000,– berührt. Grenzt man Ertrag und Einnahme voneinander ab, so stellt man fest, daß vom Ertrag i.H.v. DM 120 000,– dem *Zusatzertrag* DM 110 000,– zuzuschreiben sind. Dieser setzt sich aus DM 90 000,– (Ertrag, nicht mehr Einnahme) und DM 20 000,– (Ertrag, noch nicht Einnahme) zusammen. Weitere DM 10 000,– stellen ertragsgleiche Einnahme oder einnahmengleicher Ertrag dar (dafür gibt es jedoch keinen speziellen Begriff).

Im Juli nun erfolgt die Restzahlung für die bereits im Juni gelieferten Motoren. Damit liegt als Einnahme eine *neutrale Einnahme* vor (Einnahme, nicht mehr Ertrag). Dieser Vorgang wird damit in diesem Monat nicht ergebniswirksam.

Andersleistung

In dem eben dargestellten Beispiel wurde die Bestandserhöhung in der Kosten- und Leistungsrechnung anders (höher) bewertet als in der Finanzbuchhaltung. In diesem Zusammenhang fällt oft der Begriff der *Andersleistung*. In Analogie zu den Anderskosten bleibt festzustellen, daß die bisherigen Begriffe ausreichend und operational sind. Soweit Ertrag und Leistung betragsmäßig übereinstimmen, liegen Zweckertrag bzw. Grundleistung vor. Differieren beide Beträge, handelt es sich entweder um neutralen Ertrag und Zweckertrag bzw. um Grundleistung und Zusatzleistung.

B

Fertigerzeugnisse werden in der Finanzbuchhaltung mit Herstellungskosten von DM 20 000,–, in der Kosten- und Leistungsrechnung mit Herstellkosten von DM 21 000,– (DM 18 000,–) bewertet.

Bei der Andersleistung von DM 21 000,– und Ertrag von DM 20 000,– betragen die Grundleistung (= Zweckertrag) DM 20 000,– und die Zusatzleistung DM 1 000,–[15]. Steht hingegen der Andersleistung von DM 18 000,– ein Ertrag von DM 20 000,– gegenüber, handelt es sich um DM 18 000,– Grundleistung (= Zweckertrag) und DM 2 000,– neutraler Ertrag.

15 Es wäre auch nicht hilfreich, die Zusatzleistung selbst als Andersleistung zu bezeichnen.

Abgrenzungsbegriffe	*Beispiele*
Neutraler Ertrag	• Verkauf einer Anlage über Buchwert • Mieten aus nicht betriebsnotwendigen Gebäuden • erhaltene Schenkungen • Subventionen • Auflösung überhöhter Rückstellungen • usw.
Zweckertrag = Grundleistung	• Verkauf von Fertigerzeugnissen, Waren, Dienstleistungen • Bestandserhöhungen an Fertigerzeugnissen, unfertigen Erzeugnissen • usw.
Zusatzleistung	• Differenz zwischen höherer kalkulatorischer und niedrigerer bilanzieller Bewertung von Beständen • Ansatz von selbsterschaffenen Patenten • unentgeltlich abgegebene Fertigerzeugnisse

Abb. 21: *Beispiele für die Abgrenzung von Ertrag und Leistung*

Analog zur Abgrenzung von Aufwand und Kosten ist hier festzuhalten:

Dem Ertrag kann (aus Sicht der Finanzbuchhaltung)

- *keine Leistung (neutraler Ertrag),*
- *Leistung in gleicher Höhe (Zweckertrag = Grundleistung) oder*
- *Leistung in anderer Höhe (Grund- und Zusatzleistung);*

der Leistung kann (aus Sicht der Kosten- und Leistungsrechnung)

- *kein Ertrag (Zusatzleistung),*
- *Ertrag in gleicher Höhe (Grundleistung = Zweckertrag) oder*
- *Ertrag in anderer Höhe (neutraler Ertrag und Zweckertrag)*

gegenüberstehen.

4. Kostenartenrechnung

B

Manfred Kolb, Leiter Finanzen und zuständig für das Rechnungswesen bei der Speedy GmbH, hat sich nunmehr entschlossen, zunächst eine Vollkostenrechnung auf Istkostenbasis einzuführen, die dann im Zeitablauf sukzessive ausgebaut und ergänzt werden soll. Nachdem er sich über die Unterschiede des externen und internen Rechnungswesens klargeworden ist, insbesondere hinsichtlich der Zielsetzungen und Gestaltungsmöglichkeiten und damit auch der verwendeten Rechengrößen, kann sich Manfred Kolb an den zweckmäßigen Aufbau des ersten Teilgebiets der Kosten- und Leistungsrechnung, die Kostenartenrechnung, machen.

4.1. Aufgaben der Kostenartenrechnung

Die Kostenartenrechnung stellt abrechnungstechnisch das erste der drei üblicherweise unterschiedenen Teilbereiche eines Kostenrechnungssystems dar. Diese zeitraumbezogene Rechnung bildet die Grundlage und den Ausgangspunkt des gesamten Systems.

Ihre Aufgaben bestehen in

Aufgaben

- *der vollständigen und überschneidungsfreien Erfassung der Kosten,*
- *der Gliederung der Kostenarten und*
- *der Transformation der Kostendaten an die nachfolgenden, je nach Rechnungszweck bestehenden Teilbereiche.*

Gelegentlich wird ihr auch eine Kostenkontrollfunktion zugesprochen.

Kostenerfassung

Für die Erfassung der Kosten greift die Kostenartenrechnung zunächst auf die bereits vorhandenen Daten bestehender Systeme wie die Finanzbuchhaltung, die Lohn- und Gehaltsbuchhaltung, die Materialbuchhaltung und die Anlagenbuchhaltung zurück. Da jedoch Unterschiede zwischen den in der Finanzbuchhaltung berücksichtigten Aufwendungen (und Erträgen) und den in der Kosten- und Leistungsrechnung verrechneten Kosten (und Leistungen) bestehen, kommt der Erfassungsaufgabe eine besondere Bedeutung zu. Erfassungs- und Abgrenzungsfehler verfälschen zwangsläufig die Ergebnisse einer Kosten- und Leistungsrechnung. Wird an dieser Stelle unsauber gearbeitet, fließen Kostendaten möglicherweise mehrfach oder unvollständig ein. Diese Fehler wirken sich entsprechend z.B. auf die Kalkulationsergebnisse (Herstell- und Selbstkosten), die Daten der Kostenkontrolle oder die gewünschten Daten für Sonderrechnungen aus. Dadurch geht naturgemäß die Aussagekraft aller Darstellungen verloren.

Für die Kostenerfassung sind deshalb die aus dem externen Rechnungswesen verwendeten Daten daraufhin zu untersuchen, ob sie

- neutralen Aufwand darstellen und sich damit für die Kosten- und Leistungsrechnung ausschließen (z.B. Spende);
- als Zweckaufwand = Grundkosten übernommen werden können und damit in gleicher Höhe in die Kosten- und Leistungsrechnung einfließen (z.B. Fertigungslöhne);
- anders zu bewerten sind (z.B. kalkulatorische Abschreibungen).

Zudem sind

- Zusatzkosten zu ermitteln, also Kosten, die nicht im externen Rechnungswesen als Aufwand erfaßt werden dürfen (z.B. kalkulatorischer Unternehmerlohn).

Kostengliederung

Aus der Tatsache heraus, daß es in Abhängigkeit von den unterschiedlichen Zwecksetzungen der Entscheidungsträger verschiedene Ausgestaltungsmöglichkeiten eines Kostenrechnungssystems gibt, müssen die erfaßten Kosten entsprechende aufbereitet werden. Wie noch zu zeigen sein wird, sind die Kostenarten auch daraufhin zu untersuchen, ob sie Einzel- oder Gemeinkosten darstellen und – gegebenenfalls – ob sie in voller Höhe fix, teilweise fix und teilweise variabel oder in voller Höhe variabel sind.

Kostenweiterverrechnung

Sind die Kosten erfaßt und für die Verrechnung entsprechend aufbereitet, können sie in die nachfolgenden Teilgebiete des Systems einfließen. Welche Teilbereiche davon betroffen sind, hängt letztlich vom Rechnungszweck und der Art der Fertigung ab. Will man beispielsweise die langfristige Preisuntergrenze in einem Einproduktunternehmen ermitteln, muß keine Verrechnung der Kosten über die Kostenstellenrechnung vorgenommen werden. Die Daten können direkt in die Kostenträgerstückrechnung einfließen. Wird jedoch bei einer derartigen Fertigung auch eine Kostenkontrolle gewünscht oder handelt es sich um eine Einzelfertigung, ist wiederum auch eine Kostenstellenrechnung notwendig.

Kostenkontrolle

Häufig wird der Kostenartenrechnung auch eine Kontrollfunktion zugesprochen. Da jedoch nur Informationen über den Anteil bestimmter Kostenarten an den Gesamtkosten, das Verhältnis einzelner Kostenarten untereinander, die Entwicklung der Höhe einzelner Kostenarten im Zeitablauf u.ä. feststellbar sind, sollte man dieser Aufgabe nicht zuviel Gewicht beimessen.

4.2. Gliederung der Kostenarten

Je nach Rechnungszweck lassen sich die innerhalb eines Rechnungszeitraums anfallenden Kosten nach verschiedenen Kriterien gliedern. Letztlich sind Kostenkategorien zu bilden, die hinsichtlich des zugrundegelegten Kriteriums die gleiche Merkmalsausprägung besitzen. In Betracht können folgende Kriterien kommen:

(1) Herkunft der Kostengüter
(2) Art der verbrauchten originären Kostengüter
(3) Art der Zurechnung
(4) Abhängigkeit vom Beschäftigungsgrad
(5) Ort der Kostenentstehung
(6) Betrieblicher Funktionsbereich.

primäre und sekundäre Kosten

(1) *Herkunft der Kostengüter:* Wie bereits ausgeführt, können grundsätzlich zwei Arten von Leistungen unterschieden werden: die innerbetriebliche Leistung und die Marktleistung. Die für die Erstellung der betriebstypischen Leistungen notwendigen Güter werden vom Unternehmen von außen bezogen. Diese Güter stellen originäre Produktionsfaktoren dar. Der bewertete Verzehr jener Güter nun bezeichnet man als *primäre* Kosten (Löhne, Materialkosten, Steuern, kalkulatorische Abschreibungen für Maschinen usw.). Es fallen sowohl für Marktleistungen wie für innerbetriebliche Leistungen primäre Kosten an. Wenn nun beim bewerteten betriebstypischen Verzehr von originären Produktionsfaktoren für Leistungen, die nicht für den Markt bestimmt sind, sondern wieder vom Betrieb verbraucht werden (innerbetriebliche Leistungen), *sekundäre* Kosten *verrechnet* werden (Kosten für eigenerzeugte Energie: DM/kWh, für innerbetriebliche Transportleistungen: DM/km, der eigenen Instandhaltungsabteilung: DM/Reparaturstunde), fallen dennoch primäre Kosten an. Das bedeutet, sekundäre Kosten lassen sich in primäre Kosten auflösen: Der Verrechnungssatz pro gefahrenen km für innerbetriebliche Transportleistungen setzt sich originär z.B. aus anteiligen Lohnkosten, Materialkosten, kalkulatorischen Abschreibungen, kalkulatorischen Zinsen, Steuern usw. zusammen. Für die Kostenartenrechnung genügt es deshalb, nur die die primären Kosten zu *erfassen,* unabhängig von einer weiteren Verrechnung. Dadurch wird auch die potentielle Gefahr einer Doppelerfassung und damit die Entstehung von unsauberen Kostenarten vermieden.[1]

1 Die Verrechnung von sekundären Kosten erfolgt in der Kostenstellenrechnung.

Im nachstehenden verkürzten linken Kostenartenplan der Speedy GmbH stellen die *Kosten des innerbetrieblichen Transports* und *die Kosten für eigenerzeugten Strom* unsaubere Kostenarten dar. Es besteht Gefahr, daß die darin enthaltenen primären Kostenarten auch in die anderen Kostenarten eingeflossen sind.

unsaubere Kostenarten

B

Kostenartenplan mit unsauberen Kostenarten	*bereinigter Kostenartenplan*
• PERSONALKOSTEN Löhne und Gehälter Sozialkosten	• PERSONALKOSTEN *Löhne und Gehälter Fuhrpark* *Löhne und Gehälter Stromerzeugung* *Sonstige Löhne und Gehälter* *Sozialkosten Fuhrpark* *Sozialkosten Stromerzeugung* Sonstige Sozialkosten
• MATERIALKOSTEN Rohstoffkosten Hilfstoffkosten Betriebsstoffkosten	• MATERIALKOSTEN *Rohstoffkosten Stromerzeugung* Sonstige Rohstoffkosten Hilfstoffkosten *Betriebsstoffkosten Fuhrpark* Sonstige Betriebsstoffkosten
• KALKULATORISCHE ABSCHREIBUNGEN	• KALKULATORISCHEN ABSCHREIBUNGEN *Kalk. Abschreibungen Fuhrpark* *Kalk. Abschreibungen Stromerzeugungsstelle* Sonstige kalk. Abschreibungen
• *KOSTEN DES INNERBETRIEBLICHEN TRANSPORTS* • *KOSTEN FÜR EIGENERZEUGTEN STROM*	
usw.	usw.

SCHÄFFER POESCHEL

Abb. 22: *Auflösung unsauberer Kostenarten im Kostenartenplan*

primäre Kostenartenkategorien

(2) *Art der verbrauchten originären Kostengüter:* Diese Differenzierung sollte zweckmäßigerweise das Grundgerüst und den Ausgangspunkt der Kostenerfassung darstellen. Demnach unterscheidet man sieben Kostenartenkategorien:

- *Personalkosten*
- *Materialkosten*
- *Kalkulatorische Abschreibungen*
- *Kalkulatorische Zinsen*
- *Fremdleistungskosten*
- *Wagniskosten*
- *Steuern.*

Diese Kostenartenkategorien können mehr oder weniger weiter differenziert werden. Der Differenzierungsgrad sollte sich jedoch für das Unternehmen in einem angemessenen Rahmen bewegen. Zu viele Kostenarten werden unübersichtlich, führen möglicherweise zu fehlerhaften Erfassungen und erschweren die Verrechnung und Auswertungen. Zu wenige Kostenarten führen zu ungenauen Verrechnungen oder lassen keine zufriedenstellenden Auswertungen zu. Auch hier gilt das Gebot der Wirtschaftlichkeit.

(3) *Art der Zurechnung:* Werden Kostenarten dahingehend unterschieden, inwieweit sie den Kostenträgern zurechenbar sind, spricht man von *Einzel- oder Gemeinkosten.*

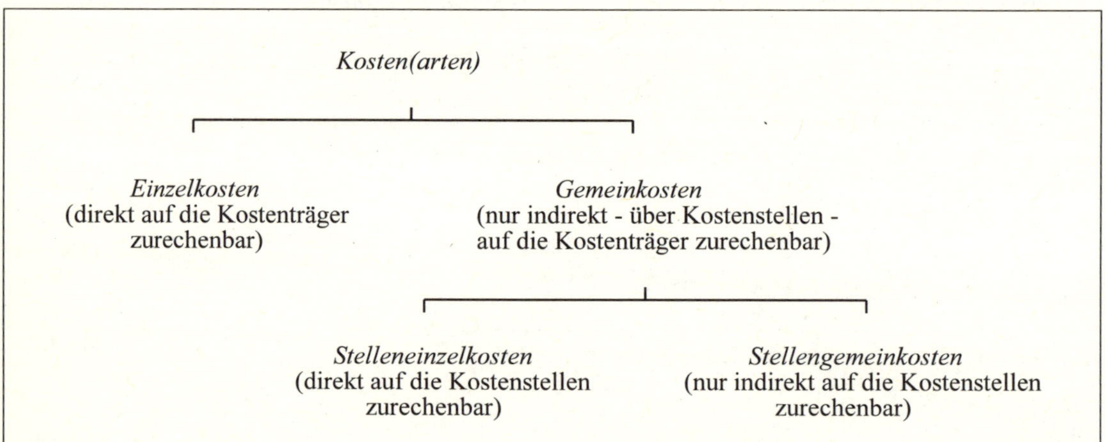

Abb. 23: *Unterscheidung der Kosten(arten) in Einzel- und Gemeinkosten*

SCHÄFFER POESCHEL

Einzelkosten

Einzelkosten lassen sich direkt den einzelnen Kosten*trägern*[2] zurechnen. Das bedeutet, daß die Einzelkosten verrechnungstechnisch nicht die Kostenstellenrechnung durchlaufen müssen, sondern direkt in die Kostenträgerrechnung einfließen können. Da dadurch eine verursachungsgerechte Verrechnung derartiger Kostenarten (z.B. Fertigungslöhne, Rohstoffkosten) unterstellt werden kann, sollten – wo angezeigt – möglichst viele Kostenarten als Einzelkosten, und nicht aus Vereinfachungsgründen ggfs. als Gemeinkosten behandelt werden. Da Einzelkosten verrechnungstechnisch problemlos sind, könnten sie auch über die Kostenstellenrechnung abgerechnet werden. So ist es z.B. sehr oft üblich, die Fertigungslöhne in die Verrechnungssätze der Fertigungskostenstellen (z.B. Maschinenstundensatzrechnung) einzustellen, da sie zu den Kosten des Fertigungsbereichs zu zählen sind.

Gemeinkosten

Gemeinkosten hingegen können nur *indirekt* auf die Kostenträger verrechnet werden. Dazu muß vor der Kalkulation die Kostenstellenrechnung zwischengeschaltet werden. Gemeinkosten werden von mehreren Kostenträgern verursacht und müssen deshalb mit Hilfe der Kostenstellenrechnung verteilt werden (z.B. Grundsteuer, Gebäudeabschreibungen, Hilfslöhne usw.). Dies geschieht mit Hilfe von Bezugs- oder Schlüsselgrößen. Damit ist bereits erkennbar, daß bei der Verrechnung dieses Teils der Kostenarten das Verursachungsprinzip schwer oder gar nicht eingehalten werden kann. Das Verursachungsprinzip relativiert sich hier auch um so mehr, je nachlässiger Verteilungsschlüssel zugrunde gelegt werden, die den Gedanken der Proportionalität zwischen zu verteilenden Gemeinkosten und Basis in den Hintergrund stellen.

Stelleneinzel-/ Stellengemeinkosten

Innerhalb der *Gemeinkosten* kann weiter in *Stelleneinzel- und Stellengemeinkosten* unterschieden werden. Unter *Stelleneinzel*kosten sind deshalb keine Einzelkosten zu verstehen, sondern Gemeinkosten, die den Kosten*stellen direkt* zugerechnet werden können (z.B. kalkulatorische Abschreibungen von Maschinen, die sich in einer bestimmten Kostenstelle befinden, Gehalt des für eine Kostenstelle Verantwortlichen). Andererseits gibt es auch Gemeinkosten, die mit Hilfe von Verteilungsschlüsseln auf Kostenstellen umgelegt werden müssen (*Stellengemein*kosten). Deren Zurech-

2 Kostenträger sind hier im weitesten Sinne zu verstehen. Diese Sichtweise schließt auch die Kalkulationsobjekte in einer Deckungsbeitragsrechnung mit relativen Einzelkosten ein. Dort können Kalkulationsobjekte nicht nur bestimmte Erzeugniseinheiten, sondern auch z.B. Erzeugnisgruppen, Kostenstellen oder bestimmte Abrechnungsperioden sein. Die Einzelkosten sind in einem derartigen Kostenrechnungssystem deshalb relativ, weil sie einem Kalkulationsobjekt direkt, einem anderen Kalkulationsobjekt hingegen nicht zugerechnet werden können.

nung erfolgt damit *indirekt* (z.B. Grundsteuer, Feuerversicherungsprämie, kalkulatorischer Unternehmerlohn).

Einzel steht somit immer für direkte, *gemein* für indirekte Zurechnung: im Falle der Unterscheidung in Einzel- und Gemeinkosten auf Kostenträger, im Falle der Unterscheidung in Stelleneinzel- und -gemeinkosten auf Kostenstellen.

unechte Gemeinkosten

In manchen Fällen lohnt eine gesonderte Erfassung und Zurechnung von bestimmten Einzelkosten auf Kostenträger nicht. Aus Wirtschaftlichkeits- und Vereinfachungsgründen werden sie als Gemeinkosten behandelt, obgleich sie Einzelkosten darstellen (z.B. Hilfsstoffkosten für Nägel, Lacke, Leim, Schrauben, Nieten usw.).

(4) Abhängigkeit vom Beschäftigungsgrad: Eine Unterscheidung der Kosten(arten) nach ihrem Verhalten bei Beschäftigungsschwankungen führt zu einer Unterteilung in *fixe* und *variable* Kosten.

Fixkosten

Fixe Kosten sind solche, die unabhängig von der Beschäftigung oder Ausbringung in konstanter Höhe anfallen und lediglich kapazitätsabhängig oder zeitproportional sind. Sie dienen der Aufrechterhaltung der Betriebs- und Leistungsbereitschaft. Bleiben jedoch innerhalb bestimmter Beschäftigungsintervalle die Fixkosten gleich, und verändern sich an der Grenze dieser Intervalle auf ein höheres oder niedrigeres Niveau, so spricht man von sprungfixen Kosten. Allerdings bauen sich Fixkosten nicht immer in dem Maße ab, wie sie sich aufbauen (Kostenremanenz). Die Ursache liegt darin, daß bestimmte Einsatzgüter nicht beliebig teilbar sind (z.B. Maschinen). Der fixe Charakter von Kosten hängt jedoch vom Betrachtungszeitraum (Fristigkeit) ab. So könnten selbst Fertigungslöhne als typische beschäftigungsabhängige Kosten aufgrund tarifvertraglicher Regelungen (Kündigungsfristen) Fixkosten darstellen, wenn sie beispielsweise einem Zweiwochenzeitraum zuzuordnen wären. Langfristig betrachtet sind alle Kosten variabel.[3]

sprungfixe Kosten

variable Kosten

Variable Kosten sind grundsätzlich abhängig von der Beschäftigung. Grad und Art der Abhängigkeit variieren jedoch. In der Regel werden die Kostenabhängigkeiten in der industriellen Fertigung durch proportionale Kostenverläufe allerdings ausreichend gekennzeichnet.

Gesamtkostenverläufe

Man kann die in Abbildung 24 dargestellten Möglichkeiten des Kostenverlaufs in Abhängigkeit von der Ausbringung unterscheiden.

Fixe Kosten sind beispielsweise kalkulatorische Abschreibungen auf Gebäude, intervallfixe Kosten Maschinenabschreibungen,

3 Vgl. auch Bergner, H., 1967.

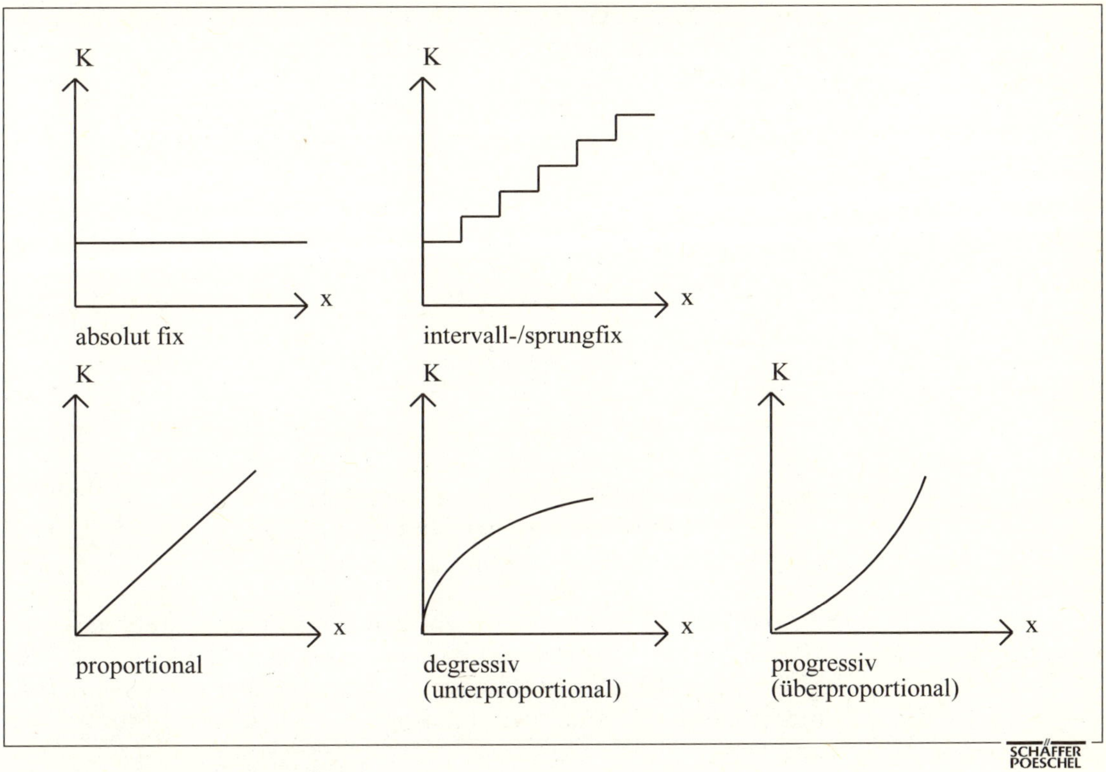

Abb. 24: *Gesamtkostenverläufe*

proportionale Kosten Akkordlöhne, degressive Kosten Materialkosten bei gestaffelten Mengenrabatten, progressive Kosten Energiekosten bei steigender Intensität.

An dieser Stelle sollen jedoch keine weiteren kostentheoretischen Überlegungen angestellt werden, sondern es bleibt hinsichtlich der Kostenverläufe festzuhalten, daß man in der Betriebswirtschaftslehre dazu neigt, lineare (Gesamt)kostenverläufe für die industrielle Produktion anzunehmen. Bedeutsam für die Teilkostenrechnungssysteme und die Plankostenrechnung auf Vollkostenbasis ist nun, welche Kostenarten fix, welche variabel oder welche zum Teil fix und zum Teil variabel sind. Hierzu wurden für die Kostenauflösung Auswertungsmethoden entwickelt. Zu nennen sind beispielsweise das Streupunktdiagramm, das Hoch-Tiefpunkt-Verfahren oder die Methode der kleinsten Quadrate. Auch sei darauf hingewiesen, daß ein und diesselbe Kostenart für eine Kostenstelle variabel und für die andere hingegen fix sein kann. Die Kostenauflösung muß also innerhalb der Kostenstellenrechnung für jede Kostenstelle gesondert vorgenommen werden.

Kostenauflösung

Zwischen den beiden Begriffspaaren »Einzel- und Gemeinkosten« und »fixe und variable Kosten« besteht folgender Zusammenhang:

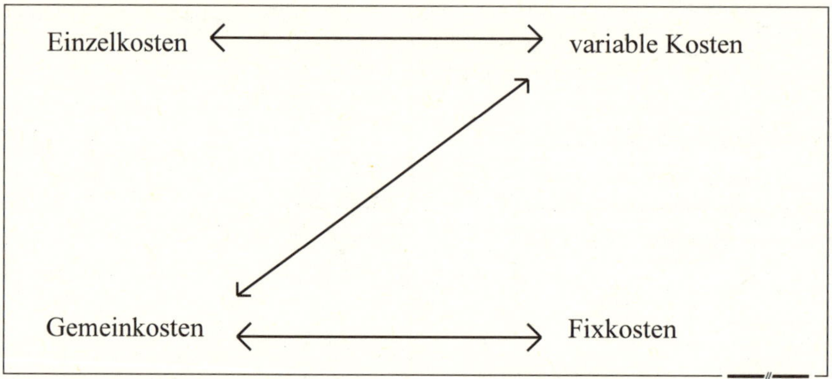

Abb. 25: *Zusammenhang von »Einzel- und Gemeinkosten« und »fixen und variablen Kosten«*

Aus Abb. 25 wird ersichtlich, daß Einzelkosten stets variabel, Gemeinkosten fix und/oder variabel sind. Aus der Sicht des Begriffspaares »fixe/variable Kosten« bedeutet dies: Fixkosten sind immer Gemeinkosten, variable Kosten können sowohl Einzel- als auch Gemeinkosten sein.

Kostenstellen

(5) Ort der Kostenentstehung: Eine weitere Möglichkeit, eine Aufteilung des Gesamtkostenblocks vorzunehmen, wäre eine Gliederung nach den betrieblichen Orten, an denen die Kosten entstehen Kostenstellen). Zwar könnte dadurch die sich an die Kostenartenrechnung anschließende Kostenstellenrechnung schneller und genauer durchgeführt werden, doch spricht dagegen, daß sich nicht alle Kostenarten einzelnen Kostenstellen verursachungsgerecht zurechnen lassen.

Funktionsbereiche

(6) Betriebliche Funktionsbereiche: Als kostenstellenübergreifendes Kriterium könnten auch betriebliche Funktionsbereiche herangezogen werden. Dann würde in Beschaffungs-, Lagerhaltungs-, Forschungs- und Entwicklungs-, Fertigungs-, Verwaltungs- und Vertriebskosten unterschieden werden.

Für Zwecke der Vollkostenrechnung[4] hat es sich als zweckmäßig erwiesen, in der Kostenartenrechnung die Kostenarten nach den verbrauchten originären Kostengütern (primäre Kostenarten) zu differenzieren und für die Verrechnung jede primäre Kostenart

4 Abgesehen von der Plankostenrechnung auf Vollkostenbasis.

als Einzel- oder Gemeinkostenart zu bestimmen. Die weitere Unterscheidung in fixe und variable Kosten ist für unsere Zwecke zunächst noch uninteressant.

4.3. Erfassung der primären Kostenarten

Im folgenden sind neben einer *Erläuterung* der primären Kostenartenkategorien

- Personalkosten
- Materialkosten
- kalkulatorische Abschreibungen
- kalkulatorische Zinsen
- Fremdleistungskosten
- Wagniskosten und
- Steuern

die spezifischen *Erfassungsprobleme* darzustellen, die sich von Kostenartenkategorie zu Kostenartenkategorie erheblich unterscheiden.

4.3.1. Personalkosten

Zusammensetzung

Die Personalkosten entstehen durch den Einsatz des Produktionsfaktors Arbeit. Sie setzen sich grundsätzlich aus dem Bruttoarbeitsentgelt, den vom Arbeitgeber zu tragenden gesetzlichen, tariflichen und freiwilligen Sozialkosten (Personalzusatzkosten), den sonstigen Personalkosten und ggfs. dem kalkulatorischen Unternehmerlohn zusammen:

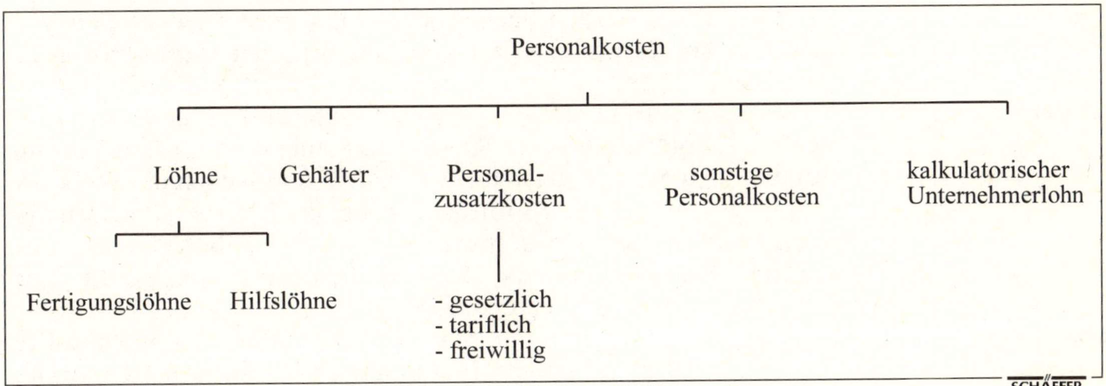

Abb. 26: *Personalkosten*

Die Erfassung der Personalkosten setzt an den Aufzeichnungen der Lohn- und Gehaltsbuchhaltung an. Die allerdings dort sehr differenziert zur Verfügung stehende Datenbasis wird in der Regel nicht übernommen. Für Zwecke der Kosten- und Leistungsrechnung genügt im Ausweis die in Abb. 26 vorgenommene Unterscheidung.

Kostencharakter

Hinsichtlich der Überprüfung, ob es sich im einzelnen um Kosten handelt, ergeben sich bei dieser Kostenkategorie keine Probleme. Vor dem Hintergrund, daß bei Kosten die Komponenten Bewertung, Leistungsbezogenheit und Güterverbrauch erfüllt sein müssen, sind in der Regel keine Abgrenzungen gegenüber dem externen Rechnungswesen vorzunehmen. Die Bewertung liegt aktuell vor, der Leistungsbezug ist problemlos feststellbar, der Güterverbrauch ist ebenfalls nachvollziehbar.

Festlegungen sind jedoch zu treffen bezüglich des Einzel- und Gemeinkostencharakters und der Verrechnung spezieller Personalzusatzkosten.

Fertigungslöhne

Fertigungslöhne entstehen für Arbeiten, die zu einem unmittelbaren Fortschritt am Enderzeugnis führen. Hier kommen Akkordlöhne, Zeitlöhne und Prämienlöhne (als Mischform) in Frage. Da beim *Akkordlohn* die direkte Zurechenbarkeit auf die Erzeugnisse gegeben ist, ist seine Verrechnung als Einzelkosten durchzuführen:

Akkordlohn

Stückzeitakkord:

Stundenverdienst = Gefertigte Stückzahl der Stunde • Vorgabezeit je Stück (Minuten) • Geldfaktor je Minute

Geldakkord:

Stundenverdienst = Gefertigte Stückzahl der Stunde • Stücklohn

Beim Geldakkord wird gegenüber dem Stückzeitakkord der Faktor Stücklohn gebildet, indem die Vorgabezeit und der Geldfaktor zusammengefaßt werden. Der Stückzeitakkord hat jedoch den Vorteil, daß bei Tariflohnänderungen lediglich der Geldfaktor angepaßt werden muß.

Zeitlohn

Wird der Fertigungslohn als *Zeitlohn* bezahlt, könnte aufgrund des Zeitlohncharakters die Möglichkeit einer direkten Zurechnung auf die Kostenträger abgelehnt werden. Sofern jedoch die Zeitlohnempfänger nur an bestimmten Erzeugnissen direkt arbeiten, ist auch hier eine *Einzelkosten*verrechnung zu bejahen. Werden hingegen Hilfstätigkeiten teilweise verrichtet, sollte eine anteilige Verrechnung als Gemeinkosten erfolgen.

Prämienlohn

Auch wenn ein *Prämienlohn* zur Anwendung kommen sollte, dürfte trotz der vielfältigen Prämienarten (Quantitäts-, Qualitäts, Ersparnis-, Nutzungsprämien, usw.) im Fertigungslohnbereich eine direkte Zurechnung, somit eine *Einzelkosten*verrechnung, durchführbar sein. In manchen Fällen wäre eine anteilige Verrechnung als Gemeinkosten vorzunehmen.

Hilfslöhne

Hilfslöhne werden für Arbeiten bezahlt, die den Erzeugnissen nicht unmittelbar zugerechnet werden könnten. Hier muß nicht nur ein Zeitlohn zur Anwendung kommen. Sie können auch durchaus auf Akkordlohnbasis bezahlt werden. Doch aufgrund ihres Charakters stellen Hilfslöhne (z.B. Reinigungs-, Botenlöhne, Löhne für Betriebselektriker usw.) immer *Gemein*kosten dar.

Gehälter

Gehälter sind in der Regel *Gemeinkosten*. Sie werden zwar mit gewissen Leistungserwartungen an Angestellte als Zeitlöhne, doch ohne direkten Leistungsbezug gezahlt. Sind im Einzelfall Angestellte direkt an der Produktion beteiligt, so kann u.U. eine Einzelkostenverrechnung erfolgen.

Sozialkosten

Innerhalb der *Personalzusatzkosten* kann man in solche unterscheiden, die sich auf gesetzliche Vorgaben hin ergeben, solche die aufgrund tarifvertraglicher Regelungen zu zahlen sind und solche, die freiwillig geleistet werden, wobei die Grenzen innerhalb dieser drei Gruppen fließend sind. Zu den *gesetzlichen* Sozialkosten zählen die Arbeitgeberanteile zur Sozialversicherung und Unfallversicherung, sowie Feiertags- und Krankheitslöhne. *Tarifliche* Sozialkosten sind Arbeitgeberleistungen, die über die gesetzliche Verpflichtung aufgrund der Tarifverträge anfallen. *Freiwillige* Sozialkosten wiederum gehen nochmals über die gesetzlichen und tariflichen Verpflichtungen hinaus. Dazu zählen z.B. freiwillige Pensionszusagen oder Beihilfen. Kosten hingegen für die Werkskantine, für die betriebseigene Sportanlagen oder die Werksbücherei u.ä., also Kosten, die dem Arbeitnehmer indirekt zugute kommen, werden in der Kosten*stellen*rechnung als sekundäre Kosten verrechnet. Diese Kostenarten setzen sich aus primären zusammen.

Verrechnung der Sozialkosten

Für die Verrechnung der Sozialkosten ist nun denkbar, die Personalzusatzkosten (oder Sozialkosten) wie die ihnen zugrunde liegenden Löhne und Gehälter zu behandeln. Doch in der Praxis ist eine Verrechnung mit prozentualen Lohnkostenzuschlägen in der Kostenstellenrechnung (und damit als *Gemeinkosten*) vorzufinden:

B

Für die Speedy GmbH ergaben sich im vergangenen Jahr folgende Sozialkostenverrechnungssätze für Löhne und Gehälter:

1. Lohnsummenbasis:	34,00 Mio. DM
Gesetzliche Sozialkosten	12,24 Mio. DM = 36,0 %
Tarifliche und freiwillige Sozialkosten	14,96 Mio. DM = 44,0 %
Summe Sozialkosten	27,20 Mio. DM = *80,0 %*
2. Gehaltsummenbasis:	14,00 Mio. DM
Gesetzliche Sozialkosten	2,80 Mio. DM = 20,0 %
Tarifliche und freiwillige Sozialkosten	4,20 Mio. DM = 30,0 %
Summe Sozialkosten	7,00 Mio. DM = *50,0 %*
3. Lohn- und Gehaltsummenbasis:	48,00 Mio. DM
Lohn- und gehaltsbezogene Sozialkosten	0,96 Mio. DM = *2,0 %*
4. Ergebnis:	
Verrechnungssatz auf Lohn	*80 % + 2 % = 82 %*
Verrechnungssatz auf Gehalt	*50 % + 2 % = 52 %*

Durch diese prozentuale Ermittlung der Sozialkosten werden in der Kosten- und Leistungsrechnung für jede Mark angefallenen Lohn 0,82 DM Sozialkosten, für jede Mark Gehalt 0,52 DM Sozialkosten verrechnet.

Urlaubs- und Krankheitslöhne

Bei aperiodisch anfallenden *Urlaubs- und Krankheitslöhnen* sollte eine gleichmäßige Belastung der Erzeugnisse angestrebt werden, um Verzerrungen in der Kostenstruktur zu vermeiden. Zu Jahresbeginn ist der Betrag durch Schätzung zu ermitteln und gleichmäßig auf die einzelnen Monate zu verteilen. Diese Vorgehensweise rechtfertigt sich auch durch die Überlegung, daß der *Anspruch* auf Urlaubs- und Krankheitslöhne und damit ihre wirtschaftliche Verursachung durch die vom Arbeitnehmer während bestimmter Zeiträume regelmäßig geleistete Arbeit entsteht. Damit sind die Urlaubs- und Krankheitslöhne gleichmäßig den Perioden ihrer wirtschaftlichen Verursachung als Kosten zu belasten.

sonstige Personalkosten

Sonstige Personalkosten entstehen insbesondere bei Personalveränderungen als Inserats-, Vorstellungs-, Umzugskosten u.ä. Sie stellen *Gemeinkosten* dar.

kalkulatorischer Unternehmerlohn

Während bei Kapitalgesellschaften ein Vorstand oder Geschäftsführer das Unternehmen leitet und damit Personalkosten anfallen, darf in Personengesellschaften und Einzelunternehmen die Arbeitsleistung der Inhaber nicht durch ein Gehalt vergütet werden. Sie ist aus dem Gewinn zu decken. Damit fällt im externen Rechnungswesen bei Kapitalgesellschaften für die dispositive Arbeitsleistung der Geschäftsleitung Aufwand an, bei Personen- und Einzelunternehmen hingegen nicht. In beiden Fällen findet jedoch ein Verbrauch von Produktionsfaktoren statt. Für die Speedy *GmbH* nun fallen für die Leitung des Unternehmens Personalkosten an. Wäre sie eine OHG, dürften keine Personalkosten verrechnet werden, würde man die handels- und steuerrechtlichen Vorgaben auf die Kosten- und Leistungsrechnung übertragen. Aus Vergleichbarkeitsgründen und um die Zufälligkeit der Rechtsform auszuschließen, hält man es jedoch für angebracht, bei Personen- und Einzelunternehmen einen *kalkulatorischen Unternehmerlohn* anzusetzen. Die Höhe richtet sich nach dem durchschnittlichen Gehalt von Führungskräften mit vergleichbarer Tätigkeit in Unternehmen gleicher Struktur, gleicher Branche und gleicher Größe.[5]

4.3.2. Materialkosten

Für die Verrechnung von Materialkosten müssen folgende Fragen geklärt werden:

- Welche Materialarten werden im Produktionsprozeß eingesetzt?

Hinsichtlich der Kostenkomponenten:

- Wieviel Material wurde/wird verbraucht?
- Wie sind diese Verbrauchsmengen zu bewerten?

4.3.2.1. Materialarten

Üblicherweise werden folgende Materialarten unterschieden: **Materialarten**

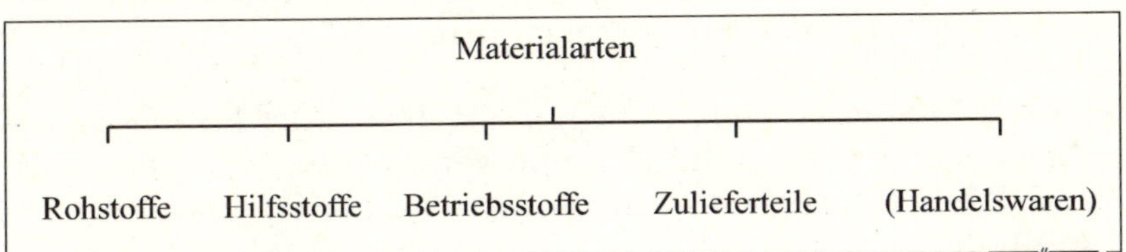

SCHÄFFER POESCHEL

Abb. 27: *Materialarten*

Rohstoffe stellen Einsatzgüter dar, die zu einem Hauptbestandteil der Erzeugnisse werden. Beispiele stellen das Blech bei Autos, das Holz bei Möbeln, das Papier bei Zeitungen usw. dar. Sie sind den Erzeugnissen direkt zurechenbar und somit als *Einzelkosten* einzuordnen. **Rohstoffe**

5 Andere Überlegungen, wie beispielsweise der für die Seifenindustrie in den 40er Jahren entwickelte Vorschlag, den kalkulatorischen Unternehmerlohn/Periode aus der 18. Wurzel aus dem Umsatz zu errechnen, sind rein willkürlich und deshalb abzulehnen.

Hilfsstoffe

Hilfstoffe gehen ebenfalls in das zu fertigende Erzeugnis ein, stellen jedoch im Gegensatz zu den Rohstoffen nur Nebenbestandteile dar. Beispielsweise wären Schrauben, Nägel, Dübel, Nieten, Leim u.ä. als Hilfsstoffe anzusehen. Sie können den Erzeugnissen ebenfalls direkt zugerechnet werden. Eine Verrechnung als Einzelkosten wird jedoch dann aus Gründen der Wirtschaftlichkeit nicht vorgenommen, wenn die Kosten der genauen Erfassung des Verbrauchs höher sind als der Wert der verbrauchten Hilfsstoffe. In diesem Fall kann eine Verrechnung als *Gemeinkosten* (unechte Gemeinkosten) durchaus in Kauf genommen werden.

Betriebsstoffe

Betriebsstoffe gehen im Gegensatz zu den Roh- und Hilfsstoffen nicht körperlich in die Erzeugnisse ein. Dennoch werden sie für den Leistungserstellungsprozeß benötigt. Hierzu zählen z.B. Kraft- und Schmierstoffe für die Maschinen, Kühlmittel, Büromaterial u.ä. Sie können den Erzeugnissen nicht direkt zugerechnet werden, müssen somit über die Kostenstellenrechnung und damit als *Gemeinkosten* abgerechnet werden.

Zulieferteile

In vielen Unternehmen werden zur Herstellung der Erzeugnisse zunehmend *fremdbezogene Teile* benötigt, die ohne weitere Be- und Verarbeitung in das zu fertigende Produkt eingehen (z.B. Lampeneinsätze, Reifen, Lichtmaschinen). Sie sind den Erzeugnissen direkt zurechenbar und werden in der Regel verrechnungstechnisch wie die Rohstoffkosten (*Einzelkosten*) behandelt. Haben die Zulieferteile Hilfsstoffcharakter, wäre eine entsprechende Verrechnung (*Gemeinkosten*) vorzunehmen.

Handelswaren

Ferner gibt es noch *Handelswaren*. Sie dienen der Ergänzung des Angebots und werden ohne Be- und Verarbeitung weiterverkauft. Es sind im wesentlichen sortimentserweiternde Produkte oder Zubehörteile.

4.3.2.2. Verbrauchsmengenermittlung

Zur Erfassung des Materialverbrauchs haben sich vier Verfahren herausgebildet, die für die Zwecke der Kosten- und Leistungsrechnung allerdings unterschiedlich zu beurteilen sind:

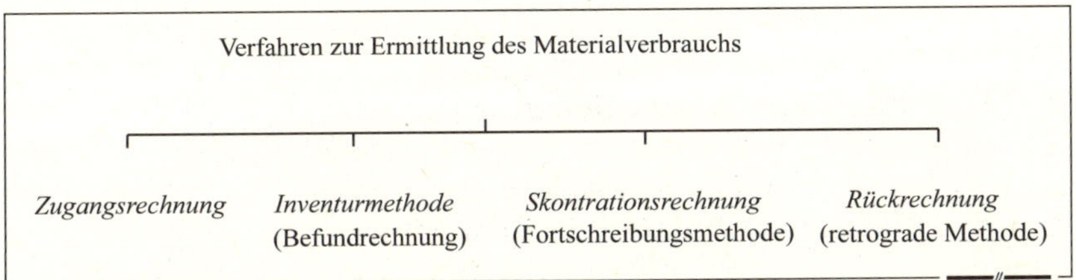

SCHÄFFER POESCHEL

Abb. 28: *Verfahren zur Ermittlung des Materialverbrauchs*

Da in der Kosten- und Leistungsrechnung eine möglichst verursachungsgerechte Verrechnung erfolgen sollte, ist bei der Darstellung der Verfahren auch darauf einzugehen, inwieweit sie in der Lage sind, den außerordentlichen Materialverbrauch vom ordentlichen zu trennen. Der außerordentliche Materialverbrauch (Diebstahl, Schwund u.ä.) sollte möglichst nicht bei den Materialkosten, sondern bei den Wagniskosten berücksichtigt werden.[6]

Zugangsmethode

Die *Zugangsmethode* stellt die abrechnungstechnisch einfachste Methode dar. Bei ihr entstehen keine Bestände, denn sie unterstellt:

Verbrauch = Zugang laut Lieferschein

D

Demnach stimmt der Materialverbrauch mit dem Zugang während der Abrechnungsperiode überein. Der außerordentliche Verbrauch kann bei diesem Verfahren nicht ausgesondert werden. Für die Kosten- und Leistungsrechnung sollte dieses Verfahren nur dann zur Anwendung kommen,

- wenn es sich um nicht lagerfähige Einsatzstoffe (z.B. Obst, Gemüse) handelt (allerdings ist der außerordentliche Verbrauch methodisch nicht ermittelbar), oder

---

6 Eine entsprechende Empfehlung wird auch bei den kalkulatorischen Abschreibungen auszusprechen sein. Der außerordentliche Verbrauch sollte schon aus Gründen der Transparenz grundsätzlich in einer eigenen Kostenartenkategorie zusammengefaßt werden.

- wenn geringwertige lagerfähige Stoffe davon betroffen sind, bei denen die Kosten der exakten Erfassung des ordentlichen Verbrauchs den Wert der zusätzlich gewonnenen Informationen übersteigt.

Inventurmethode

Da die bei der Zugangsrechnung gemachte Unterstellung nur für die wenigsten Materialien zutrifft, bietet es sich an, die gesetzlich vorgeschriebene Inventur in die Verbrauchsmengenermittlung der Materialien miteinzubeziehen. Die *Inventurmethode* errechnet den gesamten Verbrauch am Ende der Abrechnungsperiode, indem die Differenz zwischen Anfangsbestand und Zugängen einerseits und Endbestand andererseits gebildet wird:

D

Verbrauch = Anfangsbestand + Zugang – Endbestand

Anfangs- und Endbestand werden durch Inventuren ermittelt, die Zugänge mit Hilfe der Lieferscheine.

Zwar hat die Methode den Vorteil, daß sie die gesetzlich vorgeschriebene Inventur für ihre Zwecke nutzt, doch weist sie den Nachteil auf, daß sie den Verbrauch nur summarisch ermittelt. Damit kann dieser nicht den einzelnen Kostenstellen und Kostenträgern zugeordnet werden. Weiterhin ist auch hier der außerordentliche Verbrauch nicht ermittelbar. Zudem decken sich die Zeiträume zwischen den Inventuren nicht mit den Abrechnungsperioden der Kosten- und Leistungsrechnung.

Skontrationsrechnung

Die Nachteile bei der Inventurmethode haben zur Entwicklung der *Skontrationsrechnung* geführt. Bei dieser Methode werden die jeweiligen Materialbestände in einer Lagerbuchhaltung fortgeschrieben. Die Zugänge sind mit Hilfe der Lieferscheine zu erfassen und die Abgänge mit der nunmehr eingeführten Belegart »Materialentnahmeschein« festzuhalten.

D

Verbrauch = Addition der auf Materialentnahmescheinen festgehaltenen Mengen

Die Materialentnahmescheine sollten das Datum, die Materialart, die Menge, die empfangende Kostenstelle, die Kostenträgerkontierung (oder Auftragsnummer), das abgebende Lager und den Namen (Unterschrift) des Entnehmenden enthalten.

Damit besitzt diese Methode den Vorteil, daß der *ordentliche* Verbrauch exakt ermittelbar ist und die Weiterverrechnung zweckmäßig, nämlich verursachungsgerecht in der Kosten- und Leistungsverrechnung erfolgen kann.

Der *außerordentliche* Verbrauch ergibt sich aus der Differenz zwischen Soll- und Istendbestand:

Istanfangsbestand (lt. Inventur)
\+ Istzugang (lt. Lieferscheine)
– Istverbrauch (lt. Materialentnahmescheine)
= Sollendbestand
– *Ist*endbestand (lt. Inventur)
= *außerordentlicher* Materialverbrauch.

Zwar könnte als Nachteil angeführt werden, daß der außerordentliche Verbrauch erst nach Kenntnis der Inventurbestände zu ermitteln ist, allerdings kann dies als ausreichend für die Zwecke der Kosten- und Leistungsrechnung angesehen werden.

Rückrechnung

Die *Rückrechnung* ermittelt nach Fertigstellung des Erzeugnisses den Materialverbrauch für ein Erzeugnis. Sie greift dabei auf Teilelisten oder Rezepturen zurück. Durch Multiplikation mit der Zahl der hergestellten Kostenträger ergeben sich die jeweiligen gesamten Materialverbrauchsmengen. Hierbei sind auch unvermeidbare Abfälle bei der Bearbeitung zu berücksichtigen. Letztlich erhält man *Soll*-Verbrauchsmengen. Sonstige Bestandsminderung an Materialien müssen durch zusätzliche Kontrollen ermittelt werden, d.h. ein Abgleich mit den Ist-Verbrauchsmengen ist in gewissen Zeitabständen notwendig.

B

Der Speedy GmbH liegen für einen Rohstoff folgende Angaben vor:

Datum	Bestand/Zu-/Abgänge	Stück
01.04.	Anfangsbestand lt. Inventur	300
15.04.	Zugang	160
28.04.	Abgang	200
04.05.	Abgang	20
16.05.	Zugang	130
17.06.	Abgang	240
30.06.	Endbestand lt. Inventur	100

Im selben Zeitraum wurden insgesamt 100 Erzeugnisse fertiggestellt. In jedes Erzeugnis gingen 4 Stück des Rohstoffes ein.

Nach den besprochenen Erfassungsmethoden lassen sich folgende Verbrauchsmengen ermitteln:

Zugangsrechnung:
Verbrauch = 160 + 130 = 290 Stück

Inventurmethode:
Verbrauch = 300 + 160 + 130 – 100 = 490 Stück

Skontrationsrechnung:
Verbrauch = 200 + 20 + 240 = 460 Stück

Rückrechnung:
Verbrauch = 100 • 4 = 400 Stück

Aus Sicht der Skontrationsrechnung sind die Unterschiede dahingehend zu interpretieren, daß die gegenüber der Inventurmethode fehlenden 30 Stück des Rohstoffes außerordentlicher Verbrauch darstellen[7] und der gegenüber der Rückrechnung höhere Verbrauch von 60 Stück auf sich noch in der Produktion befindliche Halbfabrikate zurückzuführen ist. Das Beispiel zeigt auch die Unzulänglichkeiten der Zugangsrechnung.

4.3.2.3. Bewertung

Zur Bewertung des Materialverbrauchs ist ein zweckadäquater Wertansatz zu wählen. Grundsätzlich können *Ist-* und *Festpreise* zum Ansatz kommen.

Anschaffungspreise

Wählt man die *Anschaffungspreise* aus, muß bedacht werden, daß die Materialien zu unterschiedlichen Zeiten und Preisen eingekauft worden sind. Die Bewertung ist daher zu durchschnittlichen Anschaffungspreisen durchzuführen. Methodisch kann hier wiederum mit *periodischen* oder mit *gleitenden* Durchschnittspreisen gearbeitet werden.

Insbesondere bei Schüttgütern (z.B. Heizöl, Sand) kann zum Zeitpunkt des Verbrauchs nicht mehr nachvollzogen werden, wel-

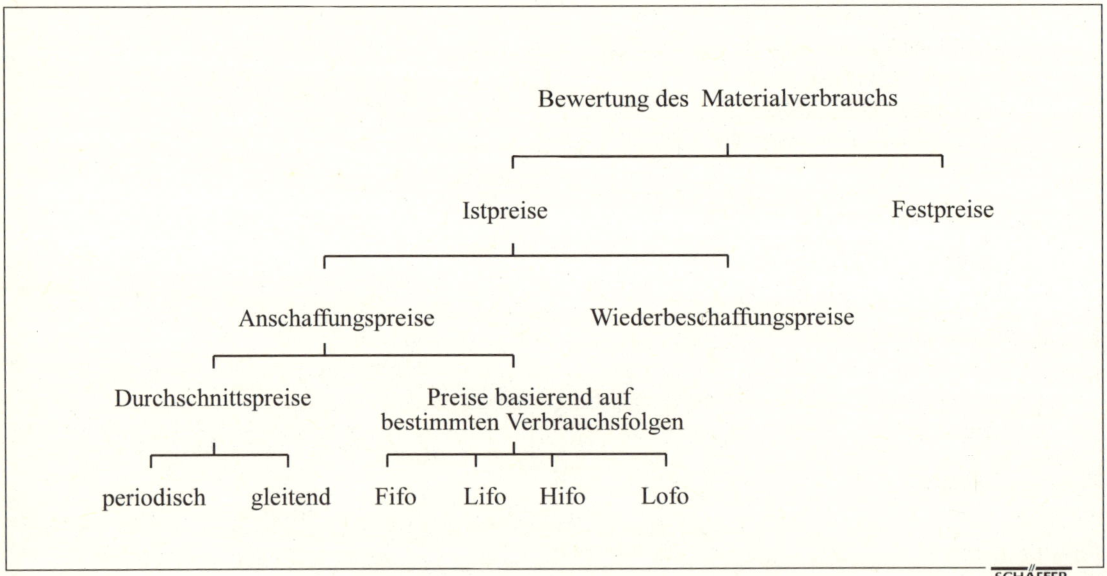

Abb. 29: *Bewertung der Materialverbrauchsmengen*

7 300 + 160 + 130 – 200 – 20 – 240 = 130 (Sollendbestand)
130 (Sollendbestand) – 100 (Istendbestand) = 30 (außerordentlicher Verbrauch).

che Anschaffungspreise pro Mengeneinheit anzusetzen sind. Hier haben sich bestimmte Verbrauchsfolgeverfahren entwickelt, die nachstehende Annahmen treffen:

Fifo: Nach dem Grundsatz »*f*irst *i*n – *f*irst *o*ut« wird unterstellt, daß die zuerst beschafften Materialien auch zuerst verbraucht werden.

Lifo: Durch die Verbrauchsfolge »*l*ast *i*n – *f*irst *o*ut« geht man davon aus, daß die zuletzt bereitgestellten Materialien zuerst verbraucht werden.

Die beiden genannten Verfahren stellen somit den *zeitlichen* Aspekt in den Vordergrund. Die beiden nachstehenden Verfahren sind *wert*orientiert:

Hifo: Hier wird unterstellt, daß die Materialien zuerst verbraucht werden, für die bei der Beschaffung die höchsten Preise entrichtet wurden (»*h*ighest *i*n – *f*irst *o*ut«).

Lofo: Nach dem Grundsatz »*l*owest *i*n – *f*irst *o*ut« geht man davon aus, daß die Materialien zuerst im Produktionsprozeß eingesetzt werden, die die niedrigsten Beschaffungspreise hatten.

Sollten diese Verbrauchsfolgeverfahren in der Kosten- und Leistungsrechnung (gegebenenfalls nicht nur bei Schüttgütern) zur Anwendung kommen, darf auch nur das Verfahren zugrunde gelegt werden, das der Realität am nächsten kommt. Einschränkungen, wie sie der Gesetzgeber im externen Rechnungswesen vorsieht, interessieren die Kosten- und Leistungsrechnung nicht. Für das interne Rechnungswesen steht die verursachungsgerechte Verrechnung der Kosten im Vordergrund.

Wiederbeschaffungspreise

Strebt das Unternehmen die Anpassung der Bewertung von Vorratsmaterialverbräuchen an die aktuelle Preisentwicklung an, bieten sich die zukünftigen *Wiederbeschaffungspreise* an. Bei starken Preisschwankungen würde diese Vorgehensweise jedoch die laufende Kosten- und Leistungsrechnung aufgrund des hohen Rechen- und Arbeitsaufwands belasten.

Festpreise

Soll in einer Kosten- und Leistungsrechnung insbesondere die Kostenkontrolle im Vordergrund stehen, so stehen im Mittelpunkt die Mengenabweichungen in den einzelnen Kostenstellen. Hier bietet es sich an, mit *Festpreisen* zu arbeiten, um nicht durch zusätzliche Preisabweichungen die Kostenkontrolle unnötig zu belasten. Man muß sich allerdings darüber im klaren sein, daß sich im Zeitablauf Differenzen zwischen den schwankenden Istpreisen und den festen Verrechnungspreisen ergeben. Festpreise eignen sich auch für Vorkalkulationen. Dieser Verrechnungswert kann als Durchschnittswert der Vergangenheit (Normalwert) oder als zukunftsbezogener geplanter Wert gebildet werden. Dadurch stehen für einen gewissen Zeitraum »konstante« Kalkulationen zur Verfügung.

Es stehen folgende Daten über einen Rohstoff zur Verfügung:

Datum	Bestand/Zu-/Abgänge	Menge (Stück)	Preis (DM/Stück)
01.04.	Anfangsbestand	100	4,00
12.04.	Zugang	180	4,20
17.04.	Abgang	150	
15.05.	Zugang	80	4,60
21.05.	Abgang	170	
14.06.	Zugang	300	4,10
29.06.	Abgang	200	
30.06.	Endbestand	140	

1. Bewertung des Materialverbrauchs mit dem periodischen Durchschnittspreis:

Anfangsbestand	100 Stück x 4,00 DM/Stück =	400,00 DM
Zugang 12.04.	180 Stück x 4,20 DM/Stück =	756,00 DM
Zugang 15.05.	80 Stück x 4,60 DM/Stück =	368,00 DM
Zugang 14.06.	300 Stück x 4,10 DM/Stück =	1230,00 DM
	660 Stück	2754,00 DM ≅ 4,1727 DM/Stück

Verbrauch: 520 Stück (17.04., 21.05., 29.06.) x 4,1727 DM/Stück = *2169,82 DM.*

2. Bewertung des Materialverbrauchs mit gleitenden Durchschnittspreisen:

Anfangsbestand	100 Stück x 4,00 DM/Stück =	400,00 DM
Zugang 12.04.	180 Stück x 4,20 DM/Stück =	756,00 DM
	280 Stück	1156,00 DM ≅ 4,1286 DM/Stück

Verbrauch: 150 Stück (17.04.) x 4,1286 DM/Stück = 619,29 DM

Restbestand	130 Stück x 4,1286 DM/Stück =	536,72 DM
Zugang 15.05.	80 Stück x 4,60 DM/Stück =	368,00 DM
	210 Stück	904,72 DM ≅ 4,3082 DM/Stück

Verbrauch: 170 Stück (21.05.) x 4,3082 DM/Stück = 732,39 DM

Restbestand	40 Stück x 4,3082 DM/Stück =	172,33 DM
Zugang 14.06.	300 Stück x 4,10 DM/Stück =	1230,00 DM
	340 Stück	1402,33 DM ≅ 4,1245 DM/Stück

Verbrauch: 200 Stück (29.06.) x 4,1245 DM/Stück = 824,90 DM

bewerteter Verbrauch gesamt: 2 176,58 DM.

3. Bewertung des Materialverbrauchs auf Basis der Verbrauchsfolgeverfahren:

Verbrauchsfolge-verfahren	*Verbrauch (520 Stück)*	Endbestand (140 Stück)
Fifo	*100 Stück x 4,00 DM/Stück* *180 Stück x 4,20 DM/Stück* *80 Stück x 4,60 DM/Stück* *160 Stück x 4,10 DM/Stück* *= 2180,00 DM*	140 Stück x 4,10 DM/Stück = 574,00 DM
Lifo	*300 Stück x 4,10 DM/Stück* *80 Stück x 4,60 DM/Stück* *140 Stück x 4,20 DM/Stück* *= 2186,00 DM*	40 Stück x 4,20 DM/Stück 100 Stück x 4,00 DM/Stück = 568,00 DM
Hifo	*80 Stück x 4,60 DM/Stück* *180 Stück x 4,20 DM/Stück* *260 Stück x 4,10 DM/Stück* *= 2190,00 DM*	40 Stück x 4,10 DM/Stück 100 Stück x 4,00 DM/Stück = 564,00 DM
Lofo	*100 Stück x 4,00 DM/Stück* *300 Stück x 4,10 DM/Stück* *120 Stück x 4,20 DM/Stück* *= 2134,00 DM*	60 Stück x 4,20 DM/Stück 80 Stück x 4,60 DM/Stück = 620,00 DM

4.3.3. Kalkulatorische Abschreibungen

4.3.3.1. Zielsetzungen

Betriebsmittel wie Gebäude, Maschinen, maschinelle Anlagen, Fahrzeuge usw. sind langfristig nutzbare Produktionsfaktoren. Sie besitzen ein Gesamtnutzungspotential, das sich durch den Einsatz im Produktionsprozeß um die in der Abrechnungsperiode abgegebenen Potentialeinheiten vermindert. Da die Betriebsmittel dem Unternehmen mehrere Jahre zur Verfügung stehen und von ihm genutzt werden, kann ihr Verzehr auch nicht in nur einem Geschäftsjahr verrechnet werden. Im Rahmen einer planmäßigen Rechnung ist der Werteverzehr am Anlagevermögen (außer bei Grundstücken, die im allgemeinen nicht abnutzbar sind) für die zugrunde liegenden Abrechnungsperioden zu erfassen und als Aufwand im externen Rechnungswesen oder als Kosten in der Kosten- und Leistungsrechnung zu berücksichtigen.

bilanzielle Abschreibungen

In der handelsrechtlichen Gewinn- und Verlustrechnung werden buchhalterische Abschreibungen angesetzt. Als Aufwand mindern sie den Jahresüberschuß. Steuerliche Abschreibungen reduzieren die Steuerbemessungsgrundlage und werden als Absetzung für Abnutzung (AfA) bezeichnet. Im externen Rechnungswesen gibt es einerseits spezifische Vorgaben für den Wertansatz bilanzieller Abschreibungen, andererseits läßt der Gesetzgeber Spielräume zu, die es dem Unternehmen gestatten, Einfluß auf die Höhe des Jahresüberschusses und der Steuerbemessungsgrundlage zu nehmen. Damit wird der Wertansatz *bilanzieller* Abschreibungen primär durch handels- und steuerrechtliche Vorschriften bestimmt. In der Bilanz dürfen nur die *Anschaffungs- oder Herstellungskosten* über die Jahre der Nutzung abgeschrieben werden. Die bilanzielle Abschreibung ist beendet, wenn die geschätzte Nutzungsdauer abgelaufen ist. Als Folge der Abschreibung tritt eine Umschichtung in den Vermögenspositionen des Unternehmens ein: das Anlagevermögen reduziert sich um die Abschreibungen und das Umlaufvermögen erhöht sich um den Betrag der wieder über die Umsatzerlöse zugeflossenen Abschreibungen in Form von liquiden Mitteln. Wie im Rahmen der Abgrenzung zwischen dem externen und internen Rechnungswesen bereits dargestellt, gilt in der Jahresabschlußrechnung das Prinzip der nominellen Kapitalerhaltung.

kalkulatorische Abschreibungen

Die *kalkulatorischen Abschreibungen* hingegen verfolgen das Ziel der *Substanzerhaltung*. Sie sollen die tatsächliche Wertminderung des langlebigen Wirtschaftsgutes erfassen. Die kalkulatorischen Abschreibungen werden in der Kosten- und Leistungsrechnung so lange angesetzt, wie das Wirtschaftsgut dem betrieblichen Leistungserstellungsprozeß dient. Mit ihnen wird nur der *ordentliche* Werteverzehr erfaßt. Soweit die nachstehenden Ursachen außerordentlichen Charakter haben (z.B. Katastrophenverschleiß, plötzliche Nachfrageverschiebungen), wird der auf diese Ursachen zurückzuführende Werteverzehr in der Kosten- und Leistungsrechnung durch den Ansatz von Wagniskosten berücksichtigt.

Bilanzielle und kalkulatorische Abschreibungen werden schon aus diesen Gründen in den seltensten Fällen identisch sein. Basiert der kostenrechnerische Ansatz von Abschreibungen allein auf der Übernahme der bilanziellen Abschreibungen aus der Finanzbuchhaltung, so wäre das – was häufig zu beobachten ist – falsch.

Mit zunehmender Mechanisierung und Automatisierung stellen die kalkulatorischen Abschreibungen neben den kalkulatorischen Zinsen für das gebundene Kapital, den Instandhaltungskosten, den Anlageversicherungen und anderen Kostenarten den größten Teil der Anlagekosten.

4.3.3.2. Abschreibungsursachen

Abschreibungsursachen

Die Abschreibungsursachen sind vielfältiger Natur. Sie können beispielsweise wie folgt strukturiert werden:[8]

1. Verbrauchsbedingte (technische) Abschreibung
   - Abnutzung durch Gebrauch
   - Natürlicher Verschleiß
   - Substanzverringerung
   - Wertminderung durch Katastrophen
2. Wirtschaftlich bedingte Abschreibung
   - Wertminderung infolge technischer Fortschritte
   - Nachfrageverschiebungen
   - Sinken der Wiederbeschaffungskosten
   - Sinken der Absatzpreise
   - Wertminderung von Forderungen
   - Fehlinvestitionen
3. Zeitlich bedingte Abschreibung
   - Beendigung eines Miet- und Pachtverhältnisses vor Beendigung der Nutzungsfähigkeit der Anlage oder des Anlagenteils
   - Ablauf von Schutzrechten für Erfindungen (Patenten), Gebrauchsschutz- oder Markenschutzrechten
   - Ablauf von Konzessionen.

In der ersten Gruppe reduziert sich der Nutzungsvorrat *mengen*mäßig und in der zweiten Gruppe *wert*mäßig. In der dritten Gruppe beschränkt sich die Nutzung auf spezifische rechtlich vorgegebene *Zeiträume*.

Es ist auch erkennbar, daß ein Teil des Werteverzehrs auf den Gebrauch des Betriebsmittels zurückzuführen ist (Gebrauchsverschleiß), ein anderer Teil auch dann entsteht, wenn das Betriebsmittel nicht genutzt wird (Zeitverschleiß). Diese Differenzierung führt insbesondere in Teilkostenrechnungssystemen[9] zur Auflösung der kalkulatorischen Abschreibung in variable bzw. fixe Bestandteile.

---

8 Vgl. Wöhe, G., 1986 , S. 969ff.; ders., 1987, S. 458ff.

9 In der Plankostenrechnung auf *Voll*kostenbasis ist zwar grundsätzlich eine Kostenauflösung für Zwecke der Kostenkontrolle notwendig, doch werden die kalkulatorischen Abschreibungen in vielen Fällen aus der Kostenkontrolle herausgenommen, da sie nicht in der Verantwortung des Kostenstellenverantwortlichen liegen. In solchen Fällen erscheinen sie gar nicht in einem Soll-Ist-Vergleich, in anderen Fällen werden die kalkulatorischen Abschreibungen Soll = Ist gesetzt, so daß gar keine Abweichungen entstehen können.

4.3.3.3. Ermittlungsfragen

Für die Ermittlung der Abschreibungsbeträge sind folgende Festlegungen zu treffen:

- *Schätzung des Wiederbeschaffungswertes*
- *Schätzung der Nutzungsdauer*
- *Schätzung des Restwertes*
- *Wahl der Abschreibungsmethode.*

Wiederbeschaffungswert

Der *Wiederbeschaffungswert* eines Wirtschaftsgutes ist vor allem bei langlebigen Gütern schwer zu ermitteln. Dennoch muß er zum Zeitpunkt des Einsatzes des Betriebsmittels festgelegt werden, denn er soll über die kalkulierten Abschreibungen in den Umsatzerlösen am Ende der Nutzungsdauer für die Ersatzbeschaffung des Betriebsmittels wieder zur Verfügung stehen. Hilfsweise sind zumindest aus Verbandstabellen oder aus den Jahrbüchern des Statistischen Bundesamtes abgeleitete durchschnittliche Preissteigerungsraten auf die Anschaffungskosten zu rechnen. Sind weitere Einflußgrößen quantifizierbar, sollten sie ebenfalls mit aufgenommen werden, auch wenn man während der Nutzungsdauer feststellt, daß ein anderer Wertansatz zu wählen gewesen wäre. Sobald entsprechende Erkenntnisse vorliegen, müssen die kalkulatorischen Abschreibungen aktualisiert werden.

Nutzungsdauer

Wie oben bereits angesprochen, sind so lange kalkulatorische Abschreibungen anzusetzen, wie die Betriebsmittel im Leistungserstellungsprozeß eingesetzt werden. Dabei sollten die sogenannten AfA-Tabellen nur dann zugrunde gelegt werden, wenn die darin ausgewiesenen Nutzungsdauern mit den tatsächlichen übereinstimmen. Grundsätzlich ist jedoch eine individuelle Schätzung vorzunehmen. Auch hier gilt – im Gegensatz zur Vorgehensweise im externen Rechnungswesen –, daß bei Feststellung einer anderen als der ursprünglich geschätzten Nutzungsdauer eine Korrektur vorzunehmen ist. In der Kosten- und Leistungsrechnung darf niemals ein Fehler in der Vergangenheit durch einen Fehler in der Zukunft kompensiert werden. In diesem Zusammenhang interessiert deshalb nicht die über die gesamte Nutzungsdauer sich ergebende Abschreibungssumme, sondern der jeweils in der Abrechnungsperiode realistische Abschreibungsbetrag. Für die Ermittlung der Preisuntergrenze in einer bestimmten Abrechnungsperiode ist der korrekte *Abschreibungsbetrag* wichtig, nicht die Summe der über die Jahre verrechneten Abschreibungsbeträge. Letztere ist nur für das externe Rechnungswesen wegen der dort vorgegebenen Obergrenze (Anschaffungs- oder Herstellungskosten) bedeutsam.

Restwert

Auch die Schätzung eines gegebenenfalls zu berücksichtigenden *Restwertes* (Veräußerungs- oder Liquidationserlös) gestaltet sich schwierig. Dennoch sollte man versuchen, eine Quantifizierung vorzunehmen, sofern er im Verhältnis zum Wiederbeschaffungswert bedeutsam ist. Die Vernachlässigung eines ins Gewicht fallenden Restwertes kann zu einer hohen Kostenbelastung der einzelnen Abrechnungsperioden führen, und darf schon auch sachlich nicht Bestandteil der kalkulatorischen Abschreibungen sein.

4.3.3.4. Abschreibungsverfahren

Abschreibungsverfahren

Wurde der Wiederbeschaffungswert, der Restwert und die Nutzungsdauer festgelegt (besser: geschätzt), stellt sich anschließend die Frage nach der Art der Verteilung der Abschreibungssumme auf die einzelnen Abrechnungsperioden (*Abschreibungsverlauf*). Hierbei sind die oben genannten Abschreibungsursachen in die Überlegungen miteinzubeziehen und auf die zur Verfügung stehenden Abschreibungsmethoden anzuwenden. Methodisch können folgende Verfahren zugrundegelegt werden:

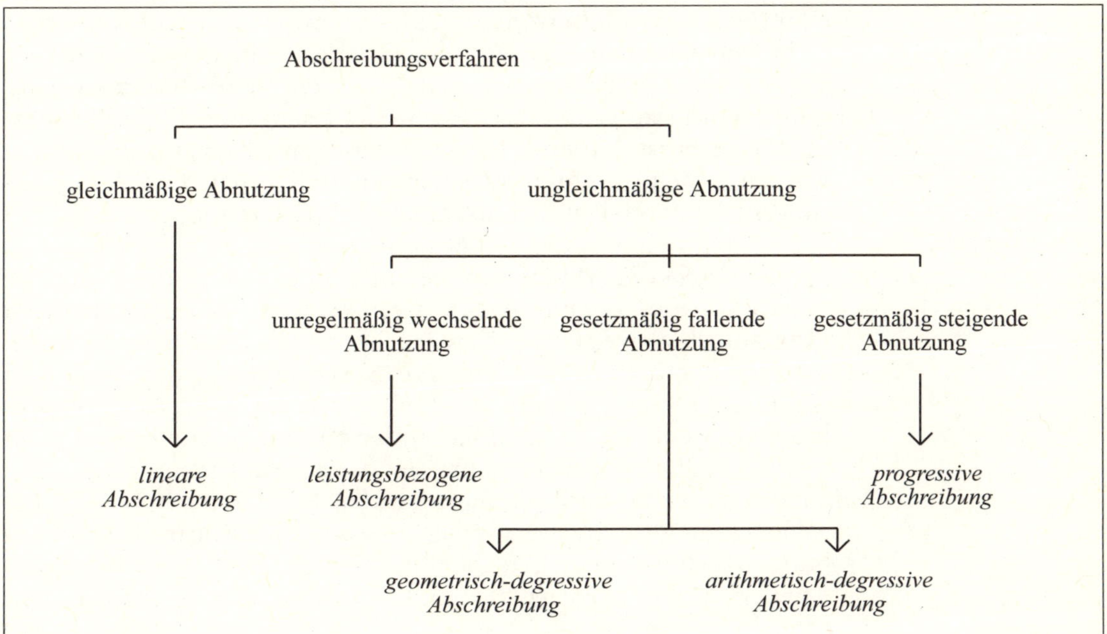

Abb. 30: *Abschreibungsverfahren*

lineare Abschreibung

Bei der linearen Abschreibung wird der abzuschreibende Betrag gleichmäßig auf die Abrechnungsperioden verteilt, in denen das Betriebsmittel voraussichtlich genutzt wird. Bezeichnet man mit

WBW den Wiederbeschaffungswert
RW den gegebenenfalls anzusetzenden Restwert
n die geschätzte Nutzungsdauer in Jahren
a_t den jährlichen kalkulatorischen Abschreibungsbetrag

so erhält man

D

$$a_t = \frac{WBW - RW}{n}$$

Liegt kein bedeutsamer Restwert vor, entfällt RW in der Formel. Beträgt die Abrechnungsperiode einen Monat, so ist der ermittelte Abschreibungsbetrag durch zwölf zu teilen.

Die lineare Abschreibung hat den Vorteil der einfachen Berechnung der Abschreibungsbeträge. Die Abschreibungen, die als liquide Mittel über den Verkaufserlös in den Betrieb gelangen, sind in jedem Jahr der Nutzung gleich. Diese Vorgehensweise leitet sich aus dem für die Kostenrechnung durchaus in vielen Fällen sinnvollen Bestreben zur Normalisierung ab, nämlich jede Zeiteinheit anteilig mit demselben Betrag zu belasten. Die lineare Abschreibung macht sich von der Vorstellung frei, daß der Abschreibungsbetrag den effektiven Verschleiß treffen müsse. Sie unterstellt eine konstante Gebrauchsfähigkeit während der Nutzungsdauer, was wiederum aus betriebswirtschaftlicher Sicht als Nachteil zu werten ist. Hier wird nicht dem Sachverhalt Rechnung getragen, daß die Betriebsmittel zumeist zu Ende der Nutzungsdauer reparaturanfälliger werden. In den Abschreibungsbeträgen finden auch die Wertminderungen, die durch den technischen und wirtschaftlichen Fortschritt eintreten können, keine Berücksichtigung.

degressive Abschreibung

Die *degressive Abschreibung* unterstellt einen im Laufe der Nutzungsdauer *abnehmenden* Werteverzehr, wobei methodisch zwei Vorgehensweisen existieren: geometrisch-degressiv oder arithmetisch-degressiv. Die degressive Abschreibung kommt dem in der Regel besonders starken Abfall des Resterlöswertes von Anlagen während der ersten Phasen der Nutzungsdauer näher. Hier werden die anfänglichen Jahre der voraussichtlichen Nutzungsdauer stärker belastet als die späteren. Einer schwankenden Beschäftigung wird die degressive – wie auch die lineare – Abschreibung allerdings nicht gerecht. Eine verursachungsgerechte Erfassung des Gebrauchsverschleißes kann daher mit ihr ebenso nicht erreicht werden.

Der Abschreibungsbetrag bei der *geometrisch-degressiven Abschreibung* wird jährlich als fester Prozentsatz vom jeweiligen

geometrisch-degressive Abschreibung

Restbuchwert ermittelt. Mathematisch führt dieses Verfahren nie zu einem Restwert von Null. Mit welchen Hilfsmethoden dennoch auf Null abgeschrieben werden kann, wird an späterer Stelle gezeigt werden.

Bezeichnet man weiterhin mit S die Abschreibungssumme, so ergibt sich folgende Formel:

D

$$P = 100\left(1 - \sqrt[n]{\frac{RW}{S + RW}}\right)$$

wobei gilt: S + RW = WBW.

arithmetisch-degressive Abschreibung

Bei der *arithmetisch-degressiven oder digitalen Abschreibung* fallen die Abschreibungsbeträge immer um den gleichen Betrag. Soll auf den Restwert Null abgeschrieben werden, so werden die Jahresziffern der geschätzten Nutzungsdauer addiert und die Abschreibungssumme durch die Summe der Jahresziffern dividiert. Das Ergebnis der Division ist dann der *konstante Degressionsbetrag*, der mit den Jahresziffern in fallender Reihe multipliziert werden muß, um den jährlichen (nochmals geteilt durch zwölf um den monatlichen) Abschreibungsbetrag zu erhalten.
Bezeichnet man weiterhin mit d den Degressionsbetrag, so sind folgende Formeln anzuwenden:

leistungsbezogene Abschreibung

D

$$d = \frac{S}{1 + 2 + 3 + \ldots + n}$$

$$a_t = d\,(n - t + 1) \text{ für } t = 1, 2, \ldots, n$$

Bei der *leistungsbezogenen Abschreibung* richtet sich der Abschreibungsbetrag nach dem Ausmaß der Beanspruchung oder den erzeugten Produktionseinheiten einer Abrechnungsperiode. Hier ändert sich der Abschreibungsbetrag proportional mit der in einer Abrechnungsperiode erbrachten Leistung des Betriebsmittels.

Wird mit
PK die Periodenkapazität
TK die Totalkapazität

bezeichnet, errechnet sich der Abschreibungsbetrag wie folgt:

D

$$a_t = \frac{S}{TK}\,PK$$

In ihrer reinen Form berücksichtigt die leistungsbezogene Abschreibung nicht die Zeitkomponente, die zu Wertminderungen infolge natürlichen Verschleißes und technischen Fortschritts führen kann.

gebrochene Abschreibung

Es wird gelegentlich vorgeschlagen, die leistungsbezogene Abschreibung mit der linearen Abschreibung zu kombinieren (gebrochene Abschreibung). Die lineare Abschreibung steht für den *Zeitverschleiß*, die leistungsbezogene Abschreibung für den *Gebrauchsverschleiß*.

Abb. 31 zeigt, daß bei einer Beschäftigung bis B^K der Zeitverschleiß dominiert. Er ist dann alleinige Abschreibungsursache. Ab dieser kritischen Beschäftigung steht der Gebrauchsverschleiß im Vordergrund.

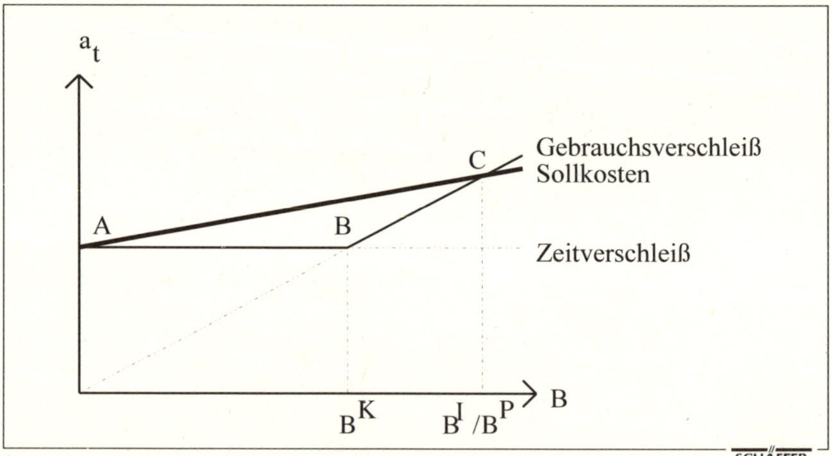

Abb. 31: *Gebrochene Abschreibung*

Zur Vermeidung des sich aus den beschriebenen Überlegungen heraus ergebenden geknickten Linienzuges ABC wird der Linienzug AC vorgeschlagen.[10] Er stellt eine (durchaus umstrittene) Näherungslösung dar und hat den Nachteil, daß bei einer Istbeschäftigung, die unter der Planbeschäftigung (B^P) liegt, zuviel, im umgekehrten Fall zu wenig abgeschrieben wird.

Es ist anzumerken, daß grundsätzlich eine Kombination zweier Methoden insofern als positiv anzusehen sind, als sie den Versuch unternimmt, die Abschreibungen verursachungsgerechter auf die einzelnen Perioden zuzurechnen. Andererseits sind in dieser Hinsicht noch keine befriedigenden Lösungen vorgeschlagen worden, die zudem in einem erhöhten Rechenaufwand münden.

10 Vgl. auch Däumler, K.-D./Grabe, J., Bd. 1, 1993, S. 177ff.

progressive Abschreibung

Der *progressiven Abschreibung* kommt in der Praxis generell keine Bedeutung zu, da sie einen während der Nutzungsdauer steigenden Verschleiß eines Betriebsmittel unterstellen.

Die einzelnen Abschreibungsmethoden sollen anhand von Zahlenbeispielen erläutert werden.

Der Abschreibungsbetrag nach der *leistungsbezogenen* Abschreibung ermittelt sich wie folgt:

Bei einem Lastkraftwagen von 160 000 DM Anschaffungskosten, geschätzten Wiederbeschaffungskosten von 210 000 DM und einem Schrottwert von 10 000 DM wird ein Gesamtnutzungspotential von 200 000 km angenommen. In der laufenden Abrechnungsperiode beträgt die Leistung des LKW 5 000 km. Wie hoch ist der Abschreibungsbetrag?

$a_t = [(210\,000\text{ DM} - 10\,000\text{ DM}) : 200\,000\text{ km}] \cdot 5\,000\text{ km} = 5\,000\text{ DM}$

Das folgende Beispiel stellt die Abschreibungsverläufe nach der *linearen*, nach der *arithmethisch-degressiven* und nach der *geometrisch-degressiven* Methode einander gegenüber.

B

B

Gegeben seien:

Wiederbeschaffungswert (WBW):	40 000	DM
Erwarteter Restwert (RW):	9 604	DM
Erwartete Nutzungsdauer (n):	4	Jahre

Es ist der Abschreibungsverlauf nach der linearen, der arithmetisch-degressiven und der geometrisch-degressiven Abschreibung darzustellen.

Abrechnungs-periode	Lineare Abschreibung (DM)		Arithmetrisch-degressive Abschreibung (DM)		Geometrisch-degressive Abschreibung (DM)	
	at	RW	at	RW	at	RW
1. Jahr	*7 599,00*	32 401,00	3 039,60 • 4 = *12 158,40*	27 841,60	40 000,00 • 0,3 = *12 000,00*	28 000,00
2. Jahr	*7 599,00*	24 802,00	3 039,60 • 3 = *9 118,80*	18 722,80	28 000,00 • 0,3 = *8 400,00*	19 600,00
3. Jahr	*7 599,00*	17 203,00	3 039,60 • 2 = *6 079,20*	12 643,60	19 600,00 • 0,3 = *5 880,00*	13 720,00
4. Jahr	*7 599,00*	*9 604,00*	3 039,60 • 1 = *3 039,60*	9 604,00	13 720,00 • 0,3 = *4 116,00*	9 604,00
Σ	*30 396,00*		*30 396,00*		*30 396,00*	

Lineare Abschreibung: $a_t = \frac{30\,396{,}00}{4} = 7\,599{,}00$ (konstant)

Arithmetisch-degressive Abschreibung: $d = \frac{30\,396{,}00}{1+2+3+4} = \frac{30\,396{,}00}{10} = 3\,039{,}60$ (konstant)

Geometrisch-degressive Abschreibung: $P = 100 \left(1 - \sqrt[4]{\frac{9\,604{,}00}{40\,000{,}00}}\right) = 100\,(1 - \sqrt[4]{0{,}2401}\,) = 100\,(1 - 0{,}7) = 30\,\%$ (konstant)

Für die Ermittlung der *monatlichen* Abschreibungsbeträge sind die Ergebnisse noch durch zwölf zu teilen.

4.3.3.5. Sonderfragen

Abschreibung auf Null bei der geometrisch-degressiven Abschreibung:

Abschreibung auf Null bei geometrisch-degressiver Abschreibung

Wie oben bereits erwähnt, führt die geometrisch-degressive Abschreibung mathematisch niemals zu einem Restwert von Null (unendlich geometrische Reihe). Ein Abschreibungsprozentsatz ist ohne Angabe eines Restwertes > Null nicht ermittelbar. Es muß für die Ermittlung des Abschreibungsverlaufs deshalb immer ein Restwert eingestellt werden. Will man dennoch auf Null abschreiben, so bieten sich folgende vier Vorgehensweisen an:

Vorschlag 1

(1) Der Abschreibungsprozentsatz ist so zu wählen, daß der Abschreibungsverlauf in etwa dem Abnutzungsverlauf entspricht. Der sich bei dieser Rechnung ergebende Restwert wird *gleichmäßig* auf die vorher ermittelten Abschreibungsbeträge der Abrechnungsperioden zugeschlagen:

In dem oben gewählten Beispiel zur geometrisch-degressiven Abschreibung würden sich die Abschreibungsbeträge durch den sich rechnerisch ergebende Restwert von 9 604,00 DM jährlich um 2 401,00 DM erhöhen.

Vorschlag 2

(2) Der sich rechnerisch gebildete Restwert wird den Abschreibungsbeträgen pro Jahr *prozentual* zugeschlagen:
(9604,00 DM : 30396,00 DM) • 100 = 31,59 %. Die Abschreibungsbeträge sind *um* jeweils diesen Prozentsatz zu erhöhen.

Vorschlag 3

(3) Unabhängig vom Nutzungsverlauf ist ein *Übergang* auf die lineare Abschreibung möglich. In dem Beispiel könnten im 3. und 4. Jahr jeweils 9 800,00 DM abgeschrieben werden, da der Abschreibungssummenrest am Ende des 2. Jahres 19 600,00 DM beträgt.

Vorschlag 4

(4) Es wird ein *theoretischer Restwert* angenommen, um den die *Abschreibungssumme erhöht* wird. Bezogen auf das bisherige Beispiel bedeutet dies:

B

$$P = 100 \left(1 - \sqrt[n]{\frac{\text{theoretischer RW}}{S + \text{theoretischer Restwert}}}\right); \text{ tatsächlicher RW} = 0$$

$$P = 100 \left(1 - \sqrt[4]{\frac{9\,604{,}00}{40\,000{,}00 + 9\,604{,}00}}\right)$$

$$P = 100 \left(1 - \sqrt[4]{0{,}1936134..}\right)$$

$$P \approx 100 (1 - 0{,}66...)$$

$$P \approx 33{,}666\ \%$$

Dadurch, daß der tatsächliche Restwert = 0 ist, beträgt die Abschreibungssumme nunmehr 40 000,00 DM. Deshalb ist für S in der Formel – im Gegensatz zum Ausgangsbeispiel – dieser Betrag einzustellen. Der hier angenommene theoretische Restwert (9 604,00 DM) stimmt nur zufällig mit dem im Ausgangsbeispiel zugrunde gelegten tatsächlichen Restwert überein. Es könnte auch ein anderer Wert eingestellt werden. Dies hätte entsprechend Auswirkungen auf den Abschreibungsprozentsatz und damit auf den Abschreibungsverlauf.

Abschreibungsverlauf:

Abrechnungsperiode	a_t (DM)	theoretischer RW (DM)	*tatsächlicher* RW (DM)
1. Jahr	49 604 • 0,33666 = *16 700*	(32 904)	23 300
2. Jahr	32 904 • 0,33666 = *11 077*	(21 827)	12 223
3. Jahr	21 827 • 0,33666 = *7 348*	(14 479)	4 875
4. Jahr	14 479 • 0,33666 = *4 875*	(9 604)	0
S	*40 000*		

Fehleinschätzung der Nutzungsdauer:

Fehleinschätzung der Nutzungsdauer

Bei falscher Einschätzung der Nutzungsdauer (zu niedrig oder zu hoch) sollen drei Möglichkeiten anhand des folgenden Beispiels diskutiert werden:

B

Eine Maschine hat einen Wiederbeschaffungswert von 60 000 DM und einen Restwert von 10 000 DM. Die geschätzte Nutzungsdauer beträgt fünf Jahre. Im 4. Jahr stellt man fest, daß die Maschine tatsächlich acht Jahre genutzt werden kann (bei gleichem Restwert). Es soll vereinfacht die lineare Abschreibungsmethode unterstellt werden.

(1) Es wird weiter mit dem falschen Betrag abgeschrieben:

$a_{4-8} = 10\,000$ DM/Jahr

$S = 3 \cdot 10\,000$ DM $+ 5 \cdot 10\,000$ DM $= 80\,000$ DM

(2) Es wird die Restabschreibungssumme auf die voraussichtliche Restnutzungsdauer verteilt:

$a_{4-8} = 20\,000$ DM : 5 Jahre $= 4\,000$ DM/Jahr

$S = 3 \cdot 10\,000$ DM $+ 5 \cdot 4\,000$ DM $= 50\,000$ DM

(3) Es wird in der verbleibenden Nutzungsdauer mit dem Betrag abgeschrieben, der sich bei ursprünglich richtiger Schätzung der Nutzungsdauer ergeben hätte:

$a_{4-8} = 50\,000$ DM : 8 Jahre $= 6\,250$ DM/Jahr

$S = 3 \cdot 10\,000$ DM $+ 5 \cdot 6\,250$ DM $= 61\,250$ DM

Allein die dritte Lösung darf in der Kosten- und Leistungsrechnung zugrundegelegt werden. Priorität hat die richtige *Kostenverrechnung* in der Abrechnungsperiode, und die beträgt 6 250 DM. Daß in den ersten drei Jahren zu hohe kalkulatorische Abschreibungen angesetzt wurden, ist zweitrangig und im nachhinein nicht mehr änderbar (und war aus den Annahmen heraus, die in den ersten drei Jahren galten, auch richtig gewesen). Entscheidend ist der sachgerechte Kostenansatz in der aktuellen Abrechnungsperiode. Die sich ergebende Abschreibungs*summe* von 61 250 DM ist ebenfalls zweitrangig. Darauf das Hauptaugenmerk zu richten, hieße, die Vorgaben für das externe Rechnungswesen (Obergrenze: maximal Anschaffungs- oder Herstellungskosten) auf die Kosten- und Leistungsrechnung zu übertragen und die Zielsetzungen des internen Rechnungswesens außer acht zu lassen.

Entsprechend wäre auch gegen den ersten und zweiten Vorschlag zu argumentieren. Die Kosten- und Leistungsrechnung hat keine Bilanzrücksichten zu nehmen, es kommt ihr allein auf den verursachungsgerechten Werteverzehr an.

4.3.3.6. Abschreibungen im Rechnungswesen

Quantifizierung der Ursachen

Aus Abb. 32 wird deutlich, daß sich aus den unterschiedlichen Zielsetzungen des internen Rechnungswesens (und damit der Kosten- und Leistungsrechnung) und externen Rechnungswesens eine unterschiedliche Behandlung der Abschreibungen ergibt. Die insbesondere bei vielen kleinen und mittleren Unternehmen vorzufindende Praxis, die bilanziellen Abschreibungen als kalkulatorische anzusehen, ist nicht sachgerecht.

Es muß aber auch eingestanden werden, daß, obgleich die Ursachen selbst für den Werteverzehr genau feststellbar sind, deren *Quantifizierung* in der Betriebswirtschaftslehre noch immer nicht befriedigend gelöst ist. Sie stellt sich nach wie vor als problematisch dar. Dies mag auch mit der Grund sein, warum in der Praxis die *lineare* Abschreibungsmethode in der Kostenrechnung vorherrscht und die anderen Verfahren relativ bedeutungslos sind.

Kriterium	*Externes Rechnungswesen*		*Internes Rechnungswesen*
	Bilanzielle Abschreibung	*Steuerliche Abschreibung*	*Kalkulatorische Abschreibung*
Ziel	Bilanzpolitische Ziele (Einflußnahme auf die Ergebnis- und Vermögenssituation)	Beeinflussung des zu versteuernden Gewinns	*Erfassung des tatsächlichen Werteverzehrs*
Gesetzliche Regelungen	HGB	EStG	*Keine (Ausnahme: öffentliche Aufträge)*
Abschreibungs-ausgangswert	Anschaffungs- oder Herstellungskosten		*Wiederbeschaffungs- oder Wiederherstellkosten*
Nutzungsdauer	Festlegung nach bilanzpolitischen Zielen (im Rahmen der GOB)	Richtet sich nach AfA-Tabellen	*Realistische Schätzung*
Abschreibungs-verfahren	Muß den GOB entsprechen: Vorsichtsprinzip, planmäßig	Regelung im Steuergesetz	*Empfehlung: lineare Abschreibung; aber alle Verfahren anwendbar, wenn sachgerecht*
Außerplanmäßige Abschreibung	Nach HGB erlaubt	Bei linearer Abschreibung erlaubt, sonst Teilwert-abschreibung möglich	*Außerordentlicher Werteverzehr ist als kalkulatorische Wagniskosten zu verrechnen*
tatsächliche Nutzungsdauer > geschätzte Nutzungsdauer	Verteilungsbasis: maximal Anschaffungs- oder Herstellungskosten; Restbuchwert 1,00 DM; keine weitere Abschreibung möglich		*Verrechnung des Kostenbetrages, der sich bei richtiger Schätzung ergeben hätte*
Kapitalerhaltung	Ziel: nominelle Kapitalerhaltung		*Ziel: Substanzerhaltung*

Abb. 32: *Vergleich der Abschreibungen im internen und externen Rechnungswesen*[11]

Kalkulatorische Abschreibungen sind in der Kosten- und Leistungsrechnung über die Kostenstellenrechnung, und damit als *Gemeinkosten*, zu verrechnen.

4.3.4. Kalkulatorische Zinsen

4.3.4.1. Problematik

Zinsen sind das Entgelt für überlassenes Kapital. Fremdkapitalzinsen stellen das Entgelt für überlassenes Fremdkapital dar. Folgt man diesem Gedanken, würde vereinfacht der in der Finanzbuchhaltung verrechnete Zinsaufwand als Kosten in die Kosten- und Leistungsrechnung übernommen werden. Doch diese Sichtweise läßt verschiedene Aspekte außer acht.

Da auch diese Kostenart in der Praxis gelegentlich nicht sachgerecht behandelt wird, soll an dieser Stelle kurz die Diskussion wiedergegeben werden, um die Notwendigkeit für den speziellen Ansatz von Zinskosten in der Kosten- und Leistungsrechnung deutlich machen zu können.

Meinungen

Bezüglich des Ansatzes kalkulatorischer Zinsen sind drei Meinungen erkennbar:

- Zinsen werden nicht als Kosten angesehen.
- Nur Fremdkapitalzinsen werden als Kosten angesehen.
- Zinsen auf das gesamte betriebsnotwendige Kapital werden als Kosten angesehen.

kein Ansatz von kalkulatorischen Zinsen

Bestritten wird der Kostencharakter von Zinsen durch die Überlegung, daß bei einem Ansatz als Kosten zweifach Kosten verrechnet werden: Kapital stellt nur der abstrakte Gegenwert (Mittelherkunft) für die Nutzung der betriebsnotwendigen Vermögensgüter (Mittelverwendung) dar.[12] Durch den Ansatz anderer primärer Kostenarten wird in der Kosten- und Leistungsrechnung bereits ein Verbrauch berücksichtigt (z.B. Ansatz von kalkulatorischen Abschreibung für die Nutzung von Maschinen). Hierbei wird allerdings übersehen, daß kalkulatorische Abschreibungen für den Werteverzehr der Maschine, kalkulatorische Zinsen hingegen – wie noch zu zeigen sein wird – nur auf den verbleibenden Restwert der Maschine verrechnet werden, und daß das in diesem Restwert gebundene Kapital nicht anderweitig genutzt werden kann. Auch be-

---

11 In Anlehnung an Wöhe, G./Kaiser, H./Döring, U., 1986, S. 474 und Däumler, K.-D./Grabe, J., Bd. 1, 1993, S. 186.

12 Vgl. z.B. Seischab, H., 1952, S. 27.

steht die Gefahr eines Substanzverlustes, wenn keine Zinsen in die Selbstkosten eingerechnet werden und das Unternehmen ein ausgeglichenes Ergebnis erwirtschaftet. Die Kostenrechnung verfolgt jedoch das Ziel der Substanzerhaltung.

Fremdkapitalzinsen als kalkulatorische Zinsen

Diejenigen, die sich der Meinung anschließen, daß nur die Fremdkapitalzinsen als Kosten anzusetzen sind, befürworten die Zugrundelegung des pagatorischen Kostenbegriffs.[13] Doch damit werden maßgeblich Finanzierungseinflüsse in die Kosten- und Leistungsrechnung getragen. Nicht die effektive Zahlung von Zinsen, sondern die Kapitalnutzung sollte das Kriterium für die Kosteneigenschaft darstellen. Zudem ist die Vergleichbarkeit unterschiedlich finanzierter Unternehmen sehr erschwert oder gar ausgeschlossen.

Zinsen auf das betriebsnotwendige Kapital

zeitlicher Vorrätigkeitsverbrauch

Aus den verschiedenen Argumenten heraus, hat sich letzlich folgende, überwiegend befürwortete Ansicht zum Ansatz von kalkulatorischen Zinsen gebildet: Durch die Bindung von Kapital *im* Unternehmen findet insofern ein Werteverzehr statt, als daß dadurch das Kapital einer anderweitigen Nutzung entzogen wird (Nutzenentgang). Durch diesen Entzug gehen Zinserträge verloren. Diese entgangenen Zinsen stellen Opportunitätskosten dar, denn der Kapitalvorrat im Unternehmen verliert im Zeitablauf an Wert (*zeitlicher Vorrätigkeitsverbrauch*). Deshalb müssen kalkulatorische Zinsen in der Kosten- und Leistungsrechnung auf das *gesamte* betriebsnotwendige Kapital, also auch auf das Eigenkapital verrechnet werden. Der Investor verzichtet durch die Eigenkapitalbindung in einem bestimmten Unternehmen auf die Renditen aus anderen möglichen Investitionsobjekten.

Vor diesem Hintergrund ist es letztlich unerheblich, ob das betriebsnotwendige Vermögen eigen- oder fremdfinanziert wird. Die Finanzierungsart spielt keine Rolle. Oder: auch für das eingesetzte Eigenkapital sind kalkulatorische Zinsen zu verrechnen.

Damit wird schon jetzt deutlich, daß durch den unterschiedlichen Ansatz von Zinsen die Ergebnisse der Finanzbuchhaltung und der Kosten- und Leistungsrechnung voneinander abweichen (müssen).

4.3.4.2. Ermittlung

Schließt man sich dieser zuletzt geäußerten Meinung an, so stellt das *gesamte* betriebsnotwendige Kapital die Ausgangsbasis für die Ermittlung der kalkulatorischen Zinsen dar:

13 Vgl. z.B. Koch, H., 1958.

D

Betriebsnotwendiges Anlagevermögen
(nicht abnutzbares und abnutzbares)

+ Betriebsnotwendiges Umlaufvermögen

= Betriebsnotwendiges Vermögen

– Abzugskapital

= Betriebsnotwendiges Kapital

· Zinssatz

= Kalkulatorische Zinsen

Durch Multiplikation des betriebsnotwendigen Kapitals mit einem festzulegenden Zinssatz erhält man die kalkulatorischen Zinsen. Die in der Finanzbuchhaltung verrechneten Zinsen für überlassenes Fremdkapital bleiben dann außer Betracht.

Für die Ermittlung sind nunmehr drei Fragen zu beantworten:

- Was ist betriebsnotwendig?
- Wie hoch ist das betriebsnotwendige Kapital?
- Welcher Zinssatz soll gewählt werden?

Betriebsnotwendigkeit

Zur Bestimmung des *betriebsnotwendigen* (des zur Erfüllung des Betriebszwecks dienenden) Vermögens sind zunächst die betriebsfremd genutzten Vermögensgegenstände aus dem Gesamtvermögen herauszunehmen, denn der zugrundeliegende Kostenbegriff unterstellt den Leistungsbezug. Man wird zunächst auf die bilanzielle Aufstellung zurückgreifen und Bereinigungen durchführen. Dazu gehört z.B. die Eliminierung nicht betriebsnotwendiger Beteiligungen, ungenutzte und fremdgenutzte Grundstücke, fremdgenutzte Bauten, stillgelegte Anlagen u.ä. und die Hinzurechnung von betriebsnotwendigen Vermögenswerten, die nicht der Bilanz zu entnehmen sind (z.B. geringwertige Wirtschaftsgüter).

Bewertung der Vermögensteile

Im nächsten Schritt hat die *Bewertung* der Vermögensteile zu erfolgen:

Grundsätzlich bieten sich drei Methoden an:

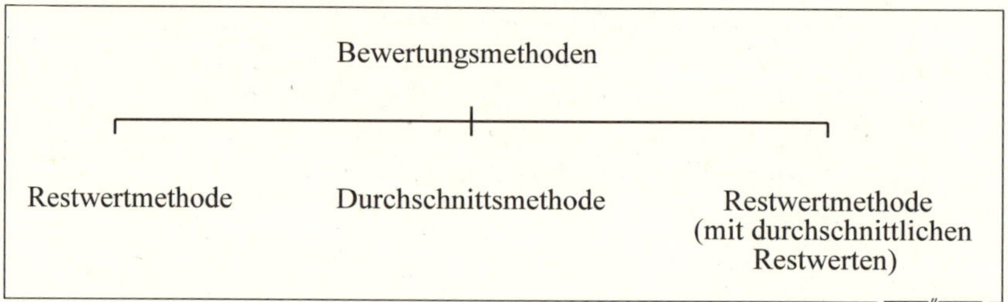

Abb. 33: *Bewertung der Vermögensteile für die Ermittlung der kalkulatorischen Zinsen*

Die *Restwertmethode* greift auf die Restwerte am Ende der Abrechnungsperiode zurück, die *Durchschnittmethode* auf den durchschnittlich gebundenen Bestand während der Nutzungszeit [Anlagevermögen: halber Ausgangswert; Umlaufvermögen: $^1/_2$ • (Anfangs- + Endbestand)] und die *Restwertmethode mit durchschnittlichen Restwerten* auf den durchschnittlich gebundenen Restvermögenswert innerhalb einer Abrechnungsperiode.

Der Maschinenbestand beträgt zu Anschaffungskosten bewertet 1 000 000 DM, zu geschätzten Wiederbeschaffungskosten 1 400 000 DM. Geschätzte Nutzungsdauer: 7 Jahre, lineare Abnutzung.

Jahr	Wertansatz (DM) des Maschinenbestandes nach der		
	Restwertmethode	Durchschnittsmethode	Restwertmethode mit durchschnittlichen Restwerten
1.	1 200 000	700 000	1 300 000
2.	1 000 000	700 000	1 100 000
3.	800 000	700 000	900 000
4.	600 000	700 000	700 000
5.	400 000	700 000	500 000
6.	200 000	700 000	300 000
7.	0	700 000	100 00

Auf diese Werte ist – je nach angewandter Methode – ein festzulegender Zinssatz zu beziehen.

Die graphische Darstellung zeigt, daß durch den abnehmenden Verlauf der Basisgrößen für die Ermittlung der kalkulatorischen Zinsen bei der Restwertmethode (einschließlich der mit durchschnittlichen Restwerten) die kalkulatorischen Zinsen im Zeitablauf sinken und bei der Durchschnittsmethode sich bis zum Ende der Nutzungszeit nicht verändern.

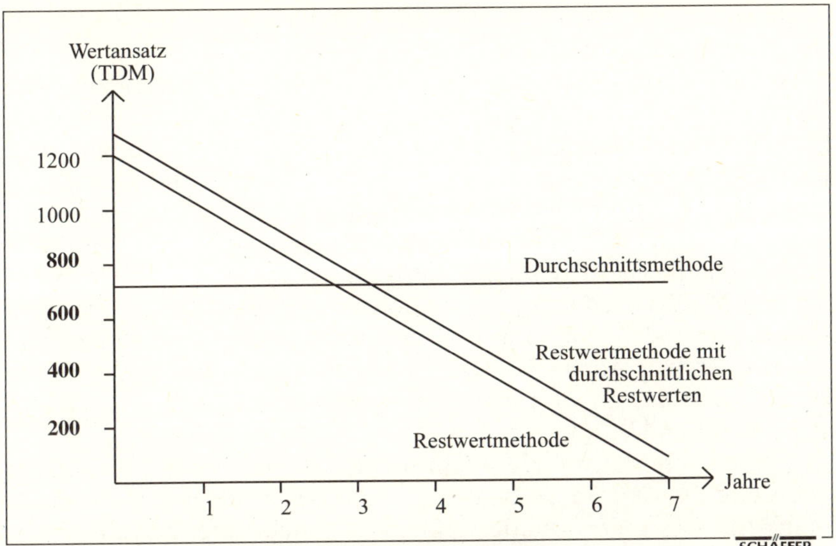

Abb. 34: *Entwicklung des Vermögenswertansatzes in Abhängigkeit von der Restwert- und Durchschnittsmethode*

Anlagevermögen

Abgesehen von den unbebauten Grundstücken, die keiner Abnutzung unterliegen, sind alle drei Methoden auf die *abnutzbaren* Teile des *betriebsnotwendigen Anlagevermögens* anwendbar. Legt man die *Durchschnittsmethode* zugrunde, so spricht für sie die relativ einfache Handhabung und die konstante Zinsbelastung. Ein großer Nachteil besteht jedoch darin, daß die Zinsberechnung nicht einmal annähernd mit der wirklichen Kapitalbindung beim abnutzbaren Anlagevermögen übereinstimmt. Die *Restwertmethode* erfordert zwar einen höheren Rechenaufwand (insbesondere die mit durchschnittlichen Restwerten) da aber die Daten auch für die kalkulatorischen Abschreibungen benötigt werden, dürfte dieses Argument in den Hintergrund treten. Gegen die beiden Varianten der Restwertmethode könnte angeführt werden, daß die kalkulatorischen Zinsen mit zunehmenden Alter der in einer Kostenstelle installierten Betriebsmittel sinken und in Kostenstellen mit neueren Betriebsmitteln hingegen noch relativ hoch sind. Dies wirkt sich auf die Kalkulationssätze einzelner Kostenstellen oder Maschinenplätze aus. Die Restwertmethode hat aber den Vorteil, daß sie der effektiven Kapitalbindung des betriebsnotwendigen (abnutzbaren) Anlagevermögens weitestgehend entspricht. Sie ist deshalb für die Ermittlung der kalkulatorischen Zinsen, die sich auf das (abnutzbare) Anlagevermögen beziehen, zu empfehlen.

Umlaufvermögen

Da in der Regel das betriebsnotwendige *Umlaufvermögen* innerhalb einer Abrechnungsperiode ständigen Schwankungen unterworfen ist, macht es Sinn, einen *durchschnittlichen* Bestand zu ermitteln und diesen als Wertansatz der kalkulatorischen Zinsermittlung zugrunde zu legen.

tatsächliches/ scheinbares Abzugskapital

Abzugskapital stellt das dem Unternehmen zinsfrei zur Verfügung stehende Kapital dar. Sofern es sich um *tatsächliche* zinsfreie Kredite handelt, ist ein Ansatz von Abzugskapital abzulehnen, da sonst Finanzierungseinflüsse in die Kosten- und Leistungsrechnung hereingetragen werden.[14] Sind jedoch mit Kundenanzahlungen und Lieferantenkredite Erlösschmälerungen durch gewährte Preisnachlässe für vorausbezahlte Leistungen bzw. Mehrpreise bei den Materialien wegen des Nichtausnutzens von Lieferantenskonti verbunden, soll eine Aussonderung solcher Positionen (also der Ansatz von Abzugskapital) die *Doppelerfassung* der in ihnen enthaltenen Zinsen vermeiden, da es sich um nur *scheinbar* zinslose Kredite handelt.[15]

Zinssatz

Schließlich ist für die Berechnung der kalkulatorischen Zinsen noch ein Zinssatz festzulegen. Da sich das Unternehmen jedoch nicht nur aus einer Quelle finanziert, sondern verschiedenartige Wege bei der Fremdfinanzierung einschlägt, und zudem Eigen- und Fremdkapital nebeneinander zur Verfügung hat, erschwert sich die Festlegung eines Zinsfußes. Denkbar wären der Zinssatz der günstigsten anderweitigen Anlage, der durchschnittliche Fremdkapitalzinssatz, der Zinssatz der teuersten Komponente des jeweils aufgenommenen Fremdkapitals u.a. Eine abschließende Beurteilung kann nicht vorgenommen werden. Es wird empfohlen, sich am langjährigen durchschnittlichen Kapitalmarktzins zu orientieren, und diesen gegebenenfalls bei erhöhter Fremdfinanzierung um einen Aufschlag zu korrigieren. Ein einmal gewählter Zinsfuß sollte aus Gründen der Vergleichbarkeit über mehrere Jahre unverändert beibehalten werden.

Gemeinkosten

Hinsichtlich der Zurechnung auf die Kostenträger stellen die kalkulatorischen Zinsen *Gemeinkosten* dar.

14 Vgl. z.B. Lücke, W., 1965, S. 10; Hummel, S./Männel, W., 1990, S. 177.

15 Vgl. auch Wenz, E., 1992, S. 228 und die Diskussion um das Abzugskapital bei Götzinger, M./Michael, H., 1993, S. 76ff.

Dem Kostenrechner stehen folgende Daten zur Verfügung:

Bilanz zum ...
(TDM)

Aktiva		Passiva	
I. Anlagevermögen		I. Eigenkapital	1050
– Grundstücke	300		
– Gebäude	500	II. Fremdkapital	
– Maschinen	650	– Verbindlichkeiten gegenüber Banken	1100
– Betriebs- und Geschäftsausstattung	220		
II. Umlaufvermögen		– Verbindlichkeiten aus Lieferungen und Leistungen	140
– Vorräte	320		
– Forderungen	240		
– Zahlungsmittel	60		
	2290		2290

Der kalkulatorische Zinsfluß wird mit 9 % angenommen. Die effektiven Zinszahlungen belaufen sich zur Zeit auf 119 TDM.

(TDM)	Anschaffungs-kosten	Wiederbeschaf-fungskosten/ Verkehrswert	kalkulatorischer Restwert	Bemerkungen
unbebaute Grundstücke	siehe Bilanz	1000		80 % werden betrieblich genutzt
Gebäude	900	1600	670	10 % werden betriebsfremd genutzt
Maschinen	1250	1500	880	
Betriebs- und Geschäfts-ausstattung	420	500	290	ausschließlich betriebliche Nutzung
Vorräte			300	Ø Jahresbestand:
Forderungen				entspricht dem Ø Jahresbestand
Zahlungsmittel				Ø 100

Ermittlung der kalkulatorischen Zinsen (in TDM):

Komponenten	Restwertmethode	Durchschnittsmethode
Anlagevermögen		
– Grundstücke	800	800
– Gebäude	670[1)]	720[2)]
– Maschinen	880	750
– Betriebs- und Geschäftsausstattung	290	250
Umlaufvermögen		
– Vorräte	300	300
– Forderungen	240	240
– Zahlungsmittel	100	100
Betriebsnotwendiges Vermögen[3)]	*3280*	*3160*
Abzugskapital	140	140
Betriebsnotwendiges Kapital	*3140*	*3020*
kalkulatorische Zinsen	*295,2*[4)] *282,6*[5)]	*284,4*[4)] *271,8*[5)]

1) Durch die Bezeichnung *kalkulatorischer* Restwert wird unterstellt, daß die 670 TDM um die betriebsfremde Nutzung bereits bereinigt wurden.
2) 90 % von 800 TDM.
3) = betriebsnotwendiges *Kapital*, falls kein Abzugskapital berücksichtigt wird.
4) ohne Berücksichtigung von Abzugskapital.
5) mit Berücksichtigung von Abzugskapital.

Die Kosten- und Leistungsrechnung berücksichtigt als kalkulatorische Zinsen entweder 295 200 DM oder 282 600 DM, je nachdem, ob tatsächliches oder scheinbares Abzugskapital vorliegt. Diese Restwertmethode[16] kann – wie oben geschildert – durch die Anwendung der Restwertmethode aus Basis von Durchschnittswerten noch verfeinert werden.

Diesen 295 200 DM (282 600 DM) stehen effektive Zinszahlungen von 119 000 DM gegenüber, so daß 176 200 DM (163 600 DM) gegenüber der Finanzbuchhaltung wertmäßig abzugrenzen sind.

Vergleich mit Fremdkapitalzinsen

Abschließend sei zusammenfassend darauf hingewiesen, daß die in der Kosten- und Leistungsrechnung verrechneten kalkulatorischen Zinsen weder inhaltlich noch der Höhe nach niemals mit den tatsächlich gezahlten Fremdkapitalzinsen der Finanzbuchhaltung identisch sein können.

16 Auch wenn in das betriebsnotwendige Umlaufvermögen Durchschnittswerte aufzunehmen sind, soll zur grundsätzlichen Unterscheidung gegenüber der Durchschnittsmethode, bei der auch für das Anlagevermögen Durchschnittswerte verwendet werden, die Bezeichnung Restwertmethode beibehalten bleiben.

Das liegt insbesondere an

- der Eingrenzung auf das betriebsnotwendige Vermögen
- der Berücksichtigung des sowohl fremd- wie eigenfinanzierten betriebsnotwendigen Vermögens und
- der Festlegung eines individuellen Zinssatzes für das eingesetzte betriebsnotwendige Kapital.

4.3.5. Fremdleistungskosten

Fremdleistungskosten stellen eine gegenüber anderen Kostenarten vergleichsweise unproblematische primäre Kostenartenkategorie dar. Sie entstehen durch die leistungsbezogene Inanspruchnahme von *Dienstleistungen Externer*. Zu den Dienstleistungen gehören z.B. die von Dritten erbrachten Reparatur-, Reise-, Rechtsberatungs-, Prüfungs-, Transport-, Versicherungs-, Forschungs- und Entwicklungsleistungen oder die Bereitstellung von Räumen und Anlagen (Anlagenleasing), aber auch öffentliche Leistungen, soweit sie in unmittelbarem Zusammenhang mit der betrieblichen Leistungserstellung in Anspruch genommen werden, wofür Gebühren und Beiträge zu zahlen sind, usw. Für jede dieser in Anspruch genommenen Leistungen liegt ein Fremdbeleg vor. Gegebenenfalls ist eine zeitliche Abgrenzung wie bei den Urlaubslöhnen vorzunehmen (z.B. Versicherungskosten).

Dienstleistungen Externer

Die Kosten für *fremdbezogene Energie* (Gas, Strom usw.) sollten wegen ihres – im strengen Sinne – Betriebsstoffcharakters als Materialkosten, und nicht als Fremdleistungskosten erfaßt werden.

Energiekosten

Stellen Einzelunternehmer oder Personengesellschafter dem Unternehmen Privaträume für betriebliche Zwecke zur Verfügung, sind *kalkulatorische Mietkosten* anzusetzen. Sie können in dieser primären Kostenkategorie geführt werden. Der Grundgedanke für die Berücksichtigung von kalkulatorischen Mietkosten liegt darin, daß es für Zwecke der Kosten- und Leistungsrechnung völlig gleichgültig ist, ob in einem eigenen Gebäude oder in angemieteten Räumen die betrieblichen Leistungen erbracht werden. Zur betrieblichen Leistungserstellung sind Räume erforderlich und damit Raumkosten verbunden. Die Höhe der kalkulatorischen Mietkosten sollte sich an den ortsüblichen oder branchenüblichen Mietsätzen für vergleichbare Objekte orientieren. Kalkulatorische Mieten für betrieblich genutzte Räume dürfen aber nur dann angesetzt werden, wenn diese Räume nicht in das betriebsnotwendige Vermögen aufgenommen sind und darauf keine kalkulatorischen Abschreibungen, kalkulatorische Zinsen, Reparaturkosten, Gebäudeversicherungen, Steuern usw. verrechnet werden.

kalkulatorische Miete

4.3.6. Wagniskosten

Eigentlich stellen Wagniskosten bei einer Untergliederung der Kosten nach der Art der verbrauchten originären Kostengüter *keine eigene primäre Kostenartenkategorie* dar. Verlieren z.B. Betriebsmittel aufgrund *außer*gewöhnlicher Umstände (beispielsweise Katastrophenverschleiß) an Wert, so wäre es durchaus denkbar, diesen Werteverzehr als (außerordentliche) kalkulatorische Abschreibung zu erfassen. Genauso denkbar wäre es, Diebstahl von Material bei den primären Materialkosten zu kontieren. Diese Vorgehensweise ist jedoch unzweckmäßig und trägt nicht zur Transparenz der in der Kostenrechnung zu berücksichtigenden Kosten bei. Es hat sich als vorteilhaft erwiesen, den ordentlichen und außerordentlichen Verbrauch von Kostengütern zu trennen, und den außerordentlichen Verbrauch in die primäre Kostenkategorie Wagniskosten aufzunehmen.

außerordentlicher Verbrauch

Dabei geht man von folgender Überlegung aus: In jedem Unternehmen treten bestimmte Risiken in unterschiedlicher Höhe ein. Sie bedrohen das eingesetzte Kapital. Grundsätzlich sind jedoch das allgemeine Unternehmerrisiko und betriebliche Einzelrisiken zu unterscheiden.

allgemeines Unternehmerrisiko

Das *allgemeine Unternehmerrisiko* (-wagnis) betrifft das Unternehmen als Ganzes. Rückschläge in der gesamtwirtschaftlichen Entwicklung, plötzliche Nachfrageverschiebungen, technische Fortschritte u.ä. wirken sich einerseits in den tatsächlich anfallenden Erlösen, andererseits in den effektiven Kosten und somit im Betriebsergebnis aus. Da hierunter alle nicht erfaßbaren Risiken zusammengefaßt werden, ist das allgemeine Unternehmerrisiko nicht kalkulierbar und eine Verrechnung von Wagniskosten *nicht möglich.* Stattdessen ist dieses Risiko durch den Gewinn eines Unternehmens abzugelten.[17]

Einzelrisiken

Zu den *Einzelrisiken* können z.B. zählen:

- *Anlagenrisiko:* Verluste an Anlagegütern infolge von außergewöhnlichen Schäden (Betriebs- und Verkehrsunglücke, unsachgemäße Behandlung von Betriebsmitteln usw.)
- Lagerhaltungsrisiko: Verluste an Roh-, Hilfs- und Betriebsstoffen, Fertig- und Halbfabrikaten durch Schwund, Veraltern, Diebstahl, Qualitätsminderung

17 Angebotskalkulationen für öffentliche Auträge gestatten allerdings, das allgemeine Unternehmerrisiko als Teil des *kalkulatorischen* Gewinns zu berücksichtigen.

- *Forschungs- und Entwicklungsrisiko:* Verluste aus fehlgeschlagenen Versuchs- und Entwicklungsarbeiten
- *Herstellungsrisiko:* Mehrkosten aufgrund von Arbeits-, Material- und Konstruktionsfehlern (hierzu zählen auch Kosten für Gewährleistungen)
- *Transportrisiko:* Verluste aus Transportschäden
- *Finanzrisiko:* Verluste aus Forderungsausfall, Wechselkursänderungen usw.
- *Sonstige Risiken* wie Schiffs- und Flugzeugverluste, Verluste bei Montage- oder Abbrucharbeiten und andere spezifische Betriebs- oder Branchenrisiken.

Zwar besteht das Risiko an sich, aber Höhe und exakter Zeitpunkt des Eintritts sind in der Regel nicht vorhersehbar.

versicherte/nicht versicherte Risiken

Die Kosten- und Leistungsrechnung hat zwei Möglichkeiten, leistungsbezogene Güterverbräuche dieser Art zu berücksichtigen (Abb. 35):

Vor dem Hintergrund, daß man das Risiko versichern kann oder nicht, wäre die Schlußfolgerung nicht sachgerecht, daß im ersten Falle Kosten entstehen und im zweiten Fall nicht.

versicherte Risiken

Da bei *versicherten* Risiken Dienstleistungen der Versicherungsgesellschaft in Anspruch genommen werden, stellen die dadurch anfallenden Versicherungsprämien *Fremdleistungskosten* dar.

nicht versicherte Risiken

Als *Wagniskosten* werden nur solche Risiken verrechnet, die *nicht* durch Fremdversicherungen abgedeckt sind. Der Ansatz von Wagniskosten stellt eine Art Eigenversicherung dar. Durch die Hereinnahme in die Selbstkostenkalkulationen werden die Verluste auf das eingesetzte Kapital gedeckt, sofern natürlich zumindest kostendeckende Preise erzielbar sind.

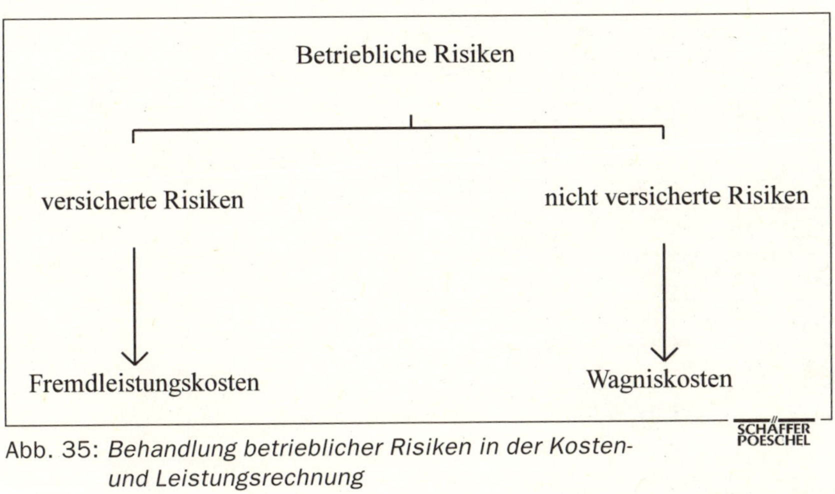

Abb. 35: *Behandlung betrieblicher Risiken in der Kosten- und Leistungsrechnung*

Normalisierung

Um die Kosten- und Leistungsrechnung von Zufallsschwankungen freizustellen, die sich aus dem unregelmäßigen Eintreten der Schadensfälle ergeben, werden die Wagniskosten normalisiert, d.h. es werden nach einer der drei unten beschriebenen Möglichkeiten Wagniskosten für ein Jahr ermittelt und auf einen Monat umgerechnet. Dadurch werden sie in gleichmäßiger Höhe als Kosten verrechnet. Die tatsächlichen Schadensaufwendungen sind nicht als Kosten, sondern als Aufwand von der Finanzbuchhaltung aufzunehmen. Treten unterjährig keine Schäden auf, stellen die Wagniskosten in voller Höhe Zusatzkosten dar, treten Schäden ein, hängt es von der Höhe ab, ob »Zweckaufwand/Grundkosten« oder »Grundkosten/Zweckaufwand und Zusatzkosten« oder aber »Neutraler Aufwand und Zweckaufwand/Grundkosten« entstehen. Bei sachgerechter Ermittlung von Wagniskosten sollten sich idealerweise tatsächliche Schäden und Wagniskosten im Zeitablauf entsprechen.

Monat	*Kosten- und Leistungsrechnung*	*Finanzbuchhaltung*	Abgrenzung		
	Wagniskosten für das Risiko … (= Kosten)	*eingetretener Schaden (= Aufwand)*	neutraler Aufwand	Zweckaufwand/ Grundkosten	Zusatzkosten
Januar	*200*	*200*	–	200	–
Februar	*200*		–	–	200
März	*200*		–	–	200
April	*200*		–	–	200
Mai	*200*	*2050*	1850	200	–
Juni	*200*		–	–	200
Juli	*200*			–	200
August	*200*	*150*	–	150	50
September	*200*		–	–	200
Oktober	*200*		–	–	200
November	*200*		–	–	200
Dezember	*200*		–	–	200
	Σ 2400	*Σ 2400*	Σ Aufwand: 2400		
				Σ Kosten: 2400	

Bemessung

Für die Höhe der anzusetzenden Wagniskosten berücksichtigt man

- entweder den Durchschnitt der in der Vergangenheit eingetretenen Schadensaufwendungen,
- oder die im Falle eines Abschlusses zu bezahlenden Versicherungsprämien, korrigiert um betriebsindividuelle Gegebenheiten
- oder besser einen Wagnissatz, der sich als Verhältnis der in der Vergangenheit eingetretenen Wagnisverluste (mehrere Abrechnungsperioden) zu einer Bezugsgröße ergibt, die in Beziehung zu den Wagnisverlusten steht. Die Multiplikation des Wagnissatzes mit dem Wert der Bezugsgröße in der Abrechnungsperiode ergibt die Wagniskosten.

Bezugsgrößen

Als Bezugsgrößen für die Ermittlung des Wagnissatzes und damit der Wagniskosten wären denkbar:

- der Wert des Lagerbestandes für das Vorratsrisiko
- der Umsatz für das Forderungsausfallrisiko
- der Wert des Anlagevermögens für das Anlagerisiko
- die Herstell- oder Selbstkosten der mit Garantie gelieferten Erzeugnisse
- die Fertigungskosten für das Ausschußrisiko
- usw.

Umsatzerlöse der vergangenen 5 Jahre	4 500 000 DM
Forderungsausfall in den vergangenen 5 Jahren	180 000 DM
Umsatzerlöse der Abrechnungsperiode	120 000 DM

Wagnissatz: (180 000 DM : 4 500 000 DM) • 100 = 4 %

Wagniskosten für das Risiko Forderungsausfall: 120 000 DM • 0,04 = 4 800 DM

In der Regel sind Wagniskosten (z.B. für das Risiko Forderungsausfall, Diebstahl) über die Kostenstellenrechnung (somit als Gemeinkosten) zu verrechnen, es sei denn, es ist eine direkte Zurechnung auf die Kostenträger möglich (z.B. Wagniskosten für das Risiko Garantieverpflichtungen).

4.3.7. Steuern

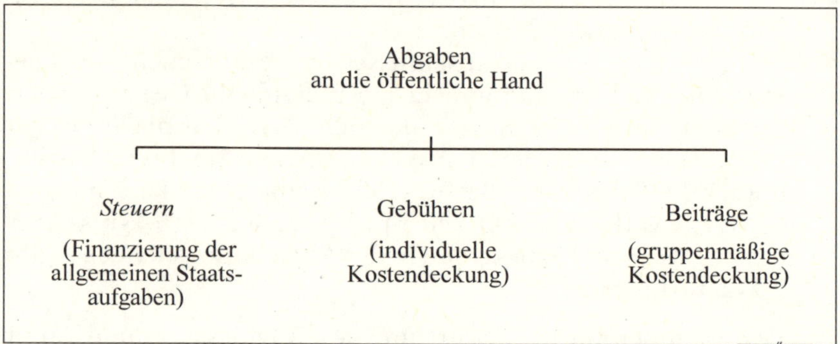

Abb. 36: *Einteilung der Abgaben an die öffentliche Hand*

SCHÄFFER POESCHEL

Abgaben an die öffentliche Hand entstehen in Form von Steuern und steuerähnlichen Abgaben.

Im Mittelpunkt der im folgenden zu besprechenden Kostenartenkategorie stehen die Steuern. Die kostenrechnerische Behandlung der Gebühren und Beiträge erfolgte bereits unter den Fremdleistungskosten.

Steuerbegriff

Nach der Abgabenordnung sind Steuern »...Geldleistungen, die nicht eine Gegenleistung für eine besondere Leistung darstellen und von einem öffentlich-rechtlichen Gemeinwesen zur Erzielung von Einnahmen allen auferlegt werden, bei denen der Tatbestand zutrifft, an den das Gesetz die Leistungspflicht knüpft; die Erzielung von Einnahmen kann Nebenzweck sein. Zölle und Abschöpfungen sind Steuern im Sinne dieses Gesetzes.«[18] Diese Abgabe unterscheiden sich somit von den Gebühren (Zahlungen für die tatsächliche Inanspruchnahme bestimmter öffentlicher Leistungen, z.B. Müllabfuhrgebühr) und Beiträgen (Zahlungen für das Vorhandensein öffentlicher Einrichtungen, die unabhängig von der tatsächlichen Inanspruchnahme zu entrichten sind, z.B. Straßenanliegerbeitrag), da sie keine Gegenleistung für eine besondere Leistung der öffentlichen Hand darstellt.[19] Steuern dienen vielmehr der Finanzierung der allgemeinen Staatsaufgaben.

18 § 3, Abs. 1 AO.
19 Vgl. Rose, G., 1990a, S. 1078f.

Steuerarten

Die über 40 Einzel-Steuerarten des gegenwärtigen Steuerrechts lassen sich für einen Überblick einteilen in:

Einteilung der Steuern in (z.B.)

- *Direkte Steuern:*
  - *Personen- (Subjekt-)steuern*
    - Einkommensteuer
    - Körperschaftsteuer
    - Vermögensteuer
    - Erbschaftsteuer
    - Kirchensteuer
  - *Sach- (Objekt-, Real-)steuern*
    - Gewerbesteuer
    - Grundsteuer
- *Indirekte Steuern:*
  - *Verkehrsteuern*
    - Umsatzsteuer
    - Kapitalverkehrsteuern
    - Grunderwerbsteuer
    - Versicherungsteuer
    - Kraftfahrzeugsteuer
    - Rennwett- und Lotteriesteuer
  - *Verbrauchsteuern*
    - Mineralölsteuer
    - Tabaksteuer
    - Steuern auf Lebensmittel und Getränke
    - sonstige Verbrauch- und Aufwandsteuern
  - *Zölle*

- *Gemeinsame Steuern von Bund und Ländern*
- *Bundessteuern*
- *Ländersteuern*
- *Gemeindesteuern*

- *Steuern vom Einkommen und vom Ertrag*
  - Körperschaftsteuer
  - Einkommensteuer
  - Gewerbeertragsteuer
  - Kirchensteuer vom Einkommen
- *Sonstige Steuern*

Abb. 37: *Einteilungsmöglichkeiten der Steuern*[20]

Kostencharakter

Für die Bestimmung des Kostencharakters einzelner Steuerarten ist zu prüfen, ob die einzelnen Kriterien des Kostenbegriffs (Bewertung, Leistungsbezogenheit, Güterverbrauch) erfüllt sind. Der *Gutsverbrauch* durch Steuern findet durch den Verzehr des Nominalgutes Geld statt. Damit ist auch gleichzeitig die Bewertung in Geldeinheiten gegeben. Problematisch erscheint das Kriterium der *Leistungsbezogenheit*. Ausgehend von dem in der Kosten- und Leistungsrechnung zu verfolgenden Zweck der Substanzerhaltung ist auch für diese primäre Kostenkategorie – wie für die bisher behandelten primären Kostenarten – zu argumentieren, daß der Leistungsbezug dann gegeben ist, wenn die *Nicht*kalkulation einer Steuerart auf Dauer zu einer Einstellung des Leistungserstellungsprozesses führen müßte. Der Kostencharakter liegt somit dann vor,

20 Vgl. hierzu auch Wöhe, G., 1990, S. 1090ff.; Rose, G., 1990b, S. 1079; Heinhold, M., 1995, S. 357ff.

wenn eine Steuerart in die Selbstkosten der Kostenträger und damit in die (langfristige) Preisuntergrenze einkalkuliert werden muß, damit die Ersatzbeschaffung der verbrauchten Kostengüter gewährleistet ist.

Daraufhin ist jede einzelne Steuerart zu prüfen. Diese Prüfung ist in der Regel bei den meisten Steuerarten unproblematisch.[21] So herrscht im allgemeinen Einigkeit darüber, ob die zu prüfenden *indirekten* Steuern (Abb. 37) Kosten darstellen (z.B. Kraftfahrzeugsteuer für den zur Betriebs- und Geschäftsausstattung gehörenden PKW) oder nicht (Kraftfahrzeugsteuer des ausschließlich privat genutzten PKW eines Personengesellschafters). Auch der Grund- und Gewerbekapitalsteuer als *direkte* Steuerarten wird eindeutig Kostencharakter zugeschrieben.

Kostencharakter von Gewinnsteuern

Uneinigkeit herrscht hingegen insbesondere bei den Gewinnsteuern (außer der Kirchensteuer[22]):

Einerseits wird argumentiert: Die *Einkommensteuer* besteuert natürliche Personen als Eigentümer des Betriebes, nicht den Betrieb selbst. Da die private und nicht die betriebliche Sphäre betroffen ist, wird der Kostencharakter der Einkommensteuer *bestritten*. Diese Betrachtungsweise hat ihren Niederschlag im Handels- und Steuerrecht gefunden, nach dem die Einkommensteuer, sofern sie durch den Betrieb gezahlt wird, als Privatentnahme zu buchen ist.[23] Die Körperschaftsteuer hingegen wird für *juristische* Personen (Kapitalgesellschaften) erhoben. Steuersubjekt ist das Unternehmen. Da durch die Besteuerung ein unmittelbarer Gutsverbrauch *im* Betrieb erfolgt, liegen *Aufwand und Kosten* vor. Im Handelsrecht wird diese Sichtweise durch die Tatsache ersichtlich, daß die Körperschaftsteuer als Aufwand zu verbuchen ist.[24]

Andererseits ist hierzu folgendes anzuführen: Die Kosteneigenschaft der Gewinnbesteuerung hängt damit allein von der Rechtsform des Unternehmens ab. Je nach Wahl der Rechtsform erhält der Betrieb einmal eine eigene Rechtspersönlichkeit, ein andermal nicht. Der gleiche Tatbestand, nämlich die Besteuerung des zu versteuernden Gewinns, wird im einen Fall als Aufwand und Kosten, im anderen Fall als Privatentnahme angesehen. Damit ergibt sich bei der kostenrechnerischen Einordnung eine Ungleichbehandlung

21 Vgl. auch Ehrmann, H., 1992, S. 63; Buggert, W., 1994, S. 58f.; Haberstock, L., 1987, S. 90 und die dort aufgeführten Literaturhinweise.

22 Die Kirchensteuerpflicht ergibt sich schließlich nicht aus dem betrieblichen Leistungserstellungsprozeß.

23 Vgl. Wöhe, G., 1987, S. 99 und 287.

24 Die Körperschaftsteuer geht in die Position Nr. 18 (Nr. 17) der Gewinn- und Verlustrechnung für Kapitalgesellschaften nach dem Gesamtkostenverfahren (Umsatzkostenverfahren) ein.

der Betriebe. Entsprechend wurde oben bereits im Zusammenhang mit dem Ansatz von kalkulatorischen Unternehmerlohn argumentiert. Eine Auflösung dieser Ungleichbehandlung kann nur dadurch erfolgen, daß man den Kostencharakter von Gewinnsteuern nicht am Steuersubjekt, sondern am Steuer*objekt* (die Einkünfte aus Gewerbebetrieb, die sich als steuerlicher Gewinn darstellen) feststellt.

Ungleichbehandlung

Folgt man dieser Sichtweise, bedeutet dies noch nicht, daß die gesamte Einkommen- oder Körperschaftsteuer Kostencharakter hat. Zur Quantifizierung des Kostenanteils ist an das der Kosten- und Leistungsrechnung zugrundeliegende Substanzerhaltungsprinzip anzuknüpfen. Steuern (hier Gewinnsteuern) haben nur – wie oben bereits grundsätzlich ausgeführt – insoweit Kostencharakter, als durch die Nichtkalkulation einer Steuerart Substanzauszehrung erfolgt! Substanzauszehrung liegt dann vor, wenn der *Scheingewinn* besteuert wird. Hier sind somit echte Gewinne (Verluste) von Scheingewinnen (-verlusten) zu trennen. Die Differenz zwischen dem Verkaufspreis und den Wiederbeschaffungskosten am Verkaufstag stellt echten Gewinn dar, die positive Differenz zwischen Wiederbeschaffungskosten und Anschaffungskosten hingegen Scheingewinn.[25] Da diese letztgenannte, im finanzbuchalterischen Gewinn enthaltene Differenz in Wirklichkeit zur Ersatzbeschaffung der verbrauchten Güter notwendig ist, spricht man von *Schein*gewinn.[26]

Scheingewinnbesteuerung

B

Externes Rechnungswesen	
Umsatzerlöse	110 000 DM
Betriebsausgaben	100 000 DM
= Gewinn vor Steuern	10 000 DM
– 20 % Einkommensteuer[27]	2 000 DM
= Gewinn nach Steuern	+ 8 000 DM

Kosten- und Leistungsrechnung	
Umsatzerlöse	110 000 DM
Wiederbeschaffungskosten	110 000 DM
= Betriebsergebnis ohne Steuern	0 DM
– Einkommensteuer	2 000 DM
= Betriebsergebnis	– 2 000 DM

Die Gegenüberstellung einer vereinfachten Ergebnisrechnung aus Sicht der Finanzbuchhaltung und der Kosten-und Leistungsrechnung zeigt, daß – obgleich ein finanzbuchalterischer Gewinn von 8 000 DM vorliegt – das Unternehmen einer Substanz-

25 Vgl. Wöhe, G., 1987, S. 384; Götzinger, M./Michael, H., 1993, S. 84f.

26 Bei inflationärer Wirtschaftslage tritt die Möglichkeit eines Scheinverlustes in den Hintergrund. Im Falle eines Scheinverlustes haben die Gewinnsteuern keinen Kostencharakter, da die zu zahlende Steuer sogar zu niedrig ausfällt. Der reale Zuwachs wäre dann größer als der nominell ausgewiesene.

27 Aus Darstellungsgründen werden vereinfacht 20 % unterstellt.

auszehrung von 2 000 DM unterliegt. D.h. der (finanzbuchhalterische) Gewinn nach Steuern reicht für die Ersatzbeschaffung nicht aus: Die Wiederbeschaffungskosten betragen 110 000 DM, 108 000 DM (100 000 DM Aufwand und 8 000 DM Gewinn nach Steuern) stehen jedoch nur zur Verfügung. Der steuerlich ausgewiesene Gewinn i.H.v. 10 000 DM entspricht der Differenz zwischen Wiederbeschaffungskosten und Betriebsausgaben und stellt damit Scheingewinn dar. Durch die Besteuerung entsteht Substanzauszehrung mit der Folge, daß die Gewinnsteuer i.H.v. 2 000 DM *Kostencharakter* hat.

Vermeidung der Scheingewinnbesteuerung

Da in der Finanzbuchhaltung die Betriebsausgaben nicht zu Wiederbeschaffungskosten bewertet werden dürfen, müssen zur Vermeidung der Substanzauszehrung die Umsatzerlöse für die bestehende Absatzmenge *erhöht* werden. Dies muß soweit geschehen, bis der Gewinn nach Steuern dem Scheingewinn entspricht:[28] Dann reicht der Gewinn *nach* Steuern zur Ersatzbeschaffung aus.

$$\text{Gewinn nach Steuern} = \text{Scheingewinn}$$

$$(c \cdot E - A) \cdot (1 - s) = (1 + b) \cdot A - A$$

wobei
c = gesuchter Faktor
E = Umsatzerlöse
s = Steuersatz
b = Preissteigerungsrate
A = steuerlich zulässiger Aufwand

bedeuten.

Die Mindesterlöse, zur Vermeidung der Scheingewinnbesteuerung betragen dann

$$\text{Mindesterlöse} = c \cdot E$$

Auf das Beispiel bezogen müssen demnach die Umsatzerlöse mindestens

$$(c \cdot 110\ \text{TDM} - 100\ \text{TDM}) \cdot (1 - 0{,}2) = 1{,}1 \cdot 100\ \text{TDM} - 100\ \text{TDM}$$
$$88\ \text{TDM} \cdot c - 80\ \text{TDM} = 10\ \text{TDM}$$
$$c = 1{,}0227272$$

$$c \cdot E = 1{,}0227272 \cdot 110\,000\ \text{DM} = \mathit{112\,500\ DM}$$

betragen, damit der Gewinn *nach* Steuern 10 000 DM beträgt, und das Unternehmen die Ersatzbeschaffung von 110 000 DM tätigen kann.

28 Vgl. hierzu Götzinger, M./Michael, H., 1993, S. 86ff.

Externes Rechnungswesen	
Umsatzerlöse	112 500 DM
– Betriebsausgaben	100 000 DM
= Gewinn vor Steuern	12 500 DM
– 20 % Einkommensteuer[29]	2 500 DM
= Gewinn nach Steuern	+ 10 000 DM

Kosten- und Leistungsrechnung	
Umsatzerlöse	112 500 DM
– Wiederbeschaffungskosten	110 000 DM
= Betriebsergebnis ohne Steuern	2 500 DM
– Einkommensteuer	2 500 DM
= Betriebsergebnis	0 DM

Gewinnsteuern haben so lange Kostencharakter, bis der Gewinn nach Steuern die Substanzerhaltung gewährleistet.

Der Einwand, daß die nunmehr erhöhten Umsatzerlöse auch auf dem Markt realisierbar sein müssen, würde jenen entgegenkommen, die behaupten, daß die Kosten- und Leistungsrechnung die Marktpreise zu kalkulieren hat. Wie oben bereits ausgeführt[30], ist es jedoch Aufgabe der Kosten- und Leistungsrechnung, die Preisuntergrenze zu ermitteln, damit die auf dem Markt erzielbaren Preise beurteilt werden können.

Bereinigungen

Es bleibt noch darauf hinzuweisen, daß der im zu versteuernden Gewinn enthaltene *neutrale Gewinn* in die Ermittlung der Gewinnsteuern mit Kostencharakter nicht einfließen darf. Liegen aus kostenrechnerischer Sicht *Zusatzleistungen* vor, verbessern sie lediglich das Ergebnis der Kosten- und Leistungsrechnung. Auch wird sich bei entsprechenden Größenordnungen der Steuersatz verändern, wenn bei einer Scheingewinnbesteuerung die Umsatzerlöse erhöht werden, und sich der »neue« zu versteuernde Gewinn errechnet.

Damit wird auch schon angedeutet, daß eine Berücksichtigung der Scheingewinnbesteuerung nur im Rahmen einer *Plan*kostenrechnung möglich ist. Dennoch wird dieses Problem wegen seiner grundsätzlichen Bedeutung bereits an dieser Stelle angesprochen, um deutlich werden zu lassen, daß Gewinnsteuern unter bestimmten Voraussetzungen Kostencharakter haben. Die Höhe des Kostenanteils hängt davon ab, in welcher Höhe Scheingewinne besteuert werden. Entsprechend wäre dieser Lösungsansatz auch auf die *Gewerbeertragsteuer* zu übertragen. Doch das würde an dieser Stelle zu weit führen.

29 Aus Darstellungsgründen werden unverändert 20 % unterstellt.

30 Siehe die Ausführungen zu den Aufgaben der Kosten- und Leistungsrechnung.

4.4. Kostenartenplan

Begriff

Die von einem Unternehmen als am zweckmäßigsten erachtete Gliederung der Kostenarten ist in einem Kostenartenplan festzuhalten. Er stellt somit einen strukturierten Katalog aller auftretenden Kostenarten dar.

Grundsätze

Bei der Aufstellung eines Kostenartenplans sollte man sich von folgenden Grundsätzen leiten lassen:

Vollständigkeit

Zunächst muß er eine vollständige Erfassung der entstehenden Kosten erlauben.

Eindeutigkeit

Die einzelnen Kostenarten sind *eindeutig* zu definieren. Für den Inhalt einer Kostenart sollte auch nur eine Kostengüterart bestimmt sein. Dazu muß man sich bei der Gliederung für eine der eingangs zur Kostenartenrechnung dargestellten Gliederungskriterien entscheiden. Es hat sich für die Kostenerfassung als zweckmäßig erwiesen, sich nach dem Kriterium »Verbrauch von originären Kostengütern« zu richten. Das führt zu *primären* Kostenarten. Wird dieser Grundsatz nicht konsequent eingehalten, fließen unsaubere Kostenarten (primäre und sekundäre Kosten nebeneinander) ein, was wiederum u.U. zu Mehrfachverrechnungen führen kann. Hinsichtlich der Kostenerfassung *für* die Kostenverrechnung ist von einem Gliederungskriterium (Art der verbrauchten originären Kostengüter) auszugehen, die Kostenverrechnung *selbst* wiederum kann andere Kriterien (Art der Zurechnung, Abhängigkeit vom Beschäftigungsgrad) zugrundelegen. Für die Kostenarten sollte eine genaue Beschreibung der jeweils unter einer bestimmten Kontierung zu erfassenden Kostenarten erstellt werden.

Flexibilität

Auch sollte der Kostenartenplan so *flexibel* gestaltet sein, daß er an organisatorische und verfahrenstechnische Veränderungen angepaßt werden kann, oder er den unterschiedlichen Informationsbedürfnissen der Beteiligten (z.B. reine Ermittlungsfunktion, Kontrollfunktion oder Aufbereitung für Entscheidungsrechnungen) Rechnung tragen kann. Die Forderung nach Flexibilität kann deshalb teilweise der Forderung nach Eindeutigkeit entgegenstehen, so daß gegebenenfalls eine durchgängige Systematisierung nach einem einzigen Kriterium aufgegeben werden muß (z.B. wenn die Anlagenkosten wie kalkulatorische Abschreibungen, kalkulatorische Zinsen, Instandhaltungen für Anlagen usw. zusammengefaßt werden sollen). Dann kommt der Beschreibung der Inhalte der zu verwendenden Kostenarten eine erhöhte Bedeutung zu.

Prinzip der Wirtschaftlichkeit

Die Systematisierung der Kostenarten unterliegt – wie alle anderen betrieblichen Prozesse auch – dem Prinzip der Wirtschaftlichkeit. Eine Grobgliederung der Kosten ist in aller Regel höchstens für kleine Unternehmen angebracht. Eine zu tiefe Gliederung wiederum birgt die Gefahr in sich, daß der sich aus einer Feingliederung ergebende Nutzen in einem nicht zu rechtfertigenden Verhältnis zum dahinterstehenden Aufwand steht.

Eine Reihe von Unternehmen gliedert ihre Kostenarten in Anlehnung an die Kontenklasse 4 des *Gemeinschaftskontenrahmens für die Industrie (GKR)*. Der Kostenartenplan könnte demnach (verkürzt) wie folgt aussehen:

40 – 42	Materialkosten
	40 Einzelkostenmaterial
	40 . Einsatzstoffe
	40 . Fertigungsstoffe
	40 . Klein- und Normteile
	40 . Fremdmaterial
	:
	41 Gemeinkostenmaterial
	41 . Hilfsstoffe
	41 . Betriebsstoffe
	41 . Werkzeuge
	:
	42 Brennstoffe, Energie und dergl.
	:
43 – 44	Personalkosten
	43 Löhne und Gehälter
	43 . Fertigungslöhne
	43 . Hilfslöhne
	43 . Gehälter
	:
	44 Sozialkosten und andere Personalkosten
	44 . Gesetzliche Sozialkosten
	44 . Freiwillige Sozialkosten
	44 . Andere Personalkosten
	:
	45 Instandhaltung, verschiedene Leistungen und dergl.
	45 . Instandhaltung
	45 . Allgemeine Dienstleistungen
	45 . Entwicklungs-, Versuchs- und Konstruktionskosten
	:
46	Steuern, Gebühren, Beiträge, Versicherungsprämien und dergl.
	46 . Steuern
	46 . Abgaben und Gebühren
	46 . Beiträge
	46 . Versicherungsprämien
	:
47	Mieten, Verkehrs-, Büro-, Werbekosten und dergl.
	47 . Raum-, Maschinenmieten
	47 . Verkehrskosten wie Transport-, Versand-, Reisekosten
	47 . Bürokosten
	:
48	Kalkulatorische Kosten
	48 . Verbrauchsbedingte Abschreibungen
	48 . Betriebsbedingte Zinsen
	48 . Kalkulatorischer Unternehmerlohn
	:
49	Innerbetriebliche Kosten- und Leistungsverrechnung, Sondereinzelkosten und Sammelverrechnungen
	49 . Sondereinzelkosten
	49 . Innerbetriebliche Kostenverrechnung
	49 . Sammelkonto, zeitliche Abgrenzung
	49 . Sammelkonto Kostenarten

Abb. 38: *Kostenartenplan auf Basis des Gemeinschaftskontenrahmens der Industrie*

Eine Orientierung der Kostenartengliederung an den Empfehlungen[31] des Bundesverbandes der Deutschen Industrie zum *Gemeinschaftskontenrahmen der Industrie* führt dazu, daß mehrere Gliederungskriterien auf einer Stufe mit den oben beschriebenen Nachteilen verwendet werden. So finden sich darin *primäre* Kostenarten (z.B. 40 . Einzelkostenmaterial, Fremdmaterialkosten), *sekundäre* Kosten (z.B. 49 . Kosten innerbetrieblicher Leistungen) oder Kostenarten nach dem Ort des Kostenanfalls (z.B. 47 . Bürokosten).

Demgegenüber will der vom Bundesverband der Deutschen Industrie herausgegebene *Industriekontenrahmen (IKR)* den Unternehmen eine individuelle Ausgestaltung der Kosten- und Leistungsrechnung ermöglichen. Dabei gibt der IKR nicht wie der GKR eine Gliederungssystematik vor, sondern strukturiert sich lediglich aufgrund allgemein gehaltener Empfehlungen. Damit kann das Prinzip, möglichst nur ein Kriterium pro Gliederungsstufe zu verwenden, realisiert werden.

Der mit primären Kosten dargestellte Kostenartenplan orientiert sich streng an die sieben primären Kostenartenkategorien. Innerhalb jeder Kategorie sind die inhaltlich dazugehörigen Kostenarten unabhängig von ihrem Einzel- oder Gemeinkostencharakter aufgeführt worden.

---

31 Am Beispiel der Vollkostenrechnung.

(festzulegende Kontierung) /ausgewählte Kostenarten	(festzulegende Kontierung) /ausgewählte Kostenarten
. Personalkosten .. Fertigungslöhne ... Zeitlöhne ... Akkordlöhne ... Zusatzlöhne : .. Hilfslöhne ... Prüferlöhne ... Transportarbeiterlöhne ... Reinigungslöhne : .. Gehälter : .. Sozialkosten ... Gesetzliche soziale Abgaben ... für Arbeiter ... Gesetzliche soziale Abgaben für Angestellte ... Berufsgenossenschaftsbeiträge ... Urlaubsvergütung für .. ... Weihnachtsgeld für .. ... Zusatzvergütung für Schicht- und Samstagsarbeit ... Tarifliche Krankengeldzuschüsse für .. ... Fahrtkosten : .. Sonstige Personalkosten : . Materialkosten .. Einzelkostenmaterial : .. Gemeinkostenmaterial ... Verbrauchstoffe wie Abbeizsalze, Putz- und Reinigungsmittel, Öle, Fette ... Energiekosten ... Material für Nacharbeiten ... Material für Werkzeuge ... Büromaterial :	. Kalkulatorische Abschreibungen .. Kalkulatorische Abschreibungen für Gebäude .. Kalkulatorische Abschreibungen für Maschinen : . Kalkulatorische Zinsen .. auf das Anlagevermögen .. auf das Umlaufvermögen : . Fremdleistungskosten .. Miete, Pacht .. Schätzgebühren .. Gerichts- und Anwaltskosten .. Frachten .. Feuerversicherung : . Steuern und steuerähnliche Abgaben .. Grundsteuer .. Kraftfahrzeugsteuer .. Einfuhrzölle : . Wagniskosten .. wegen Garantieverpflichtungen .. wegen Forderungsausfall :

Abb. 39: *Kostenartenplan mit primären Kosten*

Zweckmäßiger kann es sein, hinsichtlich der Kontierung der Kostenarten die primären *Einzelkosten* ihrem Inhalt nach zusammen auszuweisen und *alle Gemein*kosten zu einer Hauptgruppe zusammenzufassen:

1 Fertigungseinzelkosten
- 10 Akkordlöhne
- 11 Zusatzlöhne
- :

2 Materialeinzelkosten
- 20 Rohstoffe
- :
- 21 Fremdmaterial
- :

3 Gemeinkosten
- 30 Gemeinkostenlöhne
- :
- 31 Gemeinkostenmaterial
- :
- 32 Gehälter
- :
- 33 Sozialkosten
- :
- 34 Kalkulatorische Abschreibungen
- :
- 34 Steuern
- :

usw.

Da in der praktischen Umsetzung die Kostenartenrechnung nicht als eigenständiges und isoliertes Teilgebiet der Kosten- und Leistungsrechnung zu verstehen ist, sollten in jedem Unternehmen Richtlinien existieren, denen entnommen werden kann, wo und wie die Kostenarten zu erfassen und zu verrechnen sind.

Jeder Beleg sollte für die Verrechnung mindestens

- die genaue Bezeichnung der Kostenart
- die Herkunft der Kostenart
- die empfangende Kostenstelle/den Kostenträger
- das genaue Mengen- und Wertgerüst und
- die Verantwortlichen

beinhalten, in dem weitere spezielle abrechnungstechnische Bestandteile enthalten sein können (z. B. Abrechnungsnummern, Fertigungsauftragsnummern).

Das weist bereits darauf hin, daß für die konkrete Erfassung und Verrechnung der Kostenarten auch ein Kosten*stellen*plan notwendig ist und verdeutlicht auch, daß den einzelnen Teilgebieten der Kosten- und Leistungsrechnung (Kostenarten-, -stellen- und -trägerrechnung) zwar grundsätzlich bestimmte Aufgaben zugewiesen werden, die praktische Umsetzung diese Abgrenzung hingegen fließend gestalten läßt.

5. Kostenstellenrechnung

B

Manfred Kolb, der Leiter Finanzen der Speedy GmbH, kennt nunmehr das Kostenvolumen – differenziert nach Kostenarten –; eine Verrechnung auf die Kostenträger ist allerdings noch nicht möglich. Um diesem Ziel näher kommen zu können, muß das zweite Teilgebiet der Kosten- und Leistungsrechnung, die Kostenstellenrechnung, aufgebaut werden. Mit ihrer Hilfe wird es möglich sein, insbesondere die Gemeinkosten[1] in einem akzeptablen Maße, d.h. möglichst verursachungsgerecht, den Kostenträgern zurechnen zu können.

5.1. Aufgaben und Überblick

Aus den Hauptaufgaben der Kosten- und Leistungsrechnung und den Festlegungen in der Kostenartenrechnung heraus definieren sich die Zielsetzungen der Kostenstellenrechnung. Zu den Hauptaufgaben der Kosten- und Leistungsrechnung gehören insbesondere die Kalkulation der Kostenträger und die Wirtschaftlichkeitskontrolle. Mit Hilfe der Kostenartenrechnung ist zwar einerseits das Kostenvolumen der einzelnen Kostenarten feststellbar, doch wegen dem Zurechnungsproblem auf die Kostenträger andererseits, was zur Unterscheidung in Einzel- und Gemeinkosten führt, kann ein Teil der Kostenarten noch nicht in eine Kalkulation übernommen werden. Im folgenden geht es deshalb um die Lösung der verrechnungstechnischen Probleme, die sich durch die Gemeinkosten ergeben. Damit kann die bisher besprochene Kosten*arten*rechnung als *vorbereitende* Rechnung für die nachfolgenden Teilgebiete angesehen werden.

1 Gelegentlich werden für bestimmte Zwecksetzungen auch die Fertigungs*einzel*kosten in der Kostenstellenrechnung *verrechnet*.

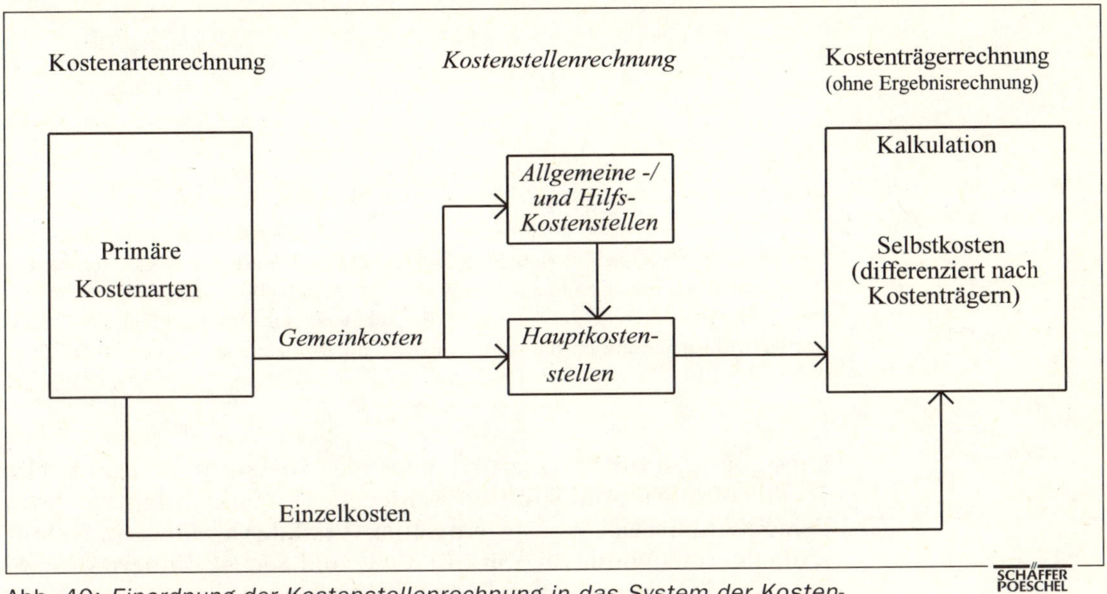

Abb. 40: *Einordnung der Kostenstellenrechnung in das System der Kosten- und Leistungsrechnung*

Die Kostenstellenrechnung, die verrechnungstechnisch zwischen der Kostenarten- und der Kostenträgerrechnung steht, hat insbesondere zwei Aufgaben zu erfüllen:

- (1) die verursachungsgerechte Zurechnung der Gemeinkosten auf die Kostenträger und
- (2) die Wirtschaftlichkeitskontrolle.

verursachungsgerechte Zurechnung der Gemeinkosten

(1) Nachdem mit Hilfe der Kostenartenrechnung die primären *Gemein*kostenarten bekannt sind, denen allen der Charakter einer *gemeinschaftlichen* Verursachung durch mehrere Kostenträger zu eigen ist, ergibt sich zwangsläufig die Erarbeitung von Lösungswegen, die eine *genauere* (verursachungsgerechte) Aufteilung auf die Kostenträger ermöglichen. Bei einem differenzierten Fertigungsprogramm wäre es nicht sachgerecht, würde man die Zurechnung der Gemeinkosten mit einem einzigen Gesamtzuschlagssatz auf die Einzelkosten vornehmen. Das hieße, daß die Gemeinkosten allen Kostenträgern im gleichen relativen Verhältnis verrechnet würden, was den tatsächlichen Verhältnissen nicht entspräche. Anders sieht es z.B. bei einer Einproduktfertigung aus, bei der naturgemäß sämtliche Kosten durch das (eine) zu fertigende Produkt entstehen. Vielfach entspricht es jedoch der betrieblichen Praxis, daß die verschiedenen Erzeugnisse während ihrer Herstellung die verschiedenen Betriebsbereiche *unterschiedlich* stark beanspruchen. Demzufolge wäre ein einheitlicher Gemeinkostenzuschlagssatz zu ungenau.

B

Produkt	Gemeinkosten	Einzelkosten
A B C		80 000 DM 120 000 DM 50 000 DM
Σ	750 000 DM	250 000 DM

Ein einheitlicher Zuschlagssatz (hier: 300 %) hieße, daß alle Produkte im gleichen Verhältnis Gemeinkosten in Anspruch nähmen (A: 240 000 DM, B: 360 000 DM, C: 150 000 DM). Dies ist schon dann unrealistisch, wenn eine unterschiedliche Einzelkostenstruktur (anteilige Material- und Fertigungseinzelkosten) bei den drei Produkten besteht.

Dies gilt auch für das zugrundeliegende Musterunternehmen. Die Speedy GmbH produziert verschiedene Produktvarianten eines Personenkraftwagens. Die einzelnen Produktvarianten (z.B. Stufenheck- und Kombiversion mit Vier- und Sechszylindermotoren) beanspruchen beispielsweise die Fertigungsbereiche in unterschiedlichem Maße und verursachen damit unterschiedlich hohe Kosten. Noch deutlicher wird dies, wenn die Produktpalette der Speedy GmbH z.B. auch Industriemotoren enthält.

Verrechnung der Einzelkosten

Da die *Einzel*kosten den Erzeugnissen direkt zugerechnet werden können, ist ihre Erfassung in der Kostenstellenrechnung nicht erforderlich. Gelegentlich erfolgt dennoch eine Verrechnung der Fertigungslöhne in den Kostenstellen-Verrechnungssätzen.

Wirtschaftlichkeitskontrolle

(2) Eine effiziente Kostenkontrolle ist nur dann realisierbar, wenn sie dort durchgeführt wird, wo die Kosten auch zu verantworten und zu beeinflussen sind. Sofern allerdings nur eine Istkostenrechnung existiert, ist die Aussagekraft einer dann nur im Rahmen eines Zeitvergleichs durchführbaren Wirtschaftlichkeitskontrolle sehr gering. Die in den einzelnen Kostenstellen anfallenden Ist-Gemeinkosten müssen an einem Maßstab gemessen werden können. Hierfür eignen sich bedingt die Normal-, besser jedoch die Plankosten (als Sollkosten).[2]

2 Allerdings ist der *Anteil* der Ist-Gemeinkosten in den Ist-Endstellenkosten für die Kostenkontrolle weniger bedeutsam, der in einer Istkostenrechnung im Rahmen der *innerbetrieblichen Leistungsverrechnung* auf die Hauptkostenstellen umgelegt wird. Die empfangenden Kostenstellen sind i.d.R. nur für die verbrauchenden *Mengen* verantwortlich zu machen, nicht für die Kosten, mit denen sie belastet werden.

5.2. Kostenstellenbildung

Kostenstelle

Die Durchführung der Kostenstellenrechnung setzt voraus, daß das gesamte Unternehmen in geeignete *Abrechnungseinheiten* untergliedert wird. Kostenstellen sind die Orte der Kostenentstehung. Sie bilden ihrem Wesen nach Zurechnungseinheiten. Die Bildung von Kostenstellen ist dann notwendig, wenn verschiedenartige Erzeugnisse einen Betrieb ungleichmäßig in Anspruch nehmen, und wenn – auch bei Einproduktfertigung – eine Kostenkontrolle durchgeführt werden soll.

Die Kostenstellen lassen sich nach verschiedenen Gesichtspunkten ordnen:

betriebliche Funktionsbereiche

(1) Häufig ist eine Einteilung der Kostenstellen nach betrieblichen Funktionsbereichen vorzufinden. Dieser Einteilung liegt der Gedanke zugrunde, möglichst gleiche oder zumindest ähnliche Verrichtungen zusammenzufassen. Demnach unterscheidet man

- Materialstellen (z.B. Einkauf, Rechnungsprüfung, Materialprüfung, Materiallager)
- Fertigungsstellen (z.B. Arbeitsvorbereitung, Zerspanung, Dreherei, Montage, Lackiererei, Prüfstände)
- Verwaltungsstellen (z.B. Buchhaltung, Kalkulation, Poststelle, Personal)
- Vertriebsstellen (z.B. Fertigwarenlager, Versand, Verkauf, Werbung)
- Forschungs- und Entwicklungsstellen (z.B. Versuchslabor, Konstruktion), falls eigener Kostenbereich
- Allgemeine Kostenstellen (z.B. Werksarzt, Kantine, Bücherei, Versorgungsanlagen, Druckerei, Instandhaltung).

Diese Kostenstellenbildung gewährleistet am ehesten eine verursachungsgerechte Kostenzurechnung, da gleiche oder zumindest ähnliche Verrichtungen auch in gleichem oder ähnlichem Maße Gemeinkosten verursachen.

Verantwortungsbereiche

(2) Eine Einteilung der Kostenstellen nach *Verantwortungsbereichen* bietet sich in den Fällen an, in denen im Mittelpunkt die Kostenkontrolle steht.

räumliche Gesichtspunkte

(3) Eine Abgrenzung der Kostenstellen nach *räumlichen* Gesichtspunkten birgt die Gefahr in sich, daß innerhalb der gebildeten Kostenstellen sehr unterschiedliche Tätigkeiten durchgeführt werden oder mehrere Verantwortliche existieren. Sollte das nicht der Fall sein, kann eine Ergänzung der Kostenstellengliederung nach räumlichen Gesichtspunkten durchaus sinnvoll sein.

abrechnungs-technische Gesichtspunkte

(4) Für die Gemeinkostenverrechnung können auch durchaus Kostenstellen nach *abrechnungstechnischen* Gesichtspunkten gebildet werden. So sind z.B. spezielle Gebäudekostenstellen denkbar, auf denen für bestimmte Gebäudekategorien die Gebäudekosten wie kalkulatorische Abschreibungen, kalkulatorische Zinsen, Instandhaltung usw. gesammelt und im Zuge der Verrechnung auf die sich in der jeweiligen Gebäudekategorie befindlichen Kostenstellen umgelegt werden.

Welches Kriterium letztlich zum Tragen kommt, hängt von den betriebsindividuellen Zwecksetzungen ab. Liegt der Schwerpunkt mehr auf der Weiterverrechnung der Kosten, sollte insbesondere eine funktionale Gliederung zugrunde gelegt werden. Steht die Kostenkontrolle im Vordergrund, macht eine Einteilung nach Verantwortungsbereichen Sinn, wobei eine klare Abgrenzung der Verantwortungsbereiche vorhanden sein muß.

Gliederungstiefe

Die *Tiefe* der Kostenstellengliederung hängt von der Betriebsgröße, der Eigenart des Wirtschaftszweiges, vom Fertigungsprogramm, von der Abgrenzung der Verantwortungsbereiche, von der angestrebten Genauigkeit der Kostenverrechnung usw. ab. Es ist nicht angebracht, mit hohem Aufwand eine große Tiefengliederung herbeizuführen, wenn der dadurch erreichbare Nutzen unverhältnismäßig ist. Auch bei der Kostenstellengliederung sollte wie bei der Kostenartengliederung die Wirtschaftlichkeit bedacht werden.

Je gröber eine Kostenstelleneinteilung ist, desto ungenauer wird die Kalkulation und auch die Kostenkontrolle sein. Je feiner Kostenstellen gebildet werden, desto mehr erhöhen sich der Genauigkeitsgrad der Kalkulation und die Auswertungsmöglichkeiten der Kostenkontrolle, bewirken allerdings höhere Abrechnungskosten.

5.3. Kostenstellenplan

Anzahl und Aufteilung der Kostenstellen werden in einem Kostenstellenplan festgelegt. Kostenstellenpläne sind immer sehr genau auf die betrieblichen Verhältnisse auszurichten. Der nachstehende Kostenstellenplan der Speedy GmbH kann deshalb nur als eine beispielhafte Möglichkeit angesehen werden.

(Kontierung) / ausgewählte Kostenstellen	(Kontierung) / ausgewählte Kostenstellen
0 Materialbereich 001 Leitung 002 Materialeinkauf 003 Materialdisposition 004 Ein- und Verkaufsabrechnung 005 Wareneingang 006 Prüfstelle 007 Fertigungsmateriallager Bau 1 008 Außenlager 009 Lacklager 010 Tanklager : 1/2 Fertigungsbereich 1 Fertigungshilfsstellen 100 Montagesteuerung Ostwerk 101 Hausteilesteuerung Nordwerk 102 Produktionsfreigabe 103 Maschinen- und Hallenplanung 104 Betriebsmittelkonstruktion 105 Arbeitswirtschaft 106 Produktionsablaufplanung : 2 Fertigungshauptstellen 200 Härterei 201 Automatendreherei 203 Zerspanung Motorenkleinteile 204 Zerspanung ... 205 Kurbelwelle ... 206 Nockenwelle ... 207 Ölwanne Alu Baureihe ... 208 Motorenmontage Baureihe ... 209 Motorenprüfstände Baureihe ... 210 Motorhaube 211 Teile-Zuschnitt Leder 212 Türen Mittelklasse 213 Montage Inneneinbau 214 Montage Fahrwerk 215 Montage Sonderwünsche 216 Fertigungsinsel 1 217 Fertigungsinsel 2 218 Finish Baureihe ... 219 Wagenfertigstellung Bau 4 220 Waschanlage : 3 Konstruktions- und Entwicklungsbereich 300 Leitung 301 Planung und Konstruktion CAD/CAM 302 Planung und Konstruktion konventionell 303 Normung/Zeichnungsverwaltung 304 Konstruktion ... 305 Versuchswerkstatt 306 Modelltechnik 307 Nullserienwerkstatt : 4 Verwaltungsbreich 400 Geschäftsleitung 401 Controlling	402 Rechtsabteilung 403 Buchhaltung 404 Kalkulation 405 Postbüro 406 Personalbüro 407 Rechenzentrum : 5 Vertriebsbereich 500 Leitung 501 Fahrzeuge Selbstabholung 502 Kundenrestaurant 503 Kundenbetreuung 504 Bereitstellung/Verladung 505 Versand Ersatzteile 506 Packmittel 507 Boutique/Zubehör 508 Werkzollstelle : 6 Allgemeiner Kostenbereich I 600 Leitung Instandhaltung 601 Schlosserei 602 Tischlerei 603 Elektrowerkstatt 604 Leitung Transport 605 Fuhrpark LKW 606 Fuhrpark PKW 607 Fuhrpark Staplerfahrzeuge 608 Leitung ... 609 Wasserversorgungsanlagen 610 Trafostationen 611 Drucklufterzeugung 612 Zentrale Schaltwarte 7 Allgemeiner Kostenbereich II 700 Grundstückseinrichtungen Fahrrad-, PKW-, Motorrad-Parkplatz 701 Grundstückseinrichtungen Gleisanlagen 702 Werkswohnungen 703 Gebäudekostenstellen allgemein 704 Bau 2 .. 705 Bau .. : 8 Allgemeiner Kostenbereich III 800 Fort- und Weiterbildung 801 Kantine 802 Betriebliches Vorschlagswesen 803 Technische Berufsausbildung 804 Kaufmännische Berufsausbildung 805 Werksbücherei 806 Werksärztlicher Dienst 807 Werkschutz 808 Betriebsrat 809 Werksfeuerwehr 810 Fotostelle :

Abb. 41: *Kostenstellenplan (Beispiel)*

5.4. Der Betriebsabrechnungsbogen

Zur Durchführung der Kostenstellenrechnung bedient man sich des *Betriebsabrechnungsbogens* (BAB). Er stellt das zentrale Verrechnungsinstrument der Gemeinkosten[3] dar.

5.4.1. Problematik der Gemeinkostenverrechnung

Problematik

Die nunmehr im BAB zu verrechnenden Gemeinkosten stellen Kosten dar, die den Kostenträgern nicht direkt zugerechnet werden können. Sie werden von den Kostenträgern gemeinsam verursacht. Eine Aufteilung erscheint zunächst unmöglich oder zumindest willkürlich. Dennoch müssen auch die Gemeinkosten (möglichst verursachungsgerecht) verrechnet werden, will man die Preisuntergrenzen ermitteln. Die Aufgabe besteht darin, wie eine Beziehung zwischen den anfallenden Gemeinkosten und den Kostenträgern hergestellt werden kann.

Lösung

Dieses Problem kann dadurch gelöst werden, indem man die nach den oben aufgeführten Kriterien gebildeten Kostenstellen daraufhin untersucht, ob sie direkte oder indirekte Kostenträgerleistungen erbringen. Gelingt es, die Gemeinkosten auf die Kostenstellen zu verrechnen, die überwiegend oder nur Leistungen für die abzusetzenden Erzeugnisse erbringen, ist auch bei den Gemeinkosten ein angemessener direkter Zusammenhang zu den Kostenträgern hergestellt.

5.4.2. Formaler Aufbau

Kostenstellenarten

Hinsichtlich der verschiedenen Kostenstellenleistungen kann man drei, verrechnungstechnisch gesehen jedoch zwei Arten von Kostenstellen unterscheiden:

(1) *Haupt-* oder End*kostenstellen*
(2) *Hilfs-* oder Neben*kostenstellen*
(3) *Allgemeine* – oder Vor-*Kostenstellen*.

Hauptkostenstellen

(1) *Hauptkostenstellen* erbringen ausschließlich oder überwiegend Leistungen für das Endprodukt. Es ist für den Absatzmarkt bestimmt. Deshalb werden die für den Absatzmarkt bestimmten Erzeugnisse *Endleistungen* genannt. Allerdings können Hauptkosten-

3 Abgesehen von gelegentlich im BAB verrechneten Fertigungseinzelkosten.

stellen auch innerbetriebliche Leistungen abgeben, dies geschieht jedoch im Vergleich zur Endleistung in einem untergeordneten Maße.

Mit Hilfe der innerbetrieblichen Leistungsverrechnung werden – wie noch zu zeigen sein wird – alle in die Kostenstellenrechnung eingehenden Gemeinkosten auf die Hauptkostenstellen verteilt. Nach Abschluß dieses Rechenteils kann dann die Verrechnung der Gemeinkosten auf die Kostenträger erfolgen.

Bei den Kostenstellen des Fertigungsbereichs ist die Beziehung zwischen Kostenträger und Kosten noch am ehesten gegeben. Zu einer *Fertigungshauptstelle* werden Verrichtungen zusammengefaßt, die der unmittelbaren Bearbeitung der Erzeugnisse dienen (z.B. Dreherei, Fräserei, Schweißerei, Montage, Lackiererei).

Fertigungshauptstelle

Im Materialbereich befassen sich die *Materialhauptkostenstellen* mit der Beschaffung, Lagerung und Bereitstellung von Material (z.B. Materialannahme, -prüfung, Lager). Es können aber auch Materialhilfskostenstellen eingerichtet werden, sofern es sich um die Bereitstellung von Werkstoffen für die Produktion innerbetrieblicher Leistungen handelt.

Materialhauptkostenstellen

Bei den ebenfalls als Hauptkostenstellen abgerechneten Verwaltungs- und Vertriebskostenstellen ist die Kostenverursachung durch bestimmte Endprodukte nicht immer eindeutig feststellbar. Obwohl die *Verwaltungs*leistungen (z.B. Leistungen der kaufmännsichen Geschäftsleitung, des Rechnungswesens, der Personalabteilung usw.) nicht unmittelbar an die Erzeugnisse abgegeben werden, erfolgt eine Abrechnung als Hauptkostenstelle. Da meistens ein Verwaltungskosten-Verrechnungssatz gebildet wird, erübrigt sich die Einrichtung von Hilfskostenstellen. Hauptaufgaben im *Vertriebs*bereich sind Lagerung, Werbung, Verkauf und Versand der fertiggestellten, für den Absatzmarkt bestimmten Leistungen. Entstehen für einzelne Erzeugnisarten, Vertriebswege oder Verkaufsgebiete unterschiedliche Vertriebskosten, bietet sich die Einrichtung mehrerer Hauptkostenstellen an.

Verwaltungs- und Vertriebs(haupt)-kostenstellen

Die *Forschungs- und Entwicklungskostenstelle* kann als Haupt- oder Hilfskostenstelle geführt werden. Sie als Hauptkostenstelle zu führen, ist dann sinnvoll, wenn die anfallenden Kosten ihrer Bedeutung nach als eigene Kalkulationsposition in Erscheinung treten sollen.

Forschungs- und Entwicklungskostenstelle

Hilfskostenstellen und Allgemeine Kostenstellen sind abrechnungstechnisch gleich zu behandeln. Die Unterscheidung derartiger Kostenstellen erfolgt danach, an wen die Kostenstellen ihre Leistungen abgeben und wer die jeweiligen Leistungsempfänger sind.

Hilfskostenstellen

(2) *Hilfskostenstellen* nun erbringen im Gegensatz zu Hauptkostenstellen nur *innerbetriebliche Leistungen*. Diese Leistun-

gen sind *ganz bestimmten Hauptstellen* zuzuordnen (z.B. Leistungen der Arbeitsvorbereitung). Diese Kostenstellen wirken nur mittelbar an der Produktion mit. Sie stellen deshalb eine Nebenkostenstelle einer bestimmten Hauptkostenstelle dar.

Allgemeine Kostenstelle

(3) *Allgemeine Kostenstellen* geben ihre *innerbetrieblichen Leistungen* nicht nur an ganz bestimmte Hauptkostenstellen, sondern *an alle oder fast alle übrigen Kostenstellen* ab, z.B. Instandhaltungskostenstelle, Heizkraftwerk. Auch hier wirken diese Stellen nur mittelbar an der Erbringung von Absatzleistungen mit.

Aus der Unterscheidung in Haupt- und Allgemeine -/Hilfs-Kostenstellen folgt, daß die Allgemeinen – und Hilfs-Kostenstellen mit Verrechnungssätzen für innerbetrieblichen Leistungen und die Hauptkostenstellen mit Kalkulationssätzen für die Absatzleistungen[4] abrechnen.

Ziel der Kostenstellenrechnung muß es also sein, alle Gemeinkosten auf die Hauptkostenstellen zu verrechnen.

Daraus erklärt sich auch der formale Aufbau des Betriebsabrechnungsbogens (Abb. 42) und damit die einzeln vorzunehmenden Verrechnungsschritte.

Aufbau des BAB

Im Betriebsabrechnungsbogen werden die zeilenweise aufgelisteten Kosten*arten* den *spalten*weise eingetragenen Kostenstellen belastet. Aus Gründen der Übersichtlichkeit werden meist sogenannte Kostenstellen-Grundblätter geführt, in denen die Kostenarten und Kostenstellen weiter untergliedert und dann zusammengefaßt in den BAB übernommen werden. Der BAB ermöglicht eine formale Kontrolle derart, daß die Summe *aller* in der Kostenartenrechnung erfaßten *primären* Gemeinkosten der Summe *allen* der auf die End(oder Haupt-)kostenstellen verrechneten Gemeinkosten *(Endstellenkosten)* entsprechen muß.

Gelegentlich werden die Fertigungseinzelkosten entweder im BAB zusätzlich ausgewiesen oder gar in die Verrechnungssätze der Fertigungshauptstellen hineingerechnet.

Abrechnungsstufen

Die *Verrechnung* der Gemeinkosten erfolgt in mehreren *Stufen*:

- *Teil I: Verteilung der primären Gemeinkosten auf die Kostenstellen*
- *Teil II: Verrechnung der innerbetrieblichen Leistungen*
- *Teil III: Ermittlung der Gemeinkostenzuschlagssätze.*

---

4 Sieht man von dem Fall ab, daß zum kleinen Teil auch von Hauptkostenstellen innerbetriebliche Leistungen erbracht werden, deren Abrechnung jedoch *vor* Ermittlung der Kalkulationssätze für die Absatzleistungen erfolgen muß.

KOSTENSTELLEN : / KOSTENARTEN :	ALLGEMEINE - U. HILFSKOSTENSTELLEN 1	2	3	4	5	..	HAUPTKOSTENSTELLEN: MATERIALBEREICH	FERTIGUNGSBEREICH	(F & E - BEREICH)	VERWALTUNGSBEREICH	VERTRIEBSBEREICH
(Einzelkostenausweis, i.d.R. Fertigungslöhne)											
Primäre Gemeinkosten: Stelleneinzelkosten + Stellengemeinkosten					Teil I: Verursachungsgerechte Verteilung der primären Gemeinkosten auf die Kostenstellen						
= Σ Primäre Stellenkosten (PSK)											
Sekundäre Gemeinkosten: ./. Entlastungen von Sekundären Stellenkosten + Belastungen von Sekundären Stellenkosten					Teil II: Verrechnung innerbetrieblicher Leistungen durch Entlastung der abgebenden Stellen mit sekundären Stellenkosten und Belastung der empfangenden Stellen mit sekundären Stellenkosten						
= Σ der **Ist-Endstellenkosten** (ESK)					Teil III: Ermittlung der Gemeinkostenzuschlagssätze für die *Haupt*kostenstellen			Teil IV: Ermittlung der Kostenstellenabweichungen (Kostenkontrolle in der Normalkostenrechnung)			
Zuschlagsbasis											
Ist-Zuschlagssatz (= $\frac{\text{Ist-ESK} \cdot 100}{\text{Zuschlagsbasis}}$)											
Normal-Zuschlagssatz											
Normal-Endstellenkosten (Normal-ESK)											
Kostenstellenabweichungen (Normal-ESK ./. Ist-ESK)											

Abb. 42: *Formaler Aufbau eines Betriebsabrechnungsbogens*

Kostenkontrolle

Soll auch eine *Kostenkontrolle* durchgeführt werden, schließt sich diese im *Teil IV* durch Gegenüberstellung von Ist-Endstellenkosten und Maßgrößen (Normalendstellenkosten oder Sollkosten) an.

Das im BAB verrechnete Gemeinkostenvolumen verändert sich somit der Höhe nach nicht; es wird stets nur umverteilt.

Diese einzelnen Rechenschritte sind im folgenden zu besprechen. Zum besseren Verständnis wird hierzu anhand eines Beispiels sukzessive ein Betriebsabrechnungsbogen aufgebaut.

5.4.3. Verteilung der primären Gemeinkosten

direkte Stellenkosten

Im Teil I des BAB erfolgt zunächst die Verteilung der primären Gemeinkosten auf die eingerichteten Kostenstellen. Die Summe des verteilten Kostenvolumens muß der Summe des in der Kostenartenrechnung vorliegenden Gemeinkostenvolumens entsprechen. Die Verteilung der Gemeinkosten sollte möglichst verursachungsgerecht erfolgen. Dazu ist die – bereits in der Kostenartenrechnung angesprochene – Unterscheidung in Kostenstelleneinzel- und Kostenstellengemeinkosten hilfreich. *Stelleneinzelkosten* oder *direkte Stellenkosten* können den einzelnen Kostenstellen eindeutig zugerechnet werden. Hierunter fallen beispielsweise

- die kalkulatorischen Abschreibungen auf Maschinen, die in bestimmten Kostenstellen im Einsatz sind,
- die Hilfslöhne und Gehälter von Arbeitskräften, die ständig in ein und derselben Kostenstelle tätig ist,
- die Mietkosten für eine als Kostenstelle geführte Lagerhalle,
- die Stromkosten, wenn entsprechende Zwischenzähler installiert sind,
- die mit Materialentnahmescheinen festgehaltenen Hilfs- und Betriebsstoffe,
- die Fremdleistungskosten für erbrachte Dienstleistungen (z.B. Fremdreparaturen) in bestimmten Kostenstellen,
- die Reisekostenabrechnungen
- usw.

indirekte Stellenkosten

Demgegenüber fallen auch Gemeinkosten an, die anteilig mehreren Kostenstellen oder gar dem gesamten Unternehmen zugeordnet werden können. Hier sind die *Stellengemeinkosten* nicht (*echte* Stellengemeinkosten) oder nur mit einem unverhältnismäßig hohen Aufwand (*unechte* Stellengemeinkosten) den Kostenstellen unmittelbar zuzuordnen. Sie sind indirekt zuzurechnen und werden deshalb auch als *indirekte Stellenkosten* bezeichnet. Indirekt bedeutet, daß eine Schlüsselung zu erfolgen hat. Hierunter können beispielsweise folgende primäre Gemeinkostenarten fallen:

- Stromkosten bei nicht vorhandenen Stromzählern,
- Grundsteuer,
- Versicherungskosten,
- Raumkosten, wenn sich in einem abgegrenzten Raum mehrere Kostenstellen befinden,
- kalkulatorische Zinsen,
- Wagniskosten,
- kalkulatorischer Unternehmerlohn
- usw.

Schlüsselung

Für die indirekte Verteilung dieser Gemeinkosten ist ein Schlüssel zu wählen, der einen linearen funktionalen Zusammenhang zwischen dem Kostenanfall und der Anzahl der Schlüsseleinheiten herstellt, damit mit der durchzuführenden Umlage dem Verursachungsprinzip genüge getan werden kann. Dabei sollte jedoch trotz der für das Verusachungsprinzip hohen Bedeutung der Schlüsselgrößen auch das Prinzip der Wirtschaftlichkeit bedacht werden.

Schlüsselarten

Man unterscheidet Mengen- und Wertschlüssel:

Mengenschlüssel: Fertigungsstunden, Maschinenstunden, kg, t, m^2, m^3, Schichtzeiten, Zahl der Mitarbeiter, Stück, kWh usw.
Wertschlüssel: Kostenarten wie Lohn oder Fertigungsmaterial, Herstell- oder Selbstkosten, Umsatzwerte, betriebsnotwendiges Kapital, Bestandswerte usw.
Gegebenfalls können auch mehrere Schlüsselarten kombiniert werden.

B

Zur Darstellung der Verrechnungstechnik im BAB (zunächst Teil I) seien für die Speedy GmbH folgende ausgewählte Kostenstellen und ausgewählte primäre Gemeinkostenarten gegeben:

Ausgewählte Kostenstellen:

A_1 Allgemeine Kostenstelle »Instandhaltung«
A_2 Allgemeine Kostenstelle »Innerbetrieblicher Transport«
A_3 Allgemeine Kostenstelle »Energie«
A_4 Fertigungshilfsstelle »Arbeitsvorbereitung«
H_5 Materialhauptkostenstelle
H_6 Fertigungshauptkostenstelle I
H_7 Fertigungshauptkostenstelle II
H_8 Forschungs- und Entwicklungshauptkostenstelle
H_9 Verwaltungshauptkostenstelle
H_{10} Vertriebshauptkostenstelle

Ausgewählte primäre Gemeinkosten:

Primäre Stellen*einzel*kosten:	Primäre Stellen*gemein*kosten:	
	Kostenarten	Schlüssel
– Hilfslöhne – Gehälter – kalkulatorische – Abschreibungen – Gemeinkostenmaterial	– Sozialkosten – Kalkulatorische Zinsen – Versicherungen – Grundsteuer – Fremdreinigung – Wagniskosten	Lohnsumme Gehaltsumme Investiertes Kapital betriebsnotwendiges Vermögen m^2 m^2 individuelle Schlüssel
Die Verteilung kann direkt vorgenommen werden.	Die Schlüssel führen zu der im BAB (Abb. 43) ausgewiesenen Verteilung der Stellengemeinkosten[5]	

Damit verteilen sich die ausgewählten primären Gemeinkosten im einzelnen auf die dem Beispiel zugrundeliegenden Kostenstellen wie folgt (Abb. 43):

5 Z.B. wurde bei der Behandlung der Personalkosten in der Kostenartenrechnung vorgeschlagen, pro DM angefallenen Lohn (Fertigungs- und Hilfslohn) 0,82 DM und pro DM angefallene Gehaltskosten 0,52 DM *Sozialkosten* zu verrechnen (vgl. Abschnitt 4.3.1.).

Betriebsabrechnungsbogen für Monat …												
	Kostenstellen →	Allgemeine Kostenstellen und Fertigungshilfsstelle						Hauptkostenstellen				
Nr.	↓ Kostenarten	gesamt (DM)	A_1	A_2	A_3	A_4	H_5	H_6	H_7	H_8	H_9	H_{10}
1	(Fertigungslohn)	(100 000)						(40 000)	(60 000)			
	Stelleneinzelkosten:											
2	Hilfslöhne	*39 000*	*3 000*	*5 000*	*2 000*	*4 000*	*3 000*	*9 000*	*10 000*	*700*	*1 300*	*1 000*
3	Gehälter	*75 000*					*8 000*	*3 000*	*4 000*	*20 000*	*30 000*	*10 000*
4	kalkulatorische Abschreibungen	*27 000*	*500*	*3 000*	*1 500*	*200*	*1 000*	*10 000*	*7 000*	*1 000*	*1 500*	*1 300*
5	Gemeinkosten-material	*6 000*	*100*	*400*	*900*		*200*	*1 200*	*1 100*	*500*	*1 000*	*600*
	Stellengemeinkosten:											
6	Sozialkosten	*152 980*	*2 460*	*4 100*	*1 640*	*3 280*	*6 620*	*41 740*	*59 480*	*10 974*	*16 666*	*6 020*
7	kalkulatorische Zinsen	*6 000*	*100*	*400*	*200*	*50*	*1 000*	*900*	*1 050*	*600*	*500*	*1 200*
8	Versicherungen	*2 000*	*40*	*100*	*70*	*10*	*500*	*300*	*500*	*200*	*50*	*230*
9	Grundsteuer	*1 000*	*50*	*60*	*40*	*20*	*120*	*260*	*240*	*100*	*60*	*50*
10	Fremdreinigung	*800*	*40*	*48*	*32*	*16*	*96*	*208*	*192*	*80*	*48*	*40*
11	Wagniskosten	*400*		*50*			*100*	*40*	*60*	*150*		
12	Σ *Primäre Stellenkosten (PSK)*	*310 180*	*6 290*	*13 158*	*6 382*	*7 576*	*20 636*	*66 648*	*83 622*	*34 304*	*51 124*	*20 440*

Abb. 43: *Beispiel für einen BAB (Teil I)*

5.4.4. Verrechnung der sekundären Gemeinkosten>

5.4.4.1. Problematik

Während in der Kostenartenrechnung die primären Gemeinkosten nur in Summe pro Kostenart erfaßt werden, ist man mit Hilfe des BAB nunmehr in der Lage, diese Summen nach Kostenstellen differenziert darzustellen. Nach Durchführung des ersten Teils des BAB stellt man jedoch fest, daß auch Gemeinkostenleistungen von Allgemeinen Kostenstellen und Hilfskostenstellen erbracht worden sind. Die Gemeinkostenleistungen dieser Kostenstellenkategorien stellen *innerbetriebliche Leistungen* dar.[6] Sie sind notwendig, damit letztlich die Absatz-(oder End-)leistungen erbracht werden können. Typisch für innerbetriebliche Leistungen ist, daß sie vom Betrieb erzeugt werden, marktfähig sind, aber vom Betrieb wieder verbraucht werden. Sie grenzen sich gegenüber den Fremdleistungen und den Marktleistungen wie folgt ab:

innerbetriebliche Leistungen

Man unterscheidet zwei Arten von innerbetrieblichen Leistungen:

Fremdleistungen	*innerbetriebliche Leistungen*	Markt(oder End-)leistungen
- werden nicht vom Betrieb erzeugt	*- werden vom Betrieb erzeugt*	- werden vom Betrieb erzeugt
- führen zu primären Kosten	*- sind marktfähig*	- sind naturgemäß marktfähig
- werden vom Betrieb verbraucht	*- werden vom Betrieb wieder verbraucht*	- werden nicht vom Betrieb verbraucht

Abb. 44: *Abgrenzung Fremdleistungen – innerbetriebliche Leistungen – Marktleistungen*

Zum einen die aktivierbaren innerbetrieblichen Leistungen, zum anderen die zum Sofortverbrauch bestimmten.[7]

aktivierbare innerbetriebliche Leistungen

Werden innerbetriebliche Leistungen erbracht, die über mehrere Abrechnungsperioden genutzt werden können (z.B. Gebäude, Maschinen), so werden sie als Kostenträger kalkuliert und über die Jahre ihrer Nutzung wie fremdbezogene Produktionsfaktoren behandelt. D.h. sie werden abgeschrieben, gehen in die kalkulatorische Zinsermittlung ein, werden instandgesetzt usw.

---

6 Es sei nochmals darauf hingewiesen, daß allerdings auch Hauptkostenstellen (untergeordnet) innerbetriebliche Leistungen erbringen können.

7 Vgl. Bergner, H., 1975, Sp. 2484ff.

zum Sofortverbrauch bestimmte Eigenleistungen

Anders sieht es mit jenen innerbetrieblichen Leistungen aus, die zum *Sofortverbrauch* bestimmt sind. Da für die Verrechnung von Kosten der Zeitpunkt des Verbrauchs eine wichtige Komponente darstellt, sind diese Eigenleistungen auch sofort und in voller Höhe zu verrechnen. Beispiele hierfür sind: Selbsterzeugter Strom, innerbetrieblicher Transport, eigene Instandhaltungsleistungen u.ä. Die Verrechnung hat zwischen den beteiligten Kostenstellen stattzufinden. Da Allgemeine Kostenstellen und Hilfskostenstellen ausschließlich innerbetriebliche Leistungen abgeben, sind die dafür entstandenen Kosten den Stellen anzulasten, die diese Leistungen in Anspruch genommen haben. Da die *Gesamtleistungsmenge* einer Allgemeinen Kostenstelle oder einer Hilfskostenstelle nur aus innerbetrieblichen Leistungen besteht, erhalten die diese Leistung abgebenden Kostenstellen Gutschriften in der Höhe, wie Kosten entstanden sind. Verrechnungstechnisch bedeutet dies, daß die auf diesen Kostenstellenkategorien entstandenen primären Gemeinkosten in voller Höhe weiterzuverrechnen sind. *Nach* Durchführung der innerbetrieblichen Leistungsverrechnung im Teil II des BAB betragen folglich die Gemeinkosten *Null*. Es werden die auf Allgemeinen oder Hilfs-Kostenstellen angefallenen Gemeinkosten auf die Hauptkostenstellen weiterverrechnet.

sekundäre Gemeinkosten

Die Verrechnung selbst erfolgt in Form von *sekundären* Gemeinkosten. D.h. die Summe der primären Gemeinkosten (einschl. vorgenommener Belastungen für die in Anspruch genommenen innerbetrieblichen Leistungen) ist auf eine Einheit der Gesamtleistungsmenge der betrachteten Kostenstelle zu beziehen.

B

In Abb. 43 steht z.B. A_1 für eine Instandhaltungskostenstelle. Die im BAB ausgewiesenen primären Gemeinkosten i.H.v. 6 290 DM sind auf die Summe der Instandhaltungsstunden (z.B. 100 Stunden) zu beziehen (falls keine innerbetrieblichen Leistungen von anderen Kostenstellen in Anspruch genommen worden sind). Der sich ergebende Verrechnungssatz von 62,90 DM/Instandhaltungsstunde könnte wieder aufgelöst werden in die primären Gemeinkostenarten:

30,00 DM/Stunde anteilige Hilfslohnkosten
5,00 DM/Stunde anteilige kalkulatorische Abschreibungen
1,00 DM/Stunde anteiliges Gemeinkostenmaterial
24,60 DM/Stunde anteilige Sozialkosten
1,00 DM/Stunde anteilige kalkulatorische Zinsen
1,30 DM/Stunde anteilige sonstige primäre Gemeinkosten
62,90 DM/Stunde.

Nahm in der vergangenen Abrechnungsperiode z.B. A_2 10 Instandhaltungsstunden in Anspruch, so ist diese Kostenstelle mit sekundären Gemeinkosten (hier: Instandhaltungskosten) i.H.v. 629 DM zu belasten.

Leistungsverflechtungen

Da *Hilfs*kostenstellen ihre (innerbetriebliche) Leistungen nur an ganz bestimmte Hauptkostenstellen abgeben, könnten die Verrechnungssätze wie oben gebildet werden. Da jedoch auch Allgemeine Kostenstellen existieren, die ihrem Wesen nach an mehrere Kostenstellen ihre Leistungen abgeben, und Hauptkostenstellen vorliegen, deren Gesamtleistung zum Teil aus innerbetrieblichen Leistungen bestehen können, weisen die Leistungsbeziehungen unterschiedliche Komplexitätsgrade auf. Man unterscheidet zwei Arten von Leistungsbeziehungen:

(1) Einseitige Leistungsbeziehungen:

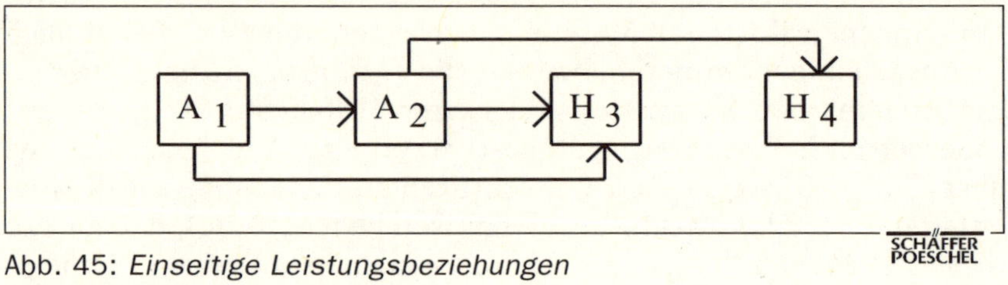

Abb. 45: *Einseitige Leistungsbeziehungen*

(2) Gegenseitiger Leistungsaustausch:

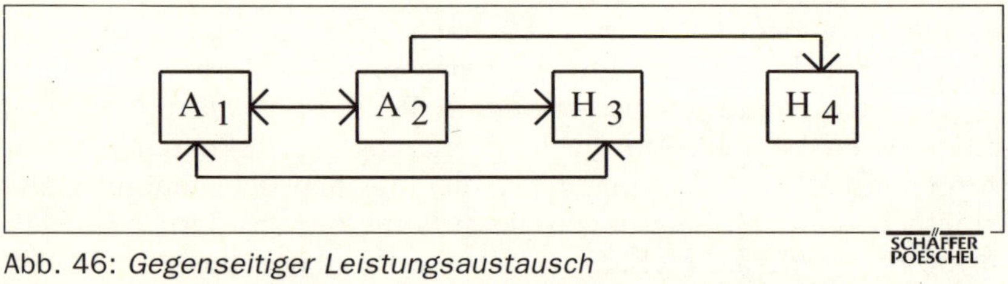

Abb. 46: *Gegenseitiger Leistungsaustausch*

einseitige Leistungsbeziehungen

Abb. 45 verdeutlicht, daß bei *einseitigen* Leistungsbeziehungen die aufgeführten Kostenstellen nur Leistungen für eine oder mehrere Kostenstelle(n) erbringen. Selbst empfangen sie keine Leistungen. Der Leistungsstrom fließt ausschließlich (direkt oder indirekt) an eine oder mehrere *nachgelagerte* Kostenstelle(n). Abrechnungstechnisch können bei derartigen Leistungsbeziehungen die Kostenstellen in eine Reihenfolge gebracht und nacheinander abgerechnet werden.

gegenseitiger Leistungsaustausch

In Abb. 46 sind gegenseitige (direkte und indirekte) Leistungsbeziehungen dargestellt worden. Einzelne Kostenstellen geben nicht nur innerbetriebliche Leistungen ab, sondern empfangen auch welche. Die besondere Problematik liegt abrechnungstechnisch darin, daß bei gegenseitigen Leistungsverflechtungen die *eine* (abgebende) Kostenstelle erst abgerechnet werden kann, wenn die *andere* (empfangende) abgerechnet worden ist. Da die *andere* (empfangende) Kostenstelle wiederum auch eine innerbetriebliche Leistungen abgebende Kostenstelle ist, kann sie erst abgerechnet werden, wenn die *eine* (auch empfangende) abrechnungsmäßig bereits abgewickelt worden ist.

Die Abrechnung von innerbetrieblichen Leistungen gestaltet sich daher um so komplizierter, je mehr derartige Leistungen erbracht werden, und damit, je intensiver ein gegenseitiger Austausch ist. Das Ausmaß dieser Leistungsverflechtungen wird mit zunehmender Unternehmensgröße steigen. Deshalb ist ein *exaktes Erfassen* und *Verrechnen* der dahinterstehenden Kosten unabdingbar. Durch die Verrechnung der innerbetrieblichen Leistungen kommt in den Zuschlags- oder Verrechnungssätzen der Hauptkostenstellen auch deren Inanspruchnahme von Allgemeinen Kostenstellen und Hilfskostenstellen zum Ausdruck.

Aufgaben

Damit können der innerbetrieblichen Leistungsverrechnung im Grunde zwei Aufgaben zugeschrieben werden:

(1) Kontrolle der Wirtschaftlichkeit

Wirtschaftlichkeitskontrolle

Durch die Ermittlung der Verrechnungssätze ist das Unternehmen in der Lage, jederzeit Wirtschaftlichkeitsüberlegungen dahingehend anzustellen, ob die erzeugte *Eigen*leistung mit niedrigeren oder höheren Kosten als eine vergleichbare *Fremd*leistung erbracht wird. Durch Kostenvergleichsrechnungen können die beiden Alternativen Eigenfertgung und Fremdbezug einander gegenübergestellt werden.

(2) Verursachungsgerechte Kalkulation

verursachungsgerechte Kalkulation und Kostenkontrolle

Ohne die Durchführung der innerbetrieblichen Leistungsverrechnung ist eine verursachungsgerechte Kalkulation der Kostenträger nicht möglich.

Verfahren

Zur Verrechnung der innerbetrieblichen Leistungen haben sich verschiedene Verfahren herausgebildet.

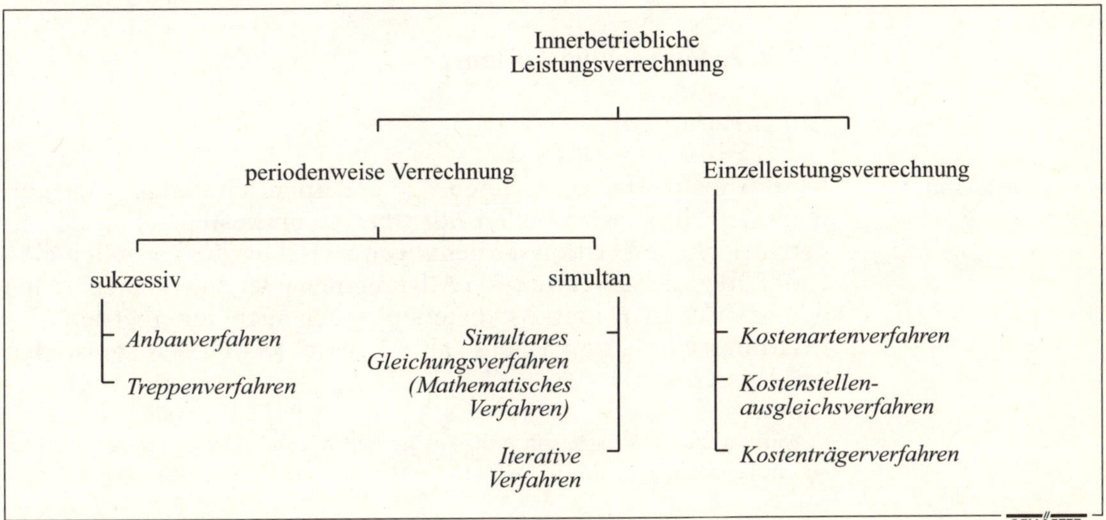

Abb. 47: *Verfahren der innerbetrieblichen Leistungsverrechnung*

periodenbezogene Verrechnung

Für *homogene* oder aus wirtschaftlichen Überlegungen heraus als homogen betrachtete Kostenstellenleistungen genügt eine *periodenbezogene* Verrechnung. Hierzu findet eine laufende Erfassung der innerbetrieblichen Leistungen statt, die dann Periode für Periode abgerechnet werden. Der *relative Anteil* der weiter zu verrechnenden Gemeinkosten kann in der Regel leicht festgestellt werden, sei es durch konkrete Messungen (z.B. Stromverbrauch) oder Aufzeichnungen (z.B. zeitliche Inanspruchnahme von Reparaturleistungen) u.ä. Die Verfahren sind in zwei Kategorien einteilbar: Bestehen nur *einseitige* Leistungsbeziehungen, kann die Abrechnung durch Festlegung einer Kostenstellenreihenfolge nacheinander erfolgen (*sukzessive Verfahren*). Dazu gehören insbesondere das Anbau- und das Treppen- (oder Stufenleiter)verfahren. Bestehen hingegen *gegenseitige* Leistungsbeziehungen zwischen den Kostenstellen, so wäre das *simultane (Gleichungs- oder Mathematische) Verfahren*, methodisch einfacher auch das *iterative Verfahren* anzuwenden.

sukzessive Verfahren

simultanes Verfahren
iteratives Verfahren

Problematisch gestaltet sich die Verrechnung von innerbetrieblichen Leistungen, wenn eine Kostenstelle unterschiedliche (heterogene) Leistungen erbringt und diese gegebenenfalls zwischengelagert werden müssen oder wenn aktivierbare Eigenleistungen erstellt werden. Bei derartigen Rahmenbedingungen sind eigenständige Kostenträger zu bilden und gesonderte Kalkulationen durchzuführen. Die Leistungen werden *einzeln* abgerechnet. In diesem Zusammenhang haben sich insbesondere das *Kostenarten-*, das *Kostenstellenausgleichs-* und das *Kostenträgerverfahren* herausgebildet.

Einzelleistungsverrechnung

5.4.4.2. Sukzessive Verfahren

Anbauverfahren:

Anbauverfahren

Beim Anbauverfahren rechnen sich die einzurichtenden Allgemeinen oder Hilfskostenstellen *nur über* Hauptkostenstellen ab. Innerbetriebliche Leistungsbeziehungen zwischen Kostenstellen gleicher Kategorie (also zwischen Allgemeinen oder Hilfskostenstellen oder zwischen Hauptkostenstellen), aber auch innerbetriebliche Leistungsströme von Haupt- an Allgemeine -/Hilfskostenstellen werden vernachlässigt.

B

In Fortführung des Beispiels in Abb. 43 sind folgende innerbetrieblichen Leistungsströme bei der Speedy GmbH im Monat .. erfaßt worden:

Leistungsaustauschmatrix:

nach → / von ↓	Gesamt-leistung	A_1	A_2	A_3	A_4	H_5	H_6	H_7	H_8	H_9	H_{10}
A_1	100 Stunden		5	15		5	40	30		5	
A_2	10 000 km	500		1 000		1 500	4 000	2 000		1 000	
A_3	12 000 kWh	1 000	900		100		5 000	4 000	500	300	200
A_4	80 Stunden						80				

Verrechnungssatzermittlung:[8]

A_1 : (6 290 DM : 80 Stunden = 78,625 DM/Stunde

A_2 : (13 158 DM : 8 500 km) = 1,548 DM/km

A_3 : (6 382 DM : 10 000 kWh) = 0,6382 DM/kWh

Unter Anwendung des Anbauverfahrens würde sich der BAB wie folgt fortsetzen (Teil II):

8 Für A_4 ist hier kein Verrechnungssatz zu ermitteln, da es sich um eine Hilfsstelle handelt, die speziell der Fertigungshauptstelle I (H_6) zuarbeitet. Sie gibt ihre gesamte Leistung und damit ihre gesamten Gemeinkosten an diese Kostenstelle ab. Würde sie für H_6 *und* H_7 arbeiten, müßten die PSK über die relativen Anteile der 80 Stunden aufgeteilt werden. Sollten die Arbeitsstunden ggfs. keine zufriedenstellende Schlüsselgröße darstellen, könnte man sich auch mit einer (zumindest in einer Plankostenrechnung) DM-Deckungsrechnung behelfen. Vgl. hierzu z.B. Vormbaum, H./Rautenberg, H.G., 1985, S. 99f.

Betriebsabrechnungsbogen für Monat …												
	Kostenstellen →	Allgemeine Kostenstellen und Fertigungshilfsstelle						Hauptkostenstellen				
Nr.	↓ Kostenarten	gesamt (DM)	A_1	A_2	A_3	A_4	H_5	H_6	H_7	H_8	H_9	H_{10}
1	(Fertigungslohn)	(100 000)						(40 000)	(60 000)			
	Stelleneinzelkosten:											
2	Hilfslöhne	39 000	3 000	5 000	2 000	4 000	3 000	9 000	10 000	700	1 300	1 000
3	Gehälter	75 000					8 000	3 000	4 000	20 000	30 000	10 000
4	kalkulatorische Abschreibungen	27 000	500	3 000	1 500	200	1 000	10 000	7 000	1 000	1 500	1 300
5	Gemeinkosten-material	6 000	100	400	900		200	1 200	1 100	500	1 000	600
	Stellengemeinkosten:											
6	Sozialkosten	152 980	2 460	4 100	1 640	3 280	6 620	41 740	59 480	10 974	16 666	6 020
7	kalkulatorische Zinsen	6 000	100	400	200	50	1 000	900	1 050	600	500	1 200
8	Versicherungen	2 000	40	100	70	10	500	300	500	200	50	230
9	Grundsteuer	1 000	50	60	40	20	120	260	240	100	60	50
10	Fremdreinigung	800	40	48	32	16	96	208	192	80	48	40
11	Wagniskosten	400		50			100	40	60	150		
12	Σ Primäre Stellenkosten (PSK)	310 180	6 290	13 158	6 382	7 576	20 636	66 648	83 622	34 304	51 124	20 440

12	Σ Primäre Stellenkosten (PSK)	310 180	6 290	13 158	6 382	7 576	20 636	66 648	83 622	34 304	51 124	20 440
Innerbetriebliche Leistungsverrechnung *(Anbauverfahren)*:												
13	Umlage A_1		*– 6 290*				*393*	*3 145*	*2 359*		*393*	
14	Umlage A_2			*– 13 158*			*2 322*	*6 192*	*3 096*		*1 548*	
15	Umlage A_3				*– 6 382*			*3 191*	*2 553*	*319*	*191*	*128*
16	Umlage A_4					*– 7 576*		*7 576*				
17	Σ *Ist-Endstellen-kosten (ESK)*	*310 180*	*0*	*0*	*0*	*0*	*23 351*	*86 752*	*91 630*	*34 623*	*53 256*	*20 568*

Abb. 48: *Innerbetriebliche Leistungsverrechnung im BAB mit dem Anbauverfahren*

Es wird erkennbar, daß mit Hilfe des Anbauverfahrens die Allgemeinen Kostenstellen und die Fertigungshilfskostenstelle in voller Höhe durch die Weiterverrechnung auf die Hauptstellen entlastet werden.

Würdigung

Dadurch, daß dieses Verfahren keine Verrechnung zwischen den Kostenstellen gleicher Kategorie zuläßt, die Leistungsaustauschmatrix hingegen Leistungsbeziehungen auch zwischen den Kostenstellen A_1, A_2 und A_3 ausweist, ergeben sich zwei Fehler:

Zum einen treten Kosten*verzerrungen* bei den *Endstellenkosten* (Gemeinkosten auf den Hauptstellen) auf, da der Verrechnungssatz der Allgemeinen Kostenstellen nur auf Basis der Leistungsmenge gebildet wird, die an die Hauptkostenstellen abgegeben werden. Obgleich beispielsweise die Kostenstelle A_2 nur deshalb eine Gesamtleistung von 10 000 km erbringen konnte, weil durch die Lieferung von 900 kWh u.a. die elektrisch betriebenen Gabelstapler einsatzfähig waren, wird dieser Tatbestand kostenrechnerisch nicht berücksichtigt.

Zum anderen ergeben sich Kosten*verzerrungen* bei den *Verrechnungssätzen* der Allgemeinen Kostenstellen. So entstehen beispielsweise dort zu niedrige Sätze, wo relativ viel innerbetriebliche Leistungen empfangen werden. Dieser Fehler setzt sich bis in die Kalkulation der Kostenträger fort.

Aus den genannten Gründen ist dieses Verfahren für den betrieblichen Einsatz nur dann empfehlenswert, wenn nur Leistungsströme *von* Allgemeinen Kostenstellen und Hilfskostenstellen *an* Hauptkostenstellen fließen, was selten der Fall ist.

Treppenverfahren (oder Stufenleiterverfahren):

Treppenverfahren

Im Gegensatz zum Anbauverfahren berücksichtigt das Treppenverfahren auch Leistungsbeziehungen zwischen Kostenstellen gleicher Kategorie. Allerdings werden innerhalb jeder Kostenstellenkategorie, beginnend mit den Allgemeinen Kostenstellen, die einzelnen Kostenstellen *nacheinander* abgerechnet. Nacheinander bedeutet, daß eine bereits abgerechnete Kostenstelle verrechnungstechnisch nicht wieder in die Rechnung aufgenommen werden kann. Oder anders ausgedrückt: Besteht zwischen zwei Kostenstellen ein gegenseitiger Leistungsaustausch, so kann eine dieser beiden Leistungsströme – je nach Anordnung der Kostenstellen – nicht berücksichtigt werden.

Kostenstellen-reihenfolge

Um möglichst viele (innerbetriebliche) Leistungsbeziehungen zu erfassen, sollte man bei der Bildung einer Kostenstellenreihenfolge mit der Kostenstelle beginnen, die die meisten Leistungen abgibt, und mit der enden, die am wenigsten abgibt. Dabei sollten zuerst die Allgemeinen Kostenstellen, dann die Hilfskostenstellen und dann die Hauptkostenstellen (die auch innerbetriebliche Leistungen erzeugen können) abgewickelt werden.

Festlegung der Kostenstellenreihenfolge:

Die dem Anbauverfahren zugrunde liegende Leistungsaustauschmatrix gilt weiterhin. Für das Treppenverfahren ist nun zunächst die Reihenfolge für die *Allgemeinen* Kostenstellen, dann die der *Hilfs*kostenstellen (es existiert jedoch nur eine: die Fertigungs*hilfs*stelle A_4), und danach die der *Haupt*kostenstellen (die in diesem Beispiel jedoch keine innerbetrieblichen Leistungen erbringen) zu bestimmen.

Das besondere Problem bei diesem Leistungsaustausch besteht in der Vielzahl der gegenseitigen Leistungsbeziehungen.

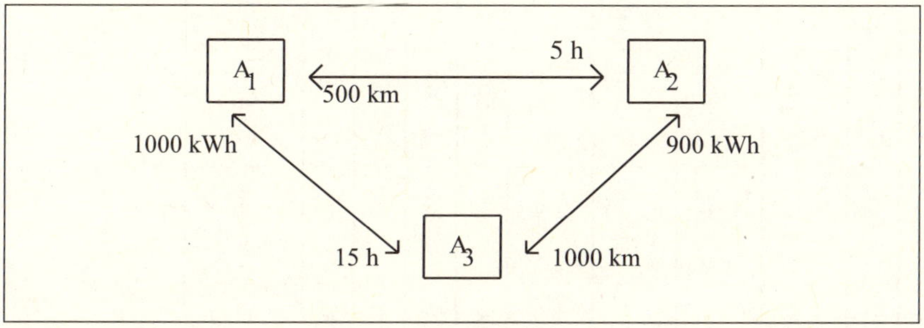

Insofern eignet sich das Treppenverfahren für diesen Fall nicht, denn aufgrund der vorliegenden Leistungsverflechtung werden drei der sechs Leistungsströme nicht abgerechnet, egal welche Reihenfolge gewählt wird.

Da hier A_4 und die Hauptkostenstellen ($H_5 - H_{10}$) bei der Bildung der Reihenfolge keine Rolle spielen, liegt der Schwerpunkt der Betrachtung auf den Beziehungen *zwischen* A_1, A_2 *und* A_3:

Legt man die *Anzahl* der Leistungsabgaben zugrunde, steht A_3 an erster Stelle (3 x an Vor- und 5 x an Endkostenstellen). A_1 und A_2 geben gleich oft Leistungen ab (2 x an Vor- und 4 x an Endkostenstellen). Da auch der prozentuale Anteil des gegenseitigen Austausches an der jeweiligen Gesamtleistungsmenge bei A_1 und bei A_2 je 5% beträgt, könnte in der Reihenfolge

$$A_3 - A_2 - A_1 \quad \text{oder} \quad A_3 - A_1 - A_2$$

abgerechnet werden.

Legt man als Kriterium die *prozentualen Anteile* an der Gesamtleistungsmenge der jeweiligen Kostenstellen innerhalb einer Kostenstellenkategorie zugrunde, wäre A_1 an die erste Stelle zu setzen (A_1: 20 Stunden = 20%, A_2: 1 500 km = 15%, A_3: 2000 kWh = rd. 17%). A_3 nimmt zudem 10% (1 000 km) der Leistung von A_2 in Anspruch, A_2 nur 7,5% (900 kWh) von A_3. Daraus ergibt sich die Reihenfolge:

$$A_1 - A_3 - A_2.$$

Je nach Reihenfolge fallen entsprechende gegenläufige Leistungsströme aus der Verrechnung heraus.

Das Beispiel zeigt deutlich die Grenzen des Treppenverfahrens. Für eine *verursachungsgerechte* Kostenverteilung wäre besser das (später noch zu zeigende) Simultanverfahren anzuwenden. Dennoch kann dieses Beispiel zur Erläuterung der Abrechnungs*methodik* herangezogen werden:

Betriebsabrechnungsbogen für Monat …												
	Kostenstellen →	Allgemeine Kostenstellen und Fertigungshilfsstelle						Hauptkostenstellen				
Nr.	↓ Kostenarten	gesamt (DM)	A_1	A_2	A_3	A_4	H_5	H_6	H_7	H_8	H_9	H_{10}
1	(Fertigungslohn)	(100 000)						(40 000)	(60 000)			
	Stelleneinzelkosten:											
2	Hilfslöhne	39 000	3 000	2 000	5 000	4 000	3 000	9 000	10 000	700	1 300	1 000
3	Gehälter	75 000					8 000	3 000	4 000	20 000	30 000	10 000
4	kalkulatorische Abschreibungen	27 000	500	1 500	3 000	200	1 000	10 000	7 000	1 000	1 500	1 300
5	Gemeinkosten-material	6 000	100	900	400		200	1 200	1 100	500	1 000	600
	Stellengemeinkosten:											
6	Sozialkosten	152 980	2 460	1 640	4 100	3 280	6 620	41 740	59 480	10 974	16 666	6 020
7	kalkulatorische Zinsen	6 000	100	200	400	50	1 000	900	1 050	600	500	1 200
8	Versicherungen	2 000	40	70	100	10	500	300	500	200	50	230
9	Grundsteuer	1 000	50	40	60	20	120	260	240	100	60	50
10	Fremdreinigung	800	40	32	48	16	96	208	192	80	48	40
11	Wagniskosten	400			50		100	40	60	150		
12	Σ Primäre Stellenkosten (PSK)	310 180	6 290	6 382	13 158	7 576	20 636	66 648	83 622	34 304	51 124	20 440

12	Σ Primäre Stellenkosten (PSK)	310 180	6 290	6 382	13 158	7 576	20 636	66 648	83 622	34 304	51 124	20 440
Innerbetriebliche Leistungsverrechnung *(Treppenverfahren)*:												
13	Umlage A_1		*– 6 290*	*944* [1)]	*314*		*314*	*2 516*	*1 887*		*315*	
14	Umlage A_3			*7 326* *– 7 326*	*599* [2)]	*67*		*3 330*	*2 664*	*333*	*200*	*133*
15	Umlage A_2				*14 071* *– 14 071*		*2 483* [3)]	*6 622*	*3 311*		*1 655*	
16	Umlage A_4					*7 643* *– 7 643*		*7 643*				
17	Σ *Ist-Endstellenkosten (ESK)*	*310 180*	*0*	*0*	*0*	*0*	*23 433*	*86 759*	*91 484*	*34 637*	*53 294*	*20 573*

Abb. 49: *Innerbetriebliche Leistungsverrechnung im BAB mit dem Treppenverfahren*

SCHÄFFER POESCHEL

1) (6290 DM : 100 Stunden) • 15 Stunden = 944 DM (gerundet); Verrechnungssatz: 62,90 DM/Stunde

2) (7326 DM : 11000 kWh) • 900 kWh = 599 DM (gerundet); Verrechnungssatz: 0,666 DM/kWh
Zur Verteilung anzusetzende Gesamtleistungsmenge: 12 000 kWh – 1 000 kWh = 11 000 kWh

3) (14 071 DM : 8500 km) • 1500 km = 2483 DM; Verrechnungssatz: 1,65541 DM/km
Zur Verteilung anzusetzende Gesamtleistungsmenge: 10 000 km – 500 km – 1 000 km = 8 500 km

Würdigung

Das Treppenverfahren führt eigentlich nur dann zu einem, dem Verursachungsprinzip entsprechenden Ergebnis, wenn *kein* gegenseitiger Leistungsaustausch besteht. Werden dennoch von nachfolgenden Kostenstellen Leistungen an die abzurechnende Kostenstelle erbracht, kann kein genauer Verrechnungssatz ermittelt werden. Dadurch werden – wie das Beispiel bei A_3 und A_2 zeigt – die Hauptkostenstellen nicht verursachungsgerecht belastet. Das hat wiederum zur Folge, daß die Kalkulation der Selbstkosten ungenau wird und die Wirtschaftlichkeitskontrolle der Kostenstellen an Aussagekraft verliert.

Empfängt keine Allgemeine – oder Hilfskostenstelle von nachfolgenden Kostenstellen innerbetriebliche Leistungen, so entsprechen sich die Ergebnisse des Treppenverfahrens und des (exakten) simultanen Gleichungsverfahrens. Da der Rechenaufwand jedoch vergleichsweise gering gegenüber dem Simultanverfahren ist, wird dieses Verfahren gern in der Praxis angewandt.

5.4.4.3. Simultanverfahren

Für die bisherigen Verfahren kann grundsätzlich festgestellt werden, daß sie dann zu einer verursachungsgerechten Verrechnung der innerbetrieblichen Leistungen führen, wenn für die ihnen eigenen Rechensystematik einseitige Leistungsbeziehungen bestehen. Bei einem gegenseitigen Leistungaustausch errechnen sich ungenaue Verrechnungssätze mit der Folge ungenauer Belastungen der Hauptkostenstellen mit den Gemeinkosten der innerbetrieblichen Leistungen und damit ungenauer Kalkulationssätze für die Kostenträgerstückrechnung.

Simultanverfahren

Simultanes Gleichungs- oder mathematisches Verfahren:

Diesen Mangel behebt das *simultane Gleichungs- oder mathematische Verfahren.*

Vorgehensweise

Wie oben bereits geschildert, können die Verrechnungssätze zweier sich gegenseitig beliefernder Stellen erst dann gebildet werden, wenn jede jeweils – unter Berücksichtigung der Lieferung der anderen Stelle – abgerechnet worden ist. Dies ist nur möglich, wenn die Verrechnungssätze *simultan* ermittelt werden. Die Reihenfolge der Anordnung der Kostenstellen ist damit ohne Bedeutung. Der Leistungsaustausch zwischen den Kostenstellen wird durch ein lineares Gleichungssystem ausgedrückt. Dazu müssen so viele Gleichungen gebildet werden, wie Unbekannte vorliegen.

Es wird wieder Bezug genommen auf die bisher zugrundegelegte Leistungsaustauschmatrix. Gesucht sind nunmehr die exakten Verrechnungspreise für die innerbetrieblichen Leistungen von A_1 bis A_4:

p_1 = Verrechnungspreis für eine Instandhaltungsstunde der Allgemeinen Kostenstelle A_1 (DM/h)
p_2 = Verrechnungspreis pro gefahrenen Kilometer der Allgemeinen Kostenstelle A_2 (DM/km)
p_3 = Verrechnungspreis pro kWh Strom der Allgemeinen Kostenstelle A_3 (DM/kWh)
p_4 = Verrechnungspreis für eine Arbeitsstunde der Fertigungshilfstelle A_4 (DM/h)

> Gemeinkostenwert der Gesamtleistungsmenge einer Kostenstelle =
> Primäre Stellenkosten + Gemeinkostenbelastungen
> für empfangene innerbetriebliche Leistungen

A_1: $100\,p_1 = 6\,290 + 500\,p_2 + 1\,000\,p_3$
A_2: $10\,000\,p_2 = 13\,158 + 5\,p_1 + 900\,p_3$
A_3: $12\,000\,p_3 = 6\,382 + 15\,p_1 + 1\,000\,p_2$
A_4: $80\,p_4 = 7\,576 + 100\,p_3$

① $p_1 = 62{,}9 + 5\,p_2 + 10\,p_3$
② $p_2 = 1{,}3158 + 0{,}0005\,p_1 + 0{,}09\,p_3$
③ $p_3 \approx 0{,}5318 + 0{,}00125\,p_1 + 0{,}0833\,p_2$
④ $p_4 = 94{,}7 + 1{,}25\,p_3$

② in ①:

$p_1 = 62{,}9 + 5\,(1{,}3158 + 0{,}0005\,p_1 + 0{,}09\,p_3) + 10\,p_3$
$p_1 = 69{,}479 + 0{,}0025\,p_1 + 10{,}45\,p_3$
$0{,}9975\,p_1 = 69{,}479 + 10{,}45\,p_3$
⑤ $p_1 \approx 69{,}653 + 10{,}476\,p_3$

⑤ in ②:

$p_2 \approx 1{,}3158 + 0{,}0005\,(69{,}653 + 10{,}476\,p_3) + 0{,}09\,p_3$
⑥ $p_2 \approx 1{,}351 + 0{,}095\,p_3$

⑤ und ⑥ in ③:

$p_3 \approx 0{,}5318 + 0{,}00125\,(69{,}653 + 10{,}476\,p_3) + 0{,}0833\,(1{,}351 + 0{,}095\,p_3)$
$p_3 \approx 0{,}7314 + 0{,}021\,p_3$
$0{,}979\,p_3 \approx 0{,}7314$
$p_3 \approx 0{,}747$ *DM/kWh*

p_3 in ⑥:

$p_2 \approx 1{,}351 + (0{,}095 \cdot 0{,}747)$
$p_2 \approx 1{,}4219$ *DM/km*

p_3 in ⑤:
(oder: p_3 und p_2 in ①)

$p_1 \approx 69{,}653 + (10{,}476 \cdot 0{,}747)$
$p_1 \approx 77{,}48$ *DM/h*

p_3 in ④:

$p_4 \approx 94{,}7 + (1{,}25 \cdot 0{,}747)$
$p_4 \approx 95{,}634$ *DM/h*

Betriebsabrechnungsbogen für Monat …												
	Kostenstellen →	Allgemeine Kostenstellen und Fertigungshilfsstelle						Hauptkostenstellen				
Nr.	↓ Kostenarten	gesamt (DM)	A_1	A_2	A_3	A_4	H_5	H_6	H_7	H_8	H_9	H_{10}
1	(Fertigungslohn)	(100 000)						(40 000)	(60 000)			
	Stelleneinzelkosten:											
2	Hilfslöhne	39 000	3 000	5 000	2 000	4 000	3 000	9 000	10 000	700	1 300	1 000
3	Gehälter	75 000					8 000	3 000	4 000	20 000	30 000	10 000
4	kalkulatorische Abschreibungen	27 000	500	3 000	1 500	200	1 000	10 000	7 000	1 000	1 500	1 300
5	Gemeinkosten-material	6 000	100	400	900		200	1 200	1 100	500	1 000	600
	Stellengemeinkosten:											
6	Sozialkosten	152 980	2 460	4 100	1 640	3 280	6 620	41 740	59 480	10 974	16 666	6 020
7	kalkulatorische Zinsen	6 000	100	400	200	50	1 000	900	1 050	600	500	1 200
8	Versicherungen	2 000	40	100	70	10	500	300	500	200	50	230
9	Grundsteuer	1 000	50	60	40	20	120	260	240	100	60	50
10	Fremdreinigung	800	40	48	32	16	96	208	192	80	48	40
11	Wagniskosten	400		50			100	40	60	150		
12	Σ Primäre Stellenkosten (PSK)	310 180	6 290	13 158	6 382	7 576	20 636	66 648	83 622	34 304	51 124	20 440

12	Σ Primäre Stellenkosten (PSK)	310 180	6 290	13 158	6 382	7 576	20 636	66 648	83 622	34 304	51 124	20 440
Innerbetriebliche Leistungsverrechnung *(Simultanes Gleichungsverfahren):*												
13	Umlage A_1		*– 7 748*[1]	*388*	*1 162*		*387*	*3 099*	*2 324*		*388*	
14	Umlage A_2		*711*	*–14 219*[2]	*1 422*		*2 133*	*5 687*	*2 844*		*1 422*	
15	Umlage A_3		*747*	*673*	*– 8 966*[3]	*75*		*3 735*	*2 988*	*374*	*224*	*150*
16	Umlage A_4					*– 7 651*[4]		*7 651*				
17	Σ Ist-Endstellenkosten (ESK)	*310 180*	*0*	*0*	*0*	*0*	*23 156*	*86 820*	*91 778*	*34 678*	*53 158*	*20 590*

Abb. 50: *Innerbetriebliche Leistungsverrechnung im BAB mit dem simultanen Gleichungsverfahren*

[1] 100 h • 77,48 DM/h
[2] 10 000 km • 1,4219 DM/km
[3] 12 000 kWh • 0,747 DM/kWh
[4] 80 h • 95,63 DM/h

Mit Hilfe der ermittelten Verrechnungspreise läßt sich die innerbetriebliche Leistungsverrechnung durchführen, indem die an die Hauptkostenstellen gelieferten Leistungen mit den Verrechnungspreisen bewertet werden. Dabei werden die gesamten Gemeinkosten der Allgemeinen Kostenstellen und der Hilfskostenstelle unter Berücksichtigung der gegenseitigen Lieferungen vollständig auf die Hauptkostenstellen verrechnet:

	Σ PSK der Allgemeinen und Hilfskostenstellen	Σ der verrechneten Gemeinkostenwerte auf die *Haupt*stellen:
A_1:	6 290 DM	6 198 DM
A_2:	13 158 DM	12 086 DM
A_3:	6 382 DM	7 471 DM
A_4:	7 576 DM	7 651 DM
	33 406 DM	*33 406 DM*

Würdigung

Mit dem simultanen Gleichungsverfahren kann eine verursachungsgerechte Verteilung der Kosten des innerbetrieblichen Leistungsaustausches auch bei gegenseitigen Lieferungen erfolgen. Der Rechenaufwand ist allerdings bei mehr als im Beispiel angenommenen Allgemeinen – und Hilfsstellen ohne EDV-Unterstützung nicht zu bewältigen.

Verfahren der innerbetrieblichen Leistungsverrechnung	Verrechnungssätze für			
	A_1 (Instandhaltung)	A_2 (Transport)	A_3 (Strom)	A_4 (Arbeitsvorbereitung)
Anbauverfahren	78,63 DM/h	1,55 DM/km	0,64 DM/kWh	94,70 DM/h
Treppenverfahren	62,90 DM/h	1,66 DM/km	0,67 DM/kWh	95,54 DM/h
Simultanverfahren	77,48 DM/h	1,42 DM/km	0,75 DM/kWh	95,63 DM/h

Vergleich der Rechenergebnisse

Ein Vergleich der bisher nach den besprochenen Verfahren ermittelten Verrechnungssätze zeigt zum Teil deutliche Unterschiede: Aus Sicht des (eigentlich für dieses Beispiel anzuwendenden) Simultanverfahrens ergeben sich bei den Verrechnungswerten der innerbetrieblichen Leistungen Abweichungen beispielsweise beim Instandhaltungsstundensatz von immerhin rd. 19% oder rd. 15% beim Stromkostensatz gegenüber dem jeweils niedrigsten Verrechnungswert. Derartige Abweichungen können eine Entscheidung »*Eigenfertigung* oder *Fremdbezug*« maßgeblich beeinflussen.[9]

Betrachtet man in dem Beispiel die Auswirkungen der ungenauen Verrechnung der innerbetrieblichen Leistungen nach dem Anbau- und Treppenverfahren auf die *Kalkulationssätze*, so wird man feststellen, daß die einzelnen Kalkulationssätze um nicht einmal einen Prozentpunkt voneinander abweichen.

Verfahren	Ausgewählte Zuschlagssätze für die Kalkulation (in %)		
	H_5 1)	H_6 2)	H_7 2)
Anbauverfahren	10,15	216,88	152,71
Treppenverfahren	10,18	216,89	152,47
Simultanverfahren	10,07	217,05	152,96

1) Basis Fertigungsmaterial (= 230 000 DM)
2) Basis Fertigungslohn (s. BAB)

Dies verleitet dazu, das rechentechnisch einfachste Verfahren für die Zwecke der Kalkulation in der Praxis zu verwenden. Doch sollte man – abgesehen von dem nicht eingehaltenen Verursachungsprinzip – bedenken, daß sich die Abweichungen mit zunehmender Anzahl von Allgemeinen – und Hilfskostenstellen vergrößern.

Eigenverbrauch

Es kommt auch vor, daß einzelne Kostenstellen *Eigenverbräuche* haben, d.h. sie beliefern sich mit der von ihnen erzeugten Leistung und verbrauchen diese damit teilweise selbst. Die betroffenen Kostenstellen sind somit abgebende und empfangende Kostenstellen in einem. Beispielsweise erbringt die Allgemeine Kostenstelle A_1 (Instandhaltung) der Speedy GmbH für sich selbst Instandhaltungsleistungen. Dieser Eigenverbrauch wirkt sich rechentechnisch jedoch nicht auf die Höhe der weiter zu verrechnenden Gemeinkosten auf die Kostenstellen aus, denn die den Eigenverbrauch in Anspruch nehmende Kostenstelle wird in einem Rechenschritt mit den dahinterstehenden Gemeinkosten in derselben Höhe be- und entlastet. Damit kann die Berücksichtigung von

9 Wobei in einer derartigen Entscheidungsrechnung die Vergleichsgröße gegenüber dem Fremdpreis die in dem oben ausgewiesenen Vollkostensatz enthaltenen *variablen* Kosten darstellt.

Eigenverbrauch im Hinblick auf die Ermittlung der Endstellenkosten (ESK) entfallen, hinsichtlich der wertmäßigen Feststellung des Eigenverbrauchs selbst – falls gewünscht – hingegen nicht.

Die sei anhand des Simultanverfahrens mit der bisher verwendeten, aus Übersichtlichkeitsgründen aber reduzierten Anzahl an Kostenstellen und damit vereinfachten Leistungsaustauschmatrix und teilweise angepaßten primären Gemeinkosten dargestellt:

B

Die primären Gemeinkosten betragen

A_1: 6 290 DM
A_2: 9 100 DM
H_6: 66 648 DM
H_7: 83 622 DM

Leistungsaustauschmatrix:

nach → / von ↓	Gesamtleistung	A_1	A_2	H_6	H_7
A_1	80[1)] / 75 Stunden	*(5)*	5	40	30
A_2	6 500 km	500		4 000	2 000

[1)] mit Eigenverbrauch

Bei A_1 liegt ein Eigenverbrauch i.H.v. 5 Instandhaltungsstunden vor.

mit Eigenverbrauch	*ohne Eigenverbrauch*
$80p_1 = 6\,290 + 5p_1 + 500p_2$	$75p_1 = 6\,290 + 500p_2$
$6\,500p_2 = 9\,100 + 5p_1$	$6\,500p_2 = 9\,100 + 5p_1$
$p_2 \approx 1{,}4 + 0{,}0007692p_1$	$p_2 \approx 1{,}4 + 0{,}0007692p_1$
$80p_1 \approx 6290 + 5p_1 + 500(1{,}4 + 0{,}0007692p_1)$	$75p_1 \approx 6290 + 500(1{,}4 + 0{,}0007692p_1)$
$80p_1 \approx 6290 + 5p_1 + 700 + 0{,}3846p_1$	$75p_1 \approx 6290 + 700 + 0{,}3846p_1$
$75p_1 \approx 6990 + 0{,}3846p_1$	$75p_1 \approx 6990 + 0{,}3846p_1$
$p_1 \approx 93{,}68$ DM/h	dto.
$p_2 \approx 1{,}4 + 0{,}0007692 \cdot 93{,}68$	dto.
$p_2 \approx 1{,}472$ DM/km	dto.

Umlage auf die *Hauptstellen*:

		H_6	H_7
Umlage A_1:		3 747[1)]	2 811[2)]
Umlage A_2:		5 888[3)]	2 944[4)]
Summe *Umlage*	*15 390*	9 635	5 755
Summe *PSK* von A_1 und A_2:	15 390		

Damit stimmt die Summe der PSK von A_1, A_2, H_6 und H_7

mit der Summe der ESK von A_1, A_2, H_6 und H_7 überein:

PSK: 6 290 + 9 100 + 66 648 + 83 622 = 165 660.
ESK: 0 + 0 + 76 283 + 89 377 = 165 660.

1) 93,68 DM/h • 40h 2) 93,68 DM/h • 30h 3) 4000km • 1,472 DM/km 4) 2000km • 1,472 DM/km

Iterative Verfahren:

iterative Verfahren

Mathematisch weniger anspruchsvoll, gelegentlich jedoch mit höherem Rechenaufwand verbunden als das simultane Gleichungsverfahren, ist die schrittweise Annäherung an die gesuchten Verrechnungswerte. In den einzelnen Stufen *(Iterationen)* wird jeweils eine vollständige innerbetriebliche Leistungsverrechnung vorgenommen, bis in der letzten Stufe die endgültigen Verrechnungspreise darstellbar sind.

Verfahrensvarianten

Hierzu wären folgende Varianten denkbar:

- *die Methode des unbeirrten Drauflosrechnens*
- *das Gesamtschrittverfahren oder*
- *das Einzelschrittverfahren.*

Methode des unbeirrten Drauflosrechnens

Die schrittweise Annäherung an die endgültigen Verrechnungspreise sei zunächst am Beispiel der *Methode des unbeirrten Drauflosrechnens* gezeigt:

B

Die in der bisher verwendeten Leistungsaustauschmatrix (vgl. S. 133) dargestellten absoluten Leistungsmengen drücken sich *relativ* wie folgt aus:

nach → von ↓	Gesamtleistung	A_1	A_2	A_3	A_4	H_5–H_{10}
A_1	100 %		5 %	15 %		80 %
A_2	100 %	5 %		10 %		85 %
A_3	100 %	8,3 %	7,5 %		0,8 %	83,4 %
A_4	100 %					100 %

Ermittlung der *Verrechnungswerte* der innerbetrieblichen Leistungen:

Für die Ermittlung der Verrechnungspreise sind in der *ersten Stufe* die primären Gemeinkosten der Allgemeinen Stellen A_1 – A_3 anhand der o.g. Prozentsätze zu verteilen. Die *zweite Stufe* legt dann die sich aus der ersten Stufe ergebenden Gemeinkostenbelastungen auf den Allgemeinen Kostenstellen mit denselben Prozentsätzen weiter um. Dies geschieht so lange, bis die zu verteilenden Restbeträge so klein geworden sind, daß die Iteration abgebrochen werden kann.

– in DM –

Methode des unbeirrten Drauflosrechnens

Kostenstellen → Kostenarten ↓	A_1	A_2	A_3	A_4
1. Stufe:				
PSK	*6290*	*13158*	*6382*	*7576*
– Umlage A_1	– 6290	*315* (5%)	*944* (15%)	
		13473		
– Umlage A_2	*674 (5%)*	– 13473	*1347* (10%)	
			8673	
– Umlage A_3	*720* (8,3%)	*650* (7,5%)	– 8673	*69* (0,8%)
2. Stufe:				
Rest	1394	650	*0*	7645
– Umlage A_1	– 1394	*70* (5%)	*209* (15%)	
		720		
– Umlage A_2	*36* (5%)	– 720	*72* (10%)	
			281	
– Umlage A_3	*23* (8,3%)	*21* (7,5%)	– 281	2 (0,8%)
3. Stufe:				
Rest	59	21	0	2
– Umlage A_1	– 59	1 (5%)	9 (15%)	
		22		
– Umlage A_2	*1* (5%)	– 22	2 (10%)	
			11	
– Umlage A_3	*1* (8,3%)	*1* (7,5%)	– 11	*0* (0,8%)
4. Stufe:				
Rest	2	1	0	0
Abbruch !				
Verrechnete primäre und sekundäre Gemeinkosten	*7745*	*14216*	*8965*	*7647*
Gesamtleistung	100 h	10000 km	12000 kWh	80 h
Verrechnungssatz	*77,45 DM/h*	*1,42 DM/km*	*0,75 DM/kWh*	*95,59 DM/h*

Die auf diese Weise ermittelten Verrechnungssätze entsprechen denen des simultanen Gleichungsverfahrens.[10]

Nun können die innerbetrieblichen Leistungen – wie bekannt – auf die Hauptkostenstellen verrechnet werden.

Gesamtschritt-verfahren

Das *Gesamtschrittverfahren* ermittelt *zunächst* das jeweils zu verrechnende gesamte Gemeinkostenvolumen der Allgemeinen – und Hilfskostenstellen: Primäre Gemeinkosten + sekundäre Gemeinkostenbelastungen (Basis: primäre Gemeinkosten). In den *nächsten* Stufen werden die sekundären Gemeinkostenbelastungen jeweils auf Basis der korrigierten Werte der Vorstufen eingestellt. Dies geschieht so lange, bis sich die Kostenvolumina gegenüber der Vorstufe kaum mehr verändern. Auf das bisherige Beispiel bezogen bedeutet das:

B

Gesamtschrittverfahren:

Es gelten weiterhin die Leistungsaustauschmatrix (hier: prozentuale Darstellung von S. 147) und die entsprechenden primären Gemeinkosten aus dem BAB.

1. Stufe:

A_1: 6290 + 0,05 · 13158 + 0,083 · 6382 = *7478*
A_2: 13158 + 0,05 · 6290 + 0,075 · 6382 = *13952*
A_3: 6382 + 0,15 · 6290 + 0,1 · 13158 = *8642*
A_4: 7576 + 0,008 · 6382 = *7627*

2. Stufe:

A_1: 6290 + 0,05 · *13952* + 0,083 · *8642* = 7705
A_2: 13158 + 0,05 · *7478* + 0,075 · *8642* = 14180
A_3: 6382 + 0,15 · *7478* + 0,1 · *13952* = 8899
A_4: 7576 + 0,008 · *8642* = 7645

3. Stufe:

A_1: 6290 + 0,05 · 14180 + 0,083 · 8899 = 7738
A_2: 13158 + 0,05 · 7705 + 0,075 · 8899 = 14210
A_3: 6382 + 0,15 · 7705 + 0,1 · 14180 = 8956
A_4: 7576 + 0,008 · 8899 = 7647

4. Stufe:

A_1: 6290 + 0,05 · 14210 + 0,083 · 8956 = 7743
A_2: 13158 + 0,05 · 7738 + 0,075 · 8956 = 14217
A_3: 6382 + 0,15 · 7738 + 0,1 · 14210 = 8964
A_4: 7576 + 0,008 · 8956 = 7648

10 Die leicht abweichenden Verrechnungswerte begründen sich durch den Abbruch der Iteration bereits nach der 3. Stufe.

Es wird erkennbar, daß sich die Gemeinkostenwerte immer weniger verändern, so daß schon jetzt oder ggfs. nach einer weiteren Stufe *gerundet* werden kann:

Ermittlung der Verrechnungssätze:

A_1: 7750 DM : 100 h = 77,50 DM/h
A_2: 14220 DM : 10000 km = 1,42 DM/km
A_3: 8970 DM : 12000 kWh = 0,75 DM/kWh
A_4: 7650 DM : 80 h = 95,63 DM/h

Es liegen wieder dieselben Werte wie beim simultanen Gleichungsverfahren vor.

Einzelschritt-verfahren

Das *Einzelschrittverfahren* läuft schneller als das Gesamtschrittverfahren ab. Das liegt daran, daß innerhalb jeder Stufe sofort (bei jedem einzelnen Rechenschritt) der aktuellste Gemeinkostenwert berücksichtigt wird. Beim *Gesamt*schrittverfahren wird erst in der Folgestufe korrigiert, so daß man sich beim Einzelschrittverfahren den gesuchten Werten schneller nähert.

B

Das bisherige Beispiel gilt unverändert.

Einzelschrittverfahren:

1. Stufe:

A_1:	6290 + 0,05 •	13158 + 0,083 •	6382 =	*7478*
A_2:	13158 + 0,05 •	*7478* + 0,075 •	6382 =	*14011*
A_3:	6382 + 0,15 •	*7478* + 0,1 •	*14011* =	*8905*
A_4:	7576 + 0,008 •	*8905*	=	7647

2. Stufe:

A_1:	6290 + 0,05 •	14011 + 0,083 •	8905 =	7730
A_2:	13158 + 0,05 •	7730 + 0,075 •	8905 =	14213
A_3:	6382 + 0,15 •	7730 + 0,1 •	14213 =	8963
A_4:	7576 + 0,008 •	8963	=	7648

3. Stufe:

A_1:	6290 + 0,05 •	14213 + 0,083 •	8963 =	7745
A_2:	13158 + 0,05 •	7745 + 0,075 •	8963 =	14217
A_3:	6382 + 0,15 •	7745 + 0,1 •	14217 =	8966
A_4:	7576 + 0,008 •	8966	=	7648

Bereits nach drei Iterationen sind die Gemeinkostenwerte erreicht. Es ergeben sich wieder dieselben Verrechnungssätze wie beim Gesamtschrittverfahren, und damit wie bei der Methode des unbeirrten Drauflosrechnens und damit wie beim simultanen Gleichungsverfahren.

5.4.4.4. Einzelleistungsverrechnung

Hintergrund

Die bisher besprochenen Verfahren zur Verrechnung von innerbetrieblichen Leistungen heben grundsätzlich auf aus den Kostenstellen hervorgehende *homogene* Leistungen ab. Das berechtigt zu einer periodenweisen Verrechnung. Doch diese Art der Verrechnung stößt dann an seine Grenzen,

- wenn *heterogene* (verschiedenartige) innerbetriebliche Leistungen von einer Kostenstelle erstellt (die Hauptstelle Schlosserei führt z.B. auch einen Reparaturauftrag in einer anderen Hauptstelle aus),
- wenn diese innerbetrieblichen Leistungen vorübergehend gelagert (z.B. Fertigung und Lagerung von Ersatzteilen für den späteren Einbau in eine Maschine) oder
- wenn zu aktivierende Eigenleistungen (z.B. selbsterstellte Maschinen) erbracht werden.[11]

Liegen derartige Fälle vor, sind die einzelnen innerbetrieblichen Leistungen als *eigenständige Kostenträger* zu behandeln und deren Kosten gesondert zu verrechnen.

In diesem Zusammenhang unterscheidet man insbesondere

- das Kostenartenverfahren
- das Kostenstellenausgleichsverfahren und
- das Kostenträgerverfahren.

Kostenarten-verfahren

Beim *Kostenartenverfahren* werden für die Verrechnung von (heterogenen) innerbetrieblichen Leistungen *keine* Allgemeinen – und Hilfskostenstellen eingerichtet, d.h. die Leistungen werden von Hauptkostenstellen erbracht. Die primären Kosten, die diese innerbetriebliche Leistungen direkt zugerechnet werden können (*Einzelkosten*), werden der *empfangenden* (Haupt)Kostenstelle entweder direkt zugerechnet (z.B. per Materialentnahmescheine, Lohnaufschreibungen), oder werden von der leistenden auf die empfangende Kostenstelle weiterverrechnet[12]. Die *Gemeinkosten* hingegen verbleiben auf der *leistenden* (Haupt)Kostenstelle.

Würdigung

Dadurch wird der Wert der innerbetrieblichen Leistung zu niedrig angesetzt. Die Empfängerkostenstelle hat zu wenig, die leistende Kostenstelle zu hohe Kosten zu tragen. Dies widerspricht dem Verursachungsprinzip. Dieses Verfahren sollte deshalb nur dann

11 Vgl. Hummel, S./Männel, W., 1990, S. 236.

12 Falls der Fertigungslohn Bestandteil der Fertigungskosten und damit der Kalkulationssätze sein soll.

angewendet werden, wenn (Haupt)Kostenstellen nur *untergeordnet* derartige innerbetriebliche Leistungen erbringen. Auf *Hilfs*kostenstellen kann dieses Verfahren insofern nicht übertragen werden, da diese sich zu entlasten haben, während das Kostenartenverfahren dies für die Gemeinkosten eben nicht vorsieht.

Der BAB der Speedy GmbH weist bekanntermaßen für die Fertigungsstelle I (H_6) 66 648 DM und für die Fertigungsstelle II (H_7) 83 622 DM primäre Gemeinkosten bei angefallenen Fertigungslöhnen von 40 000 DM bzw. 60 000 DM aus. Es sei angenommen, daß H_6 eine innerbetriebliche Leistung für H_7 erbringt, für die 5 000 DM Fertigungslohn zu verrechnen ist:

– in DM –

Kostenstellen → Kostenarten ↓	H_6 (Fertigungshauptstelle I)	H_7 (Fertigungshauptstelle II)
Fertigungslohn (davon für innerbetriebliche Leistungen)	40 000 (5 000)	60 000
Primäre Stellengemeinkosten	66 648	83 622
Zuschlagssatz (%) *vor* der innerbetrieblichen Leistungsverrechnung	167 %	139 %
Innerbetriebliche Leistungsverrechnung	– 5 000	+ 5 000
Endstellenkosten	66 648	88 622
Zuschlagssatz (%) *nach* der innerbetrieblichen Leistungsverrechnung	190 % [1]	148 % [2]

[1] (66 648 : 35 000) • 100

[2] (88 622 : 60 000) • 100

Kostenstellenausgleichsverfahren

Das *Kostenstellenausgleichsverfahren* verrechnet zusätzlich zu den Einzelkosten innerbetrieblicher Leistungen *auch anteilige Gemeinkosten*. Auch für diese Verrechnung werden keine Allgemeinen – oder Hilfskostenstellen eingerichtet. Ziel ist die Gleichbehandlung von Absatz- und Eigenleistungen, wenn bestimmte Hauptkostenstellen beide Leistungsarten erbringen. Dazu werden

den innerbetrieblichen Leistungen die gleichen Gemeinkosten prozentual zugeschlagen wie den für den Absatz bestimmten Leistungen.

B

Der eben dargestellte Auszug aus dem BAB der Speedy GmbH stellt sich nach dem Kostenstellenausgleichsverfahren wie folgt dar:

– in DM –

Kostenstellen → / Kostenarten ↓	H_6 (Fertigungshauptstelle I)	H_7 (Fertigungshauptstelle II)
Fertigungslohn (davon für innerbetriebliche Leistungen)	40 000 (5 000)	60 000
Primäre Stellengemeinkosten	*66 648*	*83 622*
Zuschlagssatz (%) *vor* der innerbetrieblichen Leistungsverrechnung	167 %	139 %
Innerbetriebliche Leistungsverrechnung: – Fertigungseinzelkosten – anteilige Kosten	– 5 000 – *8 350*	+ *5 000* + *8 350* [1]
Endstellenkosten	*58 298*	*96 972*
Zuschlagssatz (%) *nach* der innerbetrieblichen Leistungsverrechnung	167 % [2]	162 % [3]

[1] 167% von 5 000

[2] (58 298 : *35 000*) • 100

[3] (96 972 : 60 000) • 100

Kostenträgerverfahren

Insbesondere aktivierungspflichtige Eigenleistungen, aber auch innerbetriebliche Leistungen, die über mehr als eine Abrechnungsperiode erstellt werden, können wie Absatzleistungen als *Kostenträger* aufgefaßt und entsprechend abgerechnet werden. Die Abrechnung gestaltet sich i.d.R. nicht mehr so einfach wie bisher. Da diese Kostenträger zu Herstellkosten zu bewerten sind, wird in der Regel die Zuschlagskalkulation zugrunde zu legen sein. Zur Erstellung der innerbetrieblichen Leistungen können durchaus *alle* Arten von Kostenstellen beteiligt sein. Soweit Allgemeine – und

Hilfskostenstellen an der Erzeugung teilnehmen, sind deren Kosten in den Stellengemeinkosten der Hauptkostenstellen enthalten. Für deren Durchführung sind die anfallenden Kosten auf besonderen Kostenträgerkonten zu erfassen und dann auf Bestandskonten zu übertragen. In der Abrechnungsperiode, in der diese Eigenleistungen wieder verbraucht werden, erfolgt eine Belastung der leistungsverbrauchenden Kostenstelle. Wird z.B. eine selbsterstellte Maschine in einer bestimmten Abrechnungsperiode fertiggestellt und im Leistungserstellungsprozeß eingesetzt, wird deren Verbrauch der Einsatzkostenstelle in Form von kalkulatorischen Abschreibungen angelastet. Eine weitergehende Darstellung kann erst im Rahmen der noch zu besprechenden Kostenträgerrechnung und der später beispielhaft vorgestellten Abwicklung innerhalb der Kontenklasse 9 des Industrie-Kontenrahmens erfolgen (vgl. Abschnitt 7.3).

5.4.5. Ermittlung der Kalkulationssätze

Nach Durchführung der innerbetrieblichen Leistungsverrechnung im Teil II des BAB sind nun (in einer Vollkostenrechnung) sämtliche Gemeinkosten den Hauptkostenstellen zugerechnet worden. Da in den Hauptstellen die für den Markt bestimmten Absatz- oder Endleistungen erbracht werden, ist mit Hilfe des BAB ein Zusammenhang zwischen Gemeinkosten und Kostenträger hergestellt worden. Dies war in der Kostenartenrechnung (noch) nicht möglich. Diese Gemeinkosten bezeichnet man nun als *Endstellenkosten* (ESK).[13]

Endstellenkosten

Der der Kostenstellenrechnung zugrundeliegende BAB der Speedy GmbH weist diese Endstellenkosten in der Zeile 17 aus, beispielsweise 86 820 DM in der Fertigungshauptkostenstelle I (H_6).[14] Doch dieses (i.d.R. Gemein-)Kostenvolumen steht für die *insgesamt* erbrachten Endleistungen dieser Kostenstelle. Für Zwecke der Kalkulation gilt es nun, diese in Summe angefallenen Gemeinkosten so auszudrücken, daß sie auf eine Einheit der erbrachten Endleistungen bezogen werden können. Dies ist in jenen Fällen unproblematisch, in denen nur *eine* Art von Endleistung für *einen* bestimmten Kostenträger vorliegt. Dann könnten diese 86 820 DM z.B. durch eine gefertigte Stückzahl dividiert werden. Oder man bezieht die Endstellenkosten auf das in der Kostenstelle angefallenen Minuten-(oder Stunden-)volumen, und multipliziert in der Kalku-

Aufteilung der Gemeinkosten

13 Ggfs. einschließlich den Fertigungslöhnen.

14 Bei Durchführung der innerbetrieblichen Leistungsverrechnung nach dem mathematischen Gleichungsverfahren (vgl.S. 143).

lation diesen Wert mit der diesem einen Kostenträger zuzurechnenden Fertigungszeit. In jenen Fällen allerdings, in denen *mehrere* verschiedene Kostenträgern die Hauptkostenstelle durchlaufen, ist nun eine gemeinsame Maßgröße zu finden, die zu einer Aufteilung der angefallenen Endstellenkosten auf diese Kostenträger führt.

Ziel

Wenn alle Kostenträger verkauft worden sind, muß die Summe der auf die Kostenträger verrechneten Gemeinkosten der Summe der im BAB ermittelten Gemeinkosten entsprechen.

Es gilt nun, eine (gemeinsame) Verteilungsbasis für die Gemeinkosten pro Kostenstelle zu finden, die eine Aufteilung auf die Kostenträger erlaubt. Diese Basis (pro Kostenstelle) sollte auf alle betroffenen Kostenträger in dieser Kostenstelle anwendbar sein und in einem direkten Zusammenhang zu den angefallenen Gemeinkosten stehen. Man nennt diese Basis *Bezugsgröße*, in einer Istkostenrechnung auch *Zuschlagsbasis*.

Bezugsgröße

Die Bezugsgröße ist ein Maßstab für die Kostenverursachung.

Merkmale von Bezugsgrößen

Um dem Verursachungsprinzip in der Kosten- und Leistungsrechnung möglichst gerecht werden zu können, hat die zu verwendende Bezugsgröße verschiedene Anforderungen zu erfüllen:

- Sie sollte der Maßstab der Kostenstellenleistung und der Kostenverursachung in der Kostenstelle sein (für Zwecke der Kostenkontrolle).
- Sie sollte in einem direkten Bezug zum (zu den) Kostenträger(n) stehen (für Zwecke der verursachungsgerechten Kalkulation).
- Sie sollte für die laufende Abrechnung schnell und einfach meßbar sein.
- Sie sollte klar, eindeutig und leicht verständlich sein.

Doch Bezugsgrößen, die allen Anforderungen genügen, sind nicht für jeden Kostenstellenbereich zu finden. Bezugsgrößen im Fertigungsbereich (Hauptkostenstellen) können einerseits für die Leistungsmessung und Kostenkontrolle und damit andererseits für die verursachungsgerechte Kalkulation verwendet werden. Für andere Kostenstellenbereiche, die nur mittelbar zur Erstellung der Endleistungen beitragen (z.B. Allgemeine -, Fertigungshilfs-, Material-, Verwaltungskostenstellen usw.), ist eher typisch, daß sie zwar (ggfs. auch nur hilfsweise) für die Leistungsmessung und Kostenkontrolle, aber nicht für eine verursachungsgerechte Kalkulation herangezogen werden können. Die Zurechnung auf die Kostenträger erfolgt dann nach dem Durchschnitts- oder Kostentragfähigkeitsprinzip. Wie schon bei der Verteilung der primären Gemeinkosten im Teil I des BAB sollte man auch im Teil III des BAB durch eine geeignete Auswahl von Bezugsgrößen das Verursachungsprinzip möglichst einzuhalten.

Als Bezugsgrößen kommen

- Wertgrößen (z.B. Fertigungslohn, Fertigungsmaterial)
- Mengengrößen (z.B. Stückzahl, Stückgewichte)
- Zeitgrößen (z.B. Fertigungsstunden, Maschinenstunden)

in Frage.

Kalkulationssatz

D

Bezieht man nun die Gemeinkosten der Hauptkostenstellen (=Endstellenkosten) auf die ausgewählte Bezugsbasis, so erhält man den

$$\textit{Kalkulationssatz} = \frac{\textit{Endstellenkosten (ESK)}}{\textit{Bezugsbasis der Hauptkostenstelle}}$$

Kalkulationssatz:
Dieser sich ergebende *Verrechnungssatz* kann auch durch Multiplikation mit 100 als *Zuschlagssatz* ausgedrückt werden.

Zuschlagssätze der Funktionsbereiche

Es haben sich nachstehende Zuschlagssätze für die einzelnen Funktionsbereiche eines Betriebes herausgebildet:

Im *Materialbereich* wird eine Abhängigkeit der Materialgemeinkosten vom Einzelkostenmaterial unterstellt. Dieser Zusammenhang entspricht allerdings dem Verursachungsprinzip nur unzureichend. Bessere Alternativen sind jedoch nicht vorhanden. Für diese Zuschlagsbasis spricht, daß sie relativ groß, und damit die Auswir-

$$\text{Materialgemeinkosten-zuschlagssatz} = \frac{\text{Materialgemeinkosten}}{\text{Materialeinzelkosten}} \cdot 100$$

kungen auf den Zusschlagssatz bei Änderung der Basis gering ist.
Im *Fertigungsbereich* hingegen ist eine verursachungsgerechte Relation zwischen Fertigungsgemeinkosten und den (bei lohnintensiver Fertigung verwendbaren) Fertigungseinzelkosten gut herstellbar. Es können aber auch andere Bezugsgrößen in Frage kommen: Arbeitsstunden, Maschinenstunden, Fertigungsgewicht, Stückzahl usw. Lohnintensive Fertigungsstellen wählen i.d.R. den Fertigungs-

$$\text{Fertigungsgemeinkosten-zuschlagssatz} = \frac{\text{Fertigungsgemeinkosten}}{\text{Fertigungseinzelkosten}} \cdot 100$$

lohn, kapitalintensive die Maschinenstunden[15]:
Im *Vertriebsbereich* werden gewöhnlich die Herstellkosten der abgesetzten Erzeugnisse als Bezugsbasis zugrundegelegt. Diese Relation bringt allerdings das Verursachungsprinzip nur unzureichend

15 Vgl. hierzu auch Christmann, A./Jórasz, W., 1992, S. 563ff.

zum Ausdruck. Da jedoch Zuschlagssätze Allgemeingültigkeit für alle damit kalkulierten Leistungen haben müssen, scheiden in diesem Bereich Sondereinzelkosten des Vertriebs als Bezugsgröße aus.

$$\text{Vertriebsgemeinkosten-zuschlagssatz} = \frac{\text{Vertriebsgemeinkosten}}{\text{Herstellkosten}} \cdot 100$$

Im *Verwaltungsbereich* ist kaum noch eine verursachungsgerechte Beziehung zwischen den Kostenträgern und den Verwaltungskosten festzustellen. Hier werden als Bezugsbasis ersatzweise und aus Vereinfachungsgründen ebenfalls die Herstellkosten der abgesetzten Erzeugnisse herangezogen:

$$\text{Verwaltungs(gemein)kosten-zuschlagssatz} = \frac{\text{Verwaltungskosten}}{\text{Herstellkosten}} \cdot 100$$

Wird eine Forschungs- und Entwicklungs*haupt*kostenstelle geführt, so bezieht man auch hier mangels einer besseren Alternative die anfallenden Gemeinkosten auf die Herstellkosten:

$$\text{Forschungs- und Entwicklungs-gemeinkostenzuschlagssatz} = \frac{\text{Forschungs- und Entwicklungsgemeinkosten}}{\text{Herstellkosten}} \cdot 100$$

mehrere Bezugsgrößen

Es kann aber auch durchaus erforderlich sein, für eine Kostenstelle mehrere Bezugsgrößen heranzuziehen. Dann würden auch mehrere Kalkulationssätze pro Kostenstelle ermittelt werden. Das wird dann notwendig werden, wenn sich die *gesamten* Gemeinkosten einer Kostenstelle *nicht* – wie oben gefordert – *proportional* zur gewählten Bezugsgröße verhalten. Die Gemeinkosten müssen dann differenziert auf die verschiedenen Bezugsgrößen bezogen werden.[16] Auf diesen Aspekt wird im Rahmen der Zuschlagskalkulation noch näher einzugehen sein.

B

In Fortführung des bisher zugrundegelegten BAB der Speedy GmbH wird von den dargestellten Varianten – bedingt durch die verschiedenen Möglichkeiten der innerbetrieblichen Leistungsverrechnung – diejenige ausgewählt, nach der die Endstellenkosten *verursachungsgerecht* ermittelt werden (simultanen Gleichungsverfahren).

Die Zuschlagssätze für die Materialgemeinkosten werden in Prozent der Materialeinzelkosten, die Fertigungsgemeinkosten in Prozent des angefallenen Fertigungslohns, die Forschungs- und Entwicklungsgemeinkosten in Prozent der Herstellkosten 1, die Verwaltungskosten und die Vertriebsgemeinkosten in Prozent der Herstellkosten 2 ermittelt. (Näheres hierzu wird bei den noch zu besprechenden Kalkulationsverfahren dargestellt werden).

16 Vgl. auch Jórasz, W., 1994, S. 5f.

Betriebsabrechnungsbogen für Monat …												
	Kostenstellen →	Allgemeine Kostenstellen und Fertigungshilfsstelle						Hauptkostenstellen				
Nr.	↓ Kostenarten	gesamt (DM)	A_1	A_2	A_3	A_4	H_5	H_6	H_7	H_8	H_9	H_{10}
1	(Fertigungs-material und -lohn	*(330 000)*					*(230 000)*	*(40 000)*	*(60 000)*			
	Stelleneinzelkosten:											
2	Hilfslöhne	39 000	3 000	5 000	2 000	4 000	3 000	9 000	10 000	700	1 300	1 000
3	Gehälter	75 000					8 000	3 000	4 000	20 000	30 000	10 000
4	kalkulatorische Abschreibungen	27 000	500	3 000	1 500	200	1 000	10 000	7 000	1 000	1 500	1 300
5	Gemeinkosten-material	6 000	100	400	900		200	1 200	1 100	500	1 000	600
	Stellengemeinkosten:											
6	Sozialkosten	152 980	2 460	4 100	1 640	3 280	6 620	41 740	59 480	10 974	16 666	6 020
7	kalkulatorische Zinsen	6 000	100	400	200	50	1 000	900	1 050	600	500	1 200
8	Versicherungen	2 000	40	100	70	10	500	300	500	200	50	230
9	Grundsteuer	1 000	50	60	40	20	120	260	240	100	60	50
10	Fremdreinigung	800	40	48	32	16	96	208	192	80	48	40
11	Wagniskosten	400		50			100	40	60	150		
12	Σ Primäre Stellenkosten (PSK)	310 180	6 290	13 158	6 382	7 576	20 636	66 648	83 622	34 304	51 124	20 440

12	Σ Primäre Stellenkosten (PSK)	310 180	6 290	13 158	6 382	7 576	20 636	66 648	83 622	34 304	51 124	20 440
Innerbetriebliche Leistungsverrechnung *(Simultanes Gleichungsverfahren):*												
13	Umlage A_1		–7 748	388	1 162		387	3 099	2 324		388	
14	Umlage A_2		711	–14 219	1 422		2 133	5 687	2 844		1 422	
15	Umlage A_3		747	673	–8 966	75		3 735	2 988	374	224	150
16	Umlage A_4					–7 651		7 651				
17	Σ *Ist-Endstellenkosten (ESK)*	310 180	0	0	0	0	23 156	86 820	91 778	34 678	53 158	20 590
18	Zuschlagsbasis						*Material einzel kosten*	*Fertigungslohn*	*Fertigungslohn*	*Herstellkosten I**	*Herstellkosten 2**	*Herstellkosten 2**
19	Ist-Zuschlagssatz						*10,1%*	*217,1 %*	*153,0 %*	*6,5 %*	*9,4 %*	*3,6 %*

*	Materialeinzelkosten	230 000 DM
+	Materialgemeinkosten	23 156 DM
+	Fertigungseinzelkosten I	40 000 DM
+	Fertigungsgemeinkosten I	86 820 DM
+	Fertigungseinzelkosten II	60 000 DM
+	Fertigungsgemeinkosten II	91 778 DM
=	*Herstellkosten 1*	*531 754 DM*
+	Forschungs- und Entwicklungsgemeinkosten	34 678 DM
=	*Herstellkosten 2*	*566 432 DM*

Abb. 51: *Ermittlung von Ist-Kalkulationssätzen im BAB (Teil III)*

Proportionalität

Diese Zuschlagssätze drücken folgendes aus:

Jede Mark Materialeinzelkosten, die anfällt, *verursacht* rd. 0,10 DM Materialgemeinkosten. *Jede* Mark Fertigungslohn *zieht* in der Fertigungsstelle I (II) 2,17 DM (1,53 DM) Fertigungsgemeinkosten *nach sich*. Oder: Jede Mark Herstellkosten 1 bedingt rd. 0,07 DM Forschungs- und Entwicklungsgemeinkosten, usw.

Damit wird die geforderte *proportionale* Abhängigkeit der Gemeinkosten von der gewählten Bezugsbasis deutlich.[17]

5.4.6. Durchführung einer Wirtschaftlichkeitskontrolle

B

Manfred Kolb, unser Leiter der Finanzabteilung und zuständig für das Rechnungswesen der Speedy GmbH, ist mit dem bisherigen Aufbau des Kostenrechnungssystems sehr zufrieden. Bevor er jedoch die Kostenträgerrechnung angeht, um die ersten Kalkulationen durchführen und das Betriebsergebnis ermitteln zu können, möchte er Aussagen zur Wirtschaftlichkeit haben. Wohlwissend, daß hierzu eigentlich ein Soll-Ist-Vergleich mit Hilfe einer Plankostenrechnung notwendig, aber zum derzeitigen Zeitpunkt noch nicht erstellbar ist, möchte er zumindest eine akzeptable Ersatzlösung vorlegen. Sie besteht in einem Normal-Ist-Vergleich.

Für die bisher im BAB der Speedy GmbH ausgewiesenen Ist-Gemeinkosten auf den Hauptkostenstellen (Zeile 17 der Abb. 48 – 51) benötigt man Maßstäbe, an denen die angefallenen Istkosten einer Abrechnungsperiode gemessen werden können.

Soll-Ist-Vergleich

Solange eine Kostenkontrolle mit Hilfe eines Soll-Ist-Vergleichs noch nicht möglich ist, in dem die auf eine Istbeschäftigung umgerechneten Plankosten (= Sollkosten) den Istkosten gegenübergestellt werden und damit eine Plankostenrechnung zusätzlich notwendig wird, kann man sich auch mit einer einfacheren Lösung vorläufig behelfen.

Die Maßstäbe werden aus *Durchschnittszahlen* vergangener Abrechnungszeiträume gebildet. Dazu könnten alle Kosten, d.h. sowohl die Einzel- wie die Gemeinkosten, herangezogen werden. I.d.R. konzentriert man sich jedoch auf die problematische Kostenartenkategorie der Gemeinkosten. Es werden im BAB den Ist-Gemeinkosten (Ist-Endstellenkosten) die Gemeinkosten gegenübergestellt, die normalerweise, d.h. im Durchschnitt, hätten anfallen müssen. Diese Durchschnittsbildung oder *Normalisierung* hat zwar den Nachteil, daß sie auf Istwerten basiert, in denen Unwirt-

Normalisierung

17 Kritiker einer Vollkostenrechnung bemängeln hier zu recht die wie proportionale Kosten behandelten Fixkosten.

schaftlichkeiten enthalten sind. Doch zumindest sind – zudem relativ schnell – Beurteilungsmaßstäbe für die anfallenden Istkosten einer laufenden Abrechnungsperiode zu ermitteln. Bei der Analyse feststellbarer Differenzen muß man sich über diese Einschränkung – im Vergleich zu dem besseren Maßstab der Sollkosten – im klaren sein.

Über-/Unterdeckungen

Durch den Vergleich der Normal-Gemeinkosten mit den Istgemeinkosten sind Differenzen feststellbar, die man *Über- und Unterdeckungen* nennt. Der Begriff Abweichungen ist in diesem Zusammenhang allgemein nicht üblich, da er den ermittelbaren Differenzen in einem Soll-Ist-Vergleich vorbehalten bleiben soll.[18]

Mathematisch bleiben die Zusammenhänge wie bei der Ist-Zuschlagssatzbildung erhalten:

$$\text{Normal-Zuschlagssatz} = \frac{\text{Normal-Gemeinkosten}}{\text{Basis}} \cdot 100$$

Die Normal-Gemeinkosten stellen die durchschnittlichen Ist-Endstellenkosten mehrerer Abrechnungsperioden dar. Werden Einzelkosten als Basis herangezogen, unterscheidet diese sich nicht von der in der reinen Istrechnung. Stellen Herstellkosten die Basis dar, ist zu beachten, daß in den Herstellkosten Gemeinkosten enthalten sind, die zu normalisieren sind. Dies sei anhand des bekannten BAB der Speedy GmbH aufgezeigt:

18 Hier sind Preis- und Verbrauchsabweichungen und – je nach Plankostenrechnungssystem – auch ggfs. Beschäftigungsabweichungen feststellbar. Die Verbrauchsabweichungen der Kostenstellen wiederum können in Spezialabweichungen aufgelöst werden.

Betriebsabrechnungsbogen für Monat …												
	Kostenstellen →	Allgemeine Kostenstellen und Fertigungshilfsstelle					Hauptkostenstellen					
Nr.	↓ Kostenarten	gesamt (DM)	A_1	A_2	A_3	A_4	H_5	H_6	H_7	H_8	H_9	H_{10}
1	(Fertigungs-material und -lohn	(330 000)					(230 000)	(40 000)	(60 000)			
	Stelleneinzelkosten:											
2	Hilfslöhne	39 000	3 000	5 000	2 000	4 000	3 000	9 000	10 000	700	1 300	1 000
3	Gehälter	75 000					8 000	3 000	4 000	20 000	30 000	10 000
4	kalkulatorische Abschreibungen	27 000	500	3 000	1 500	200	1 000	10 000	7 000	1 000	1 500	1 300
5	Gemeinkosten-material	6 000	100	400	900		200	1 200	1 100	500	1 000	600
	Stellengemeinkosten:											
6	Sozialkosten	152 980	2 460	4 100	1 640	3 280	6 620	41 740	59 480	10 974	16 666	6 020
7	kalkulatorische Zinsen	6 000	100	400	200	50	1 000	900	1 050	600	500	1 200
8	Versicherungen	2 000	40	100	70	10	500	300	500	200	50	230
9	Grundsteuer	1 000	50	60	40	20	120	260	240	100	60	50
10	Fremdreinigung	800	40	48	32	16	96	208	192	80	48	40
11	Wagniskosten	400		50			100	40	60	150		
12	Σ Primäre Stellenkosten (PSK)	310 180	6 290	13 158	6 382	7 576	20 636	66 648	83 622	34 304	51 124	20 440

Innerbetriebliche Leistungsverrechnung *(Simultanes Gleichungsverfahren)*:												
13	Umlage A_1		– 7 748	388	1 162		387	3 099	2 324		388	
14	Umlage A_2		711	–14 219	1 422		2 133	5 687	2 844		1 422	
15	Umlage A_3		747	673	– 8 966	75		3 735	2 988	374	224	150
16	Umlage A_4					– 7 651		7 651				
17	Σ Ist-Endstellen-kosten (ESK)	310 180	0	0	0	0	23 156	86 820	91 778	34 678	53 158	20 590
18	Zuschlagsbasis						*Material einzel kosten*	*Ferti-gungs-lohn*	*Ferti-gungs-lohn*	*Herstell-kosten I**	*Herstell-kosten 2**	*Herstell-kosten 2**
19	Ist-Zuschlagssatz						*10,1%*	*217,1 %*	*153,0 %*	*6,5 %*	*9,4 %*	*3,6 %*
20	Normal-Zuschlags-Satz (= ø Ist–Zuschlagssätze)						*10 %*	*195 %*	*160 %*	*7 %*	*9 %*	*4%*
21	Normal-Endstellen-kosten (= Normal-Zuschlagssatz • Basis)	*307 196*					*23 000*	*78 000*	*96 000*	*36 890*	*50 750*	*22 556*
22	Überdeckung (+)/ Unterdeckung (–) (Normal-ESK ./. Ist-ESK)	*– 2 984*					*– 156*	*– 8 820*	*+ 4 222*	*+ 2 212*	*– 2 408*	*+ 1 966*

SCHÄFFER POESCHEL

*	Materialeinzelkosten	230 000 DM	
+	Normal-Materialgemeinkosten	23 000 DM	
+	Fertigungseinzelkosten I	40 000 DM	
+	Normal-Fertigungsgemeinkosten I	78 000 DM	
+	Fertigungseinzelkosten II	60 000 DM	
+	Normal-Fertigungsgemeinkosten II	96 000 DM	
=	*Normal*-Herstellkosten 1	*527 000 DM*	(Ist-Herstellkosten 1: 531 754 DM)
+	Normal-Forschungs- und Entwicklungsgemeinkosten	36 890 DM	
=	*Normal*-Herstellkosten 2	*563 890 DM*	(Ist-Herstellkosten 1: 566 432 DM)

Abb. 52: *Kostenkontrolle im BAB*

Mit dieser Auswertung im BAB ist man nun in der Lage, differenziert nach Kostenstellen Über- und Unterdeckungen festzustellen, und kann in weiteren Gesprächen mit den Verantwortlichen den Ursachen nachgehen.

kostenstellenweise Kostenkontrolle

Würde diese Auswertung im BAB nicht vorgenommen werden, hätte Manfred Kolb nur die Information aus der Kalkulation, daß eine Gesamtabweichung von – 2 984 DM vorliegt. Diese Gesamtabweichung ist in der Kalkulation durch die Gegenüberstellung von den gesamten *verrechneten* Normal-Selbstkosten (= 637 196 DM) und den gesamten Ist-Selbstkosten (= 640 180 DM) feststellbar.[19] Der Vorteil einer mit Normalzuschlagssätzen arbeitenden Kosten- und Leistungsrechnung liegt insbesondere darin, daß man schon *während* des aktuellen Abrechnungszeitraums Kalkulationen und Verrechnungen auf die Kostenträger durchführen kann. Diese auf Basis von Normal-Gemeinkosten durchgeführten Verrechnungen unterscheiden sich naturgemäß gegenüber einer Istsituation. Ohne Kostenkontrolle in der Kostenstellenrechnung erhält man als Information den Gesamtunterschied (- 2 984 DM) nur als *Nettowert*. Bezogen auf das zugrunde gelegte Gesamtkostenvolumen stellt dies gerade Mal knapp ein halbes Prozent der Normal-Selbstkosten dar und erscheint somit unbedeutend. Löst man diese Gesamtdifferenz allerdings in die Über- und Unterdeckungen der einzelnen Kostenstellen auf, ergibt sich ein anderes Bild. Die Unterdeckung auf der Fertigungshauptkostenstelle H_6 (– 8 820 DM) beträgt immerhin rd. 11 %, bezogen auf das Normal-Gemeinkostenvolumen dieser Kostenstelle. In der Verwaltungskostenstelle sind es auch rd. 5 %, wobei hier allerdings auch Basiseffekte (Normal- und Ist-Herstellkosten[20]) hinein spielen.

Durch diese kostenstellenweise Kostenkontrolle kann man Transparenz in die Kostenstrukturen bringen. Diese Möglichkeit sollten auch solche Unternehmen nutzen, die sich mit *vereinfachten* Kalkulationsverfahren die Kostenstellenrechnung ersparen könnten (z.B. bei Einproduktfertigung, Sortenfertigung).

19

	Normal	Ist
Herstellkosten 2	563 890	566 432
Verwaltungskosten	50 750	53 158
Vertriebskosten	22 556	20 590
Selbstkosten	637 196	640 180

20 Eine Unter- oder Überdeckung entsteht auch dann, wenn der Ist- und Normalzuschlagssatz im Verwaltungs- und Vertriebsbereich gleich hoch sind, da sich die Zuschlagssätze auf unterschiedliche Basen (Ist- und Normalherstellkosten) beziehen.

6. Kostenträgerrechnung

Nachdem Manfred Kolb, der Leiter Finanzen und zuständig für das Rechnungswesen bei der Speedy GmbH, für den Aufbau der Vollkostenrechnung sowohl die Kostenarten- als auch die Kostenstellenrechnung eingeführt hat, und damit für diese Teilbereiche die Kosten erfaßbar und verrechenbar sind, hat er nun, eine Kostenträgerrechnung darzustellen. Damit können in dieser dritten und letzten Stufe der Kosten- und Leistungsrechnung die Kosten den Kostenträgern zugerechnet und ein Betriebsergebnis ermittelt werden.

6.1. Aufgaben und Überblick

Aufgaben

Im einzelnen erfüllt die Kostenträgerrechnung mehrere Aufgaben.

Sie bestehen darin, die *Herstell- und Selbstkosten* zu ermitteln für

Ermittlung von Preisuntergrenzen

- die Bereitstellung von Kosteninformationen für Entscheidungsrechnungen wie die Ermittlung der langfristigen oder kurzfristigen *Preisuntergrenzen*. Durch die Kenntnis der Herstell- und Selbstkosten auf Basis von Voll- oder Teilkosten kann z.B. beurteilt werden,
  - ob mit den Marktpreisen Vollkostendeckung erzielt werden kann
  - ob sich die Annahme eines bestimmten Auftrages lohnt
  - bis zu welchen Kosten die Eigenfertigung günstiger ist als die Fremdfertigung
  - ob das derzeitige Fertigungsprogramm gewinnmaximal oder kostenoptimal ausgelegt ist
  - usw.

  Auch dient die Kostenträgerrechnung der Ermittlung der Selbstkostenpreise bei öffentlichen Aufträgen, falls keine Marktpreise existieren.

Bestandsbewertung

- die *Bewertung der Bestände von Halb- und Fertigfabrikaten.* Diese Kosteninformationen können dann dem externen Rechnungswesen für die Ermittlung der Herstell*ungs*kosten zur Verfügung gestellt werden.

Bewertung von Eigenleistungen

- die Bewertung von *innerbetrieblichen Leistungen*, die zu aktivieren sind oder zwischengelagert werden müssen.

interne Verrechnungspreisermittlung

- die Festlegung von *internen Verrechnungspreisen* zur dezentralen Lenkung von Unternehmensbereichen, Werken oder Abteilungen.

kurzfristige Erfolgrechnung

- die Erstellung einer kurzfristigen Erfolgsrechnung.

Die Kostenträgerrechnung zeigt auf, *wofür* (für welche Leistungs- oder Produktarten) die Kosten eines Unternehmens angefallen sind.

Als Kostenträger kommen in Frage:

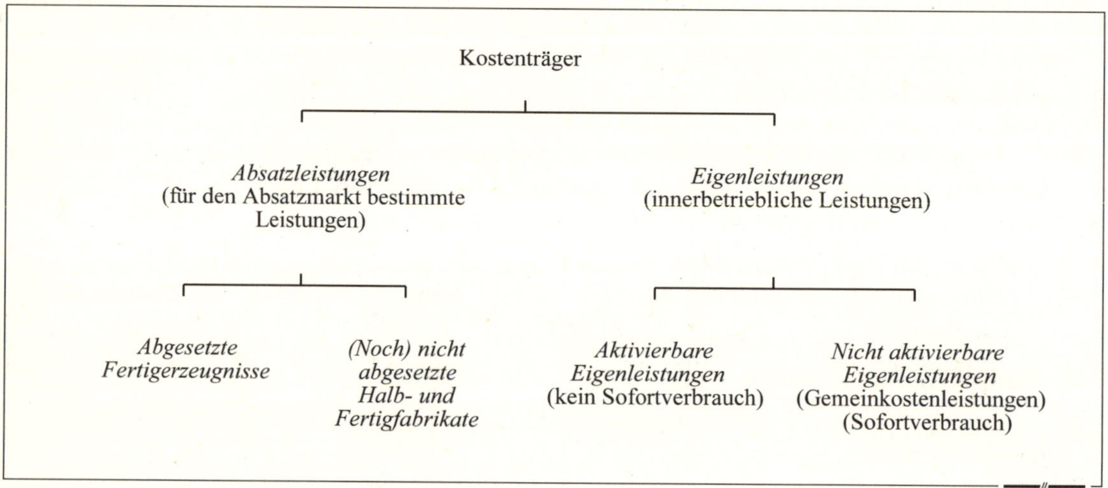

Abb. 53: *Arten von Kostenträgern*

Ein Kostenträger stellt die betriebliche Leistung dar, die die verursachten Kosten tragen muß. Als Kostenträger gelten sowohl die für den Absatz bestimmten Leistungen als auch die innerbetrieblichen Leistungen. *Absatzleistungen* können wiederum einerseits aufgrund eines konkreten Kundenauftrages, andererseits auch für den anonymen Markt erstellt werden. Erfolgt die Fertigung in mehreren Produktionsstufen, entstehen i.d.R. Zwischenerzeugnisse, die ebenfalls Kostenträger darstellen. Bei den *Eigenleistungen* ist – wie im Rahmen der Kostenstellenrechnung bereits besprochen – zu unterscheiden, ob es sich um einen zu aktivierenden Anlage- oder um einen nicht aktivierbaren Gemeinkostenauftrag handelt.

Absatzleistungen

Eigenleistungen

Zwei Erscheinungsformen der Kostenträgerrechnung haben sich herausgebildet:

Erscheinungsformen

- die Kostenträger*stück*rechnung
- die Kostenträger*zeit*rechnung

Kostenträgerstückrechnung

Die Kostenträger*stück*rechnung ermittelt die Herstell- und Selbstkosten pro Leistungseinheit. Sie ist die Kalkulation. Legt man der Kalkulation die während einer Abrechnungsperiode bereits angefallenen Istkosten zugrunde, handelt es sich um eine *Nach*kalkulation. Arbeitet man mit vorausberechneten Einzel- und Gemeinkosten, handelt sich um eine *Vor*kalkulation. Berücksichtigt man sämtliche Kosten, handelt es sich um eine *Vollkostenkalkulation*, fließen hingegen die entscheidungsrelevanten Kosten (i.d.R. die variablen Kosten) ein, wird eine *Teilkostenkalkulation* durchgeführt.

Kostenträgerzeitrechnung

Die Kostenträger*zeit*rechnung ist eine Periodenrechnung, in der die in der Abrechnungsperiode insgesamt angefallenen Kosten den Leistungen gegenübergestellt werden. Der sich errechnende Erfolg kann mittels des Gesamtkosten- oder des Umsatzkostenverfahrens durchgeführt werden. Da die Kostenträgerzeitrechnung auch unterjährig, wenn möglich monatlich erstellt wird, spricht man auch von der kurzfristigen Erfolgrechnung.

6.2. Kalkulationsverfahren

6.2.1. Systematik

Die Anwendung der verschiedenen Kalkulationsverfahren sind in Abhängigkeit existierender Fertigungstypen zu sehen.

Fertigungstypen

Eine Unterscheidung der verschiedenen Fertigungstypen unter den Gesichtspunkten *Häufigkeit eines Vorgangs* und *Übereinstimmung der gefertigten Produkte untereinander* führen zur Einteilung[1] in

- *Einzelfertigung*
- *Serienfertigung*
- *Sortenfertigung*
- *Massenfertigung.*

1 Vgl. Wildemann, H./Schmidt, K.-J., 1990, S. 373.

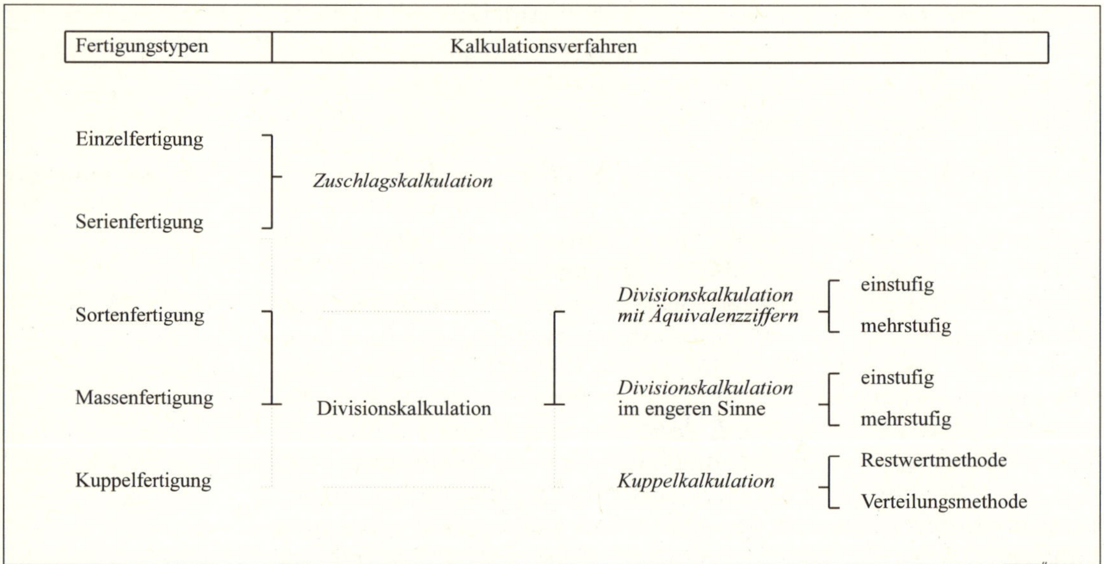

Abb. 54: *Fertigungs- und Kalkulationsverfahren*

Einzelfertigung

Kennzeichnend für die *Einzelfertigung* ist die unmittelbare kunden- oder auftragsbezogene Abwicklung mit einem hohen Planungsanteil. Ein Unternehmen mit Einzelfertigung stellt somit verschiedene Produkte in meist unterschiedlichen Arbeitsabläufen her. Unter Kalkulationsaspekten macht dieser Fertigungstyp eine *differenzierte* Zurechnung der Kosten auf die einzelnen Leistungen erforderlich, will man das Verursachungsprinzip einhalten. Deshalb wurde hierfür die *(differenzierte) Zuschlagskalkulation* entwickelt.

Serienfertigung

Bei *Serienfertigung* wird von einer einheitlichen Produktart eine begrenzte Anzahl neben- oder hintereinander gefertigt (z.B. Automobile). Allerdings besteht zwischen den Produkten der verschiedenen Serien keine oder nur geringe Übereinstimmung. Je nach Auflagenhöhe unterscheidet man in *Groß- und Kleinserienferigung*. Die Abgrenzung der Großserien- von der Massenfertigung einerseits und der Kleinserien- von der Sortenfertigung andererseits ist allerdings fließend. I.d.R. wird bei der Serienfertigung für eine verursachungsgerechte Zurechnung der Kosten die *Zuschlagskalkulation* notwendig werden. Je nach Übergang zur Massen- oder Sortenfertigung wird im Einzelfall auch eine *Divisionskalkulation* Anwendung finden können.

Sortenfertigung

Sortenfertigung zeichnet sich dadurch aus, daß zwar verschiedene, aber ähnliche Produkte gefertigt werden (z.B. Bier-, Schrauben-, Blechsorten). Die innerhalb einer Sorte homogenen Sortenprodukte weisen nur geringfügige Unterschiede hinsichtlich ihrer Abmessungen, Gestalt, Qualität oder ihres Formats auf. Für die Kalkulation kann in diesem Fall auf *vereinfachte* Kalkulationsverfahren zurückgegriffen werden. Mit Hilfe der *Äquivalenzziffernkalkulation* als eine Ausprägung der Divisionskalkulation wird dem Verursachungsprinzip in einem akzeptablen Maße Rechnung getragen.

Massenfertigung

Bei der Herstellung i.d.R. *eines* Produktes in großen Mengen spricht man von *Massenfertigung*. Sie ist von einer hohen Produkthomogenität gekennzeichnet. Dieser Fertigungstyp erlaubt eine vereinfachte Kalkulation des Produktes. Durch die einfache *Division* der Kosten durch ein Mengengerüst sind die Stückkosten ermittelbar.

Kuppelproduktion

Liegt eine Verbundproduktion vor, bei der verschiedene Produktarten gleichzeitig und zwangsläufig in einem Produktionsprozeß entstehen, spricht man von einer *Kuppelproduktion* (z.B. Raffinerie, Kokerei). Hier sind die Kosten den Produkten nicht mehr nach dem Verursachungsprinzip zurechenbar, so daß Hilfsverfahren entwickelt wurden (*Restwert- und Verteilungsmethode*), denen das Kostentragfähigkeits- oder Durchschnittsprinzip zugrundeliegt.

6.2.2. Zuschlagskalkulation

Voraussetzungen

Für Unternehmen mit Einzel- (Auftrags-) oder Serienfertigung (z.B. die Speedy GmbH) können die Kosten mittels Durchschnittsrechnungen nicht in befriedigender Weise verursachungsgerecht auf die Erzeugnisse verteilt werden. I.d.R. finden mehrstufige Produktionsabläufe bei heterogener Kostenverursachung und laufenden Bestandsveränderungen von Halb- und Fertigfabrikaten statt. In solchen Fällen bedient man sich der Zuschlagskalkulation. Die Zuschlagskalkulation basiert ihrem Wesen nach auf der Trennung der Gesamtkosten in die Einzelkosten und die Gemeinkosten pro Leistungseinheit.

Grundsätzlich können zwei Varianten der Zuschlagskalkulation unterschieden werden:

- *Summarische Zuschlagskalkulation*
- *Differenzierte oder elektive Zuschlagskalkulation.*

6.2.2.1. Summarische Zuschlagskalkulation

Vorgehensweise

Die *summarische* Zuschlagskalkulation stellt ein sehr grobes Kalkulationsverfahren dar, da sie den ganzen Betrieb als eine einzige Kostenstelle auffaßt. Die gesamten Gemeinkosten werden mit *ei-*

nem Zuschlagssatz auf die Kostenträger verrechnet. Verteilbasis können die Material- und/oder Fertigungseinzelkosten darstellen:

B

Die bisher der Speedy GmbH zugrunde liegenden Daten ergaben:

Materialeinzelkosten	230 000 DM
Fertigungseinzelkosten	100 000 DM
gesamte Gemeinkosten	310 180 DM.

Bezogen auf die Materialeinzelkosten (die Fertigungseinzelkosten oder die gesamten Einzelkosten) ergibt sich ein Zuschlagssatz von 134,86 % (310,18 % bzw. 94,0 %).

Betragen die

Stückmaterialeinzelkosten Erzeugnis 1: 630,00 DM / Erzeugnis 2: 250,00 DM
Stückfertigungseinzelkosten Erzeugnis 1: 500,00 DM / Erzeugnis 2: 74,85 DM

bei produzierten (= abgesetzten) Mengen von

Erzeugnis 1: 100 Stück / Erzeugnis 2: 668 Stück,

können mit der summarischen Zuschlagskalkulation folgende Kalkulationsergebnisse ermittelt werden:

Kalkulations-positionen – in DM –	Kalkulationsvariante I (Zuschlagsbasis: Materialeinzelkosten)		Kalkulationsvariante II: (Zuschlagsbasis: Fertigungseinzelkosten)		Kalkulationsvariante III: (Zuschlagsbasis: Material- und Fertigungseinzelkosten)	
	Erzeugnis 1	Erzeugnis 2	Erzeugnis 1	Erzeugnis 2	Erzeugnis 1	Erzeugnis 2
Stück-material-einzelkosten	630,00	250,00	630,00	250,00	630,00	250,00
Stück-fertigungs-einzelkosten	500,00	74,85	500,00	74,85	500,00	74,85
Gemein-kosten pro Erzeugnis	*849,62*	*337,15*	*1550,90*	*232,17*	*1062,20*	*305,33*
Stückkosten	*1979,62*	*662,00*	*2680,90*	*557,02*	*2192,20*	*630,18*

– in DM –	Verteilung* der Gesamtkosten i.H.v. 640 180 (davon Gemeinkosten i.H.v. 310 180)					
	197 962 = rd. 31%	442 216 = rd. 69 %	268 090 = rd. 42 %	372 089 = rd. 58 %	219 220 = rd. 34 %	420 960 = rd. 66 %
	(84 962) = rd. 27 %	(225 216) = rd. 73 %	(155 090) = 50 %	(155 090) = 50 %	(106 220) = rd. 34 %	(203 960) = rd. 66 %

* Abweichungen zur Gesamtsumme (Kalkulationsvariante I + II) sind rundungsbedingt

Würdigung

Das Beispiel verdeutlicht,

- daß es bei der summarischen Zuschlagskalkulation keiner Kostenstellenrechnung bedarf, da die *gesamten* primären, nicht nach Material-, Fertigungsgemeinkosten usw. differenzierten Gemeinkosten über *einen* Zuschlagssatz auf die Kostenträger verteilt werden.
- Dadurch wird unterstellt, daß *alle* Erzeugnisse im *gleichen relativen Maße* alle Gemeinkosten verursachen, was kaum realistisch sein dürfte.
- Die drei Kalkulationsvarianten zeigen, welche Auswirkungen sich durch die summarische Vorgehensweise auf die Kostenstruktur ergeben: Das lohnintensivere Erzeugnis 1 muß bei Zugrundelegung der Fertigungseinzelkosten-Basis 50 % der gesamten Gemeinkosten tragen gegenüber 27 %, die sich bei den Materialeinzelkosten als Zuschlagsbasis ergeben. Ein entsprechend gegenläufiger Effekt stellt sich bei Erzeugnis 2 dar. Die Stückkosten weichen – je nach Variante – bei Erzeugnis 1 maximal bis rd. 700 DM ab.
- Wegen des Verzichts auf eine nach Kostenstellen differenzierte Gemeinkostenzurechnung ist sie als grob und ungenau einzustufen. Die summarische Zuschlagskalkulation dürfte nur in einfach strukturierten Kleinbetrieben – auch wegen der einfachen Abrechnung – ihre Berechtigung haben.

6.2.2.2. Differenzierte Zuschlagskalkulation

Da bei der Speedy GmbH eine derartige einfache Struktur nicht realisiert ist, muß für eine verursachungsgerechte Kalkulation der Kosten die differenzierte Zuschlagskalkulation angewendet werden.

Es wird zunächst

1. der *Aufbau* bei Fortführung des bekannten Beispiels aus der Kostenstellenrechnung erläutert,
2. dann eine Rechnungs*variante* dargestellt und
3. anschließend die *Normalkostenkalkulation* gewürdigt.

Nach diesen Erläuterungen können

4. die Unterschiede zwischen *Herstell- und Herstellungskosten* aufgezeigt werden.

Es schließt sich die Vorstellung eines Verfahrens an, mit dem es gelingt, insbesondere in anlagenintensiven Betrieben

5. eine *differenzierte Bezugsgrößenkalkulation* vorzunehmen.

Zudem soll

6. eine Integration einer *Maschinenstundensatzrechnung* in die Kalkulation dargestellt werden.

(1) Aufbau der differenzierten Zuschlagskalkulation:

Vorgehensweise

Kostenträger können Kostenstellen in unterschiedlichem Maß beanspruchen, sei es, daß sie nur vereinzelte Kostenstellen durchlaufen, sei es, daß Dauer und Intensität der Bearbeitung je Leistungseinheit in den einzelnen Kostenstellen unterschiedlich ausfallen. Im Sinne des Verursachungsprinzips dürfen Leistungen nur mit Gemeinkosten derjenigen Kostenstellen belastet werden, die sie auch beansprucht haben. Um nun eine genauere und damit verursachungsgerechtere Zurechnung der Gemeinkosten auf die Kostenträger zu erreichen, werden die Gemeinkosten nicht summarisch, sondern differenziert nach Kostenbereichen oder nach Kostenstellen oder gar nach Kostenplätzen als Zuschlag auf unterschiedliche Bezugsgrößen verrechnet. Somit müssen – wie bereits im Rahmen der Kostenstellenrechnung im Teil III des BAB dargestellt – *kostenstellenbezogene* Gemeinkostenzuschläge ermittelt werden. Ein höherer Genauigkeitsgrad der Zuschlagskalkulation kann dadurch erreicht werden, daß man die einzelnen Funktionsbereiche, insbesondere den Fertigungsbereich, möglichst tief in Kostenstellen untergliedert. Dies kann bis zu einer Untergliederung der Kostenstellen auf Maschinenebene geschehen. Abgesehen von wirtschaftlichen Überlegungen, ob der dahinterstehende Aufwand die zusätzlich gewonnenen Informationen rechtfertigt, hat der Feinheitsgrad dort seine Grenzen, wo Teile der Gemeinkosten wiederum der einzelnen Kostenstelle (Kostenplatz) *zugeschlüsselt* werden müssen, weil eine direkte Zurechnung nicht mehr möglich ist.

Kalkulationsschema

Das in Abb. 55 dargestellt Kalkulationsschema erfüllt die Mindestanforderungen, die an die differenzierte Zuschlagsskalkulation gestellt werden. Es unterscheidet in die Kosten der einzelnen betrieblichen Funktionsbereiche. Doch ist es jederzeit auf die betrieblichen Verhältnisse anpaßbar. Je nach Kostenstellenbildung kann es insbesondere bei den Fertigungskosten verfeinert werden.

Kalkulationspositionen

Bei den *Materialeinzelkosten* handelt es sich um den den Kostenträgern direkt zugerechneten Materialverbrauch (Rohstoffkosten incl. Fremdmaterial).

Die *Materialgemeinkosten* stellen die Endstellenkosten der Hauptkostenstelle(n) des Materialbereichs dar.

<table>
<tr><td>Materialeinzelkosten</td><td rowspan="2">Materialkosten</td><td rowspan="5">Herstellkosten</td><td rowspan="8">Selbstkosten</td></tr>
<tr><td>Materialgemeinkosten</td></tr>
<tr><td>Fertigungseinzelkosten</td><td rowspan="3">Fertigungskosten</td></tr>
<tr><td>Fertigungsgemein-
kosten</td></tr>
<tr><td>Sondereinzelkosten
der Fertigung</td></tr>
<tr><td>Verwaltungskosten</td><td></td><td></td></tr>
<tr><td colspan="3">Vertriebsgemeinkosten</td></tr>
<tr><td colspan="3">Sondereinzelkosten des Vertriebs</td></tr>
</table>

Abb. 55: *Grundschema der differenzierten Zuschlagskalkulation*

Die *Fertigungseinzelkosten* sind die den Kostenträgern direkt zurechenbaren Personalkosten, i.d.R. die Fertigungslöhne.

Bei den *Fertigungsgemeinkosten* wiederum handelt es sich um die Endstellenkosten der Hauptkostenstellen der Fertigung.

Zu den *Sondereinzelkosten* der Fertigung gehören beispielsweise die Kosten für spezielle Modelle, Schablonen, Sonderanfertigungen. Aus Gründen der Transparenz ist es sinnvoll, dafür eine eigenständige Kalkulationsposition auszuweisen und diese Einzelkosten nicht in die Position Fertigungseinzelkosten einfließen zu lassen.

Wird eine spezielle Hauptkostenstelle im Fertigungsbereich geführt, die Fertigungsgemeinkosten »sammelt«, die von den üblichen Fertigungsgemeinkosten getrennt ausgewiesen werden sollen, wäre auch eine Kalkulationsposition *Sondergemeinkosten der Fertigung* denkbar.

Die Material- und Fertigungskosten ergeben die *Herstellkosten*.

Wird eine *Haupt*kostenstelle für *Forschungs- und Entwicklungsgemeinkosten* geführt, kann im Kalkulationsschema eine eigenständige Kalkulationsposition ausgewiesen werden. Sie werden meistens auf Basis der Herstellkosten verteilt.

Verwaltungs(gemein)kosten wiederum stellen die Endstellenkosten der Hauptkostenstelle(n) des Verwaltungsbereichs dar, *Vertriebsgemeinkosten* die Endstellenkosten der Hauptkostenstelle(n) des Vertriebsbereichs. Beide Kalkulationspositionen sind über die

Herstellkosten als Zuschlagsbasis zu verrechnen. Dabei kann die Basis Herstellkosten – wie im nachfolgenden Beispiel dargestellt – Forschungs- und Entwicklungskosten beinhalten (dann werden im Kalkulationsschema zwei Herstellkostengrößen ausgewiesen[2]), oder man bezieht die Forschungs- und Entwicklungskosten, die Verwaltungs(gemein)kosten und die Vertriebsgemeinkosten auf dieselbe Basis. Zur Ermittlung des Zuschlagssatzes für die Vertriebsgemeinkosten werden die Herstellkosten der *abgesetzten* Erzeugnisse herangezogen. Da die *Verwaltungs(gemein)kosten* nicht auf die Herstellkosten der produzierten Mengen und auf die Herstellkosten der abgesetzten Mengen aufteilbar sind, werden sie für die Zuschlagssatzermittlung aus Vereinfachungsgründen ebenfalls auf die Herstellkosten der *abgesetzten* Erzeugnisse bezogen.

Verpackungsmaterial-, Provisions-, Frachtkosten u.ä., somit die den Kostenträgern direkt zurechenbaren Kosten aus dem Vertriebsbereich, werden üblicherweise als *Sondereinzelkosten des Vertriebs* ausgewiesen.

Die Summe aus allen Kalkulationspositionen (außer den Zwischensummen) ergibt die *Selbstkosten.*

B

Bleiben wir bei den Daten, die bisher für die Speedy GmbH beispielhaft angenommen wurden:

Aus dem bisher verwendeten BAB sind die (nachstehend zur Erinnerung noch einmal aufgeführten) Ist- und Normalzuschlagssätze für die einzelnen Kostenstellen ablesbar:

	Ist:	Normal:	Basis:
Materialgemeinkosten	10,1%	10,0%	Materialeinzelkosten
Fertigungsgemeinkosten I	217,1%	195,0%	Fertigungslöhne
Fertigungsgemeinkosten II	153,0%	160,0%	Fertigungslöhne
Forschungs- und Entwicklungsgemeinkosten	6,5%	7,0%	Herstellkosten 1
Verwaltungskosten	9,4%	9,0%	Herstellkosten 2
Vertriebsgemeinkosten	3,6%	4,0%	Herstellkosten 2

Die bei der summarischen (groben) Zuschlagskalkulation bereits angegebenen Stückeinzelkosten können wir übernehmen:

	Stückmaterialeinzelkosten:	Stückfertigungslöhne:
Erzeugnis 1:	630,00 DM	500,00 DM
Erzeugnis 2:	250,00 DM	74,85 DM

2 Vgl. hierzu den BAB der Speedy GmbH.

Die Stückfertigungslöhne sollen auf die beiden Fertigungshauptstellen wie folgt aufgeteilt sein:[3]

	Fertigungsstelle I:	Fertigungsstelle II:	Gesamt:
Erzeugnis 1:	249,70 DM	250,30 DM	500,00 DM
Erzeugnis 2:	22,50 DM	52,35 DM	74,85 DM

Es ist ersichtlich, daß beide Fertigungshauptstellen Leistungen für beide Erzeugnissen erbringen.

Es bleibt aus didaktischen Gründen bei der vereinfachenden Unterstellung: Produktion = Absatz (Erzeugnis 1: 100 Stück, Erzeugnis 2: 668 Stück).

Damit läßt sich folgende Kalkulation durchführen:
– in DM –

	auf Istkostenbasis		*auf Normalkostenbasis*	
Kalkulationspositionen:	Erzeugnis 1	Erzeugnis 2	Erzeugnis 1	Erzeugnis 2
Stückmaterialeinzelkosten	630,00	250,00	630,00	250,00
Stückmaterialgemeinkosten (10,1/10,0%)	63,63	25,25	63,00	25,00
Stückfertigungslohn I	249,70	22,50	249,70	22,50
Stückfertigungsgemeinkosten I (217,1/195,0%)	542,10	48,85	486,92	43,88
Stückfertigungslohn II	250,30	52,35	250,30	52,35
Stückfertigungsgemeinkosten II (153,0/160,0%)	382,96	80,10	400,48	83,76
◊ Stückherstellkosten 1	2 118,69	479,05	2 080,40	477,49
Forschungs- und Entwicklungskosten/Stück (6,5/7,0%)	137,71	31,14	145,63	33,42
◊ Stückherstellkosten 2	2 256,40	510,19	2 226,03	510,91
Stückerwaltungs(gemein)kosten (9,4/9,0%)	212,10	47,96	200,34	45,98
Stückvertriebsgemeinkosten (3,6/4,0%)	81,23	18,37	89,04	20,44
Σ Stückselbstkosten	*2 549,73*	*576,52*	*2 515,41*	*577,33*

Mutlipliziert man die jeweiligen Stückgemeinkosten mit dem zugrunde gelegten Mengengerüst, wird erkennbar, daß sich wieder die im BAB ausgewiesenen Gemeinkosten auf den Hauptkostenstellen (= ESK) ergeben:

z.B.
Stückmaterialgemeinkosten Erz. 1: 63,63 DM • 100 Stück = 6 363 DM
Stückmaterialgemeinkosten Erz. 2: 25,25 DM • 668 Stück = 16 867 DM
23 230 DM

Die im BAB (vgl. Abb. 51 oder 52) ausgewiesenen Ist-Endstellenkosten der Kostenstelle H_5 (Materialbereich) betragen 23 156 DM. Die Differenz von 74 DM ergibt

3 Probe: Fertigungsstelle I: (100 Stück • 249,70 DM/Stück) + (668 Stück • 22,50 DM/Stück) = 40 000 DM gesamter Fertigungslohn. Fertigungsstelle II: (100 Stück • 250,30 DM/Stück) + (668 Stück • 52,35 DM/Stück) = 60 000 DM gesamter Fertigungslohn.

sich durch die Verwendung des gerundeten Materialgemeinkosten-Zuschlagssatzes (10,1% statt 10,0678%).

Mit der differenzierten Zuschlagskalkulation können die Selbstkosten nun verursachungsgerechter als mit dem oben dargestellte summarische Verfahren kalkuliert werden. Multipliziert man die Stückselbstkosten mit den zugrundeliegenden produzierten = abgesetzten Stückzahlen aus, wird ersichtlich, daß das Erzeugnis 1 rd. 40 % (254 973 DM), Erzeugnis 2 rd. 60 % (385 115 DM) der gesamten angefallenen Kosten trägt.[4]

Vergleicht man die Iststückkosten der summarischen mit der differenzierten Zuschlagskalkulation, wird erkennbar, daß das Ergebnis der nicht verursachungsgerechten, summarischen Vorgehensweise bei Erzeugnis 1 bis zu 22 % (Stückselbstkosten: 1 979,62 DM gegenüber 2 549,79 DM), bei Erzeugnis 2 bis zu 15 % (662,00 DM gegenüber 576,52 DM) abweicht.

(2) Rechnungsvariante:

Werden die Verwaltungs- und Vertriebsgemeinkosten und die Forschungs- und Entwicklunggemeinkosten auf *dieselbe* Herstellkostenbasis bezogen, ergeben sich zwar veränderte, wegen der nun kleineren Basis erhöhte *Zuschlagssätze*[5]

	Ist / Normal
Verwaltungskostenzuschlagssatz	rd. 10,0 % / rd. 9,6 %
Vertriebsgemeinkostenzuschlagssatz	rd. 3,9 % / rd. 4,3 %

doch die Stückselbstkosten sind gleich hoch:
– in DM –

Kalkulationspositionen:	*auf Istkostenbasis*		*auf Normalkostenbasis*	
	Erzeugnis 1	Erzeugnis 2	Erzeugnis 1	Erzeugnis 2
:	:	:	:	:
Stückherstellkosten	2 118,69	479,05	2 080,40	477,49
Forschungs- und Entwicklungskosten/Stück (6,5/7,0%)	137,71	31,14	145,63	33,42
Stückerwaltungs(gemein)kosten (10,0/9,6%)	211,87	47,91	199,72	45,84
Stückvertriebsgemeinkosten (3,9/4,3%)	81,99	18,68	89,46	20,53
Σ Stückselbstkosten	*2 550,26*	*576,78*	*2 515,21*	*577,28*

4 Die feststellbare Abweichung von 92,00 DM (Istkostenbasis) beim Vergleich mit der Gesamtsumme (640 180 DM) ist rundungsbedingt, da die Zuschlagssätze nur mit einer Stelle nach dem Komma berücksichtigt wurden.

5 Gemäß Abb. 52 betragen die Ist-Herstellkosten 1 (Normal-Herstellkosten 1) 531 754 DM (527 000 DM).
Ist-(Normal-)Zuschlagssatz Verwaltungskosten:
53 158 (50 750) : 5 317,54 (5 270) = 9,997 % (9,63 %)
Ist-(Normal-)Zuschlagssatz Vertriebsgemeinkosten:
20 590 (22 556) : 5 317,54(5 270) = 3,87 % (4,28 %).

Durch die niedrigere Basis erfolgt mathematisch eine Anpassung der Zuschlagssätze. Leichte Abweichungen in den Kalkulationspositionen sind hier nur rundungsbedingt.

(3) Kalkulation auf Normalkostenbasis:

Normalkostenrechnung

In dem vorstehenden Beispiel wurde neben einer Kalkulation auf Istkostenbasis auch eine auf Normalkostenbasis dargestellt. Ein BAB auf Istkostenbasis kann die Daten erst zeitversetzt bereitstellen. Die tatsächlichen Kosten stehen erst fest, wenn die Abrechnungsperiode bereits abgelaufen ist. Oftmals müssen aber während des Abrechnungszeitraums (z.B. Angebots)Kalkulationen durchgeführt und Abrechnungen auf Kostenträger vorgenommen werden. Dies ist machbar, wenn z.B. auf durchschnittliche Kosten zurückliegender Perioden zurückgegriffen wird. Aus den Durchschnittszahlen früherer Abrechnungszeiträume können *Normalzuschlagssätze* gebildet, und für die Kalkulationen während der laufenden Abrechnungsperiode verwendet werden. Diese über einen bestimmten Zeitraum beibehaltenen Zuschlagssätze, sollten allerdings spätestens nach einem Jahr aktualisiert werden. Die mittels dieser Normalzuschlagssätze auf die Kostenträger verrechneten Kosten sind die *Normalgemeinkosten.* Die Einzelkosten bleiben üblicherweise Istwerte, da auf sie i.d.R. jederzeit zugegriffen werden kann.

Vorteile der Normalkostenrechnung

Die Vorteile dieser Normalkostenrechnung liegen eindeutig in der Vereinfachung der Kalkulation und in der damit verbundenen Zeitersparnis. Die laufende Abrechnungsperiode muß nicht erst abgeschlossen und die Ist-Zuschlagssätze nicht ermittelt werden. Zudem unterliegen die Istwerte entsprechenden Schwankungen, die durch eine Normalkostenkalkulation ausgeglichen werden können.

(4) Unterschied Herstell-/Herstellungskosten:

Eine Aufgabe der *Kostenträgerrechnung* ist die Ermittlung des Wertansatzes für die Bewertung der Bestände. Das sind die *Herstellkosten.* Sie werden dem externen Rechnungswesen für die Bilanzierung der Vermögensgegenstände zur Verfügung gestellt. Doch können diese Zahlen nicht ohne weiteres übernommen werden, da das Handels- und Steuerrecht bestimmte Vorschriften für die *Herstellungskosten* beinhaltet.

Bestandteile der Herstellungskosten	Handelsbilanz[6]	Steuerbilanz[7]
– Materialeinzelkosten	Pflicht	Pflicht
– Fertigungseinzelkosten	Pflicht	Pflicht
– Sondereinzelkosten der Fertigung	Pflicht	Pflicht
– Materialgemeinkosten	Wahlrecht	Pflicht
– Fertigungsgemeinkosten	Wahlrecht	Pflicht
– Abschreibungen des Anlagevermögens, soweit sie durch die Fertigung veranlaßt sind	Wahlrecht	Pflicht
– Kosten der Allgemeinen Verwaltung	Wahlrecht	Wahlrecht
– Aufwendungen für soziale Einrichtungen des Betriebes	Wahlrecht	Wahlrecht
– Aufwendungen für freiwillige soziale Leistungen	Wahlrecht	Wahlrecht
– Aufwendungen für die betriebliche Altersversorgung	Wahlrecht	Wahlrecht
– Zinsen für Fremdkapital, wenn das Fremdkapital zur Finanzierung der Herstellung verwendet wird und sie auf den Herstellungszeitraum entfallen	Wahlrecht	Wahlrecht

Abb. 56: *Handels- und steuerrechtliche Bestandteile der Herstellungskosten*

SCHÄFFER POESCHEL

Unter-/Obergrenze

Dadurch, daß der Gesetzgeber Pflicht- und Wahlbestandteile beim Ansatz von Herstellungskosten zuläßt, ist jeweils eine handels- und steuerrechtliche Untergrenze und Obergrenze möglich. Zwischen Unter- und Obergrenze ist jeder Wertansatz zulässig.

Unterschiede

Deshalb und vor dem Hintergrund, daß die Kosten- und Leistungsrechnung eine kalkulatorische, die Finanzbuchhaltung hingegen eine pagatorische Rechnung ist, können Herstell- und Herstellungskosten nicht identisch sein. Für bilanzbuchhalterische Zwecke sind die Herstellkosten deshalb umzuwerten. Folgende Unterschiede können z.B. vorliegen:

- Enthalten die Herstellkosten Zusatzkosten wie kalkulatorischer Unternehmerlohn oder kalkulatorische Eigenkapitalzinsen, so sind diese wegen des pagatorischen Charakters der Herstellungskosten herauszurechnen.
- Liegen den in den Herstellkosten enthaltenen bewerteten Güterverbräuchen Wiederbeschaffungswerte zugrunde (was i.d.R. der Fall ist), so ist das Anschaffungswertprinzip für die Herstellungskosten zu beachten.
- Kosten und Aufwand können sich auch deshalb nicht decken, weil für die kalkulatorischen Abschreibungen zudem andere

6 § 255 HGB.

7 Abschnitt 33 EStR.

Nutzungsdauern oder andere Abschreibungsverfahren zugrundegelegt werden.

- Sollen anteilige Verwaltungskosten in den Herstellungskosten enthalten sein, müßten sie noch aufgenommen werden, da in der Kosten- und Leistungsrechnung die Verwaltungskosten nicht Bestandteil der Herstellkosten sind.
- u.a.

(5) Differenzierte Bezugsgrößenkalkulation:

In den bisherigen Ausführungen wurde für *jede* Kostenstelle jeweils *eine* Zuschlagsbasis angenommen, zu der sich die anfallenden Gemeinkosten proportional verhalten (sollen). Für eine verursachungsgerechte Gemeinkostenverrechnung kann es jedoch durchaus notwendig werden, auch innerhalb einer Kostenstelle mit mehreren Bezugsgrößen arbeiten zu müssen, um das Kostenverhalten richtig wiedergeben zu können. Gerade im *Fertigungsbereich* müssen die Fertigungslöhne nicht immer die alleinige Maßgröße darstellen.

homogene Kostenverursachung

Ausschlaggebend für die Verwendung mehrere Bezugsgrößen innerhalb einer Kostenstelle ist der Feinheitsgrad der Kostenstelleneinteilung. Wenn aus Zweckmäßigkeitsgründen oder anderen Überlegungen heraus Kriterien bei der Kostenstelleneinteilung zugrundegelegt wurden (z.B. räumliche Gesichtspunkte), die nicht zu einem homogenen Kostenverhalten führen, sondern eine heterogene Kostenverursachung bewirken, so kann *Homogenität* (das Zurückführen der Kostenverursachung auf eine Bezugsgröße) dadurch erreicht werden, indem die bestehende Kostenstelle weiter untergliedert, oder in der mit mehreren Bezugsgrößen gearbeitet wird. Stehen einer weiteren Untergliederung jedoch beispielsweise wirtschaftliche Überlegungen entgegen, können Verfahren hilfreich sein, die – ohne die bestehende Kostenerfassung zu ändern – dennoch eine differenzierte Bezugsgrößenkalkulation innerhalb einer Kostenstelle erlauben.

Aufteilung der Fertigungsgemeinkosten

Gerade im Fertigungsbereich können sich die Kostenstellen in ihrer Lohn- und Kapitalintensität unterscheiden. Lohnintensive Kostenstellen rechtfertigen die Verwendung der Bezugsgröße Fertigungslohn, kapitalintensive hingegen sollten die Gemeinkosten auf die Bezugsgröße Maschinenzeit beziehen. Ein Verfahren zur *nachträglichen Aufteilung* bereits erfaßter Fertigungsgemeinkosten (FGK) einer Fertigungskostenstelle auf die beiden Bezugsgrößen Fertigungslohn und Maschinenzeit sei kurz vorgestellt:

Ein Maß für die Anlagenintensität einer Kostenstelle ist die Höhe der kalkulatorischen Abschreibungen der Maschinen und die mit ihnen zusammenhängenden Ver- und Entsorgungseinrichtungen, Werkzeuge, Förder- und Transporteinrichtungen usw. Die Lohnintensität kommt durch die Höhe des Fertigungslohns zum Ausdruck. Setzt man beide Größen zueinander in Beziehung und logarithmiert man diesen Quotienten ergibt sich eine Kennziffer:[8]

D

$$\textit{Kennziffer} = \ln \frac{\textit{kalkulatorische Abschreibungen der Kostenstelle}}{\textit{Fertigungslohn der Kostenstelle}}$$

Diese Kennziffer ist dann in die drei nachstehenden Gleichungen einzusetzen:

D

(1) % FGK mit Bezugsgröße Maschinenzeit = *51,207 + 13,396 • Kennziffer*
(2) % FGK mit Bezugsgröße Fertigungslohn = *43,798 – 13,032 • Kennziffer*
(3) % Rest-FGK = *4,993 – 0,363 • Kennziffer*

Man erhält daraus die prozentuale Aufteilung der Fertigungsgemeinkosten auf die Bezugsgrößen Maschinenzeit und Fertigungslohn und einen nicht aufteilbaren kleinen Rest.

B

Es sei angenommen, daß die im BAB der Speedy GmbH ausgewiesenen 10 000 DM kalkulatorischen Abschreibungen in der Fertigungshauptkostenstelle H_6 die Anlagenintensität der Kostenstelle wiedergeben. Der Fertigungslohn beträgt 40 000 DM, die Fertigungsgemeinkosten 86 820 DM.

1. Schritt: Ermittlung der Kennziffer

$$\text{Kennziffer} = \ln \frac{10\,000}{40\,000} = \ln 0{,}25 = -1{,}3863$$

2. Schritt: Ermittlung der prozentualen Aufteilung der FGK auf die beiden Bezugsgrößen Maschinenzeit und Fertigungslohn

(1) 51,207 + 13,396 (– 1,3863) = 32,6 %
(2) 43,798 – 13,032 (– 1,3863) = 61,9 %
(3) 4,993 – 0,363 (– 1,3863) = 5,5 %
100,0 %

3. Schritt: Ermittlung der absoluten Aufteilung der FGK

86 820 DM • 0,326 = 28 303 DM
= Fertigungsgemeinkosten bezogen auf die Maschinenzeit
86 820 DM • 0,619 = 53 742 DM
= Fertigungsgemeinkosten bezogen auf den Fertigungslohn
86 820 DM • 0,055 = 4 775 DM
= Restfertigungsgemeinkosten

4. Schritt: Aufteilung der Rest-FGK

28 303 DM + 1 647 DM[9] = 29 950 DM
53 742 DM + 3 128 DM = 56 870 DM
4 775 DM 86 820 DM

8 Zur Entstehung vgl. Jórasz, W./Christmann, A., 1989, S. 104ff.
9 28 303 DM : (28 303 DM + 53 742 DM) = 1 6 47 DM.

5. Schritt: Ermittlung eines anteiligen Maschinenstundensatzes und eines anteiligen FGK-Zuschlagssatzes

29 950 DM : 2 800 (z.B. gesamte) Maschinenstunden der Kostenstelle
= 10,70 DM/Maschinenstunde

(56870 DM : 40 000 DM) • 100 = 142,2 %

Damit reduziert sich der bisher zugrunde gelegte Fertigungsgemeinkostenzuschlagssatz der Kostenstelle H_6 von 217,1 % auf 142,2 % (Basis: Fertigungslohn); die heraus gerechneten Fertigungsgemeinkosten werden als (Gemeinkosten)Maschinenstundensatz verrechnet.

Die Summe der auf die beiden Erzeugnisse zu verteilenden Fertigungsgemeinkosten ändert sich natürlich nicht. Allerdings wird sich die Zurechnung auf die beiden Erzeugnisse in Abhängigkeit von der jeweils beanspruchten Maschinenzeit und dem zugrundezulegenden Stückfertigungslohn je Erzeugnis ändern, so daß eine noch genauere Kalkulation möglich wird.

Würdigung

Dieses Verfahren hat den Vorteil, daß sich an der bestehenden Kostenerfassung nichts ändern muß. Es wird unterstellt, daß die Maschinenzeiten für jedes, diese Kostenstelle durchlaufende Erzeugnis bekannt sind. Der Genauigkeitsgrad der Kalkulationsergebnisse hängt mit von den zur Verfügung stehenden Ausgangsdaten zur Ermittlung der Kennziffer ab.

(6) Maschinenstundensatzrechnung:

Die eben beschriebene differenzierte Kalkulation der Gemeinkosten auf Basis von Fertigungslöhnen und Maschinenzeiten innerhalb einer Kostenstelle im Fertigungsbereich stellt bereits eine Verfeinerung und damit eine verbesserte Berücksichtigung des Verursachungsprinzips gegenüber der zuvor ausgeführten traditionellen Lohnzuschlagskalkulation dar. Beiden Vorgehensweisen ist jedoch zu eigen, daß sie letzlich die gesamten Gemeinkosten einer Fertigungshauptkostenstelle noch immer recht pauschal den Kostenträgern zurechnen. Der anteilig ermittelte Maschinenstundensatz stellt ein Durchschnittssatz für alle sich in der Fertigungskostenstelle befindlichen Maschinen dar. Es wird noch nicht berücksichtigt, daß

- verschiedene Leistungen in einer Fertigungshauptstelle erbracht (z.B. Drehen, Schweißen usw.) und/oder
- diese Leistungen auf unterschiedlichen Maschinentypen (z.B. »konventionelle« Drehmaschine, NC- oder CNC-Maschinen oder Bearbeitungszentrum) ausgeführt werden können.

Verbesserung des Verursachungsprinzips

Befinden sich in maschinenintensiven Kostenstellen Anlagen, die einerseits unterschiedliche Kosten verursachen und andererseits von den Kostenträgern in unterschiedlichem Maße beansprucht werden, so sollte die Kosten- und Leistungsrechnung bemüht sein, dies in der Kostenverrechnung noch genauer als bisher beschrieben abzubilden. Diese Möglichkeit bietet die *Maschinenstundensatzrechnung.*[10] Bildet man hierzu mehrere Maschinenkostenplätze innerhalb einer Fertigungskostenstelle, so spricht man von einer Maschinenkostenrechnung.

Stufen der Kostenverrechnung

Hierbei werden die Kosten der (Fertigungs-)Kostenstelle in zwei Schritten auf die Kostenträger verrechnet:

1. Schritt: Bildung eines Maschinenstundensatzes, indem die *maschinenabhängigen* Kosten für den spezifischen *Kostenplatz* (Maschine) auf die Maschinenlaufzeit bezogen werden, um eine weitere Verrechnung auf den Kostenträger zu ermöglichen.

2. Schritt: Anteilige Verrechnung der *Restfertigungsgemeinkosten* dieser *Kostenstelle* über die Fertigungseinzelkosten dieser Kostenstelle, wobei die Restfertigungsgemeinkosten der Stelle diejenigen Gemeinkosten darstellen, die den einzelnen Plätzen in der Stelle nicht verursachungsgerecht zugeordnet werden können.

Berechnung des Maschinenstundensatzes:

D

$$\text{Maschinenstundensatz} = \frac{\text{Gemeinkosten pro Maschine und Periode}}{\text{Nutzungszeit pro Periode}}$$

maschinenabhängige Gemeinkosten

Die wichtigsten maschinenabhängigen Gemeinkosten sind die

- kalkulatorischen Abschreibungen
- kalkulatorischen Zinsen
- Reparaturkosten
- Wartungs- und Reinigungskosten
- Energiekosten
- Raumkosten
- Werkzeugkosten
- Hilfs- und Betriebsstoffkosten
- NC- Programmierkosten

Sofern weitere Kostenarten eindeutig maschinenabhängig sind, müssen sie auch in den Maschinenstundensatz einbezogen werden.

Nutzungszeit

Bei der Ermittlung der Nutzungszeit geht man zunächst von der Kalenderzeit aus, und reduziert diese um Ausfallzeiten, die durch Feiertage, Urlaubstage, Krankheit, Störungen, Reparaturen, Reinigung u.ä bedingt sind.

Standardisierung

Eine reine Istkostenrechnung müßte wegen der schwankenden Maschinenauslastung und dem teilweise unregelmäßig vorliegen-

10 Vgl. hierzu inbesondere Andreas, S./Reichle, W., 1987; ebenso Jórasz, W., 1996, Kap. 6.

den Kostenanfall die Maschinenstundensätze in recht kurzen Abständen immer wieder aktualisieren. Es ist deshalb sinnvoll, den Gemeinkosten eine gewissen Plancharakter zu verleihen, indem zu *erwartende* Werte zugrundegelegt werden, und die *verfügbare* Fertigungskapazität als Nutzungszeit angenommen wird. Damit kann eine *Standardisierung* erreicht werden.

B

Bei der Speedy GmbH sei die Fertigungshauptstelle H_6 mit vier Maschinen, die einen unterschiedlichen Automatisierungsgrad aufweisen, ausgestattet (die bisher im BAB ausgewiesenen Daten für H_6 werden durch die nachstehenden ersetzt). Das Erzeugnis 2 wird in dieser Kostenstelle auf der Maschine 3 bearbeitet. Zu kalkulieren sind die Stückselbstkosten mit integrierter Maschinenstundensatzrechnung. Die Daten der anderen Kostenstellen bleiben unverändert.

– Wiederbeschaffungswert (WBW) der Maschine 3	120 000,00 DM
– Erwarteter Restwert	20 000,00 DM
– Lineare Abschreibung	10 Jahre
– Kalkulatorischer Zinssatz (vereinfachend auf Durchschnittskapital)	8,00 %
– Erwartete Ø jährliche Reparaturkosten (in % vom WBW)	3,00 %
– Installierte Leistung 10 kWh, Leistungsfaktor 0,6; Stromkosten	0,20 DM/kWh
– Ø Wartungs- und Reinigungskosten pro Jahr	5 500,00 DM
– Ø Betriebsstoffkosten pro Jahr	416,00 DM
– Raumkosten	300,00 DM/m² u. Jahr
– Flächenbedarf	20 m²
– Ø Werkzeugkosten	2 288,00 DM
– Bearbeitungszeit von Erzeugnis 2	30 Minuten
– Normalisierte Restfertigungsgemeinkosten der Kostenstelle, die keiner der vier Maschinen zuzuordnen sind (Bezugsgröße: 40 000 DM Fertigungslohn)	44 000,00 DM

1. Ermittlung des *Maschinenstundensatzes der Maschine* 3:

(Da das zu kalkulierende Erzeugnis nur auf Maschine 3 bearbeitet wird, ist die Ermittlung der Maschinenstundensätze der Maschine 1, 2 und 4 hier nicht notwendig.)

Jährliche Nutzungszeit:	52 Wochen à 40 Stunden	2 080 Stunden
	./. 11 Feiertage à 8 Stunden	88 Stunden
	./. Ausfallzeit wegen Krankheit 20 Tage à 8 Stunden	160 Stunden
	./. Ausfallzeit wegen Urlaub 30 Tage à 8 Stunden	240 Stunden
	./. Reinigungs- und Reparaturzeiten	150 Stunden
	./. Sonstige Ausfallzeiten	12 Stunden
		1 430 Stunden

Maschinenabhängige Gemeinkosten:

Kalkulatorische Abschreibung:	(120 000 – 20 000) : 10	= 10 000 DM/Jahr
Kalkulatorische Zinsen:	60 000 • 0,08	= 4 800 DM/Jahr
Instandsetzungskosten:	120 000 • 0,03	= 3 600 DM/Jahr
Energiekosten:	1430 • 6 • 0,20 (oder 1,20 DM/h)	= 1 716 DM/Jahr
Wartungs- und Reinigungskosten:		= 5 500 DM/Jahr
Betriebsstoffkosten:		= 416 DM/Jahr
Raumkosten:	20 • 300	= 6 000 DM/Jahr
Werkzeugkosten:		= 2 288 DM/Jahr
		34 320 DM/Jahr

Maschinenstundensatz: 34 320 DM : 1 430 Stunden = *24,00 DM/Stunde*

2. *Kalkulation* (auf Normalkostenbasis):

Stückmaterialeinzelkosten	250,00 DM
Stückmaterialgemeinkosten***	25,00 DM
Stückfertigungslohn I	22,50 DM
Stückfertigungsgemeinkosten I:	
0,5 Stunden • 24,00 DM	*12,00 DM*
22,50 DM • 1,1***	*24,75 DM*
Stückfertigungslohn II	52,35 DM
Stückfertigungsgemeinkosten II	83,76 DM
(Stückherstellkosten 1)	(470,36 DM)
Forschungs- und Entwicklungsgemeinkosten /Stück***	32,93 DM
(Stückherstellkosten 2)	(503,29 DM)
Stückverwaltungskosten***	45,30 DM
Stückvertriebskosten***	20,13 DM
Stückselbstkosten	568,72 DM

* bisher in den Beispielen unterstellter Stücklohn von Erzeugnis 2.
** (44 000 DM Rest-FGK : 40 000 DM Fertigungslohn).
*** Es wurden vereinfacht die bisherigen Normalzuschlagssätze unverändert übernommen, um das Beispiel nicht unnötig auszuweiten.

Die Maschinenstundensatzrechnung kann auch dahingehend variiert werden, indem in den Maschinenstundensatz personalabhängige Kosten aufgenommen werden. Doch das setzt voraus, daß zwischen der Nutzungszeit der Maschine und dem Fertigungslohn Proportionalität besteht. Dies würde das Erstellen von Angeboten vereinfachen. Das Kalkulationsschema wäre entsprechend anzupassen.

Umrechnung auf zwei Schichten

Werden beispielsweise *zwei* Schichten gefahren, ist der Maschinenstundensatz umzurechnen. Dazu benötigt man allerdings die fixen und variablen Bestandteile der in den Stundensatz einfließenden Kostenarten. Eine Umrechnung ist in der nachstehenden Tabelle vorgenommen worden.

Die Umrechnung von Vollkosten zeigt den Degressionseffekt bei den Fixkosten auf. Bei zweischichtiger Arbeitsweise sinkt der Stundensatz von 24,00 DM auf 15,01 DM.

Kostenarten	Stundensatz (einschichtig)	fixer Anteil (DM/Stunde)	variabler Anteil (DM/Stunde)	Umrechnung (1/2 • Sp.3) + Sp.4
Kalkulatorische Abschreibung	6,99	6,99	–	3,50
Kalkulatorische Zinsen	3,36	3,36	–	1,68
Instandsetzungskosten	2,52	–	2,52	2,52
Energiekosten	1,20	0,12	1,08	1,14
Wartungs- und Reinigungskosten	3,85	3,00	0,85	2,35
Betriebsstoffkosten	0,29	0,03	0,26	0,28
Raumkosten	4,19	4,19	–	2,10
Werkzeugkosten	1,60	0,32	1,28	1,44
	24,00			*15,01*

Umrechnung auf drei Schichten

Eine entsprechende Umrechnung auf eine dreischichtige Arbeitsweise sollte jedoch nicht ungeprüft vorgenommen werden.[11] Zweifellos setzt sich der beschriebene *Dregressionseffekt* fort (und führt zunächst zu einem Maschinenstundensatz von 12,00 DM bei dreischichtiger Arbeitsweise), doch sollte bei dieser weiteren zeitlichen Anpassungsmaßnahme untersucht werden, ob nicht auch *gegenläufige Effekte* eintreten: Die intensivere Nutzung der Maschinen kann einerseits zu einem höheren Anteil an Ausfallzeiten führen (erhöhte Reparaturzeiten, erhöhtes Unfallgeschehen usw.), was den Nenner des Quotienten zur Errechnung des Stundensatzes verändert, andererseits zu überproportionalen Steigerungen bei einzelnen Kostenarten (z.B. Instandsetzung, kalkulatorische Abschreibung), was den Zähler des Quotienten wiederum berührt. Der sich mathematisch durch das Auseinanderstreben von Zähler und Nenner ergebende Effekt wirkt gegenläufig zur Fixkostendegression.

6.2.3. Divisionskalkulation

6.2.3.1. Überblick

Kalkulationsvereinfachungen

Die Verrechnung der Gemeinkosten über die Kostenstellenrechnung soll helfen, daß die Kostenträger auch nur die Gemeinkosten tragen, die sie auch verursacht haben. Auf diese Vorgehensweise kann jedoch verzichtet werden, wenn der betriebliche Leistungserstellungsprozeß eine *homogene* oder vergleichbare Leistungen hervorbringt. Wie eingangs zur Kostenträgerstückrechnung aufgezeigt, trifft dies inbesondere bei Massenfertigungen und Sortenfertigun-

11 Vgl. Jórasz, W., 1984, S. 210ff.

gen zu.[12] Hier kann das Verursachungsprinzip auf *einfachere Weise* angestrebt werden, d.h. es muß keine Verrechnung von Gemeinkosten in einer Kostenstellenrechnung erfolgen. Grundsätzlich wird in solchen Fällen eine Verrechnung in Form einer *Division* (mit oder ohne Äquivalenzziffern) von angefallenen Kosten durch das Mengengerüst der produzierten und/oder abgesetzten Kostenträger vorgenommen.
Die Formen der Divisionskalkulation hängen insbesondere ab

- *von der Art des Produktionsprogramms und*
- *von der Anzahl der Produktionsstufen.*

Art des Produktionsprogramms:

Homogenität

Von einer *einfachen* Divisionskalkulation spricht man dann, wenn sie bei Massenfertigung von nur *einem* Erzeugnis, von einer *mehrfachen* Divisionskalkulation, wenn sie bei Massenfertigung von *mehreren homogenen*, aber voneinander unabhängig gefertigten Erzeugnissen angewendet wird. Im letzten Fall können die Kosten dieser (getrennten) Fertigungsprozesse für jedes Produkt gesondert in jeweils einer einfachen Divisionskalkulation abgerechnet werden.

verwandte Produkte

Ist die Homogenitätsbedingung nur bedingt erfüllt, werden also mehrere, aber ähnliche Produkte erzeugt, kann eine Divisionskalkulation mit Äquivalenzziffern durchgeführt werden.

Anzahl der Produktionsstufen:
Je nach Anzahl der berücksichtigenden Fertigungsstufen unterscheidet man die einstufige und die mehrstufige Divisionskalkulation.

Fertigungstyp → Anzahl der Produktionsstufen ↓	Massenfertigung (ein homogenes Gut)	Massenfertigung (mehrere homogene Güter)	Sortenfertigung (mehrere ähnliche Güter)
eine Stufe	einfache einstufige Divisionskalkulation	mehrfache einstufige Divisionskalkulation	einstufige Äquivalenzziffern-rechnung
mehrere Stufen	einfache mehrstufige Divisionskalkulation	mehrfache mehrstufige Divisionskalkulation	mehrstufige Äquivalenzziffern-rechnung

Abb. 57: *Formen der Divisionskalkulation* SCHÄFFER POESCHEL

12 Da die Speedy GmbH *heterogene* Leistungen hervorbringt, sind die folgenden Ausführungen zu den Kalkulationsvereinfachungen nicht mehr auf das Musterunternehmen zugeschnitten.

Ein *Sonderfall* stellt die Kuppelfertigung dar. Mathematisch gesehen liegt eine Divisionskalkulation vor. Die Kalkulation von Kuppelprodukten kann – wie noch zu zeigen sein wird – das Verursachungsprinzip nicht einhalten.

6.2.3. Ein- und mehrstufige Divisionskalkulation

Einstufige Divisionskalkulation:
Die einfachste Form der Divisionskalkulation und damit die der Kalkulationsverfahren allgemein kann dann durchgeführt werden, wenn drei Bedingungen erfüllt sind:

einstufige Divisionskalkulation

- *Homogenitätsbedingung*
- *Absatzbedingung*
- *Mengenkontinuitätsbedingung.*

Homogenitätsbedingung

Von einer homogenen Fertigung spricht man gewöhnlich dann, wenn alle Leistungsarten völlig gleichartig sind. Dies ist naturgemäß in Einproduktbetrieben der Fall. Hier wird auf längere Sicht in gleichbleibender und einheitlicher Massenfertigung nur *eine einzige Erzeugnisart* hergestellt.

Absatzbedingung

Die Absatzbedingung ist dann erfüllt, wenn die produzierte Menge mit der abgesetzten Menge übereinstimmt. Im engen Sinne existiert kein Fertigwarenlager. Zumindest aber finden *keine* Bestandsveränderungen bei den *Fertig*erzeugnissen statt.

Mengenkontinuitätsbedingung

Treten auch *keine* Bestandsveränderungen bei den *unfertigen* Erzeugnissen auf, finden also keine Zwischenlagerbestandsveränderungen statt, ist auch die Mengenkontinuitätsbedingung erfüllt. Es liegt eine synchrone Fertigung vor.

Sofern diese drei Bedingungen erfüllt sind, verhalten sich die Kosten »proportional« zu der produzierten Stückzahl. Damit können die Gesamtkosten der Abrechnungsperiode durch die in dieser Periode produzierten (und auch abgesetzten) Menge dividiert werden:

$$\textit{Selbstkosten pro Stück} = \frac{\textit{Gesamtkosten der Periode}}{\textit{produzierte (= abgesetzte) Menge}}$$

D

Das Verursachungsprinzip wird damit eingehalten, und eine Kostenstellenrechnung erübrigt sich für Zwecke der Kalkulation.[13]

13 Für Zwecke der Kostenkontrolle hingegen wird man nicht auf eine Kostenstellenrechnung verzichten (können).

Für die meisten Betriebe sind diese Bedingungen jedoch nur selten erfüllt. Die genannten Bedingungen würden beispielsweise auf die Energieerzeugung zutreffen.

zweistufige Divisionskalkulation

Sobald die *Absatzbedingung nicht* erfüllt ist, wenn also gilt

produzierte Menge ≠ abgesetzte Menge,

hat eine zweistufige Abrechnung zu erfolgen: Die gesamten Kosten sind in den Teil aufzusplitten, der auf die produzierte Menge, und in den Teil, der auf die abgesetzte Menge zu beziehen ist. Die zwei Kostenblöcke stellen hier zum einen die Herstellkosten, zum anderen die Verwaltungs- und Vertriebskosten dar.[14]

D

$$\text{Selbstkosten pro Stück} = \frac{\text{Herstellkosten}}{\text{produzierte Menge}} + \frac{\text{Verwaltungs- und Vertriebskosten}}{\text{abgesetzte Menge}}$$

B

Lagerbestand am 01.05.19..	4 000 Stück
Produktionsmenge im Mai 19..	10 000 Stück
Lagerbestand am 31.05.19..	2 000 Stück (Variante: 6 000 Stück)
Herstellkosten der Periode	80 000 DM
Verwaltungs- und Vertriebskosten der Periode	24 000 DM

$$\text{Stückselbstkosten} = \frac{80\,000\text{ DM}}{10\,000\text{ Stück}} + \frac{24\,000\text{ DM}}{12\,000\text{ Stück}}$$

Stückselbstkosten (k_s) = 8,00 DM/Stück + 2,00 DM/Stück = 10,00 DM/Stück[15]

Variante:

$$k_s = 8{,}00\text{ DM/Stück} + \frac{24\,000\text{ DM}}{8\,000\text{ Stück}} = 11{,}00\text{ DM/Stück}$$

Mehrstufige Divisionskalkulation:

mehrstufige Divisionskalkulation

Wird das Enderzeugnis in einem mehrstufigen Prozeß in der Art und Weise gefertigt, daß mehr oder weniger Teilleistungen von der jeweils vorgelagerten Stufe ausgebracht als in der nachgelagerten Stufe eingesetzt werden, so ist auch die *Mengenkontinuitätsbedingung aufgehoben*. Dann entstehen Bestandsveränderungen in den einzelnen Zwischenlägern. Für die Kalkulation muß eine Bestandsführung die Differenzen festhalten, denn eine Division der gesamten Herstellkosten durch die gesamte produzierte Menge würde in

---

14 Wie bei der Zuschlagskalkulation bereits ausgeführt, ist eine Aufteilung der Verwaltungskosten in solche des Produktions-, und solche des Absatzbereichs kaum möglich und auch nicht vertretbar, so daß aus Vereinfachungsgründen eine Verrechnung auf Basis der abgesetzten Mengen erfolgt.

15 Es wird unterstellt, daß die aus der Vorperiode stammenden 2000 Stück ebenfalls Herstellkosten von 10,00 DM/Stück verursacht haben.

diesem Fall nicht zu einem korrekten Ergebnis führen. Dies macht eine Untergliederung des Fertigungsbereichs in die zu berücksichtigenden Fertigungsstufen notwendig, wobei gegebenenfalls gebildete Kostenstellen auch nur Teil einer Stufe sein können.
Die Stückkosten können auf zwei Wegen ermittelt werden:

- *stufenweise Ermittlung*
- *simultane Ermittlung.*

stufenweise Ermittlung

Bei der *stufenweisen* Ermittlung werden in der *ersten* Stufe die Kosten durch die Produktionsmenge dieser Stufe geteilt.

In die *zweite* Stufe gehen die mit den Kostensätzen der ersten Stufe weiterzuverarbeitenden unfertigen Erzeugnisse ein. Addiert man dazu die zusätzlichen Kosten der Weiterverarbeitung der Stufe zwei und dividiert die sich ergebenden Gesamtkosten durch die Ausbringungsmenge dieser Stufe, erhält man die bis einschließlich der Stufe zwei angefallenen Stückherstellkosten.

Diese Methodik behält man *bis* einschließlich der *letzten* Fertigungsstufe bei. Auf diese Weise werden die Kosten von Stufe zu Stufe weitergewälzt. Man spricht bei dieser stufenweisen Rechnung deshalb auch von der *Durchwälzmethode.*

Hat man die für den gesamten Fertigungsprozeß angefallenen Stückherstellkosten ermittelt, sind noch die Stückverwaltungs- und -vertriebskosten (bezogen auf eine gegebenenfalls abweichende Absatzmenge) zu addieren.

B

Ein Erzeugnis wird in vier Fertigungsstufen hergestellt:

1. Stufe:	Rohstoffeinsatz	30 000 DM
	Bearbeitungskosten	20 000 DM
	Ausbringungsmenge	5 000 kg
2. Stufe:	Bearbeitungskosten	28 400 DM
	Einsatzmenge	4 000 kg
	Ausbringungsmenge	3 800 kg*
3. Stufe:	Material- und Bearbeitungskosten	47 025 DM
	Einsatzmenge	5 700 kg
	Ausbringungsmenge	5 985 kg**
4. Stufe:	Bearbeitungskosten	16 836 DM
	Einsatzmenge	6 900 kg
	Ausbringungsmenge	6 762 kg

* Geringerer gewichtsmäßiger Output durch (z.B.) Verdunstung von Flüssigkeit.
** Höherer Output durch (z.B.) zusätzliches Fremdmaterial, dessen Kosten in den 47 025 DM enthalten sind.

Die Absatzmenge beträgt 6 500 kg, die Verwaltungs- und Vertriebsgemeinkosten belaufen sich auf 9 750 DM, die Sondereinzelkosten des Vertriebs auf 0,50 DM/kg.

Zu ermitteln sind die mengen- und wertmäßigen Bestandsveränderungen in den Lagern, die Stückherstellkosten und die Stückselbstkosten.

Lagerbewegungen:

Zwischenlager 1:	Bestandserhöhung	(+) 1 000 kg
Zwischenlager 2:	Bestandsminderung	(–) 1 900 kg***
Zwischenlager 3:	Bestandsminderung	(–) 915 kg***
Fertigwarenlager:	Bestandserhöhung	(+) 262 kg

*** Die Stückherstellkosten für die aus der Vorperiode stammenden unfertigen Erzeugnisse entsprechen denen der laufenden Abrechnungsperiode.

Stückherstellkosten:

Stufe 1: (50 000 DM : 5 000 kg) = 10 DM/kg

Stufe 2: $\frac{(4\,000 \text{ kg à } 10 \text{ DM/kg}) + 28\,400 \text{ DM}}{3\,800 \text{ kg}} = 18 \text{ DM/kg}$

Stufe 3: $\frac{(5\,700 \text{ kg à } 18 \text{ DM/kg}) + 47\,025 \text{ DM}}{5\,985 \text{ kg}} = 25 \text{ DM/kg}$

Stufe 4: $\frac{(6\,900 \text{ kg à } 25 \text{ DM/kg}) + 16\,836 \text{ DM}}{6\,762 \text{ kg}} = 28 \text{ DM/kg}$

Die Stück*herstell*kosten des Erzeugnisses betragen 28 DM/kg.

Stückselbstkosten:

Stückherstellkosten	28,00 DM/kg
+ Verwaltungs- und Vertriebsgemeinkosten/Stück (9 750 DM : 6 500 kg)	1,50 DM/kg
+ Sondereinzelkosten des Vertriebs	0,50 DM/kg
= Stückselbstkosten	30,00 DM/kg

Wert der Bestandsveränderungen:

Zwischenlager 1:	1 000 kg à 10 DM/kg = 10 000 DM
Zwischenlager 2:	1 900 kg à 18 DM/kg = 34 200 DM
Zwischenlager 3:	915 kg à 25 DM/kg = 22 875 DM
Fertigwarenlager:	262 kg à 28 DM/kg = 7 336 DM

simultane Ermittlung

Im Gegensatz zur Stufenlösung, bei der sich die Stückherstellkosten des Enderzeugnisses Stufe für Stufe »hochrechnen«, kann auch das Endergebnis mit Hilfe des *Simultanansatzes* ermittelt werden.

Hierzu werden die Stückherstellkosten der einzelnen Stufen (ohne die Vorstufen) mit den Input-Output-Koeffizienten der jeweiligen *Folge*stufen multipliziert.

B

Die eben dargestellte stufenweise Lösung soll nunmehr simultan erfolgen:

Stück*herstell*kosten =

$$\frac{50\,000\text{ DM}}{5\,000\text{ kg}} \cdot \frac{4\,000\text{ kg}}{3\,800\text{ kg}} \cdot \frac{5\,700\text{ kg}}{5\,985\text{ kg}} \cdot \frac{6\,900\text{ kg}}{6\,762\text{ kg}}$$

$$+ \frac{28\,400\text{ DM}}{3\,800\text{ kg}} \cdot \frac{5\,700\text{ kg}}{5\,985\text{ kg}} \cdot \frac{6\,900\text{ kg}}{6\,762\text{ kg}}$$

$$+ \frac{47\,025\text{ DM}}{5\,985\text{ kg}} \cdot \frac{6\,900\text{ kg}}{6\,762\text{ kg}}$$

$$+ \frac{16\,836\text{ DM}}{6\,762\text{ DM}}$$

$$= 10{,}00\text{ DM/kg} \cdot 1{,}053 \cdot 0{,}952 \cdot 1{,}020$$

$$+ 7{,}4737\text{ DM/kg} \cdot 0{,}952 \cdot 1{,}020$$

$$+ 7{,}8571\text{ DM/kg} \cdot 1{,}020$$

$$+ 2{,}4898\text{ DM/kg}$$

$$= 10{,}23\text{ DM/kg} + 7{,}26\text{ DM/kg} + 8{,}01\text{ DM/kg} + 2{,}49\text{ DM/kg}$$

$$= 28\text{ DM/kg}$$

Das Beispiel unterstellt bereits den Fall, daß in den einzelnen Produktionsstufen Mengegewinne und -verluste entstehen. Die Einsatzmenge (Input) entspricht in Stufe 2 bis 4 nicht der Ausbringungsmenge (Output) und drückt sich in den ausgewiesenen Input-Output-Koeffizienten aus (> oder <1,0). Differiert hingegen die Einsatz- und Ausbringungsmenge pro Fertigungsstufe *nicht*, genügt die Addition der Stückherstellkosten einer jeden Fertigungsstufe ohne die Stückkosten der eingehenden Halbfabrikate (im Beispiel: 10,00 DM/kg + 7,47 DM/kg + 7,86 DM/kg + 2,49 DM/kg = 27,82 DM/kg), denn der Input-Output-Koeffizient beträgt dann jeweils 1,0.

mehrfache Divisionskalkulation

Werden in einem Betrieb mehrere homogene Güter jedoch in getrennten Fertigungen völlig unabhängig voneinander hergestellt, können die Stückkosten auch durch separate Divisionskalkulationen (mehrere einfache Divisionskalkulationen) durchgeführt werden. Da mehrere Divisionskalkulationen nebeneinander zur Anwendung kommen, spricht man auch von *mehrfacher* Divisionskalkulation. Probleme entstehen hier dann, wenn bestimmte Kosten (wie z.B. die Verwaltungskosten, ggfs.Vertriebskosten) gemeinsam anfallen und eine Aufteilung erfolgen muß. Denkbar wäre eine prozentuale Verteilung auf Basis der jeweiligen Herstellkosten oder der Einzelkosten.

6.2.3.3. Divisionskalkulation mit Äquivalenzziffern

Grundgedanke

Die Äquivalenzziffernrechnung stellt eine Variante der Divisionskalkulation dar. Sie läßt grundsätzlich die Methode der Divisionskalkulation zu, auch wenn die Homogenitätsbedingung *nicht* erfüllt ist, und gilt für den Fall der Sortenfertigung. Hier werden zwar mehrere Erzeugnisse gefertigt, doch ähneln sich diese, weil die einzelnen Sorten von demselben Basisprodukt durch verschiedene Ausprägungen wie unterschiedliche Abmessungen, unterschiedliche Materialzusammensetzung, unterschiedliche Qualitätsmerkmale usw. differieren. Durch diese Beziehungen zueinander haben die einzelnen Sorten eine ähnliche *Fertigungsstruktur*, aus der sich eine ähnliche *Kostenstruktur* ableiten läßt. Dies läßt sich vorzugsweise bei Brauereien, Ziegeleien, Zigarettenfabriken, Blechwalzwerken, Zementfabriken u.ä. vorfinden.

Äquivalenzziffern

Durch diese Ähnlichkeit entstehen zwar dennoch für die einzelnen Sorten unterschiedliche Kosten, doch lassen sich diese Unterschiede in der Kostenverursachung durch einen Gewichtungsfaktor (Umrechnungsfaktor) ausdrücken. Dies geschieht anhand der festzustellenden Äquivalenzziffern, die die relative Kostenverursachung verschiedener Sorten zum Ausdruck bringen. Empirische Untersuchungen stellen die Basis für die Ermittlung der Verhältniszahlen dar. Die Äquivalenzziffern werden einmalig ermittelt und in den Folgeperioden immer wieder zugrundegelegt, bis neue Einflußgrößen eine Aktualisierung der Relationen notwendig macht.

Bestimmung der Äquivalenzziffern

Bei der Bestimmung der Äquivalenzziffern müssen Bezugsgrößen gefunden werden, zu denen sich die zu verteilenden Kosten der Produkte proportional verhalten. Bezugsgrößen können beispielsweise Fertigungszeiten, Materialverbrauch, Produktabmessungen (Länge, Dicke, Breite), Gewichte der Produkte oder der eingesetzten Rohstoffe, Heizwerte, Energieverbrauch usw. sein. Mit Hilfe der Äquivalenzziffern werden die verschiedenen Sorten vergleichbar gemacht. Die Qualität der Äquivalenzziffernrechnung steht und fällt mit der Qualität der Äquivalenzziffern. Die Ermittlung ist nicht immer unproblematisch. Unterscheiden sich die Produkte beipielsweise nur hinsichtlich ihres Mengeneinsatzes an Material, lassen sich die Gewichtungsfaktoren derart bilden, daß der unterschiedliche Materialbedarf der Produkte zueinander ins Verhältnis gesetzt wird. Kommen jedoch z.B. noch qualitative Merkmale hinzu, sollten die Unterschiede sich ebenfalls in der Äquivalenzziffer niederschlagen.
Man unterscheidet zwei Formen der Äquivalenzziffernrechung:

- *Einstufige Äquivalenzziffernkalkulation*
- *Mehrstufige Äquivalenzziffernkalkulation.*

Einstufige Äquivalenzziffernrechnung:

Charakterisierung

Typisch für die *einstufige* Äquivalenzziffernrechnung ist, daß – neben der Homogenitätsbedingung – die Absatz- und die Mengenkontinuitätsbedingung erfüllt sein muß. Der Leistungserstellungsprozeß wird somit nicht untergliedert. Eine Trennung der Gesamtkosten in Einzel- und Gemeinkosten erübrigt sich.

Vorgehensweise

Die Kalkulation wird in folgenden Schritten durchgeführt:

- Ermittlung der Äquivalenzziffern
- Festlegung der Einheitssorte
- Multiplikation der hergestellten Mengeneinheiten der einzelnen Sorten mit den einzelnen Äquivalenzziffern (= Recheneinheiten)
- Division der zu verteilenden Gesamtkosten durch die Summe der Rechneinheiten (= Stückkosten der Einheitssorte)
- Multiplikation der Stückkosten der Einheitssorte mit den Äquivalenzziffern der einzelnen Sorten (= Stückkosten je Sorte)

B

Für eine Ziegelei, in der Ziegelsteine mit gleicher Beschaffenheit in unterschiedlichen Größen gefertigt werden, liegen folgende Daten vor:

Gesamtkosten der Abrechnungsperiode: 426 750 DM

Sorte	Rohstoffgewicht (kg/Stück)	produzierte Mengen (Stück)
1	2	200 000
2	3,5	380 000
3	6	500 000
4	8	120 000

Zu ermitteln sind die Stückkosten der einzelnen Sorten.

Lösung:

- Äquivalenzziffern:
  Festlegung nach Materialeinsatz
  Sorte 1 : 2 : 3 : 4 = 1 : 1,75 : 3 : 4
- Einheitssorte: Sorte 1
- Summe der Recheneinheiten (RE):

200 000 Stück • 1	=	200 000 RE
380 000 Stück • 1,75	=	665 000 RE
500 000 Stück • 3	=	1 500 000 RE
120 000 Stück • 4	=	480 000 RE
Summe		2 845 000 RE

- Kosten pro Recheneinheit:

426 750 DM : 2 845 000 RE = 0,15 DM/RE

- Stückkosten der einzelnen Sorten:

Sorte 1: 0,15 DM/RE • 1 = *0,15 DM/Stück*
Sorte 2: 0,15 DM/RE • 1,75 = *0,2625 DM/Stück*
Sorte 3: 0,15 DM/RE • 3 = *0,45 DM/Stück*
Sorte 4: 0,15 DM/RE • 4 = *0,60 DM/Stück*

(Wäre mit der einfachen Divisionskalkulation gerechnet worden, hätten sich 426 750 DM : 1 200 000 Stück = 0,3556 DM/Stück ergeben.)

Die Gesamtkosten verteilen sich damit auf die einzelnen Sorten wie folgt:

Sorte 1:	200 000 Stück • 0,15 DM/Stück =	30 000 DM
Sorte 2:	380 000 Stück • 0,2625 DM/Stück =	99 750 DM
Sorte 3:	500 000 Stück • 0,45 DM/Stück =	225 000 DM
Sorte 4:	120 000 Stück • 0,60 DM/Stück =	72 000 DM
Gesamtkosten		426 750 DM

Mehrstufige Äquivalenzziffernrechnung:

Ursachen

Lassen sich Kostenunterschiede der einzelnen Sorten *nicht* mehr mit Hilfe *einer* Äquivalenzziffernreihe erfassen, weil etwa ein unterschiedlicher Material- und Arbeitseinsatz, unterschiedliche Mengenabfälle, Abweichungen im Fertigungsverfahren u.ä. festzustellen sind, so sind mehrere Äquivalenzziffernreihen zu bilden und Teile des Gesamtkostenblocks diesen jeweiligen Reihen zuzuordnen. Dadurch werden die Kosten *stufenbezogen* mittels verschiedenen Äquivalenzziffernreihen verteilt.

B

Zur Erläuterung der Methodik seien die Zahlen des eben verwendeten Beispiels wie folgt abgewandelt:

Kostenarten	DM	Äquivalenzziffern			
		Sorte 1	Sorte 2	Sorte 3	Sorte 4
Materialkosten	227 600	1	1,75	3	4
Fertigungskosten	170 700	0,8	1	4,1	2,125
Verwaltungs- und Vertriebskosten	28 450	–	–	–	–
Σ	426 750				

Die Verwaltungs- und Vertriebskosten sind mit einem Durchschnittssatz auf die abgesetzten Mengen zu verteilen (Absatzmengen Sorte 1: 200 000 Stück, Sorte 2: 300 000 Stück, Sorte 3: 400 000 Stück, Sorte 4: 100 000 Stück).

Lösung:

- Ermittlung der *Stückmaterialkosten*:

Sorte	Produzierte Menge (Stück)	Recheneinheiten (RE)*	Stückmaterialkosten (DM/Stück)
1	200 000	200 000	0,08** • 1 = *0,08*
2	380 000	665 000	0,08** • 1,75 = *0,14*
3	500 000	1 500 000	0,08** • 3 = *0,24*
4	120 000	480 000	0,08** • 4 = *0,32*
		2 845 000	

* 200 000 • 1
380 000 • 1,75
500 000 • 3
120 000 • 4

** Materialkosten pro RE: (227 600 DM : 2 845 000 RE) = 0,08 DM/RE

- Ermittlung der *Stückfertigungskosten*:

Sorte	Produzierte Menge (Stück)	Recheneinheiten (RE)*	Stückmaterialkosten (DM/Stück)
1	200 000	160 000	0,06** • 0,8 = *0,0480*
2	380 000	380 000	0,06** • 1 = *0,0600*
3	500 000	2 050 000	0,06** • 4,1 = *0,2460*
4	120 000	255 000	0,06** • 2,125 = *0,1275*
		2 845 000	

* 200 000 • 0,8
380 000 • 1
500 000 • 4,1
120 000 • 2,125

** Fertigungseinzelkosten pro RE : (170 700 DM : 2 845 000 RE) = 0,06 DM/RE

- Ermittlung der *Stückverwaltungs- und -vertriebskosten*:
  28 450 DM : 1 000 000 Stück* = *0,02845 DM/Stück*
  * Σ *abgesetzte Menge*

- Ermittlung der Stückkosten pro Sorte:

Sorte	Stückmaterial-kosten (DM/Stück)	Stückfertigungs-kosten (DM/Stück)	Stückverwaltungs- und -vertriebs-kosten (DM/Stück)	Stückkosten pro Sorte (DM/Stück)
1	0,08	0,0480	0,02845	*0,15645*
2	0,14	0,0600	0,02845	*0,22845*
3	0,24	0,2460	0,02845	*0,51445*
4	0,32	0,1275	0,02845	*0,47595*

Demnach verteilen sich die Gesamtkosten auf die einzelnen Sorten wie folgt:

Sorte 1: (0,1280 DM/Stück • 200 000 Stück)	
+ (0,02845 DM/Stück • 200 000 Stück)	= 31 290 DM
Sorte 2: (0,2000 DM/Stück • 380 000 Stück)	
+ (0,02845 DM/Stück • 300 000 Stück)	= 84 535 DM
Sorte 3: (0,4860 DM/Stück • 500 000 Stück)	
+ (0,02845 DM/Stück • 400 000 Stück)	= 254 380 DM
Sorte 4: (0,4475 DM/Stück • 120 000 Stück)	
+ (0,02845 DM/Stück • 100 000 Stück)	= 56 545 DM
	426 750 DM

Eine Verteilung der Verwaltungs- und Vertriebsgemeinkosten mit Äquivalenzziffern ist auch denkbar, sofern eine Bezugsgröße herangezogen werden kann, die das Kostenverhältnis der einzelnen Sorten zueinander zum Ausdruck bringt.

Methodisch zeigt sich, daß die ein- und mehrstufigen Divisionskalkulationen i.e.S. die Gewichtungsfaktoren von 1 zugrunde legen, alle Kostenträger somit die gleiche Äquivalenzziffer tragen; in der Äquivalenzziffernkalkulation wird der Nenner der Quotienten durch die mit Hilfe der Äquivalenzziffernreihe gebildeten Recheneinheiten ersetzt. Damit stellt die Äquivalenzziffernkalkulation nur eine Variante der Divisionskalkulation dar.

6.2.3.4. Kuppelkalkulation

Kuppelproduktion

Während bisher Kalkulationsverfahren beschrieben wurden, die auf Fertigungen anzuwenden sind, in denen Erzeugnisse unabhängig voneinander hergestellt werden (unverbundene Produktion), handelt es sich bei der Kuppelkalkulation um eine Stückrechnung, die für Produktionsprozesse zugrunde zu legen ist, in denen aus technischen Gründen heraus zwangsläufig verschiedene Produkte entstehen (*verbundene* Produktion). Bei einem einheitlichen Fertigungsvorgang fallen aus einem Ausgangsstoff mehrere Produkte (Kuppelprodukte) an, z.B. in Raffinerien (Öle, Benzine, Gase), in Hochöfen (Roheisen, Gichtgas, Schlacke) oder in Kokereien (Gas, Koks, Teer usw.). Meist liegen sogar starre Mengenverhältnisse vor. Faßt man den Begriff Kuppelprozeß noch weiter, wäre auch dann davon zu sprechen, wenn verwertbare Abfälle anfallen (z.B. Sägespäne in einem Sägewerk).

Kostenzurechnungsproblem

Das Problem, das für die Kosten- und Leistungsrechnung dabei entsteht, liegt in der Kostenzuordnung auf die einzelnen Kuppelprodukte. Dadurch, daß die verschiedenen Produkte teilweise einen gemeinsamen Produktionsprozeß (Kuppelprozeß) durchlaufen und der Anteil der Produkte an den Kosten der gemeinsamen Produktion nicht erfaßbar ist, kann *keine verursachungsgerechte* Verrechnung der Kosten auf die Kuppelprodukte erfolgen. Allein die im Anschluß an den Kuppelprozeß für die Weiterverarbeitung und Veräußerung einzelner Produkte zusätzlich anfallenden Kosten können den Kostenträgern zugerechnet werden. Dennoch müssen die gesamten Kosten beispielsweise für Zwecke der Angebotskalkulation oder Bestandsbewertung in eine Stückrechnung einfließen.

Verfahren

Dazu orientiert man sich mangels Einhaltung des Verursachungsprinzips aus Zweckmäßigkeitsüberlegungen heraus am Kostentragfähigkeits- oder Durchschnittsprinzip und hat hierzu zwei Verfahren entwickelt:

- *Restwert- oder Subtraktionsmethode*
- *Verteilungs- oder Schlüsselungsverfahren.*

Methodisch können diese Verfahren der Divisionskalkulation zugeordnet werden. Sie unterschieden sich jedoch insbesondere dadurch, daß sie Näherungslösungen darstellen, weil sie das Verursachungsprinzip nicht einhalten können.

Restwert- oder Subtraktionsmethode (Vorgehen)

Können in einem Kuppelprozeß Produktkategorien differenziert werden, so daß Haupt- und Nebenprodukte klassifizierbar sind, kommt die *Restwertmethode* zur Anwendung. Sie ist dadurch charakterisiert, daß von den Gesamtkosten des Kuppelprozesses die Differenz aus den Erlösen und den direkt zurechenbaren Kosten *der Nebenprodukte* subtrahiert wird. Diese Restsumme stellt dann die noch von dem *einen Hauptprodukt* zu deckenden Kosten dar. Die Stückherstellkosten wiederum erhält man aus der Division der Restsumme durch die Mengeneinheiten des Hauptproduktes. Diese Restwertmethode ist um so mehr geeignet, je unbedeutender die Nebenerzeugnisse sind.

B

Von vier Produkten, die in Kuppelproduktion hergestellt werden (Gesamtkosten des Kuppelprozesses: 162 750 DM), stellt Produkt 1 das Hauptprodukt dar. Folgende Daten der Abrechnungsperiode sind bekannt:

Produkt	Menge (kg)	Aufbereitungs-/ Vernichtungskosten (DM/kg)	Erlöse (DM/kg)
1	900	–	–
2	200	20	34
3	100	24	–
4	50	12	19

Lösung:

Gesamtkosten des Kuppelprozesses			162 750 DM
	Erlöse Nebenprodukt 2	6 800 DM	
	– Aufbereitungskosten	4 000 DM	
	= Deckungsbeitrag	+ 2 800 DM	– 2 800 DM
	Erlöse Nebenprodukt 3	–	
	– Vernichtungskosten	2 400 DM	
	= Deckungsbeitrag	– 2 400 DM	+ 2 400 DM
	Erlöse Nebenprodukt 4	950 DM	
	– Aufbereitungskosten	600 DM	
	= Deckungsbeitrag	+ 350 DM	– 350 DM
Vom Hauptprodukt zu tragender Restwert			162 000 DM
Stückkosten des Hauptproduktes (162 000 DM : 900 kg)			*180 DM/kg*

Würdigung

Das Beispiel verdeutlicht, daß nach der Restwert-(oder auch Subtraktions-)methode die vom Hauptprodukt zu tragenden Kosten auch von den Erlösen und den direkt zurechenbaren Kosten der Nebenprodukte abhängen. Schwanken insbesondere die Erlöse der Nebenprodukte, läßt sich der Restwert nicht eindeutig bestimmen.

Für die Bewertung der Bestände der Neben- (oder Abfall)produkte vermag die Restwertmethode wegen ihres retrograden Ansatzes keine Herstellkosten anzugeben.

Ändern sich im Zeitablauf die Produktkategorien, indem sich beispielsweise ein Nebenprodukt zu einem Hauptprodukt entwickelt, ist die Restwertberechnung neu auszurichten.

Ist eine eindeutige Einteilung in ein Haupt- und in Nebenprodukte nicht möglich, sollte die Verteilungsmethode oder eine Kombination aus beiden Verfahren zur Anwendung kommen.

Verteilungs- oder Schlüsselungsmethode (Vorgehen)

Sind – wie eben angedeutet – Haupt- und Nebenprodukte nicht eindeutig feststellbar, kann die Verteilungsmethode zur Anwendung kommen. Im Verhältnis bestimmter Schlüsselgrößen werden die für den Kuppelprozeß angefallenen Kosten auf die einzelnen Produkte verteilt. Rechnerisch gesehen ist das Verfahren das gleiche wie die Äquivalenzziffernkalkulation. Die Schlüsselgrößen können sich an unterschiedlichen Merkmalen der zu kalkulierenden Produkten ausrichten: Gewichts-, Volumen-, Heizwertschlüssel oder andere technische Größen. Häufig werden auch die Marktpreise der einzelnen Produkte für die Bildung von Äquivalenzziffernreihen herangezogen. Damit werden die Kosten nach dem Tragfähigkeitsprinzip verteilt, d.h. Kuppelprodukte, für die ein relativ hoher Erlös erzielbar ist, können auch einen relativ hohen Anteil an den Gesamtkosten des Kuppelprozesses tragen.

Für die vier aus einem Kuppelprozeß (Gesamtkosten: 202 500 DM) hervorgehenden Produkte gelten folgende Daten:

Produkt	Mengen (kg)	Marktpreise (DM/kg)
1	900	80
2	800	60
3	600	50
4	750	100

B

Die Kuppelprozeßkostenverteilung erfolgt aus Basis der Marktpreise.

Lösung:

Produkt	Menge (kg)	Marktpreise (DM/kg)	*Rechen-einheiten (DM)**	*Stückkosten** (DM/kg)*	*Aufteilung der Gesamtkosten (DM)*
1	900	80	*72 000*	*72*	*64 800*
2	800	60	*48 000*	*54*	*43 200*
3	600	50	*30 000*	*45*	*27 000*
4	750	100	*75 000*	*90*	*67 500*
Σ			*225 000*		*202 500*

* Menge • Marktpreis

** 202 500 DM (Gesamtkosten) : 225 000 DM (Σ RE) = 0,9;
0,9 • Marktpreis

Würdigung

Auch bei der Verteilungsmethode kann das Verursachungsprinzip nicht eingehalten werden. Die Kostenverteilung orientiert sich in dem Beispiel allein an den Marktpreisen. Der Kostenaufteilung haftet damit eine gewisse Willkür an (selbst wenn eine andere Verteilungsbasis zugrunde gelegt würde).

Abgrenzung zur Äquivalenzziffernkalkulation

Obgleich hier das Prinzip der Äquivalenzziffernrechnung Anwendung findet, ist lediglich die *formale* Vorgehensweise die gleiche. Während die bei der Äquivalenzziffernrechnung verwendeten Gewichtungsfaktoren Kostenunterschiede und damit -relationen der einzelnen Sorten zum Ausdruck bringen sollen (Prinzip der Kostenverursachung), spiegelt sich in den bei der Kuppelkalkulation verwendeten Äquivalenzziffern die Kostentragfähigkeit der einzelnen Kuppelprodukte wider.

Kombination von Restwert- und Verteilungsmethode

Liegen *mehrere* Haupt- *und* Nebenprodukte vor, kann man beide Formen der Kuppelkalkulation kombinieren. Die von den Hauptprodukten zu tragenden Kosten werden mit dem Restwertverfahren ermittelt, die Aufteilung des Restwertes auf die Hauptprodukte wiederum erfolgt nach der Verteilungsmethode.

B

Aus einem Kuppelprozeß gehen vier Produkte (= zwei Haupt- und zwei Nebenprodukte) hervor.

1. Schritt: Ermittlung der von den beiden Hauptprodukten zu tragenden Restkosten *(Restwert)*

Gesamtkosten des Kuppelprozesses	525 000 DM
abzuziehender positiver Deckungsbeitrag[16] von Nebenprodukt 3	– 45 000 DM
zu addierender negativer Deckungsbeitrag von Nebenprodukt 4	+ 20 000 DM
Restwert für Hauptprodukt 1 und 2	*500 000 DM*

Die *Verteilung* (auf Basis der Marktpreise) auf die beiden Hauptprodukte ergibt:

Produkt	Menge (kg)	Marktpreise (DM/kg)	*Rechen-einheiten (DM)*	*Stückkosten* (DM/kg)*	*Aufteilung der Gesamtkosten (DM)*
1	800	1000	800 000	*400*	*320 000*
2	600	750	450 000	*300*	*180 000*
Σ			1 250 000		*500 000*

* 500 000 DM (gesamte Restkosten) : 1 250 000 DM (Σ RE) = 0,4;
0,4 • Erlös

6.3. Kurzfristige Erfolgsrechnung

B

Da nunmehr bei der Speedy GmbH mit dem Ausbau der Kostenrechnung bis zur Kalkulation stückbezogene (aber auch auftrags- oder projektbezogene) Kostenaussagen möglich sind, möchte Manfred Kolb für das Unternehmen auch zeitraumbezogene Darstellungen und Auswertungen vorantreiben.

Ausbau zur Erfolgsrechnung

Das bedeutet, daß neben den herstellungs- und vertriebsbedingten Kosten auch die zugehörigen *Erlöse* erfaßt und ausgewiesen werden müssen. Damit wird die Kostenrechnung zur *Erfolgsrechnung*. Da der Erfolg i.d.R. monatlich oder vierteljährlich ermittelt werden sollte, spricht man in diesem Zusammenhang von der *kurzfristigen* Erfolgsrechnung. Damit kann ein wesentliches Ziel, nämlich die Analyse der Erfolgsquellen, erreicht werden. Die Unterschiede gegenüber der Gewinn- und Verlustrechnung liegen insbesondere im kürzeren Abrechnungszeitraum, in der Beschränkung auf den be-

16 Die Ermittlung der Deckungsbeiträge wurde bereits oben im Rahmen der Darstellung der Restwertmethode erläutert.

trieblichen Leistungserstellungsprozeß und in der Abweichung von den pagatorischen Größen.[17]

Grundsätzlich können zwei Verfahren unterschieden werden:

- das *Gesamtkostenverfahren und*
- das *Umsatzkostenverfahren.*

Beide Verfahren müssen zum gleichen Ergebnis führen[18], da bei einem definierten Kostengerüst und erzielbaren Erlösen nur ein Ergebnis erzielt werden kann. Pflicht- und Wahlbestandteile bei den Kosten, wie man sie bei den Herstell*ungs*kosten im externen Rechnungswesen kennt, würden den Zielsetzungen von Kosten- und Leistungsrechnungen zuwiderlaufen. In welcher Weise die Verfahren eine Erfolgsquellenanalyse vornehmen können, soll im folgenden dargestellt werden.

6.3.1. Gesamtkostenverfahren

Vorgehensweise

Das Gesamtkostenverfahren stellt den gesamten Erlösen einer Abrechnungsperiode die *gesamten Kosten* der Abrechnungsperiode gegenüber, wobei die Kosten nach Kostenarten (Personal-, Materialkosten, kalkulatorische Abschreibungen usw.) gegliedert einfließen.

Bestandsveränderungen

Bei nicht absatzsynchroner Fertigung (produzierte Menge ≠ abgesetzte Menge) enthalten die einzelnen Komponenten zur Ergebnisermittlung allerdings nicht das gleiche Mengengerüst. Die in den Gesamtkosten enthaltenen Herstellkosten beziehen sich auf die produzierte, die Umsatzerlöse auf die abgesetzten Mengen. Nur wenn Produktion und Absatz übereinstimmen, können die gesamten Kosten den Erlösen gegenübergestellt werden. Da dies aber nur im Falle nicht lagerfähiger Güter (z.B. Strom oder Dienstleistungen) der Fall ist, müssen die Bestandsveränderungen berücksichtigt werden.

Bestandserhöhung

Werden in einer Abrechnungsperiode mehr unfertige und/oder fertige Leistungen hergestellt, als abgesetzt (Marktleistungen) bzw. verbraucht (aktivierbare Eigenleistungen) worden sind, kommt es zu Bestandserhöhungen. Diese Bestandserhöhungen stellen *Leistungen* dar (Güterentstehung) und müssen – zu Herstellkosten bewertet – den Erlösen zugeschlagen werden. Damit wird auf der Leistungsseite der gleiche Mengenbezug hergestellt wie auf der Kostenseite und macht beide Seiten vergleichbar.

17 Siehe auch Kapitel 2 und 3.
18 Vgl. auch Brauner, W., 1991, S. 329f.

Bestandminderung

Im umgekehrten Fall (abgesetzte Menge produzierte Menge) werden Lagerbestände abgebaut, die in vorangegangenen Perioden *Kosten* verursacht haben. Den Umsatzerlösen würden ohne deren Berücksichtigung zu geringe Herstellkosten gegenüberstehen. Damit ein vergleichbares Mengengerüst zugrunde liegt, sind die gesamten Kosten der laufenden Abrechnungsperiode um die Bestandsminderungen – zu Herstellkosten bewertet – zu erhöhen.

(Umsatz-)Erlöse der Periode

\+ *Bestandserhöhungen an fertigen und unfertigen Leistungen (bewertet zu Herstellkosten)*

– *Bestandsminderungen an fertigen und unfertigen Leistungen (bewertet zu Herstellkosten)*

– *Gesamtkosten der Periode gegliedert nach Kostenarten*

= *Betriebsergebnis*

Abb. 58: *Gesamtkostenverfahren*

SCHÄFFER POESCHEL

B

Unter Zugrundelegung folgender Daten einer Abrechnungsperiode ist das Betriebsergebnis nach dem *Gesamtkostenverfahren* zu ermitteln:

Umsatzerlöse	100 000	DM
Produzierte Menge	22 000	Stück
Abgesetzte Menge	20 000	Stück
Stückherstellkosten	4	DM/Stück
Fertigungsmaterial	10 000	DM
Gemeinkostenmaterial	8 500	DM
Fertigungslöhne	15 000	DM
Hilfslöhne	5 000	DM
Gehälter	18 000	DM
Sozialkosten	3 000	DM
Kalkulatorische Abschreibungen	6 000	DM

Lösung:

Umsatzerlöse	100 000 DM
Bestandsveränderung	
(22 000 Stück – 20 000 Stück) • 4 DM/Stück	+ 8 000 DM
Fertigungsmaterial	– 10 000 DM
Gemeinkostenmaterial	– 8 500 DM
Fertigungslöhne	– 15 000 DM
Hilfslöhne	– 5 000 DM
Gehälter	– 18 000 DM
Sozialkosten	– 3 000 DM
Kalkulatorische Abschreibungen	– 6 000 DM
Betriebsergebnis	*42 500 DM*

Würdigung

Das Gesamtkostenverfahren zeichnet sich durch seine Einfachheit aus, da die Kosten aus der Kostenartenrechnung in die Kostenträgerzeitrechnung übernommen werden können. Dies relativiert sich jedoch, wenn im Falle von Bestandsveränderungen die Bestände durch die Inventur ermittelt werden müßten. Auch sind Nebenrechnungen erforderlich, um die Herstellungskosten in Herstellkosten umzurechnen. Insofern ist doch eine Kostenträgerstückrechnung erforderlich.

Ein großer Nachteil des Gesamtkostenverfahrens besteht insbesondere darin, daß man für die Erfolgsanalyse der Erzeugnis*arten* keine Informationen erhält. Die Kosten werden nicht nach Erzeugnisarten differenziert ausgewiesen, so daß man nicht erkennen kann, welche Produkte in welchem Umfang zum Gesamterfolg beitragen.

6.3.2. Umsatzkostenverfahren

Vorgehensweise

Beim Umsatzkostenverfahren werden den Umsatzerlösen (nach Erzeugnisarten) gegliedert) die jeweiligen Selbstkosten auf Basis der abgesetzten Mengen (= Kosten des Umsatzes) gegenübergestellt. Damit basiert sowohl die Erlös- wie die Kostenseite auf dem Mengengerüst des Absatzes. Hier werden keine Angaben über Bestandsveränderungen benötigt.

Umsatzerlöse der in der Periode abgesetzten Erzeugnisse, gegliedert nach Erzeugnisarten

– *Selbstkosten der in der Periode abgesetzten Erzeugnisse (≡ Umsatzkosten), gegliedert nach Erzeugnisarten*

= *Betriebsergebnis*

SCHÄFFER POESCHEL

Abb. 59: *Umsatzkostenverfahren*

Bestandsveränderungen

Beim Umsatzkostenverfahren ist eine Kostenträgerstückrechnung Voraussetzung, da die Selbstkosten zu ermitteln sind. Übersteigt die produzierte Menge die abgesetzte Menge (Bestandserhöhung) wird nur der Teil der Herstellkosten berücksichtigt, der auf den Umsatz entfällt. Bei einem Bestandsaufbau von selbsterstellten Anlagen sind die darauf entfallenden Herstellkosten nicht in die Ergebnisrechnung hereinzurechnen, da sie nicht Bestandteil des Umsatzprozesses sind. Im Fall von Lagerabgängen für den Umsatzprozeß erhöht der darauf fallende Herstellkostenanteil früherer Abrechnungsperioden die Herstellkosten der laufenden Periode.

B

Gegeben seien für eine Abrechnungsperiode die folgenden Daten:

Erzeugnis	Herstell-kosten (DM)	Verw.- und Vertriebs-kosten (DM)	produzierte Menge (Stück)	abgesetzte Menge (Stück)	Stück-herstellkosten der Vorperiode (DM/Stück)	Erlöse (DM/Stück)
1	50 000	5 000	500	300		150
2	80 000	10 000	400	600	180	197

Es ist das Betriebsergebnis nach dem *Umsatzkostenverfahren* zu ermitteln.

Lösung:

Leistungen und Kosten	Erzeugnis 1 (DM)	Erzeugnis 2 (DM)
Umsatzerlöse	45 000	118 200
Herstellkosten des Umsatzes	– 30 000*	– 116 000**
Verwaltungs- und Vertriebskosten	– 5 000	– 10 000
Betriebsergebnis pro Erzeugnis	*10 000*	– *7 800*
Gesamtergebnis	*2 200*	

* (50 000 DM : 500 Stück) • 300 Stück = 30 000 DM

** 80 000 DM + (200 Stück • 180 DM/Stück) = 116 000 DM

Obgleich mit Erzeugnis 1 ein vergleichsweise hoher Gewinn erzielbar ist, reduziert sich dieser auf 2 200 DM durch Erzeugnis 2.

Da beide Verfahren der kurzfristigen Erfolgsrechnung zum gleichen Ergebnis kommen müssen, soll zusätzlich anhand dieses vereinfachten Beispiels das Betriebsergebnis nach dem *Gesamtkostenverfahren* ermittelt werden:

Erlöse	163 200 DM
Bestandszunahme Erzeugnis 1 (200 Stück • 100 DM/Stück)	+ 20 000 DM
Bestandsabnahme Erzeugnis 2 (200 Stück • 180 DM/Stück)	– 36 000 DM
Gesamte Kosten der Periode	145 000 DM
Betriebsergebnis	2 200 DM

Würdigung

Mit dem Umsatzkostenverfahren kann der Erfolgsbeitrag eines jeden Erzeugnis zum Gesamterfolg festgestellt werden. Es zeigt die Erfolgsquellen auf und ist deshalb erheblich aussagekräftiger als das Gesamtkostenverfahren. Die Anwendung des Umsatzkostenverfahrens empfiehlt sich deshalb für Unternehmen mit differenzierter Fertigung. Für diesen Fall ist eine ausgeprägte Kostenstellen- und Kostenträgerstückrechnung notwendig, damit die Selbstkosten ermittelbar sind.

Es bietet sich an, die Betriebsergebnisrechnung bei Anwendung des Umsatzkostenverfahrens wesentlich differenzierter zu gestalten. Sie läßt sich – wie Abb. 60 zeigt – in geeigneter Weise beliebig untergliedern, z.B. nach Produkten, nach Produktgruppen, nach Kunden, nach Regionen usw. Das setzt natürlich eine entsprechend differenzierte Kostenerfassung voraus.

Eine Erfolgsanalyse für *kurzfristige* Entscheidungen ist im Falle des Umsatzkostenverfahrens auf Vollkostenbasis allerdings nur bedingt aussagekräftig, da es *nicht entscheidungsrelevante* Kosten enthält, was sogar zu Fehlentscheidungen führen kann. Darauf wird später im Rahmen der Teilkostenrechnungen noch einzugehen sein.

Bei langfristiger Fertigung (z.B. im Schiffsbau) enthält die Ergebnisrechnung nach dem Umsatzkostenverfahren für einzelne Abrechnungsperioden keine Werte, wenn keine Umsätze getätigt werden und dementsprechend keine ausweisbaren Herstellkosten zur Erzielung der Umsatzerlöse angefallen sind.

Umsatzerlöse/Kosten	*Kostenträgergruppe 4* (z.B. Industriemotoren)	*Kostenträger G*	

Umsatzerlöse/Kosten	*Kostenträgergruppe 3* (z.B. Geländewagen)	*Kostenträger E*	*Kost*

Umsatzerlöse/Kosten	*Kostenträgergruppe 2* (z.B. Sportwagen)	*Kostenträger C*		*Kostenträger D*	
		Ausland	Inland	Ausland	Inl

Umsatzerlöse/Kosten	*Kostenträgergruppe 1* (z.B. Mittelklassewagen)		*Kostenträger A*				*Kostenträger B*			
			Ausland		Inland		Ausland		Inland	
	Summen		Land A	Land B	Region 1	Region 2	Land A	Land B	Region 1	Region 2
Umsatzerlöse										
Materialeinzelkosten Materialgemeinkosten Fertigungseinzelkosten Fertigungsgemeinkosten Sondereinzelkosten der Fertigung										
Herstellkosten 1 (des Umsatzes)										
Forschungs- und Entwicklungskosten										
Herstellkosten 2 (des Umsatzes)										
Verwaltungskosten Vertriebseinzelkosten Sondereinzelkosten des Vertriebs Vertriebsgemeinkosten										
Selbstkosten (des Umsatzes) (= Umsatzkosten)										
Betriebsergebnis										

Abb. 60: *Schematische Darstellung einer differenzierten Erfolgsrechnung nach dem Umsatzkostenverfahren*

7. Die Kosten- und Leistungsrechnung im Industrie-Kontenrahmen (IKR)

7.1. Gemeinschafts-Kontenrahmen der Industrie und Industrie-Kontenrahmen

Kontenrahmen

Die Erfassung und übersichtliche Darstellung der internen und externen Wertbewegungen obliegt dem Rechnungswesen des Unternehmens. Hierfür bedarf es eines gewissen Ordnungsschemas. Ein solches Ordnungsschema stellt der Kontenrahmen dar. In Deutschland haben zwei Kontenrahmen ihre Verbreitung gefunden:

(1) der Gemeinschafts-Kontenrahmen der Industrie (GKR) und
(2) der Industrie-Kontenrahmen (IKR).

Gemeinschafts-Kontenrahmen der Industrie

Der *Gemeinschafts-Kontenrahmen der Industrie (GKR)* geht im Prinzip vom *Einkreissystem* aus, d.h. von der Integration der Kosten- und Leistungsrechnung in die Finanzbuchhaltung. Im GKR stellen die Klassen 4 bis 7 den innerbetrieblichen Leistungserstellungsprozeß zahlenmäßig dar. Sie sind Ausdruck des *Prozeßgliederungsprinzips*. Die Kontenklasse 2 beinhaltet die Abgrenzungen zur Finanzbuchhaltung.

Industrie-Kontenrahmen

Der *Industrie-Kontenrahmen (IKR)* hingegen geht vom *Zweikreissystem aus.*[1] Die *Kontenklassen 0 – 8* sind für die *Finanzbuchhaltung* vorgesehen und nach dem *Bilanz- oder Abschlußgliederungsprinzip* aufgebaut. D.h. deren Aufbau wird aus der vorgeschriebenen Gliederung von Bilanz und Gewinn- und Verlustrechnung abgeleitet. Die *Kontenklasse 9* ist der *Kosten- und Leistungsrechnung* vorbehalten und entsprechend dem *Prozeß- oder Ablaufgliederungsprinzip* zu verwirklichen.

Umsatzkostenverfahren im IKR

Wie im Rahmen der Kostenträgerzeitrechnung dargestellt wurde, hat das Umsatzkostenverfahren eine wesentlich höhere Aussagekraft als das Gesamtkostenverfahren. Würde man das Umsatzkostenverfahren im Einkreissystem durchführen, kann die Gewinn- und Verlustrechnung nur mit Hilfe eines zusätzlichen eigenen Abschlusses in die gesetzlich vorgeschriebene Form geführt werden, da die Kosten nach verkauften Erzeugnissen zu gliedern sind. Es liegt deshalb die Empfehlung nahe, den Kontenrahmen zugrunde

1 Vgl. auch Schockenhoff, J., 1992, S. 201ff.

zu legen, der bereits eine getrennte Durchführung von Finanzbuchhaltung (mit ihrer Jahresabschlußrechnung) und Kosten- und Leistungsrechnung vorsieht.[2] Deshalb interessiert im folgenden nur der Industrie-Kontenrahmen (IKR), in dem die Kosten- und Leistungsrechnung in der Kontenklasse 9 nach dem Umsatzkostenverfahren durchgeführt werden soll.

7.2. Empfehlungen zur Kontenklasse 9

Kontengruppen der Klasse 9

Durch den freiwilligen Charakter der Kosten- und Leistungsrechnung unterliegt auch die Kontenklasse 9 des IKR keinen rechtlichen Vorschriften. Es ist jedem Unternehmen freigestellt, ob es diese Kontenklasse führt und wie es sie ausgestaltet. Folgende Kontengruppen werden vorgeschlagen:

Kontengruppe 90: Abgrenzung zur Geschäftsbuchführung
Kontengruppe 91: Kostenrechnerische Korrekturen
Kontengruppe 92: Verrechnete Leistungen und Kosten
Kontengruppe 93: Kostenstellen
Kontengruppe 94: Kostenträger
Kontengruppe 95: Erzeugnisse
Kontengruppe 96: Interne Lieferungen und Leistungen sowie deren Kosten
Kontengruppe 97: Umsatzkosten und sonstige Betriebskosten
Kontengruppe 98: Umsatzerlöse
Kontengruppe 99: Ergebnisausweise.

Die *Kosten- und Leistungsrechnung* selbst wird in den *Kontengruppen 92* (Verrechnete Leistungen und Kosten) *bis 991* (Betriebsergebnis) durchgeführt.

Da in der Kontenklasse 9 jedoch auch das Ergebnis der Gewinn- und Verlustrechnung ermittelt werden kann, sind zusätzlich *Abstimmungskonten* zu führen, mit deren Hilfe das Ergebnis der Kosten- und Leistungsrechnung (Betriebsergebnis) in das Ergebnis des externen Rechnungswesens übergeführt werden kann. Dies sind die *Kontengruppen 90* (Abgrenzung zur Geschäftsbuchführung), 91 (Kostenrechnerische Korrekuren), *992* (Neutrales Ergebnis) *und 993* (Gesamtergebnis).

---

2 Daß dennoch der Gemeinschafts-Kontenrahmen weit verbreitet ist, liegt wohl daran, daß er älter als der Industrie-Kontenrahmen ist, und die Unternehmen die Umstellung auf einen anderen Kontenrahmen wegen der damit verbundenen Probleme und Übergangsschwierigkeiten scheuen.

ABSTIMMUNG MIT DER FINANZBUCHHALTUNG:

90 Abgrenzung z. Gesch.buchhaltung		91 Kostenrechnerische Korrekturen		992 Neutrales Ergebnis		993 Gesamtergebnis	
in voller Höhe neutrale Erträge (Spekulationsgewinn) 992	in voller Höhe neutrale Aufwendungen (Spende) 992	Teilbeträge von neutralen Erträgen 992 Zusatzkosten 992	Teilbeträge von neutralen Aufwendungen 992 Zusatzleistungen 992	in voller Höhe neutrale Aufwendungen 90 Teilbeträge von neutralen Aufwendungen 91 Zusatzleistungen 91	in voller Höhe neutrale Erträge 90 Teilbeträge von neutralen Erträgen 91 Zusatzkosten 91	**Betriebsergebnis II 991** **Neutrales Ergebnis 992** **GESAMTERGEBNIS**	
Abschluß: Saldogegenbuchung in 993		**Abschluß: Saldogegenbuchung in 993**		**neutraler Gewinn 993**	**neutraler Verlust 993**	**Abschluß: Saldogegenbuchung in 90, 91, 92 (z.B. bei Vorliegen eines Gesamtgewinns: 993 an 90, 91, 92)**	

KOSTEN- UND LEISTUNGSRECHNUNG:

93 Kostenstellen

92 Verrechnete Leistungen und Kosten		930 Allg. Kostenstelle		931 Fertigungs-/Material-Hauptkostenstelle		932 Verw.- und Vertriebs-Hauptkostenstelle	
Umsatzerlöse 98 Bestandserhöhungen an UE und u.s.A. 94 Bestandserhöhungen an FE 95 und fertiggest. s.A. 96	Primäre Kostenarten - Herstell-EK 94 - SEK des Vertriebs 97 - Gemeinkosten 93 Bestandsminderungen an UE und u.s.A. 94 Bestandsminderungen an FE 95 und fertiggest. s.A. 96	Primäre Stellenkosten 92	Sekundäre Stellenkosten-entlastung 931 u. 932	Primäre Stellenkosten 92 Sekundäre Stellenkosten-belastung 930 Kalkulatorische Abschreibungen auf selbsterst. Anlagen 96	Endstellenkosten (normalisiert) 94	Primäre Stellenkosten 92 Sekundäre Stellenkosten-belastung 930	Endstellenkosten (normalisiert) 97
Abschluß: Saldogegenbuchung in 993		-	-		**Unterdeckung 991**	**Überdeckung 991**	

94 Kostenträger		95 (Fertig-)Erzeugnisse		96 Int. Lief. u. Leistgn. sowie deren Kosten		97 Umsatzkosten	
Herstell-EK 92 Erzeugnis-GK (Fert./Mat.) 931 (Σ = Gesamte HK der Periode)	HK der **fertiggest.** Erzeugnisse 95 und selbsterst. Anl. 96	HK der fertiggest. Erzeugnisse 94	HK der **abgesetzten** Erzeugnisse 97	HK der fertiggest. selbsterst. Anl. 94	kalkulatorische Abschreibungen selbsterst. Anl. 931	HK der abgesetzten Erzeugnisse 95 SEK d. Vertriebs 92 Verw.- u. Vtr. GK 932 (Σ = SK der abges. Erz.)	
Bestands**minderungen** UE und u.s.A. 92	Bestands**erhöhungen** UE und u.s.A. 92	Bestands**minderungen** FE 92	Bestands**erhöhungen** FE 92	Bestands**minderungen** fertiggest. s. A. 92	Bestands**erhöhungen** fertiggest. s. A. 92		**Umsatzkosten 990**

98 Umsatzerlöse		990 Betriebsergebnis I		991 Betriebsergebnis II	
	Umsatzerlöse 92	Umsatzkosten (auf Basis von **Normal**-kosten soweit GK) 97	Umsatzerlöse 98	Betriebsverlust I 990 Unterdeckung 931	Betriebsgewinn I 990 Überdeckung 932
Umsatzerlöse 990		**Betriebsgewinn I 991**	**Betriebsverlust I 991**	**Ist-Betriebsgewinn II 993**	**Ist-Betriebsverlust II 993**

SCHÄFFER POESCHEL

Abb. 61: *Übersicht über den Inhalt der Konten 90 – 99 des Industrie-Kontenrahmens (z. T. nur beispielhaft)*

Anhand der Abb. 61 soll zunächst allgemein der Inhalt der Konten und die Zusammenhänge erläutert werden. Es schließt sich dann ein geschlossenes Beispiel an.

7.2.1. Kosten- und Leistungsrechnung

Annahmen

In Anlehnung an dem bisher dargestellten und überwiegend für die Speedy GmbH konzipierten Aufbau der Kosten- und Leistungsrechnung berücksichtigen die nachstehenden Ausführungen folgende Annahmen:

- Es handelt sich um eine Vollkostenrechnung.
- Die Vollkostenrechnung berücksichtigt Istkosten und Normalgemeinkosten.
- Es ist das Betriebsergebnis nach dem Umsatzkostenverfahren zu ermitteln.
- Die hergestellten Erzeugnisse sind lagerfähig.

Daraus folgt,

- daß eine Bestandsrechnung durchgeführt wird.
- daß ein Betriebsergebnis auf Normal-[3] und Istkostenbasis ermittelt wird.
- daß eine Kostenkontrolle in der Kostenstellenrechnung durch Ermittlung von Über- und Unterdeckungen durchführbar ist.
- daß heterogene Leistungen erbracht werden, die eine differenzierte Zuschlagskalkulation erforderlich machen.
- daß der Erfolgsbeitrag der Erzeugnisse am Gesamterfolg ersichtlich wird.

Kontengruppe 92

Gruppe 92: Verrechnete Leistungen und Kosten
Die Kontengruppe 92 nimmt sämtliche *Gegenleistungs- und Gegenkostenbuchungen* auf. Die Bezeichnung weist schon darauf hin, daß es sich um spiegelbildlich geführte Konten handelt. Da im Haben alle Kostenarten erscheinen, spricht man diesen Konten die Funktion der *Kostenartenrechnung* zu. Der Saldo dieser Kontengruppe entspricht dem Betriebsergebnis II, das auf dem Konto 991 das Istergebnis ausweist.

Kontenguppe 93

Gruppe 93: Kostenstellen
Für die Zwecke der Vollkostenrechnung genügt als Unterscheidung der anfallenden Kosten die Einteilung in Einzel- und Gemein-

3 Normalkosten insoweit, als es sich um Gemeinkosten handelt.

kosten. Eine Differenzierung in fixe und variable Kosten ist nicht notwendig.

Erfassung

Die *Erfassung der Ist-Gemeinkosten* erfolgt im Soll der Kontengruppe 93. Diese Gruppe dient somit der Kostenstellenrechnung. Entsprechend ist pro Kostenstelle jeweils ein Konto in dieser Gruppe zu führen. Wie in der Kostenstellenrechnung bereits dargestellt[4], werden die anfallenden Ist-Gemeinkosten am Ort ihrer Entstehung (und damit auf den jeweiligen Konten) als *primäre Stellenkosten* (PSK) erfaßt (= Teil I BAB).

Die Gegenbuchung der PSK findet i.d.R. im Haben der Gruppe 92 statt. Handelt es sich bei den PSK jedoch um den der Abrechnungsperiode zurechenbaren Verbrauch von bereits fertiggestellten selbsterstellten Anlagen, so erfolgt die Gegenbuchung hierfür im Haben der Gruppe 96.

Da in der Kontengruppe 93 *alle* Ist-Gemeinkosten erfaßt werden, findet im weiteren Verlauf nur noch eine Verrechnung der Gemeinkosten statt.

Weiterverrechnung

Vor einer Weiterverrechnung der Gemeinkosten muß zunächst – entsprechend der Inanspruchnahmen – *die innerbetriebliche Leistungsverrechnung* (= Teil II BAB) durchgeführt werden. Diejenige Kostenstelle, die eine (zum Sofortverbrauch bestimmte) innerbetriebliche Leistung empfängt, wird im Soll belastet (= sekundäre Stellenkostenbelastung), diejenige, die diese Leistung abgibt, wird im Haben entsprechend entlastet. Nach Durchführung der innerbetrieblichen Leistungsverrechnung müssen alle Ist-Gemeinkosten auf die Hauptkostenstellen weiterverrechnet worden sein und es können die *Ist-Endstellenkosten (Ist-ESK)* gebildet werden.

Wird die Kosten- und Leistungsrechnung als *Ist*kostenrechnung geführt, sind aus dem Haben der Kostenstellenkonten dann – entsprechend der Inanspruchnahme der Kostenstellen durch die Kostenträger – die Gemeinkosten (Ist-ESK) des Material- und Fertigungsbereiches per Zuschlagssatz den Kostenträgerkonten (Gruppe 94) bzw. des Verwaltungs- und Vertriebsbereiches per Zuschlagssatz den Umsatzkostenkonten (Gruppe 97) zuzurechnen.

Da jedoch – gemäß den Vorgaben – zunächst ein Betriebsergebnis auf *Normal*kostenbasis ermittelt werden soll, das dann in ein Ist-Betriebsergebnis überzuführen ist, wird bis zum Betriebsergebnis I (Konto 990) eine Verrechnung von Gemeinkosten auf Normalkostenbasis durchgeführt. Das bedeutet, daß die Kostenträgerkonten (Gruppe 94) hinsichtlich der Material- und Fertigungsgemeinkosten und die Umsatzkostenkonten (Gruppe 97) hinsichtlich der Verwaltungs- und Vertriebsgemeinkosten mit *Normal*-Gemeinkosten im Soll belastet werden. Die (Haupt)Kostenstellenkonten (Gruppe 93) er-

4 Vgl. Kapitel 5.

halten somit zusätzlich eine Haben-Gegenbuchung in Form von Normal-Endstellenkosten (= Normal-ESK).

Damit befinden sich auf den (Haupt)Kostenstellenkonten der Gruppe 93 sowohl Ist-ESK (als Ergebnis der erfaßten PSK und der durchgeführten innerbetrieblichen Leistungsverrechnung) als auch Normal-ESK. Die Differenz von Normal-ESK und Ist-ESK jeder Hauptkostenstelle ergibt die Über- oder Unterdeckung. Im Vorgriff sei bereits darauf hingewiesen, daß mit Hilfe dieser Über- oder Unterdeckungen das Normal-Betriebsergebnis zum Ist-Betriebsergebnis im Konto 991 (Betriebsergebnis II) übergeleitet wird.

Kontengruppe 94

Gruppe 94: Kostenträger

Da die anfallenden *Einzel*kosten den Kostenträgern direkt zugerechnet werden können, sind diejenigen, die im Rahmen der *Herstellung* entstehen, im Soll der verschiedenen Kostenträgerkonten (Gruppe 94) direkt zu erfassen. Dies betrifft die Material- und Fertigungseinzelkosten und die Sondereinzelkosten der Fertigung. (Die Sondereinzelkosten des Vertriebs werden, da sie erst bei Vertriebsaktivitäten anfallen, den Umsatzkostenkonten der Gruppe 97 belastet). Die Gegenkostenbuchung erfolgt in der Gruppe 92.

Da die gesamten Herstellkosten der Abrechnungsperiode in der Gruppe 94 ermittelt werden, sind nunmehr den bisher pro Kostenträger erfaßten Einzelkosten die *Gemeinkosten* aus der Kostenstellenrechnung (Gruppe 93) über die Gemeinkostenzuschlagssätze (= anteilige ESK) einzubuchen. Wie oben bereits ausgeführt, handelt es sich um *normalisierte* Endstellenkosten.

So gelangen die Einzelkosten direkt und die Gemeinkosten indirekt (über die Gruppe 93 = Kostenstellenrechnung) in die Kostenträgerkonten der Gruppe 94. Damit werden die gesamten (normalisierten[5]) *Herstellkosten* der Abrechnungsperiode erfaßt.

Da dieses Kostenvolumen – getrennt nach Kostenträgern – bekannt ist, kann eine Bestandsrechnung durchgeführt werden.

Bucht man nun auf den einzelnen Kostenträgerkonten über die Habenseite diejenigen (normalisierten) Herstellkosten aus, die *fertiggestellt* wurden (Fertigerzeugnisse und fertiggestellte selbsterstellte Anlagen), und schließt man die einzelnen Kostenträgerkonten der Gruppe 94 ab, ergeben sich als Saldo die *Bestandsveränderungen* an *unfertigen* Erzeugnissen und *unfertigen* selbsterstellten Anlagen. Im Soll wird eine Bestandsminderung, im Haben eine Bestandserhöhung ausgewiesen. Die Gegenbuchung dieser Salden erfolgt in der Gruppe 92. Damit ist die Gruppe 94 abgeschlossen.

5 Soweit es sich um Gemeinkosten handelt.

Kontengruppe 95, 96

Gruppe 95: Erzeugnisse und Gruppe 96: Interne Lieferungen und Leistungen sowie deren Kosten
Die aus der Gruppe 94 (Kostenträger) ausgebuchten (für den Absatzmarkt vorgesehenen) *fertiggestellten* Erzeugnisse – bewertet zu (normalisierten) Herstellkosten – werden ins Soll der Kontengruppe (Fertig-)Erzeugnisse (Gruppe 95) aufgenommen. Bucht man wiederum die Herstellkosten der *abgesetzten* fertigen Erzeugnisse im Haben aus und überträgt diese in die entsprechenden Umsatzkostenkonten der Gruppe 97, erhält man als Saldo in der Gruppe 95 die *Bestandsveränderungen der Fertigerzeugnisse.* Eine Bestandsminderung entsteht im Soll, eine Bestandserhöhung im Haben. Die entsprechende Gegenbuchung der Salden erfolgt wiederum in der Gruppe 92. Damit ist die Gruppe 95 abgeschlossen.

Für die aus der Gruppe 94 (Kostenträger) ausgebuchten *fertiggestellten selbsterstellten Anlagen* – bewertet zu (normalisierten) Herstellkosten – wird vorgeschlagen, speziell die Kontengruppe 96 zu verwenden, so daß die Einbuchung für diese Leistungen dort im Soll erfolgt. Im Haben wird dagegen, da diese Leistungen nicht für den Absatzmarkt vorgesehen sind, der Verbrauch erfaßt, dessen Gegenbuchung – wie bereits oben beschrieben – als PSK in die entsprechenden Kostenstellenkonten einfließt. Schließt man dann die Gruppe 96 ab, ergeben sich als Saldo die *Bestandsveränderungen an fertiggestellten selbsterstellten Anlagen*, bewertet zu (normalisierten) Herstellkosten. Durch die Gegenbuchung des Saldos in der Gruppe 92 ist auch diese Gruppe 96 abgeschlossen.

Kontengruppe 97

Gruppe 97: Umsatzkosten
Bisher wurden die (normalisierten) *Herstellkosten* der abgesetzten Erzeugnisse ins Soll auf den einzelnen Umsatzkostenkonten der Gruppe 97 erfaßt. Da die Umsatzkosten jedoch die *Selbst*kosten der abgesetzten Erzeugnisse darstellen, müssen noch die fehlenden Kostenbestandteile eingestellt werden: Dazu gehören die *Sondereinzelkosten des Vertriebs*. Sie können wegen ihres Einzelkostencharakters direkt eingebucht werden; die Gegenkostenbuchung erfolgt in der Gruppe 92. Die (normalisierten) *Verwaltungs- und Vertriebsgemeinkosten* werden per Normalzuschlagssatz im Soll eingestellt; die Gegenbuchung erfolgt in der Kostenstellenrechnung als Normal-ESK. Die Summe der im Soll der Gruppe 97 pro Erzeugnisart erfaßten Kosten stellen jetzt die (normalisierten) Selbstkosten der abgesetzten Erzeugnisse dar.

Sind *Handelswaren* zu berücksichtigen, werden sie direkt im Soll auf den ihnen zugewiesenen Konten der Gruppe 97 eingebucht und im Haben der Gruppe 92 gegengebucht.

Die sich im Haben ergebenden Salden der verschiedenen Umsatzkostenkonten werden im Soll des Betriebsergebniskontos I (Konto 990) eingestellt; die Gruppe 97 ist damit abgeschlossen.

Kontengruppe 98

Gruppe 98: Umsatzerlöse
Die *Umsatzerlöse* der verschiedenen Erzeugnisarten werden im Haben der Gruppe 98 verbucht; die Gegenbuchung erfolgt in 92.

Die sich im Soll ergebenden Salden der verschiedenen Umsatzkonten werden im Haben des Betriebsergebniskontos I (Konto 990) eingestellt; die Gruppe 98 ist damit abgeschlossen.

Konto 990

Konto 990: Betriebsergebnis I
Da über die Gruppen 97 und 98 im Betriebsergebniskonto I nunmehr die (normalisierten) Selbstkosten der abgesetzten Erzeugnisse im Soll und die Umsatzerlöse im Haben jeweils getrennt nach Erzeugnisarten angekommen sind, kann das *Betriebsergebnis I* ermittelt werden. Wegen der bisherigen Behandlung der Umsatzkosten stellt dieser Saldo ein *Betriebsergebnis auf Basis von Normal(gemein)-kosten* dar.

Ein sich beispielsweise im Soll ergebender Betriebsgewinn im Konto 990 wird in das Betriebsergebnis II (Konto 991) übertragen.

Konto 991

Konto 991: Betriebsergebnis II
Der bis jetzt im Konto 991 im Haben ausgewiesene Betriebsgewinn (gesamt oder pro Erzeugnisart) stellt einen Ergebnisausweis dar, der sich durch die Verrechnung von Normalgemeinkosten ergeben hat. Um einen Ergebnisausweis auf *Ist*kostenbasis zu erhalten, müssen die Differenzen der Istgemeinkosten gegenüber den Normalgemeinkosten in das Konto 991 eingestellt werden.

Soweit also von den Kostenstellen weniger oder mehr als die tatsächlich entstandenen Kosten weiter verrechnet worden sind, wird dies durch direkte Einbuchung der *Kostenstellenunter- bzw. -überdeckung* in das Konto des Betriebsergebnisses II rückgängig gemacht:

In der Gruppe 93 (Kostenstellen) wurden die PSK der einzelnen Kostenstellen erfaßt. Nach Durchführung der innerbetrieblichen Leistungsverrechnung erhält man als Zwischensumme die Ist-ESK. Stellt man diese Zwischensumme den weiter verrechneten Normal-ESK gegenüber, erhält man als Saldo auf den Hauptkostenstellen im Soll eine Überdeckung, im Haben eine Unterdeckung. Diese Salden sind in das Konto 991 zu übernehmen; die Konten der Gruppe 93 sind jetzt alle abgeschlossen.

Wird nun der Saldo auf dem Betriebsergebnis II-Konto gebildet, ergibt sich das Betriebsergebnis auf Istkostenbasis.

Wurde das Normal-Betriebsergebnis auch *differenziert nach Erzeugnisarten* in das Betriebsergebniskonto II eingestellt, so wären die jetzt noch hinzukommenden Über- und Unterdeckungen anteilig den nach Erzeugnisarten gegliederten Ergebnissen zuzuweisen. Dann könnte der Erfolgsbeitrag eines jeden Erzeugnisses nicht nur auf Normalkostenbasis sondern auch auf Istkostenbasis ersehen werden.

Im übrigen muß der Saldo des Kontos 991 (das Betriebsergebnis auf Istkostenbasis) mit dem Saldo der Gruppe 92 übereinstimmen, denn dort wurden alle Umsatzerlöse, alle primären Kostenarten und die Bestandsveränderungen an unfertigen und fertigen Erzeugnissen (jeweils einschließlich der selbsterstellten Anlagen) gegengebucht. Die Gruppe 92 weist – bei spiegelbildlicher Darstellung – das Betriebsergebnis nach dem *Gesamtkostenverfahren* aus. Die Kosten- und Leistungsrechnung selbst ermittelt das Betriebsergebnis nach dem *Umsatzkostenverfahren*.

Durch die Ermittlung der Salden der Gruppe 92 und des Kontos 991 ist der Buchungskreis der Kosten- und Leistungsrechnung geschlossen.

7.2.2. Abstimmung mit der Finanzbuchhaltung

Neben der Ermittlung des Betriebsergebnisses hat die Kontenklasse 9 des IKR auch die Funktion, das Ergebnis der Finanzbuchhaltung, somit das der Gewinn- und Verlustrechnung (Gesamtergebnis) auf seine Richtigkeit hin zu überprüfen. Das bedeutet, daß das ermittelte Betriebsergebnis in das Gesamtergebnis übergeleitet werden kann.

Konto 992: Neutrales Ergebnis

Konto 992

Der Überleitung dient das Konto 992 Neutrales Ergebnis. Aus Sicht des Betriebsergebnisses müssen im *Neutralen Ergebnis* im Hinblick auf das Gesamtergebnis

- erstens alle neutralen Aufwendungen (im Soll) und alle neutralen Erträge (im Haben) zusätzlich aufgenommen werden, da sie bisher nicht in das Betriebsergebnis eingeflossen sind,
- und zweitens alle Zusatzkosten (im Haben) und alle Zusatzleistungen (im Soll) storniert werden, da sie nicht im Gesamtergebnis enthalten sein dürfen.

Die Gegenbuchungen zum Neutralen Ergebniskonto finden in den Gruppen 90 und 91 statt. Der Saldo beider Gruppen muß dem Saldo des Neutralen Ergebnisses entsprechen.

Gruppe 90: Abgrenzung zur Geschäftsbuchhaltung

Kontengruppe 90

Handelt es sich um Geschäftsvorfälle, die in voller Höhe neutral sind, werden sie in der Gruppe 90 gegengebucht. Deswegen wird diese Kontengruppe spiegelbildlich geführt und die neutralen Aufwendungen erscheinen im Haben, die neutralen Erträge im Soll.

Kontengruppe 91

Gruppe 91: Kostenrechnerische Korrekturen
Die Gegenbuchungen zum Neutralen Ergebniskonto, die in der Gruppe 91 vorgenommen werden, betreffen

- Geschäftsvorfälle, die nur *teilweise neutral* sind, da in die Finanzbuchhaltung ein höherer Aufwand (Ertrag) als Kosten (Leistung) in die Kosten- und Leistungsrechnung einging.
- Zusatzkosten und Zusatzleistungen, die dadurch entstanden sind, weil zum einen Zusatzkosten- und Zusatzleistungen in voller Höhe oder zum anderen Zusatzkosten- und Zusatzleistungen aufgrund eines höheren Wertansatz in der Kosten- und Leistungsrechnung gegenüber der Finanzbuchhaltung vorliegen.

Aufgrund ihres Charakters wird auch diese Gruppe 91 spiegelbildlich geführt. Damit erscheinen die teilweise neutralen Erträge und Zusatzkosten im Soll und die teilweise neutralen Aufwendungen und Zusatzleistungen im Haben.

Konto 993

Konto 993: Gesamtergebnis
Wird das Betriebsergebnis II (Konto 991) und das Neutrale Ergebnis (Konto 992) in das Gesamtergebnis (Konto 993) übernommen, so entspricht der dann dort gebildete Saldo dem Ergebnis der Finanzbuchhaltung.

Da

der Saldo der Gruppe 92 dem Saldo des Kontos 991 und
der Saldo der Gruppen 90 und 91 dem Saldo des Kontos 992

entspricht, muß

der Saldo der Gruppen 90, 91 und 92 mit dem Saldo
des Kontos 993

identisch sein.

7.3. Durchführung der Kosten- und Leistungsrechnung (Beispiel)

Zur Veranschaulichung und zur Demonstration des Systems der Kosten- und Leistungsrechnung als Ganzes schließt sich ein Beispiel an. Es werden die eingangs zu diesem Kapitel gemachten Annahmen beibehalten. Die nachstehenden Sachverhalte bilden ein in sich geschlossenes Beispiel. Zum besseren Verständnis werden die in den einzelnen Buchungsfällen anzusprechenden Konten jeweils mit allen bis dahin stattgefundenen Buchungen dargestellt. Der aktuelle Buchungssatz ist jeweils kursiv eingestellt.

Es sind für die nachfolgenden Geschäftsvorfälle sämtliche Buchungen vorzunehmen, um insbesondere die *Betriebsergebnisse I und II*, aber auch das Neutrale Ergebnis und das Gesamtergebnis festzustellen.

I. Kontenplan:

90	Abgrenzung zur Geschäftsbuchführung
91	Kostenrechnerische Korrekturen
92	Verrechnete Leistungen und Kosten
930	Allgemeine Kostenstelle 1 (A_1)
931	Allgemeine Kostenstelle 2 (A_2)
932	Fertigungshilfskostenstelle (A_3)
933	Kostenstelle Fertigung (H_4)
934	Kostenstelle Material (H_5)
935	Kostenstelle Verwaltung und Vertrieb H_6)
940	Kostenträger A
941	Kostenträger B
942	Kostenträger selbsterstellte Anlagen
950	(Fertig-)Erzeugnis A
951	(Fertig-)Erzeugnis B
96	Fertiggestellte selbsterstellte Anlagen (Interne Lieferungen und Leistungen sowie deren Kosten)
970	Umsatzkosten A
971	Umsatzkosten B
980	Umsatzerlöse A
981	Umsatzerlöse B
990	Betriebsergebnis I
991	Betriebsergebnis II
992	Neutrales Ergebnis
993	Gesamtergebnis

II. Buchungsfälle: DM

1. Umsatzerlöse Erzeugnis A 40 000,–
   Erzeugnis B 60 000,–

   BS: *92 100 000,- / 980 40 000,–*
   981 60 000,–

92

1) 980, 981	*100 000*		

980

		1) 92	*40 000*

981

		1) 92	*60 000*

2. Zinserträge aus Spekulationsgeschäften 2 500,–

   BS: *90 / 992 2 500,–*

   (Für einen Industriebetrieb stellt dieser Geschäftsvorfall keine Leistung dar und berührt somit nicht die Kosten- und Leistungsrechnung. Der Vorgang ist jedoch für die Ermittlung des Gesamtergebnisses zu berücksichtigen (= in voller Höhe neutraler Ertrag.)

90

2) 992	*2 500*		

992

		2) 90	*2 500*

3. Aufwendungen für in der Vorperiode unterlassene Instandhaltung; für diese notwendige Instandhaltung wurden in der Vorperiode Kosten verrechnet, denen kein Aufwand gegenüberstand. 5 000,–

BS: *992 / 90 5 000,–*

(In der laufenden Abrechnungsperiode stehen dem verrechneten Aufwand keine Kosten gegenüber (= in voller Höhe neutraler Aufwand). Dieser Geschäftsvorfall darf somit nicht in die Kosten- und Leistungsrechnung eingehen, muß aber im Gesamtergebnis berücksichtigt werden.)

90			
2) 992	2 500	*3) 992*	*5 000*

992			
3) 90	*5 000*	2) 90	2 500

4. Fertigungslöhne:

Kostenträger A	12 000,–
Kostenträger B	22 500,–
Kostenträger s. A.	6 000,–

BS: *940 12 000,–*
941 22 500,–
942 6 000,– / 92 40 500,–

(Fertigungslöhne stellen Einzelkosten dar und sind direkt auf den Kostenträgerkonten zu erfassen.)

940			
4) 92	*12 000*		

941			
4) 92	*22 500*		

942			
4) 92	*6 000*		

92			
1) 980, 981	100 000	*4) 940-2*	*40 500*

5. Entnahmen und Verbrauch an Rohstoffen für

Kostenträger A	11 500,–
Kostenträger B	16 400,–
Kostenträger selbsterstellte Anlagen	4 400,–
den Bau des städtischen Hallenbades (Spende)	2 000,–

5a. BS: *940 11 500,–*
941 16 400,–
942 4 400,– / 92 32 300,–

5b. BS: *992 / 90 2 000,–*

(Rohstoffkosten stellen Einzelkosten dar und sind den Kostenträgern direkt zu belasten. Der Rohstoffspende für den Bau des städtischen Hallenbades hingegen fehlt der Leistungsbezug. Sie stellt neutraler Aufwand dar.)

940

4) 92	12 000		
5a) 92	*11 500*		

941

4) 92	22 500		
5a) 92	*16 400*		

942

4) 92	6 000		
5a) 92	*4 400*		

92

1) 980, 981	100 000	4) 940-2	40 500
		5a) 940-2	*32 300*

992

3) 90	5 000	2) 90	2 500
5b) 90	*2 000*		

90

2) 992	2 500	3) 992	5 000
		5b) 992	*2 000*

6. Kalkulatorische Abschreibungen:

Kostenstelle A_1	500,–
Kostenstelle A_2	1 700,–
Kostenstelle A_3	2 300,-
Kostenstelle H_4	5 600,–
Kostenstelle H_5	3 000,–
Kostenstelle H_6	1 400,–

BS: *930 500,–*
931 1 700,–
932 2 300,–
933 5 600,–
934 3 000,–
935 1 400,– / 92 14 500,–

(Die angefallenen kalkulatorische Abschreibungen stellen primäre Gemeinkosten (PSK) dar und werden in die Kostenstellenrechnung eingestellt.)

930

6) 92	*500*		

931

6) 92	*1 700*		

932

6) 92	*2 300*		

933

6) 92	*5 600*		

934

6) 92	*3 000*		

935

6) 92	*1 400*		

92

1) 980,981	100 000	4) 940-2	40 500
		5a) 940-2	32 300
		6) 930-5	*14 500*

7. Bilanzielle Abschreibungen (Kostenstelle A_1 bis H_6) 12 500,–

   BS: *91 / 992 2 000,–*

   (In der Kosten- und Leistungsrechnung werden 14 500,- DM Kosten gem. Fall 6 verrechnet, denen jedoch nur 12 500,- DM Aufwand gegenüberstehen. Somit liegen 2 000,- DM Zusatzkosten vor, die im Hinblick auf das Gesamtergebnis wieder zu stornieren sind.)

91

7) 992	*2 000*		

992

3) 90	5 000	2) 90	2 500
5b) 90	2 000	*7) 91*	*2 000*

8. Entnahme und Verbrauch von Hilfs- und Betriebsstoffen für

Kostenstelle A_1	750,–
Kostenstelle A_2	800,–
Kostenstelle A_3	1 200,–
Kostenstelle H_4	3 000,–
Kostenstelle H_5	600,–
Kostenstelle H_6	800,–

BS:

930	*750,–*
931	*800,–*
932	*1 200,–*
933	*3 000,–*
934	*600,–*
935	*800,– / 92 7 150,–.*

(Als PSK sind die Hilfs- und Betriebsstoffkosten den entsprechenden Kostenstellen zuzurechnen.)

930

6) 92	500		
8) 92	*750*		

931

6) 92	1 700		
8) 92	*800*		

932

6) 92	2 300		
8) 92	*1 200*		

933

6) 92	5 600		
8) 92	*3 000*		

934

6) 92	3 000		
8) 92	*600*		

935

6) 92	1 400		
8) 92	*800*		

92

1) 980,981	100 000	4) 940-2	40 500
		5a) 940-2	32 300
		6) 930-5	14 500
		8) 930-5	*7 150*

9. Kalkulatorische Wagniskosten; der Wagnissatz beträgt 5 % der auf eine Kostenstelle entfallenden Abschreibungen.

9a. BS: *930 25,–*
931 85,–
932 115,–
933 280,–
934 150,–
935 70,– / 92 725,–

9b. BS: *91 / 992 725,–*

(Zunächst sind die kalkulatorischen Wagniskosten als PSK in die Kostenstellenrechnung einzustellen. Bezugsbasis für die Ermittlung stellt Fall 6 dar. Da diesen Kosten kein Aufwand gegenübersteht, sind diese Zusatzkosten im Hinblick auf das Gesamtergebnis wieder zu stornieren.)

930

6) 92	500		
8) 92	750		
9a) 92	*25*		

931

6) 92	1 700		
8) 92	800		
9a) 92	*85*		

932

6) 92	2 300		
8) 92	1 200		
9a) 92	*115*		

933

6) 92	5 600		
8) 92	3 000		
9a) 92	*280*		

934

6) 92	3 000	*14) 940-2*	*8 075*
8) 92	600		
9a) 92	*150*		

935

6) 92	1 400		
8) 92	800		
9a) 92	*70*		

92

1) 980, 981	100 000	4) 940-1	40 500
		5a) 940-2	32 300
		6) 930-5	14 500
		8) 930-5	7 150
		9a) 930-5	*725*

91

7) 992	2 000		
9b) 992	*725*		

992

3) 90	5 000	2) 90	2 500
5b) 90	2 000	7) 91	2 000
		9b) 91	*725*

10. Sonstige Gemeinkosten:

Kostenstelle A_1	1 085,–
Kostenstelle A_2	1 295,–
Kostenstelle A_3	1 545,–
Kostenstelle H_4	2 300,–
Kostenstelle H_5	2 950,–
Kostenstelle H_6	3 000,–

BS: *930 1 085,–*
931 1 295,–
932 1 545,–
933 2 300,–
934 2 950,–
935 3 000,– / 92 12 175,–

(Die Erfassung der sonstigen Gemeinkosten erfolgt wiederum als PSK in der Kostenstellenrechnung.)

930

6) 92	500		
8) 92	750		
9a) 92	25		
10) 92	*1 085*		

931

6) 92	1 700		
8) 92	800		
9a) 92	85		
10) 92	*1 295*		

932

6) 92	2 300		
8) 92	1 200		
9a) 92	115		
10) 92	*1 545*		

933

6) 92	5 600		
8) 92	3 000		
9a) 92	280		
10) 92	2 300		

934

6) 92	3 000	*14) 940-2*	*8 075*
8) 92	600		
9a) 92	150		
10) 92	*2 950*		

935

6) 92	1 400		
8) 92	800		
9a) 92	70		
10) 92	*3 000*		

92

1) 980, 981	100 000	4) 940-2	40 500
		5a) 940-2	32 300
		6) 930-5	14 500
		8) 930-5	7 150
		9a) 930-5	725
		10) 930-5	*12 175*

11. Verbrauch selbsterstellter Anlagen auf der Kostenstelle Fertigung; Abschreibungsrate für die Nutzung selbsterstellter Anlagen: 725,–

BS: *933 / 96 725,–*

(Da aus didaktischen Gründen die *Erfassung* der Einzel- und Gemeinkosten konsequent an den Anfang des Beispiels gestellt wurde, und die kalkulatorische Abschreibung dieser selbsterstellten Anlagen genauso PSK darstellen wie die einer beschafften Anlage, sind sie in die Kostenstellenrechnung einzustellen. Wieviel Anlagen in der *laufenden* Abrechnungsperiode selbst erstellt werden, wird erst aus dem Fall 18 ersichtlich. Fall 11 bringt zum Ausdruck, daß Anlagen in derselben Periode selbst erstellt *und* auch (teilweise oder alle) zum Einsatz kommen. Die Gegenbuchung muß in der Gruppe 96 »*Fertiggestellte* selbsterstellte Anlagen« erfolgen.)

992

6) 92	5 600		
8) 92	3 000		
9a) 92	280		
10) 92	2 300		
11) 96	*725*		

96

		11) 933	*725*

12. In der Finanzbuchhaltung wird dieser Verbrauch mit 800,– DM bewertet (entsprechend der höheren Aktivierung der selbsterstellten Anlagen)

BS: *992 / 91 75,–*

(Die Kosten- und Leistungsrechnung bewertet den Verbrauch gegenüber der Finanzbuchhaltung um 75,– DM niedriger. Im Hinblick auf das Gesamtergebnis muß diese Differenz als teilweiser neutraler Aufwand zusätzlich über das Neutrale Ergebniskonto berücksichtigt werden.)

992

3) 90	5 000	2) 90	2 500
5b) 90	2 000	7) 91	2 000
12) 91	*75*	9b) 91	725

91

7) 992	2 000	*12) 992*	*75*
9b) 992	725		

13. Die Fertigungsgemeinkosten werden den Kostenträgern auf Normalkostenbasis zugeschlagen. Der Zuschlagssatz beträgt 50 % der Fertigungseinzelkosten.

BS: *940 6 000,–*
941 11 250,–
942 3 000,– / 933 20 250,–

(Bisher wurden auf den Kostenträgerkonten die Einzelkosten erfaßt. Für die Ermittlung der Herstellkosten sind noch Gemeinkosten einzubuchen. Dies geschieht in Form von *Normal*gemeinkosten *auf Basis der im Fall 4* erfaßten Fertigungslöhne. Entsprechend sind die Kostenträgerkonten im Soll zu berühren. Da im aktuellen Fall Normal-*Fertigungs*gemeinkosten verrechnet werden, sind sie im Haben der Hauptkostenstelle Fertigung gegenzubuchen. Damit wurden in diese Hauptkostenstelle bisher PSK als Istkosten und werden nunmehr ESK als Normalkosten eingestellt. Für eine *spätere* Ermittlung der Über- oder Unterdeckung wäre noch die innerbetriebliche Leistungsverrechnung durchzuführen, was im Fall 15 noch geschehen wird.)

940

4) 92	12 000		
5a) 92	11 500		
13) 933	*6 000*		

941

4) 92	22 500		
5a) 92	16 400		
13) 933	*11 500*		

942

4) 92	6 000		
5a) 92	4 400		
13) 933	*3 000*		

933

6) 92	5 600	*13) 940-2*	*20 250*
8) 92	3 000		
9a) 92	280		
10) 92	2 300		
11) 92	725		

14. Die Materialgemeinkosten werden den Kostenträgern ebenfalls auf Normalkostenbasis zugeschlagen. Der Zuschlagssatz beträgt 25 % der Materialeinzelkosten.

BS: *940 2 875,–*
941 4 100,–
942 1 100,– / 934 8 075,–

(Die Ausführungen im Fall 13 sind auf die Materialgemeinkosten zu übertragen. Die Zuschlagsbasis findet sich in Fall 5.)

940

4) 92	12 000		
5a) 92	11 500		
13) 933	6 000		
14) 934	*2 875*		

941

4) 92	22 500		
5a) 92	16 400		
13) 933	11 250		
14) 934	*4 100*		

942

4) 92	6 000		
5a) 92	4 400		
13) 933	3 000		
14) 934	*1 100*		

934

6) 92	3 000	*14) 940-2*	*8 075*
8) 92	600		
9a) 92	150		
10) 92	2 950		

15. Die innerbetriebliche Leistungsverrechnung ist mittels des mathematischen Verfahrens (Simultanverfahren) durchzuführen. Folgende Leistungsaustauschmatrix ist zugrunde zu legen, wobei L_j der Gemeinkostenwert der Gesamtleistungsmenge der Kostenstelle j ist:

nach / von	*930*	*931*	*932*	*933*	*934*	*935*
930	–	$0{,}1\ L_1$	$0{,}05\ L_1$	$0{,}4\ L_1$	$0{,}2\ L_1$	$0{,}25\ L_1$
931	$0{,}2\ L_2$	–	$0{,}1\ L_2$	$0{,}25\ L_2$	$0{,}25\ L_2$	$0{,}2\ L_2$
932	–	–	–	$1\ L_3$	–	–

(Zur Durchführung der innerbetrieblichen Leistungsverrechnung sind zunächst die PSK_{1-3} zu errechnen, dann das Gleichungssystem aufzustellen, damit L_{1-3} ermittelt werden kann. Anschließend können die anteiligen Be- und Entlastungen der betroffenen Kostenstellen durchgeführt werden:

1. PSK_1 = 2 360,–; PSK_2 = 3 880,–; PSK_3 = 5 160,–
   (siehe bisherige Sollbuchungen auf 930 bis 932)
2. $L_1 = 2\,360 + 0{,}2\ L_2$
   $L_2 = 3\,880 + 0{,}1\ L_1$
   $L_3 = 5\,160 + 0{,}05\ L_1 + 0{,}1\ L_2$

   L_1 = 3 200,–; L_2 = 4 200,–; L_3 = 5 740,–
3. Buchungen:)

15a. BS: *931 320,–*
932 160,–
933 1 280,–
934 640,–
935 800,–/ 930 3 200,–

15b. BS: *930 840,–*
932 420,–
933 1 050,–
934 1 050,–
935 840,– / 931 4 200,–

15c. BS: *933 / 932 5 740,–*

930

6) 92	500	*15a) 931-5*	*3 200*
8) 92	750		
9a) 92	25		
10) 92	1 085		
15b) 931	*840*		

931

6) 92	1 700	*15b) 930,*	
8) 92	800	*932-5*	*4 200*
9a) 92	85		
10) 92	1 295		
15a) 930	*320*		

932

6) 92	2 300	*15c) 933*	*5 740*
8) 92	1 545		
9a) 92	115		
10) 92	1 200		
15a) 930	*160*		
15b) 931	*420*		

933

6) 92	5 600	13) 940-2	20 250
8) 92	3 000		
9a) 92	280		
10) 92	2 300		
11) 92	725		
15a) 930	*1 280*		
15b) 931	*1 050*		
15c) 932	*5 740*		

934

6) 92	3 000	*14) 940-2*	*8 075*
8) 92	600		
9a) 92	150		
10) 92	2 950		
15a) 930	*1 050*		

935

6) 92	1 400		
8) 92	800		
9a) 92	70		
10) 92	3 000		
15a) 930	*840*		

16. In der Periode werden 2 000 ME des Erzeugnisses A fertiggestellt. Die Stückfertigungseinzelkosten betragen 8,– DM, die Stückmaterialeinzelkosten 4,– DM; diese Werte gelten – wie auch in den folgenden Buchungsfällen – auch für die vergangenen Abrechnungsperioden.

16a. BS: *950 / 940 34 000,–*
16b. BS: *940 / 92 1 625,–*

(16a.: Die *fertigen* Erzeugnisse A sind in das Bestandskonto 950 zu übertragen. Die Herstellkosten betragen:

Stückmaterialeinzelkosten	4,–
Stückmaterialgemeinkosten (25 %, s. Fall 14)	1,–
Stückfertigungseinzelkosten	8,–
Stückfertigungsgemeinkosten (50 %, s. Fall 13)	4,–
Stückherstellkosten	17,–

17,- DM/ME • 2 000 ME = 34 000,- DM

16b.: Durch die Herunternahme des Umfangs der fertigen Erzeugnisse A kann das Kostenträgerkonto A abgeschlossen werden. Der Saldo ergibt eine *Bestandsminderung an unfertigen Erzeugnissen A* von 1 625,–. Die Gegenkostenbuchung erfolgt in der Gruppe 92. Damit ist das Konto 940 abgeschlossen.)

940

4) 92	12 000	*16a) 950*	*34 000*
5a) 92	11 500		
13) 933	6 000		
14) 934	*2 875*		
16b) 92	*1 625*		

950

16a) 940	*34 000*		

92

1) 980, 981	100 000	4) 940-2	40 500
		5a) 940-2	32 300
		6) 930-5	14 500
		8) 930-5	7 150
		9a) 930-5	725
		10) 930-5	12 175
		16b) 940	*1 625*

17. Vom Erzeugnis B wurden in der Abrechnungsperiode 1 500 ME fertiggestellt. Die Stückfertigungseinzelkosten betragen 14,– DM, die Stückmaterialeinzelkosten 11,20 DM.

17a. BS: *951 / 941 52 500,–*

17b. BS: *92 / 941 1 750,–*

(Entsprechend dem Fall 16 ist auch im Fall 17 für das Erzeugnis B zu verfahren. Die Stückherstellkosten betragen 35,– DM. Der Saldo des Kostenträgerkontos B beträgt 1 750,– DM, was eine *Bestandserhöhung an unfertigen Erzeugnissen B* darstellt. Die Gegenleistungsbuchung erfolgt wieder in der Gruppe 92. Damit ist das Konto 941 ebenfalls abgeschlossen.)

941

4) 92	22 500	*17a) 951*	*52 500*
5a) 92	16 400		
13) 933	11 250		
14) 934	4 100		
		17b) 92	*1 750*

951

17a) 941	*52 500*		

92

1) 980, 981	100 000	4) 940-2	40 500
17b) 941	*1 750*	5a) 940-2	32 300
		6) 930-5	14 500
		8) 930-5	7 150
		9a) 930-5	725
		10) 930-5	12 175
		16b) 940	1 625

18. An selbsterstellten Anlagen wurden in der Abrechnungsperiode 4 ME fertiggestellt zu Stückfertigungseinzelkosten von 1 500,– DM und Stückmaterialeinzelkosten von 1 100,– DM.

BS: *96 / 942 14 500,–*

(Für die *fertiggestellten* selbsterstellten Anlagen ist speziell die Gruppe 96 vorgesehen. Die Stückherstellkosten betragen 3 625,- DM. Durch die Herunternahme der 4 ME (= 14 500,– DM) ergibt sich auf dem Kostenträgerkonto »Selbsterstellte Anlagen« ein Saldo von Null. Es liegt *keine Bestandsveränderung an unfertigen selbsterstellten Anlagen* vor. Das Konto ist durch die oben dargestellte Buchung bereits abgeschlossen.)

942

4) 92	6 000	*18) 96*	*14 500*
5a) 92	4 400		
13) 933	3000		
14) 934	1100		
	—	—	

96

18) 942	*14 500*	11) 933	725

19. Vom Erzeugnis A wurden 1 800 ME in dieser Abrechnungsperiode abgesetzt, vom Erzeugnis B 1 600 ME.

19a.	BS:	*970 / 950*	*30 600,–*
19b.	BS:	*92 / 950*	*3 400,–*
19c.	BS:	*971 / 951*	*56 000,–*
19d.	BS:	*951 / 92*	*3 500,–*

(Zur Ermittlung der Umsatzkosten sind zunächst die Herstellkosten auf Basis der *abgesetzten* Mengen für die beiden Erzeugnisse in die dafür vorgesehenen Umsatzkostenkonten zu übertragen. Durch die Herunternahme von den beiden Bestandskonten 950 und 951 wird durch den Saldo jeweils die Bestandsveränderung an *fertigen* Erzeugnissen ersichtlich. Beim *Erzeugnis A* handelt es sich um eine Bestandszunahme, bei *Erzeugnis B* um eine *Bestandsabnahme*. Die Gegenleistungs- bzw. -kostenbuchung erfolgt in der Gruppe 92.)

950

16a) 940	34 000	*19a) 970*	*30 600*
		19b) 92	*3 400*
	—	—	

970

19a) 950	*30 600*		

951

17a) 941	52 500	*19c) 971*	*56 000*
19d) 92	*3 500*		
	—	—	

971

19c) 951	*56 000*		

92

1) 980,981	100 000	4) 940-1	40 500
17b) 941	*1 750*	5a) 940-2	32 300
19b) 950	*3 400*	6) 930-5	14 500
		8) 930-5	7 150
		9a) 930-5	725
		10) 930-5	12175
		16b) 940	1625
		19d) 951	*3 500*

20. Die fertiggestellten selbsterstellten Anlagen werden, soweit sie in dieser Periode nicht wieder verbraucht worden sind (vgl. Geschäftsvorfälle 11 – 12), in der Finanzbuchhaltung am Periodenende mit 15 200,- DM aktiviert.

20a. BS: *92 / 96 13 775,–*

20b. BS: *91 / 992 1 425,–*

(Zunächst ist die Bestandserhöhung an fertiggestellten selbsterstellten Anlagen in der Kosten- und Leistungsrechnung zu ermitteln. Dazu muß das Konto 96 abgeschlossen werden. Die Gegenleistungsbuchung erfolgt im Soll in der Gruppe 92. Da die selbsterstellten Anlagen in der Finanzbuchhaltung höher bewertet werden als in der Kosten- und Leistungsrechnung, ist die Differenz (1 425,– = neutraler Ertrag) für das Gesamtergebnis im Neutralen Ergebniskonto zusätzlich aufzunehmen. Dadurch kommen 13 775,– über das Betriebsergebnis II und 1 425,- über das Neutrale Ergebnis im Gesamtergebnis an.)

92

1) 980, 981	100 000	4) 940-2	40 500
17b) 941	1 750	5a) 940-2	32 300
19b) 950	3 400	6) 930-5	14 500
20a) 96	*13 775*	8) 930-5	7 150
		9a) 930-5	725
		10) 930-5	12 175
		16b) 940	1 625
		19d) 951	3 500

96

18) 942	*14 500*	11) 933	725
		20a) 92	*13 775*

92

7) 992	2 000	12) 992	75
9b) 992	*725*		
20b) 992	*1 425*		

992

3) 90	5 000	2) 90	2 500
5b) 90	2000	7) 91	2000
12) 91	75	9b) 91	725
		20b) 91	*1 425*

21. Die Verwaltungs- und Vertriebsgemeinkosten sind den abgesetzten Erzeugnissen auf Normalkostenbasis zuzuschlagen. Der Zuschlagssatz beträgt 8 % auf die Herstellkosten der abgesetzten Erzeugnisse.

21a. BS: *970 / 935 2 448,–*

21b. BS: *971 / 935 4 480,–*

(Die Herstellkosten der abgesetzten Mengen (auf Normalkostenbasis für die darin enthaltenen Gemeinkosten) sind mit den Fällen 19a und 19c auf die Konten Umsatzkosten A und Umsatzkosten B eingebucht worden. Darauf sind nun jeweils 8 % Normal-Verwaltungs- und Vertriebsgemeinkosten zu verrechnen und den Umsatzkostenkonten zu belasten, womit man dort die Selbstkosten der abgesetzten Mengen (auf Normalkostenbasis für die darin enthaltenen Gemeinkosten) erhält. Die Hauptkostenstelle Verwaltung und Vertrieb ist dabei entsprechend zu entlasten.)

970

19a) 950	30 600		
21a) 935	*2 448*		

971

19c) 951	56 000		
21b) 935	*4 480*		

990

6) 92	1 400	*21a) 970*	*2 448*
8) 92	800	*21b) 971*	*4 480*
9a) 92	70		
10) 92	3 000		
15a) 930	800		
15b) 931	840		

III. Abschlußbuchungen:

22. Abschluß der Umsatzkostenkonten:

22a. BS: *990 / 970 33 048,–*
22b. BS: *990 / 971 60 480,–*

(Die Salden der Umsatzkostenkonten sind nun in das Betriebsergebnis I zu übertragen.)

970

19a) 950	30 600		
21a) 935	*2 448*		

971

19c) 951	56 000		
21b) 935	*4 480*		

970

19a) 950	30 600		
21a) 935	*2 448*		

23. Abschluß der Umsatzerlösekonten:

23a. BS: *980 / 990 40 000,–*
23b. BS: *981 / 990 60 000,–*

(Neben den Umsatzkosten sind auch die Umsatzerlöse nach Erzeugnisarten getrennt in das Betriebsergebnis einzustellen.)

980

23a) 990	*40 000*	1) 92	40 000
	—	—	

981

23b) 990	*60 000*	1) 92	60 000
	—	—	

990

22a) 970	33 048	*23a) 980*	*40 000*
22b) 971	60 480	*23b) 981*	*60 000*

24. Abschluß des Betriebsergebniskontos I:

BS: *990 / 991 6 472,–*

(Der Saldo des Betriebsergebniskontos I stellt das Betriebsergebnis auf *Normal*kostenbasis dar, da in den Umsatzkosten Normalgemeinkosten enthalten sind. Zur Überleitung in ein Betriebsergebnis auf Istkostenbasis ist es in das Betriebsergebniskonto II einzustellen.

Da das Umsatzkostenverfahren verwirklicht wurde, ist auf dem Betriebsergebniskonto I erkennbar, wie sich der Gesamtgewinn auf Normalkostenbasis (= 6 472,– DM) zusammensetzt: Mit Erzeugnis A wird ein positives Ergebnis i.H.v. 6 952,– DM erzielt, mit Erzeugnis B ein negatives i.H.v. 480,- DM.)

990

22a) 970	33 048	23a) 980	40 000
22b) 971	60 480	23b) 981	60 000
24) 991	*6 472*		

991

		24) 990	*6 472*

25. Abschluß der Hauptkostenstellenkonten:

25a. BS: *933 / 991 275,–*
25b. BS: *991 / 934 315,–*
25c. BS: *935 / 991 18,–*

(Zur Ermittlung des Betriebsergebnisses auf *Ist*kostenbasis ist das bisher eingestellte Normalergebnis um die Über- und/oder Unterdeckungen aus der Kostenstellenrechnung zu korrigieren.)

933

6) 92	5 600	13) 940-2	20 250
8) 92	3 000		
9a) 92	280		
10) 92	2 300		
11) 96	725		
15a) 930	1 280		
15b) 931	1 050		
15c) 932	5 740		
25a) 991	*275*		

934

6) 92	3 000	14) 940-2	8075
8) 92	600		
9a) 92	150		
10) 92	2 950		
15a) 930	640		
15b) 931	1 050		
		25b) 991	*315*

935

6) 92	1 400	21a) 970	2 448
8) 92	800	21b) 971	4 480
9a) 92	70		
10) 92	3 000		
15a) 930	800		
15b) 931	840		
25c) 991	*18*		

991

25b) 934	*315*	24) 990	6 472
		25a) 933	*275*
		25c) 935	*18*

26. Abschluß des Betriebsergebniskontos II:

BS: *991 / 993 6 450,–*

(Nach Einstellung der Über- und Unterdeckungen ins Betriebsergebniskonto II stellt der Saldo das Ist-Ergebnis – hier: Ist-Betriebsgewinn – dar, der in das Gesamtergebnis zu übertragen ist.)

991				993			
25b) 934	315	24) 990	6 472			*26) 991*	*6450*
		25a) 933	275				
		25c) 935	18				
26) 993	*6 450*						

27. Abschluß des Neutralen Ergebniskontos:

BS: *993 / 992 425,–*

(Für die Ermittlung des Gesamtergebnisses in der Kontenklasse 9 und damit zur Überprüfung der Finanzbuchhaltung ist noch das Neutrale Ergebnis in das Konto 993 einzustellen.)

992				993			
3) 90	5 000	2) 90	2 500	*27) 992*	*425*	26) 991	6 450
	2 000	7) 91	2 000				
12) 91	75	9b) 91	725				
		20b) 91	1425				
		27) 993	*425*				

28. Schließen des Buchungskreises:

993 6 025,–

90 4 500,– / 91 4 075,–

92 6 450,–

(Faßt man die Gruppen 90, 91 und 92 zusammen, entspricht deren Gesamtsaldo dem Gesamtergebnis. Der Saldo der Gruppen 90 und 91 ist identisch mit dem Neutralen Ergebnis. Der Saldo der Gruppe 92 entspricht dem Betriebsergebnis.)

993

27) 992	425	26) 991	6 450
Gesamt-gewinn	*6 025*		

91

7) 992	2 000	12) 992	75
9b) 992	725		
20b) 992	1 425		
		Saldo	*4 075*

90

2) 992	2 500	3) 992	5 000
		5b) 992	*2 000*
Saldo	*4 500*		

92

1) 980, 981	100 000	4) 940-2	40 500
17b) 941	1 750	5a) 940-2	32 300
19b) 950	3 400	6) 930-5	14 500
20a) 96	13 775	8) 930-5	7 150
		9a) 930-5	725
		10) 930-5	12 175
		16b) 940	1 625
		19d) 951	3 500
		Saldo	*6 450*

8. Weiterentwicklungen der Kosten- und Leistungsrechnung

B

Nachdem Manfred Kolb die Ist- und Normalkostenrechnung[1] auf Vollkostenbasis bei der Speedy GmbH eingeführt hat und damit bereits eine Vielzahl von Fragen beispielsweise zur Ergebnissituation, zu langfristigen Preisuntergrenzen einzelner Produkte oder zur Wirtschaftlichkeit verschiedener Bereiche beantworten kann, muß er doch feststellen, daß insbesondere die Steuerungs- und Lenkungsfunktion der Kosten- und Leistungsrechnung noch verbessert werden kann. Deshalb will er sich einen Überblick darüber verschaffen, welche Aussagen andere Kostenrechnungssysteme liefern können. Wohlwissend, daß es kein System gibt, daß allen Zwecksetzungen gerecht werden kann, wird Manfred Kolb prüfen können, wie die bestehende Kosten- und Leistungsrechnung für die spezifischen Gegebenheiten der Speedy GmbH weiter ausgebaut und damit verbessert werden sollte.

8.1. Kostenkontrolle

8.1.1. Starre Plankostenrechnung

Normalgemeinkosten als Maßstab

Für Zwecke der Kostenkontrolle werden bisher bei der Speedy GmbH als Maßstab für die Istgemeinkosten *Normalgemeinkosten* verwendet.[2] Doch mit ihnen können *keine ausreichenden* Informationen über Unwirtschaftlichkeiten und ihre Ursachen gewonnen werden, denn sie werden aus den Istkosten mehrerer vergangener Abrechnungsperioden durch Durchschnittsbildung abgeleitet. Die Normalkosten stellen keine bei wirtschaftlicher Produktion zu erwartenden Kosten dar und können Unwirtschaftlichkeiten enthalten. Der Gedanke liegt deshalb nahe, den Istkosten zukünftige, d.h. erwartete und bei normalem, ordnungsgemäßem Betriebsverlauf entstehende Kosten (= Plankosten) gegenüberzustellen.

Starre Plankostenrechnung als Grundform

Hierfür stand – historisch gesehen – am Anfang das System der starren Plankostenrechnung. Sie stellt die Grundform aller Plankostenrechnungssysteme dar.[3] Von einer starren Plankostenrechnung wird gesprochen, wenn sich die Plankosten auf einen bestimmten, für die Periode konstant gehaltenen Beschäftigungsgrad bezie-

1 Normalkosten nur insoweit, als es sich um Gemeinkosten handelt.
2 Vgl. Kapitel 5.
3 Vgl. auch Abb. 10 im Kapitel 2.

hen. Es werden alle Kosten, also Einzel- und Gemeinkosten als *geplante* Kosten auf die Kostenträger verrechnet.

Kostenplanung

Die Kostenplanung kann wie folgt skizziert werden:[4]

Zunächst werden die bei wirtschaftlichem Verbrauch anfallenden *Einzelkosten* pro Leistungseinheit als Plankosten ermittelt. Sie können pro Kostenträger, aber auch pro Kostenstelle dargestellt werden.

Die *Gemeinkostenplanung* erfolgt in den Schritten:

- Kostenstellenbildung
  Für die Plankostenrechnung hat eine Kostenstelleneinteilung nach eindeutigen Verantwortungsbereichen zu erfolgen.
- Bezugsgrößenwahl
  Da der Kostenplanung ein bestimmter Beschäftigungsgrad zugrunde gelegt wird, sind zur Messung Bezugsgrößen festzulegen, zu denen die geplantenKostenarten in einer proportionalen Beziehung stehen. Ist die Leistung einer Kostenstelle quantitativ meßbar, können *direkte* Bezugsgrößen (z.B. Stückzahlen, Fertigungszeiten, Rüstzeiten) herangezogen werden. Ist das Leistungsvolumen nicht in dieser Form feststellbar, wie z.B. in allgemeinen Verwaltungskostenstellen, in Forschungs- und Entwicklungsabteilungen oder in der Arbeitsvorbereitung, müssen *indirekte* Bezugsgrößen festgelegt werden (z.B. geplante Materialeinzelkosten, DM-Deckungsbezugsgrößen oder Plan-Herstellkosten des Umsatzes[5]). Sind auch keine indirekten Bezugsgrößen feststellbar (z.B. in Kostenstellen mit überwiegend dispositiver Arbeit), erfolgt eine *pauschale Vorgabe von Budgetkosten.*
- Festlegung der Planbeschäftigung
  Mit Hilfe der Engpaß- oder Kapazitätsplanung[6] kann die *Höhe* der Bezugsgröße (z.B. *1 000* Maschinenstunden) ermittelt werden.
- Ermittlung der Plangemeinkosten
  Auf Basis des bei der starren Plankostenrechnung festgelegten einen Beschäftigungsgrades sind die verschiedenen Gemeinkostenarten in den Kostenstellen zu planen und damit das Plangemeinkostenvolumen festzulegen.

---

4 Für ein tieferes Eindringen in die Kostenplanung sei auf weiterführende Literatur verwiesen, z.B. Kilger, W., 1988; Vormbaum, H./Rautenberg, H.G., 1985; Däumler, K.-D./Grabe, J., 1993a; Haberstock, L., 1986.

5 Vgl. Vormbaum, H./Rautenberg, H.G., 1985, S. 98ff.

6 Vgl. z.B. Haberstock, L., 1986, S. 92ff.

verrechnete Plankosten

Für kalkulatorische Zwecke werden die gesamten Plankosten (als Summe der geplanten Einzel- und Gemeinkosten einer Kostenstelle) durch die jeweilige Planbeschäftigung dividiert, und man erhält den Plankalkulationssatz (auf Vollkostenbasis). Multipliziert man diesen Wert mit den effektiv erzeugten Mengen erhält man die *verrechneten Plankosten*.

Abweichungsanalyse

Für Zwecke der Kostenkontrolle sind in den Kostenstellen die Plankosten den Istkosten gegenüberzustellen. Doch der Aussagewert der sich ergebenden Kostenstellenabweichungen ist in der starren Plankostenrechnung als gering zu betrachten. Das nachstehende Beispiel soll dies verdeutlichen.

B

Planbeschäftigung (B^P):	8 000 Stück
Plankosten der Kostenstelle LACKIEREREI bei Planbeschäftigung (K^P):	120 000,– DM
Plankalkulationssatz:	15,– DM/Stück
Istbeschäftigung (B^I):	6 000 Stück
Istkosten[7] der Kostenstelle LACKIEREREI (K^I):	110 000,– DM

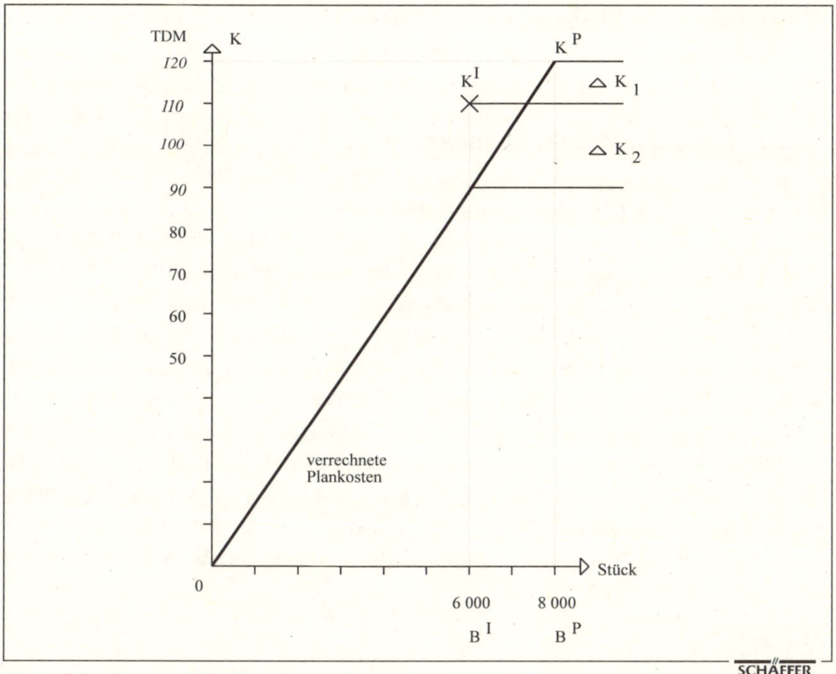

Abb. 62: *Starre Plankostenrechnung*

7 Die Istkosten sind hier im Sinne der Plankostenrechnung zu verstehen, d.h. der Istverbrauch wird zu *Plan*preisen bewertet, um in der Kostenstellenrechnung keine Preisabweichung ausweisen zu müssen.

Die Abweichung ΔK_1 (= 10 000,– DM) zwischen den *Plankosten* (120 000,– DM) und den *Istkosten* (110 000,– DM) bildet keinerlei Ausgangsbasis für weitere Analysen, da sich Plan- und Istkosten auf eine jeweils unterschiedliche Beschäftigung (100 % bzw. 75 %) beziehen, und damit keine Vergleichbarkeit gegeben ist.

Will man eine Vergleichbarkeit bei nur *einer* Beschäftigung herstellen, bliebe der Vergleich zwischen den *Istkosten* (110 000,- DM) und den *verrechneten Plankosten* (90 000,- DM). Die Differenz ΔK_2 (= 20 000,- DM) stellt allerdings ebenfalls keine nützliche Information dar, da durch Zugrundelegung des Vollkosten-Verrechnungssatzes von 15,- DM/Stück die in den verrechneten Plankosten enthaltenen Fixkosten wie variable Kosten behandelt werden (*Proportionalisierung der Fixkosten*).

Würdigung

Zwar gestattet die starre Plankostenrechnung in der laufenden Abrechnung eine einfache und schnelle Handhabung und vielfältige Möglichkeiten des Einblicks in den Leistungserstellungsprozeß und der Verbesserung der Wirtschaftlichkeit durch die Kosten*planung* an sich, doch ist eine effiziente Kostenkontrolle noch nicht möglich.

Dies führte sehr bald zu einer Verfeinerung durch die flexible Plankostenrechnung auf Vollkostenbasis.

8.1.2. Flexible Plankostenrechnung

Verfeinerung der Kostenkontrolle

Kostenauflösung

Sollkosten

Da in der starren Plankostenrechnung die geplanten Kosten nur als Vollkostensatz in Form von verrechneten Plankosten auf eine Istbeschäftigung umrechenbar sind, lag der Gedanke nahe, die in den Plankosten enthaltenen Fixkosten auch wie Fixkosten zu behandeln. Dies macht eine *Kostenauflösung* erforderlich, damit der Anteil der fixen und variablen Kosten bestimmt werden kann.[8] Damit können Plankosten für alternative Beschäftigungsgrade vorgegeben werden. Diese auf eine bestimmte Istbeschäftigung umgerechneten Plankosten nennt man *Sollkosten*. Es bleibt aber festzuhalten, daß die Kostenauflösung nur für *Zwecke der Kostenkontrolle* vorgenommen wird. Für Zwecke der (Plan)Kalkulation bleibt die für Vollkostenrechnungen typische Unterteilung der Kosten in Einzel- und Gemeinkosten.

B

In Fortführung des Beispiels zur starren Plankostenrechnung sei angenommen, daß mit Hilfe eines der Kostenauflösungsverfahren 50 000,– DM Fixkosten (von insgesamt 120 000,– DM Plankosten) ermittelt wurden.

---

8 Näheres hierzu vgl. z.B. Däumler, K.-D./Grabe, J., 1993a, S. 157ff.

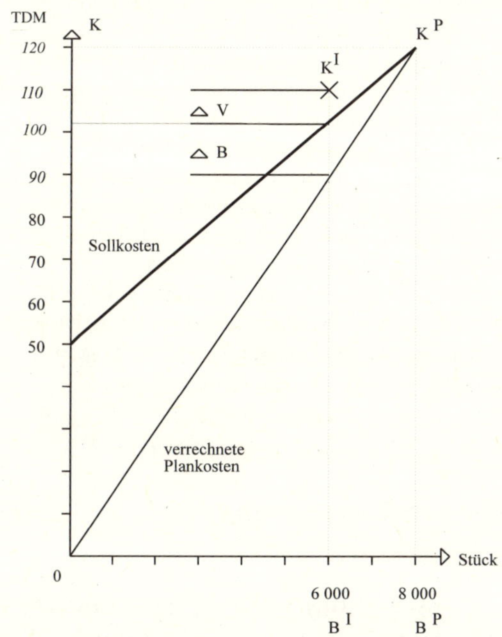

Abb. 63: *Kostenkontrolle in der flexiblen Plankostenrechnung*

Für die Ermittlung der Sollkosten sind nur die in den Plankosten enthaltenen variablen Kosten umzurechnen:

$$\text{Sollkosten} = \text{Fixkosten} + \frac{\text{variable Kosten} \cdot \text{Istbeschäftigung}}{\text{Planbeschäftigung}}$$

$$= 50\,000 + \frac{70\,000 \cdot 6\,000}{8\,000}$$

$$= 102\,500$$

Bei wirtschaftlichem Verbrauch der Kostengüter betragen die zu erwartenden Kosten (Sollkosten) bei der zugrunde gelegten Istbeschäftigung 102 500,– DM. Nun lassen sich im Rahmen der Kostenkontrolle die Istkosten[9] mit den Sollkosten vergleichen. Es findet keine Proportionalisierung von Fixkosten statt. Die Differenz zwischen Ist- und Sollkosten stellt die *Verbrauchsabweichung* (Δ V) dar (= 7 500,– DM). Da Kosten das Produkt aus Menge und Wert sind, das Wertgerüst sowohl in den Ist- wie in den Sollkosten aus Planwerten besteht, stellt die Verbrauchsabweichung eine (in

Verbrauchs-abweichung

9 Die Istkosten sind hier im Sinne der Plankostenrechnung zu verstehen, d.h. der Istverbrauch wird zu *Plan*preisen bewertet, um in der Kostenstellenrechnung keine Preisabweichung ausweisen zu müssen.

DM ausgedrückte) *Mengenabweichung* dar. Die Ursachen müssen in einer weitergehenden Analyse bestimmt werden. Hierfür können z.B. auftrags-, mischungs- oder seriengrößenbedingte Gründe bestehen. Gegebenenfalls liegt auch ein abweichendes Maschinenbedienungsverhältnis, eine andere Maschinenbelegung usw. vor. Deren Verantwortlichkeit ist jeweils festzustellen. Am Ende wird man eine in der Verbrauchsabweichung enthaltene Restabweichung ermitteln, für die u.a. Unwirtschaftlichkeiten eine Erklärungsursache darstellen können.

Beschäftigungsabweichung

Die Differenz zwischen Sollkosten und verrechneten Plankosten nennt man *Beschäftigungsabweichung* (Δ B). Sie beträgt in dem Beispiel 12 500,– DM und stellt keine echte Kostenstellenabweichung dar, sondern nur einen Kalkulationsfehler, der durch die Proportionalisierung der Fixkosten bei der Ermittlung der verrechneten Plankosten entsteht. Da hier gegenüber der Planbeschäftigung eine Unterbeschäftigung vorliegt, werden 12 500,– DM zu wenig Fixkosten verrechnet. Bei Überbeschäftigung würden zuviel Fixkosten verrechnet werden.

8.1.3. Grenzplankostenrechnung

Weiterentwicklung als Teilkostenrechnung

Die Grenzplankostenrechnung stellt eine Weiterentwicklung der flexiblen Plankostenrechnung auf Vollkostenbasis dar. Während die Plankostenrechnung als Vollkostensystem die Kostenauflösung in fixe und variable Bestandteile nur für Zwecke der Kostenkontrolle vornimmt, wird sie in der Grenzplankostenrechnung als Teilkostenrechnung konsequent in allen Teilbereichen betrieben. So dürfen auf die Kostenträgern nur die variablen Kosten verrechnet werden.[10] Unter dem Gesichtspunkt der Kostenkontrolle entfällt aus diesem Grund in der Grenzplankostenrechnung die Beschäftigungsabweichung, da bei jedem Beschäftigungsgrad die verrechneten (variablen) Plankosten den (variablen) Sollkosten entsprechen.

Kostenkontrolle

B

Aufbauend auf dem bisherigen Beispiel zur starren und flexiblen Plankostenrechnung stellt sich die Kostenkontrolle bei der Grenzplankostenrechnung folgendermaßen dar:

Der variable Verrechnungssatz beträgt (70 000,– DM : 8 000 Stück =) 8,75 DM/Stück. Bei einer Istbeschäftigung werden (6000 Stück • 8,75 DM/Stück =) 52 500,– DM verrechnet. Die variablen Sollkosten betragen bei Istbeschäftigung ebenfalls 52 500,– DM. Damit gibt es keine Beschäftigungsabweichung.

Die Verbrauchsabweichung beträgt wie bei der flexiblen Plankostenrechnung auf Vollkostenbasis 7 500,– DM (= 60 000,– DM variable Istkosten[11] ./. 52 500,– DM variable Sollkosten).

10 Zur Vorgehensweise bei Teilkostenrechnungen vgl. nächsten Abschnitt.
11 Es wird unterstellt, daß sich Ist- und Planfixkosten entsprechen.

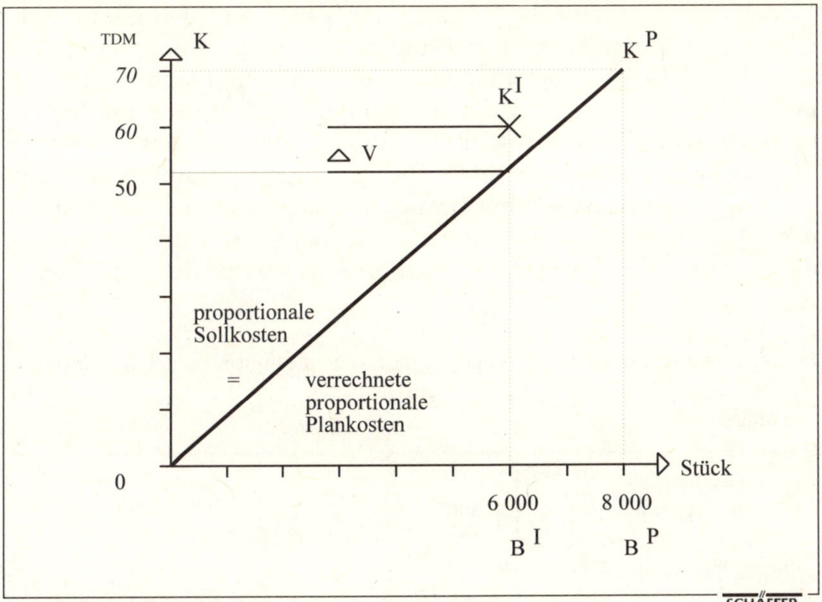

Abb. 64: *Kostenkontrolle in der Grenzplankostenrechnung*

8.2. Entscheidungsorientierte Kosten- und Leistungsrechnung

8.2.1. Teilkostenprinzip

Notwendigkeit von Vollkostenrechnungen

Vollkostenrechnungen verrechnen alle Kosten auf die Kostenträger. Die so ermittelten Selbstkosten pro Leistungseinheit müssen langfristig über den Marktpreis gedeckt werden und stellen somit die *langfristige Preisuntergrenze* dar. Vor diesem Hintergrund und wegen der Notwendigkeit, daß beispielsweise Bestände (zumindest) in der Steuerbilanz zu den vollen Herstellungskosten zu bewerten sind oder öffentliche Aufträge zu Vollkosten abgerechnet werden, kann auf Vollkostenrechnungen nicht verzichtet werden.

Schlüsselung von Gemeinkosten

Zur Verrechnung aller Kosten auf die Kostenträger gehören auch die *Gemeinkosten*. Deren Zurechnung stellt einen kritischen Punkt in der Vollkostenrechnung dar, insbesondere dann, wenn eine Zuordnung aufgrund geschätzter Daten notwendig wird. Es sollten Schlüsselgrößen eingesetzt werden, die sich *proportional* zu den Gemeinkosten verhalten. Von dieser Proportionalität hängt es ab (auch bei den variablen Gemeinkosten), ob das Verursachungsprinzip eingehalten werden kann. Im Falle der *fixen* Gemeinkosten wird jedoch naturgemäß eine solche verursachungsgerechte Schlüsselung nicht möglich sein.

Proportionalisierung von Fixkosten

Vollkosten weisen den Mangel auf, daß die in den Gemeinkosten enthaltenen Fixkostenbestandteile[12] proportionalisiert, d.h. wie variable Kosten behandelt werden. Fixkosten sind Kosten der Betriebsbereitschaft, somit zeitabhängig, und stehen in keinem proportionalen Verhältnis zu leistungsabhängigen Bezugsgrößen. Die Vollkostenrechnung verrechnet jedoch die gesamten Gemeinkosten auf der Basis solcher Bezugsgrößen. Diese nicht dem strengen Verursachungsprinzip entsprechende Kostenverteilung birgt die Gefahr von *Fehlinformationen für kurzfristige Entscheidungen* in sich.

Ein Unternehmen stellt vier Erzeugnisse her. Folgende Informationen liegen vor:

Erzeugnis	A	B	C	D
Produktions-/ Absatzmenge (Stück)	800	1 000	600	400
Stückerlös (DM)	14	28	15	35
Stückselbstkosten (DM)	10	20	18	40

Es ist zu untersuchen, wie hoch der Erfolgsbeitrag der einzelnen Erzeugnisse am Gesamterfolg ist. Verlustprodukte sind aus der Produktpalette zu streichen.

Die bisherigen Stückangaben weisen bereits darauf hin, daß Erzeugnis C und D Verlustprodukte darstellen. Die Ergebnisrechnung auf Vollkostenbasis stellt sich wie folgt dar:

– in DM –

Erzeugnis	A	B	C	D	Σ
Erlös	11 200	28 000	9 000	14 600	*62 600*
– Selbstkosten	8 000	20 000	10 800	16 000	*54 800*
= Ergebnis	*3 200*	*8 000*	– *1 800*	– *2 000* –	*7 400*

Der Vollkostenrechner würde nunmehr den Schluß ziehen, daß *mit* den Verlustprodukten nur 7 400 DM Gewinn erzielt werden, *ohne* die beiden Verlustprodukte C und D sich jedoch eine Steigerung auf 11 200 DM abzeichnen müßte.

Wenn zudem durch die Streichung der Produkte C und D die freiwerdenden Kapazitäten für die Produktion von A (+ 600 Stück) und B (+ 400 Stück) genutzt werden können, müßte sogar ein Gesamtgewinn von 16 800 DM[13] erzielbar sein. Der Voll-

12 Vgl. Abb. 25 im Kapitel 4.

13 Stückgewinn von A • Absatzmenge von
z.B. C = 4 DM/Stück • 600 Stück = 2 400 DM
Stückgewinn von B • Absatzmenge von
z.B. D = 8 DM/Stück • 400 Stück = 3 200 DM
11 200 DM + 2 400 DM + 3 200 DM = 16 800 DM.

kostenrechner wird um so erstaunter sein, daß in diesem Fall der Gesamtgewinn jedoch sogar auf 4 000 DM sinkt.
Der Teilkostenrechner kann dem Vollkostenrechner nachweisen, daß

1. der Gesamtgewinn bei nur Streichung der Verlustprodukte nicht von 7 400 DM auf 11 200 DM steigt, sondern auf einen *Verlust* von 4 800 DM sinkt.
2. sich der Gesamtge*winn* bei Erhöhung der Absatzmengen von A und B von 7 400 DM auf 4 000 DM *reduziert*.

Deckungsbeitragsrechnung für die vier Erzeugnisse:

– in DM –

Erzeugnis	A	B	C	D
Erlöse	11 200	28 000	9 000	14 000
(variable Stückselbstkosten)	(8)	(15)	(6)	(18)
(Stückdeckungsbeitrag)	(6)	(13)	(9)	(17)
– variable Selbstkosten*	6 400	15 000	3 600	7 200
= Deckungbeitrag	4 800	13 000	5 400	6 800
Gesamtdeckungsbeitrag	30 000			
– Fixkosten*	22 600			
Gesamtergebnis	7 400			

* Variable Selbstkosten + Fixkosten = 54 800 DM

zu 1. Deckungsbeitragsrechnung ohne die Verlustprodukte C und D:

Erzeugnis	A	B		
Erlöse	11 200	28 000		
(variable Stückselbstkosten)	(8)	(15)		
(Stückdeckungsbeitrag)	(6)	(13)		
– variable Selbstkosten	6 400	15 000		
= Deckungbeitrag	4 800	13 000		
Gesamtdeckungsbeitrag	17 800			
– Fixkosten	22 600			
Gesamtergebnis	*4 800*			

Durch die Streichung von C und D entsteht – entgegen der Vollkosten-Annahme – keine Erhöhung des Gesamtgewinns von 7 400 DM auf 11 200 DM. Durch den Wegfall der Verlustprodukte verzichtet das Unternehmen auf einen Deckungsbeitrag von 12 200 DM, so daß sogar ein Verlust von 4 800 DM entsteht.

zu 2. Deckungsbeitragsrechnung ohne die Verlustprodukte von C und D und Erhöhung der Absatzmengen von A (+600 Stück) und B (+ 400 Stück):

Erzeugnis	A	B		
Erlöse	19 600	39 200		
– variable Selbstkosten	11 200	21 000		
= Deckungbeitrag	8 400	18 200		
Gesamtdeckungsbeitrag	26 600			
– Fixkosten	22 600			
Gesamtergebnis	*4 000*			

Entgegen der Vollkosten-Annahme steigt der Gewinn nicht auf 16 800 DM, da durch die Erhöhung der Absatzmengen bei A und B nur ein zusätzlicher Deckungbeitrag von 8 800 DM erzielt werden kann. Die Fixkosten bleiben kurzfristig unverändert. Dadurch verbessert sich das Ergebnis von – 4 800 DM auf nur + 4 000 DM.

Zusammenfassend bleibt festzuhalten, daß – kurzfristig – keines der vier Erzeugnisse aus der Produktpalette herausgenommen werden sollte. Bei ausreichenden Kapazitäten und entsprechender Nachfrage auf dem Absatzmarkt ist ein Produkt so lange zu produzieren und abzusetzen, wie es noch einen Beitrag zur Deckung der Fixkosten leistet.

Trennung von fixen und variablen Kosten

Die Mängel der Vollkostenrechnung haben zu den Verfahren der Teilkostenrechnung geführt, bei denen die Fixkosten nicht mehr den Erzeugnissen zugerechnet, sondern als Periodenkosten zu Lasten des Betriebsergebnisses angesetzt werden. Die Teilkostenrechnung ist ein Kostenrechnungssystem, das die fixen und variablen Kosten in allen Rechnungsvorgängen (Kostenarten, -stellen- und -trägerrechnung) getrennt behandelt. Die Beschränkung auf die Weiter*verrechnung* eines Teils der Kosten (der variablen Kosten) ist maßgeblich für die Bezeichnung dieser zugehörigen Systemtypen. Ein Vergleich der Kalkulation zu Vollkosten mit der zu Teilkosten läßt erkennen, daß die Teilkostenkalkulation beschäftigungsunabhängig ist, während die Vollkostenkalkulation im Falle der Unterbeschäftigung (Überbeschäftigung) zu starken Fixkostenprogressionen (-degressionen) führt. Dennoch verzichtet die Teilkostenrechnung nicht auf die Deckung der fixen Kosten, sondern nur auf ihre Verrechnung auf einzelne Kostenträger.

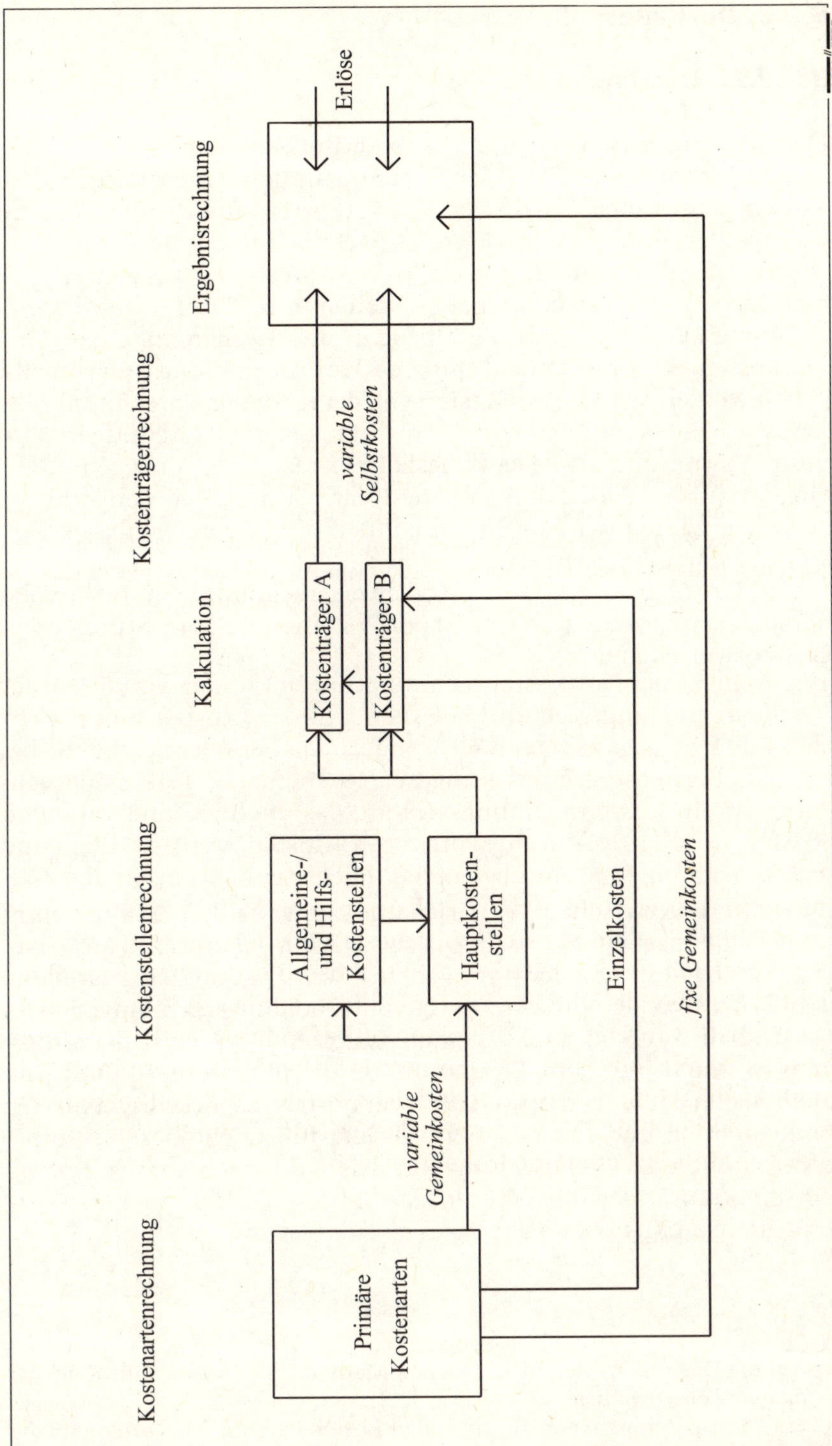

Abb. 65: *Teilkostenrechnung*

8.2.2. Deckungsbeitragsrechnung

8.2.2.1. Grundlagen

Die Deckungsbeitragsrechnung ist eine Teilkostenrechnung, die den Leistungen nur einen Teil der Kosten, nämlich die proportionalen Kosten, unmittelbar zurechnet. Die Fixkosten sind Periodenkosten und werden direkt in das Betriebsergebnis eingestellt. Voraussetzung ist allerdings eine Kostenauflösung.[14] Während die Vollkostenrechnung nur mit Kosten arbeitet, stellen in der Deckungsbeitragsrechnung auch die Erlöse eine bedeutsame Rechengröße dar. Die *Voll*kostenrechnung kann als progressives Abrechnungssystem aufgefaßt werden, weil sie die Kosten von der Kostenartenrechnung aus (teilweise) über die Kostenstellenrechnung in die Kostenträgerrechnung übernimmt. Die Deckungsbeitragsrechnung hingegen stellt ein retrogrades Abrechnungssystem dar, da man von den Erlösen ausgeht und hiervon zunächst die ihnen direkt zurechenbaren Kosten abzieht.

progressive Abrechnung

retrograde Rechnung

Grundform

Die Grundform der Deckungsbeitragsrechnung[15] lautet (unabhängig davon, ob es sich um Ist- oder Planwerte bzw. Stück- oder Gesamtwerte handelt):

	Erlös
–	variable Kosten
=	Deckungsbeitrag
–	fixe Kosten
=	Ergebnis

absoluter Deckungsbeitrag

Die Differenz zwischen dem Erlös und den variablen Kosten nennt man Deckungsbeitrag. So lange der *Deckungsbeitrag* positiv ist, trägt er zur Deckung der (im nächsten Schritt gegenüberzustellenden) Fixkosten bei. Für kurzfristige Entscheidungsrechnungen sollten deshalb die Produkte, die einen *positiven* Deckungsbeitrag ausweisen, nicht aus dem Programm genommen werden. Dies gilt auch, wenn der Deckungsbeitrag zwar positiv, aber niedriger als die Fixkosten ist, und das zu einem Verlust führt. Wie bereits ausgeführt, stellen die *Fixkosten* für kurzfristige Entscheidungen *nicht entscheidungsrelevante Kosten* dar. Übersteigt der Deckungsbeitrag die fixen Kosten, ist das Ergebnis positiv.

14 Auf die Darstellung der verschiedenen Methoden der Kostenauflösung soll hier verzichtet werden.

15 Ein anderer Ansatz wäre, die *variablen Kosten* durch *Einzelkosten* und die *fixen Kosten* durch *Gemeinkosten* zu ersetzen.

Bei der Festlegung der kostenmäßigen Preisuntergrenze eines Produktes ist die Länge der betrachteten Periode von entscheidender Bedeutung:

kurzfristige Preisuntergrenze

Kurzfristig bilden die *(Teilkosten oder) variablen Stückkosten* eines Erzeugnisses dessen *Preisuntergrenze*. Jeder Preis, der diese Grenze überschreitet, trägt dazu bei, die ohnehin anfallenden Fixkosten abzudecken. Gegebenenfalls wird vorübergehend auf eine vollständige Fixkostendeckung verzichtet.

langfristige Preisuntergrenze

Langfristig hingegen darf der Preis nicht unter die *gesamten (vollen) Stückkosten* eines Produktes sinken.

In Abb. 11 des Kapitels 2 wurden bereits die verschiedenen Grundformen von Teilkostenrechnungssystemen dargestellt. Nachstehend sind die Unterschiede und Anwendungsgebiete herauszuarbeiten.

8.2.2.2. Direct Costing

Aufbau

Das Direct Costing stellt die älteste Form der Deckungsbeitragsrechnung dar und unterscheidet sich von der Vollkostenrechnung durch die erforderliche Kostenauflösung der Kostenarten. Die Einzelkostenzurechnung auf die Kostenträger erfolgt direkt, die Gemeinkosten werden getrennt in variable und fixe Bestandteile auf die Kostenstellen verteilt. Die Kostenträgerzurechnung der Gemeinkosten wird jedoch nur für den variablen Anteil vorgenommen.

Typisch für das Direct Costing ist, daß in der Ergebnisrechnung den Deckungsbeiträgen die Fixkosten in einer Summe gegenübergestellt werden. Damit ist nur das gesamte Betriebsergebnis darstellbar. Ein Ausweis pro Erzeugnisart kann nicht durchgeführt werden.

B

Das im vorangegangenen Abschnitt verwendete Beispiel zeigt als Umsatzkostenverfahren den typischen Ergebnisausweis nach dem Direct Costing für ein Mehrproduktunternehmen:

– in DM –

Erzeugnis	A	B	C	D
Erlöse	11 200	28 000	9 000	14 000
– variable Selbstkosten	6 400	15 000	3 600	7 200
= Deckungbeitrag	4 800	13 000	5 400	6 800
Gesamtdeckungsbeitrag	30 000			
– Fixkosten	22 600			
Gesamtergebnis	7 400			

Auswirkungen der Beständebewertung

Konsequenterweise werden im Direct Costing die Lagerbestände – im Gegensatz zur Vollkostenrechnung – zu variablen Kosten bewertet, während die Fixkosten der Abrechnungsperiode angelastet werden, in der sie enstanden sind. Daraus folgt, daß das Direct Costing zu einem anderen Erfolgausweis als die herkömmlichen Systeme der Vollkostenrechnung führt, sofern sich die Lagerbestände einer Abrechnungsperiode erhöhen oder vermindern. Bei Lagerbestandsminderungen ist der Gewinn im Direct Costing höher als bei der Vollkostenrechnung, bei Bestandserhöhungen niedriger.

B

Aus einer Abrechnungsperiode liegen die nachstehenden Daten vor:

Herstellkosten	60 000 DM	(davon fix: 18 000 DM)
Verwaltungs- u. Vertriebskosten	4 760 DM	(davon fix: 1 960 DM)
Produzierte Menge	3 000 Stück	
Abgesetzte Menge	2 800 Stück	

Zu ermitteln ist das Betriebsergebnis der Abrechnungsperiode mit einer Vollkostenrechnung und einer Teilkostenrechnung (Direct Costing) nach dem Umsatzkosten- und Gesamtkostenverfahren.

Lösung:

Vollkostenrechnung:

$$k_h = (60\,000\text{ DM} : 3\,000\text{ Stück}) = 20{,}\text{– DM/Stück}$$

$$k_{Verw./Vertr.} = (\;4\,760\text{ DM} : 2\,800\text{ Stück}) = \;1{,}70\text{ DM/Stück}$$

$$k_s = 21{,}70\text{ DM}$$

Umsatzkostenverfahren

Umsatzkosten	60 760	Umsatzerlöse	84 000
Gewinn	*23 240*		

Gesamtkostenverfahren

Herstellkosten	60 000	Umsatzerlöse	84 000
Verw.-/Vertr.k.	4 760	Best.erhöhung	4 000
Gewinn	*23 240*		

Direct Costing:

$$k_{h_{var.}} = (42\,000\text{ DM} : 3\,000\text{ Stück}) = 14{,}\text{– DM/Stück}$$

$$k_{Verw./Vertr._{var.}} = (\;2\,800\text{ DM} : 2\,800\text{ Stück}) = \;1{,}\text{– DM/Stück}$$

$$k_{s_{var.}} = 15{,}\text{– DM/Stück}$$

Umsatzkostenverfahren

variable Umsatzkosten*	42 000	Umsatzerlöse	84 000
Fixkosten	19 960		
Gewinn	*22 040*		

Gesamtkostenverfahren

variable Herstellkosten*	42 000	Umsatzerlöse	84 000
variable Verw.-/Vertr.k.	2 800	Best.erhöhung	2 800
Fixkosten	19 960		
Gewinn	*22 040*		

* variable Umsatzkosten = 15 DM/Stück · 2 800 Stück

variable Herstellkosten = 14 DM/Stück · 3 000 Stück

Der Gewinn ist aufgrund der Bestandserhöhung im Direct Costing um 1 200 DM niedriger. Das liegt daran, daß im Direct Costing die gesamten Fixkosten eingestellt werden, in der Vollkostenrechnung 200 Stück mit je 6 DM Fixkostenanteil ins Lager gehen. Sie belasten die Vollkosten-Ergebnisrechnung erst dann, wenn die 200 Stück aus dem Lager entnommen werden.

Vollkostenkalkulation

Will oder muß man trotz Direct Costing auch die langfristige Preisuntergrenze (Vollkosten) kalkulieren, kann dies entweder mit einer *parallel* stattfindenden Vollkostenkalkulation geschehen oder auf dem Wege einer *Fortführung* der Teilkosten zu Vollkosten. Letzteres kann progressiv oder retrograd geschehen:

progressive Kalkulation

Die *progressive* Vorgehensweise zur Ermittlung von Vollkosten im Direct Costing gestaltet sich wie folgt:

– *variable Stückselbstkosten*
+ *anteilige Kosten**
= *Vollkosten*

$$^{*}\ \frac{\text{Fixkosten}}{\text{Summe variable Kosten}} \cdot \text{variable Stückkosten}$$

In dem oben aufgeführten Beispiel zum Direct Costing betragen die Fixkosten 19 960 DM, die variablen Selbstkosten 42 000 DM und die variablen Stückselbstkosten 15 DM/Stück. Daraus ergeben sich die nachstehenden Stückselbstkosten als Vollkosten nach der progressiven Methode:

$$\begin{array}{lr} & 15{,}00 \text{ DM} \\ + \ \dfrac{19\,960 \text{ DM}}{42\,000 \text{ DM}} \cdot 15{,}00 \text{ DM} = & 7{,}13 \text{ DM} \\ \hline & = 22{,}13 \text{ DM} \end{array}$$

retrograde Kalkulation

Retrograd, d.h. ausgehend vom Deckungsbeitrag, ergeben sich die Vollkosten folgendermaßen:

(1) Stückerlös
(2) – variable Stückselbstkosten
(3) = Stückdeckungsbeitrag
*(4) – anteilige Fixkosten**
(5) = Ergebnis

$$^{*}\ \frac{\text{Fixkosten}}{\text{Summe (positive) Deckungsbeiträge}} \cdot \text{Stückdeckungsbeitrag}$$

Vollkosten = (2) + (4)

B

In Fortführung des Beispiels sei ein Preis von 25 DM/Stück und eine Absatzmenge von 2 800 Stück angenommen.

$$
\begin{array}{lr}
 & 25{,}00\ \text{DM} \\
 & -\ 15{,}00\ \text{DM} \\
\hline
 & =\ 10{,}00\ \text{DM} \\
-\ \dfrac{19\,960\ \text{DM}}{28\,000\ \text{DM}} \cdot 10\ \text{DM} = & 7{,}13\ \text{DM} \\
\hline
 & =\ \ 2{,}87\ \text{DM}
\end{array}
$$

Vollkosten = 15,00 DM + 7,13 DM = 22,13 DM.

8.2.2.3. Fixkostendeckungsrechnung

Behandlung der Fixkosten

Die Fixkostendeckungsrechnung stellt eine Weiterentwicklung des Direct Costing dar und unterscheidet sich durch die *differenzierte* Behandlung der Fixkosten: Der Grundaufbau entspricht weitestgehend dem Direct Costing. Die Fixkosten hingegen werden nicht en bloc in das Betriebsergebnis aufgenommen sondern stufenweise.

Fixkosten-differenzierung

Dazu werden die Fixkosten unterteilt:

- *Fixkosten einzelner Erzeugnisarten*
  (z.B. pauschale Patentgebühren für eine Produktart, zeitabhängige kalkulatorische Abschreibungen, Mieten oder kalkulatorische Zinsen einer Spezialmaschine, auf der nur eine Erzeugnisart gefertigt wird)
- *Fixkosten einzelner Erzeugnisgruppen*
  (z.B. zeitabhängige kalkulatorische Abschreibungen von Universalmaschinen, die für Erzeugnisgruppen bereitgehalten werden, evt. Gebäudekosten)
- *Fixkosten einzelner Kostenstellen*
  (z.B. Meistergehalt, Raumkosten, Heizungskosten)
- *Fixkosten einzelner Betriebsbereiche*
  (z.B. kalkulatorische Abschreibungen auf ein in mehrere Kostenstellen unterteiltes, aber in einem Kostenbereich vorhandenes Gebäude; Gehälter für die Bereichsleitung; Lagerkosten)
- *Fixkosten der Gesamtunternehmung*
  (z.B. Kosten der Unternehmensleitung, Kosten des Wachdienstes, Grundsteuer)

Differenzierungsgrad

Eine solche Differenzierung der Fixkosten führt zu einer Erfassungshierarchie der Fixkosten, wobei abzuwägen ist, welcher Differenzierungsgrad unter Wirtschaftlichkeitsgesichtspunkten bestimmten Genauigkeitsaspekten genügt. Die Kostenarten- und Kostenstellenrechnung müssen sorgsam durchgeführt werden, wobei der Kostenstellenrechnung im Rahmen der Fixkostendeckungsrechnung eine besondere Bedeutung zukommen muß.

mehrere Deckungsbeiträge

Durch die stufenweise Berücksichtigung der Fixkosten in der Ergebnisrechnung ergeben sich mehrere Deckungsbeiträge, die angeben, inwieweit die den einzelnen Stufen zuordenbaren Fixkosten gedeckt sind.

Einblick in die Erfolgsstruktur

Durch einen so konzipierten Erfolgsausweis will die Fixkostendeckungsrechnung bessere Einblicke in die Erfolgsstruktur des Unternehmens[16] ermöglichen, indem sie offenlegt, ob und inwieweit die einzelnen Erzeugnisarten oder Erzeugnisgruppen über die Deckung der speziell durch sie verursachten Fixkosten hinaus auch noch zur Abdeckung der allgemeinen Fixkosten des Unternehmens sowie zur Erzielung des Gewinns beitragen.

Stellt man die in Abb. 60 ausgewiesene differenzierte Erfolgsrechnung[17] für Mehrproduktunternehmen als Fixkostendeckungsrechnung dar, könnte sie folgendes Aussehen haben (wobei sie auch als Direct Costing darstellbar ist[18]). Aus Gründen der Übersichtlichkeit wären jedoch spätestens ab dem Deckungsbeitrag III entsprechende Summenblätter zu bilden:

16 Vgl. auch die Ausführungen bei Fiedler, R.; 1992, S. 733ff. über den Einsatz wissensbasierter Systeme, die Controllingaufgaben unterstützen. Hier wird ein Prototyp vorgestellt, mit dessen Hilfe *relevante Berichtsdaten* selektiert werden können.

17 Kapitel 7 (S. 206).

18 Die Fixkosten müßten nur in einer Summe ausgewiesen werden.

Umsatzerlöse/Kosten | *Kostenträgergruppe 4* (z.B. Industriemotoren) | *Kostenträger G*

Umsatzerlöse/Kosten | *Kostenträgergruppe 3* (z.B. Geländewagen) | *Kostenträger E* | *Kost*

Umsatzerlöse/Kosten | *Kostenträgergruppe 2* (z.B. Sportwagen) | *Kostenträger C* (Ausland, Inland) | *Kostenträger D* (Ausland, Inl)

Umsatzerlöse/Kosten/ Deckungsbeiträge	*Kostenträgergruppe 1* (z.B. Mittelklassewagen)		*Kostenträger A*				*Kostenträger B*			
			Ausland		Inland		Ausland		Inland	
	Summen		Land A	Land B	Region 1	Region 2	Land A	Land B	Region 1	Region 2
Umsatzerlöse										
Materialeinzelkosten variable Materialgemeinkosten Fertigungseinzelkosten variable Fertigungsgemeinkosten Sondereinzelkosten der Fertigung										
◊ *variable Herstellkosten des Umsatzes*										
ggfs. variable Verw.kosten Vertriebseinzelkosten Sondereinzelkosten des Vertriebs variable Vertriebs gemeinkosten										
./. variable Selbstkosten des Umsatzes										
= Deckungsbeitrag I										
./. Erzeugnisfixkosten										
= Deckungsbeitrag II										
./. Erzeugnisgruppenfixkosten										
= Deckungsbeitrag III										
./. Kostenstellenfixkosten										
= Deckungsbeitrag IV										
./. Bereichs-/Spartenfixkosten										
= Deckungsbeitrag V										
./. Unternehmensfixkosten										
= Betriebsergebnis										

Abb. 66: *Fixkostendeckungsrechnung*

Wie im Direct bietet es sich für Vollkostenkalkulationen an, in der Fixkostendeckungsrechnung *stufenweise* differenzierte Fixkostenzuschläge auf Basis der jeweiligen Restdeckungsbeiträge oder der variablen Kosten zu bilden. Skeptiker sehen dies zwar als Rückschritt zu den Prinzipien der traditionellen Vollkostenrechnung an[19], andererseits kann – im Gegensatz zu traditionellen Vollkostenkalkulationen – zumindest das (ohnehin nicht verursachungsgerecht zurechenbare) Fixkostenvolumen ersehen werden. **Vollkostenkalkulation**

8.2.2.4. Deckungsbeitragsrechnung mit relativen Einzelkosten

Die Deckungsbeitragsrechnung mit relativen Einzelkosten wurde mit dem Ziel entwickelt, die Auswirkungen von Entscheidungen auf den Erfolg eines Unternehmens offenzulegen. Zu diesem Zweck werden je nach Fragestellung unterschiedliche Deckungsbeiträge ermittelt. Als Kalkulationsobjekte kommen z.B. Erzeugniseinheiten, Erzeugnisgruppen, Kostenstellen oder bestimmte Abrechnungsperioden in Betracht.

Deckungsbeitrag

Der Deckungsbeitrag eines Kalkulationsobjektes ist hier definiert als *Überschuß der Einzelerlöse über die Einzelkosten*. Erlöse und Kosten, die von einer Entscheidung ausgelöst werden, die noch weitere Kalkulationsobjekte betrifft, stellen Gemeinerlöse bzw. Gemeinkosten dar und dürfen *nicht* auf die einzelnen Kalkulationsobjekte verteilt werden. Eine Aufspaltung von Deckungsbeiträgen ist somit unzulässig.

relative Einzelkosten

Im Vordergrund steht somit die unmittelbare Zurechnung von Kosten unter Verzicht auf jegliche Schlüsselung von Gemeinkosten. *Relativ* sind die Kosten insofern, als dieselbe Kostenart z.B. in Bezug auf eine Kundengruppe Einzelkosten, in Bezug auf ein Produkt jedoch Gemeinkosten darstellt.

Der Deckungsbeitragsrechnung mit relativen Einzelkosten liegen pagatorische Rechengrößen zugrunde. Die für die Erstellung von Deckungsbeitragsrechnungen benötigten Informationen werden in einer *Grundrechnung* gesammelt. Die Grundrechnung der Kosten ersetzt die herkömmliche Kostenarten-, -stellen- und -trägerrechnung. In dieser Grundrechnung werden die nach Kostenkategorien untergliederten Kostenarten den für die Kostenauswertung interessierenden Kalkulationsobjekten zugerechnet. **Grundrechnung**

19 Vgl. Männel, W., 1990, S. 48.

Würdingung

Problematisch dürfte die Umsetzung der Deckungsbeitragsrechnung mit relativen Einzelkosten in ein *durchgängig praktikables* Kostenrechnungssystem werden. Andererseits wurde mit dieser Rechnung deutlich herausgestellt, daß der *Zweck* der Entscheidungsrechnungen die einzubeziehenden Kosten- und Leistungsgrößen bestimmt. Die dieser Deckungsbeitragsrechnung zugrundeliegenden Prinzipien sollten für Entscheidungsrechnungen Beachtung finden.[20]

8.2.2.5. Grenzplankostenrechnung

Die Grenzplankostenrechnung kann charakterisiert werden als eine dem Direct Costing oder der Fixkostendeckungsrechnung entsprechende Weiterentwicklung der flexiblen *Plan*kostenrechnung. Werden Planfixkosten z. B. en bloc in das Betriebsergebnis eingestellt, ist die Grenzplankostenrechnung als Direct Costing ausgestaltet.

Die Kostenauflösung findet nicht nur für Zwecke der Kostenkontrolle, sondern auch für die Erstellung der notwendigen Informationen über die relevanten Kosten für unternehmerische Entscheidungen statt. Insbesondere durch die Wahl geeigneter Bezugsgrößen ist es möglich, alle entscheidenden Kosteneinflußgrößen zu planen und zu erfassen.[21] Entsprechende Ausführungen wurden bereits zur flexiblen Plankostenrechnung auf Vollkostenbasis, zum Direct Costing und zur Fixkostendeckungsrechnung gemacht.

8.2.2.6. Ausgewählte Anwendungsgebiete

Im folgenden werden einige ausgewählte *Anwendungsgebiete* der Teilkostenrechnungsverfahren angesprochen, wobei die Entscheidungsrechnungen nicht nur auf Ist- sondern auch auf Planbasis durchführbar ist. Die Ausführungen konzentrieren sich insbesondere auf

- *die Break-even-Analyse*
- *die Preiskalkulation*
- *die Programmplanung und -analyse*
- *die Entscheidung zwischen Eigenfertigung und Fremdbezug.*

---

20 Vgl. näheres bei Riebel, P., 1982.
21 Vgl. Plaut, H.-G., 1953, S. 347ff. und 402ff.

Break-even-Analyse:

Break-Even-Analyse

Ziele

Die Break-even-Analyse stellt eine wichtige Anwendung der Deckungsbeitragsrechnung in Form des Direct Costing dar. Sie zählt zu den ältesten Methoden der betriebswirtschaftlichen Erfolgsplanung und -kontrolle. Auswirkungen von unternehmerischen Entscheidungen auf die zukünftige Gewinnsituation lassen sich schnell vorausberechnen und einfach darstellen. Beispielsweise lassen sich folgende Fragen beantworten:

- Wie verändert sich das Ergebnis bei einer bestimmten Veränderung des Umsatzes?
- Welche direkten Auswirkung hat eine Kostenveränderung auf den zukünftigen Gewinn?
- Welche Preiserhöhung ist notwendig, um eine Kostenerhöhung zu kompensieren?
- Welche Absatzerhöhung ist bei einem Preisnachlaß erforderlich, um den gleichen Gewinn zu erzielen?
- Welchen Umsatzrückgang kann das Unternehmen in Kauf nehmen, ohne daß es in die Verlustzone gerät?
- usw.

Break-even-Punkt

Der Break-even-Punkt (Gewinnschwelle oder Kostendeckungspunkt) kennzeichnet den Punkt, an dem sowohl die fixen als auch die variablen Kosten durch die Umsatzerlöse *gedeckt* sind. Hier entsteht weder Gewinn noch Verlust.

Ein-Produkt-Fertigung

Für die Ein-Produkt-Fertigung sieht die Break-even-Rechnung graphisch wie folgt aus:

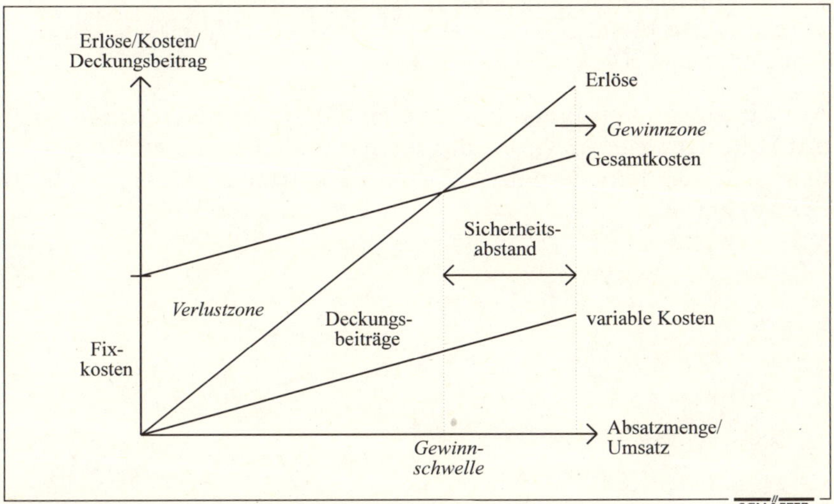

Abb. 67: *Graphische Darstellung der Break-even-Rechnung in einem Einproduktbetrieb*

rechnerische Ermittlung

Rechnerisch lassen sich die Break-even-Menge, der Break-even-Umsatz und der Sicherheitsabstand ermitteln:

$$\text{Break-even-Menge} = \frac{K_F}{p - k_v}$$

$$\text{Break-even-Umsatz} = \frac{K_F}{1 - (k_v : p)}$$

$$\text{Sicherheitsabstand} = \left(1 - \frac{K_F}{(p - k_v) \cdot x_{eff.}}\right) \cdot 100$$

KF = Fixkosten
$p - k_v$ = Stückdeckungsbeitrag
p = Stückpreis
k_v = variable Stückkosten
$x_{eff.}$ = effektive Menge

B

In einem Industriebetrieb wird nur ein Produkt hergestellt. Der Stückerlös beträgt 200 DM, die variablen Stückselbstkosten belaufen sich auf 150 DM, an Fixkosten liegen 50 000 DM vor.

Unter Anwendung der Formeln zeigt sich:

- Es müssen mindestens 1 000 Stück abgesetzt werden, um in die Gewinnzone zu gelangen.
- Dies entspricht einem Umsatz von 200 000 DM.
- Liegt die effektive Absatzmenge bei z.B. 1 250 Stück, darf der Umsatz maximal um 20% zurückgehen, um zumindest Kostendeckung zu erzielen.

Auswirkungen von Preis- und Kostenänderungen

Auswirkungen von Preis- und Kostenänderungen lassen sich auch mit Hilfe der *Deckungsgradlinie* veranschaulichen, deren Steigungsmaß sich aus dem Verhältnis Deckungsbeitrag zu Umsatz *(DBU-Faktor)* ergibt:

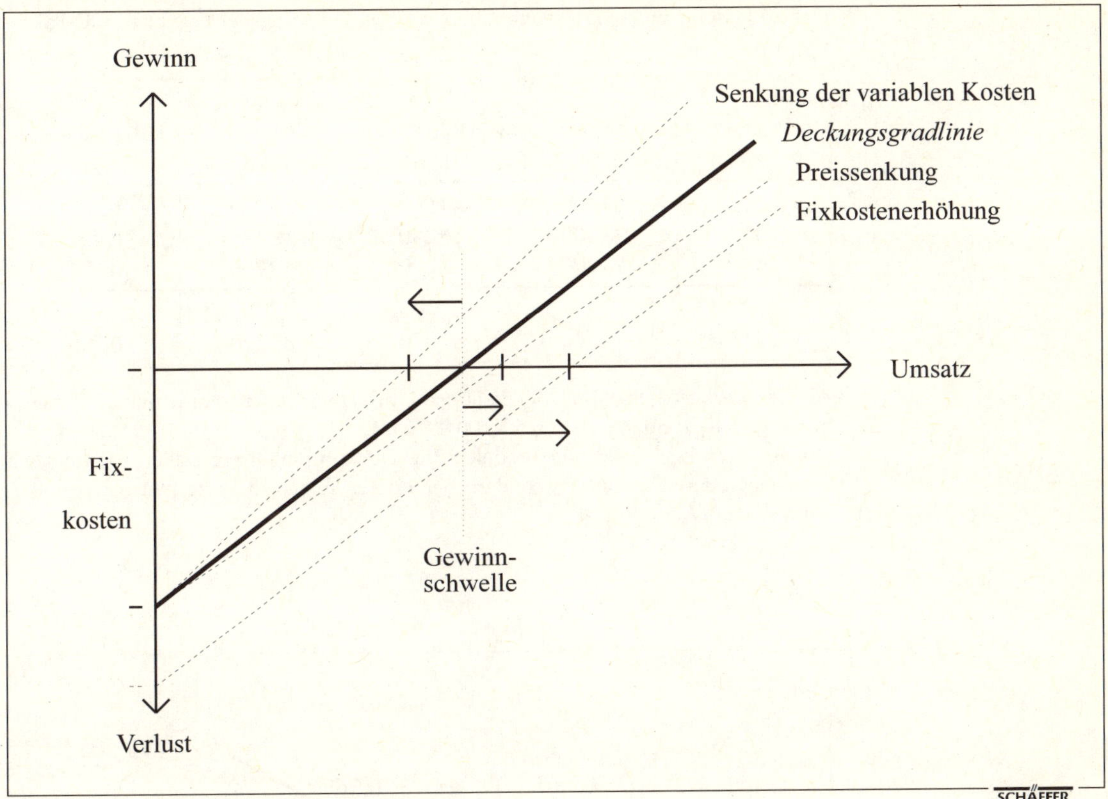

Abb. 68: *Variation der Deckungsgradlinie*

SCHÄFFER POESCHEL

Mehr-Produkt-Fertigung

Bei Mehr-Produkt-Fertigung verläuft die Deckungsgradlinie nicht linear. Zur Darstellung ist das als *DBU-Faktor* bezeichnete Verhältnis *Deckungsbeitrag pro DM Umsatz* hilfreich. Mit Hilfe des DBU-Faktors kann die relative Vorteilhaftigkeit eines Produktes dargestellt werden.

Es werden drei Produkte hergestellt. Die Periodenfixkosten betragen 50 000 DM. Stückerlöse, variable Kosten und erzielte oder geplante Verkaufsmengen sind der nachstehenden Tabelle zu entnehmen.

Produkt	Stückerlös (DM)	variable Stückkosten (DM)	erzielte/geplante Absatzmengen (Stück)
A	3,00	2,20	20 000
B	7,10	4,07	4 000
C	6,30	2,00	14 000

B

Daraus lassen sich die Erlöse, variablen Kosten, Deckungsbeiträge und DBU-Faktoren ermitteln:

Produkt	Erlös (DM)	variable Kosten (DM)	Deckungsbeitrag (DM)	DBU-Faktoren
A	60 000	44 000	16 000	0,267
B	28 400	16 280	12 120	0,427
C	88 200	28 000	60 200	0,683
Σ/ ø DBU-F.	176 600	88 280	88 320	0,500

Als durchschnittlicher Break-even-Umsatz bei einem durchschnittlichen Umsatzmix ergibt sich: 50 000 DM : 0,5 = 100 000 DM.

Die Reihenfolge, in der die Produkte die Deckungsgradlinie bilden, richtet sich nicht nach deren absoluten, sondern nach deren relativen Vorteilhaftigkeit (DBU-Faktor): C, B, A.

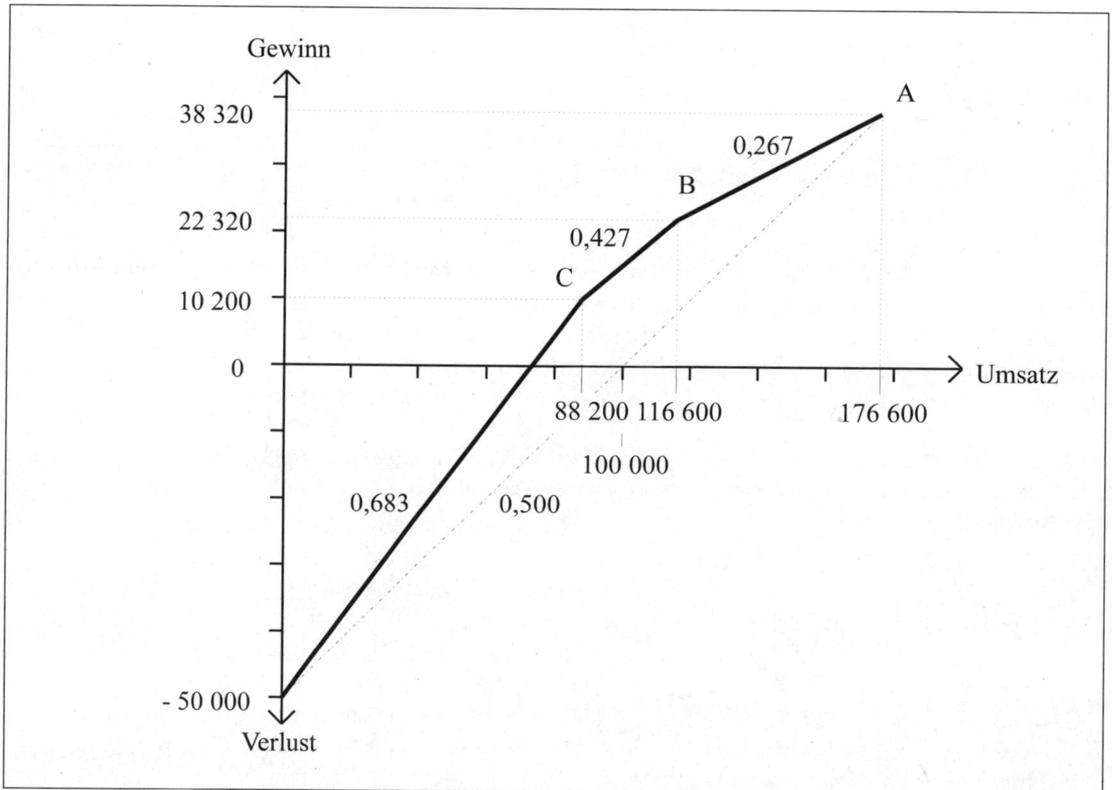

Abb. 69: *Deckungsgradlinie bei Mehr-Produkt-Fertigung*

Bei der Festlegung von Produktprioritäten ist jedoch zu bedenken, daß in diese statischen Momentaufnahmen auch Kriterien wie Produktlebenszyklus, Auswirkungen auf andere Sortimentsprodukte, langfristige Imageziele usw. einzubeziehen sind.

Preiskalkulation:

Preiskalkulation

Informationen für die Preispolitik

Für die Preispolitik werden von der Deckungsbeitragsrechnung ebenfalls wertvolle Informationen geliefert. Zwar müssen in jedem Unternehmen *langfristig* Erlöse in der Höhe erzielt werden, daß die *gesamten* Selbstkosten abgedeckt werden und ein Gewinn erreicht wird, doch treten auch Situationen ein, in denen die ermittelten Selbstkosten und der angestrebte Gewinn nicht realisiert werden können oder die Realisierung vorübergehend gar nicht beabsichtigt ist. In diesen Fällen ermittelt man mit Hilfe der Deckungsbeitragsrechnung, welchen *Teil der Kosten* der Preis in der jeweiligen Situation *kurzfristig* nicht decken muß.

Preisuntergrenze bei Unterbeschäftigung

Wie im Rahmen des Teilkostenprinzips bereits ausgeführt, stellen die variablen Kosten die kurzfristige Preisuntergrenze dar. Für *unterbeschäftigte Betriebe* kann *kurzfristig* jeder Preis akzeptiert werden, der über den variablen Kosten liegt, denn die betreffende Absatzleistung erbringt damit einen zusätzlichen Deckungsbeitrag zur Abdeckung der auf kurze Sicht unveränderlichen und somit ohnehin zu tragenden Fixkosten.

Gefahren

Wer eine Preispolitik nach solchen Grundsätzen betreibt, muß allerdings u.a. bedenken, daß durch die Hereinnahme von zusätzlichen Aufträgen in einzelnen Bereichen des Unternehmens (z.B. im Verwaltungsbereich) wiederum Fixkostensteigerungen eintreten können. Derartige sprungfixe Effekte sollten nicht vernachlässigt werden.

sprungfixe Kosten

langristige Auswirkungen

Es sollte auch geprüft werden, ob die Angebotspreisabgabe, die auf der kurzfristigen Preisuntergrenze beruht, auch in späteren Zeiten einer besseren Beschäftigungslage beibehalten werden muß. Gegebenenfalls ist der Kunde nicht bereit, auf die einmal eingeräumten Sonderkonditionen zu verzichten. Möglicherweise ergeben sich auch Fernwirkungen auf andere Kunden, so daß es in Folge zu Erlöseinbußen bei anderen Produkten kommen kann. Sind solche Effekte absehbar, sollten sie in die Preisuntergrenze miteingerechnet werden.

nachgiebige Preispolitik

Die Gefahr, durch die Deckungsbeitragsrechnung zu einer nachgiebigen Preispolitik verleitet zu werden, ist nicht von der Hand zu weisen. Schnell kann in Vergessenheit geraten, daß die auf variablen Kosten basierende Preisuntergrenze eben nur für kurzfristige Entscheidungsrechnungen herangezogen werden sollte. Doch diese Gefahren bestehen nicht durch die Konzeption der Deckungsbeitragsrechnung an sich, sondern durch eine falsche Anwendung.

Vollbeschäftigung

In *vollbeschäftigten* Betrieben läßt sich die Herstellung zusätzlicher Absatzleistungen häufig nur dadurch realisieren, daß andere Erzeugnisse aus dem bestehenden Fertigungsprogramm herausgenommen werden. Durch die Bildung von relativen Deckungsbeiträgen (Deckungsbeiträge z.B. pro Maschinen- oder Arbeitsstunde) können Produktprioritäten festgelegt werden. Die Produkte mit den geringsten relativen Deckungsbeiträgen werden durch ein relativ deckungsbeitragsstärkeres Erzeugnis ersetzt.[22]

relativer Deckungsbeitrag

Programmplanung u.-analyse

Programmplanung und -analyse:

Geht es bei der *kurzfristigen* Programmplanung um die Forcierung oder Eliminierung bestimmter Produkte aus dem bestehenden, auf lange Sicht angelegten Produktions- und Absatzprogramm, oder um ergebnisverbessernde Zusatzaufträge, so sind für solche Entscheidungen die Bereitschaftskosten ebenfalls irrelevant.

Programmgestaltung bei Unterbeschäftigung

Liegen *keine Engpässe* vor, wird man bei der Ermittlung des optimalen Produktionsprogrammes alle Produktarten und Aufträge aufnehmen, die einen *positiven Deckungsbeitrag* erbringen. Aus den zur Verfügung stehenden Alternativen errechnet man die Deckungsbeiträge, stellt eine Reihenfolge entsprechend der Höhe der absoluten Deckungsbeiträge auf und leitet daraus die Förderungswürdigkeit bestimmter Produktarten ab.

Programmgestaltung bei Vollbeschäftigung

Liegt ein betrieblicher *Engpaß* vor, darf man bei der Ermittlung des optimalen Produktionsprogrammes nicht mehr vom Kriterium des absoluten Deckungsbeitrags ausgehen, sondern muß den Deckungsbeitrag auf Engpaßeinheiten beziehen. Der Engpaß kann in sämtlichen Betriebsbereichen liegen (z.B. in der Maschinenkapazität, Arbeitszeit, Raumkapazität, Verfügbarkeit von Rohstoffen usw.). Die zu bildenden *relativen* Deckungsbeiträge stellen dann das Auslesekriterium dar.

B

Es werden in der Produktion zwei Maschinen eingesetzt, für die folgende vereinfachte Kapazitäts- und Kostendaten gelten:

	Maschine I	Maschine II
Periodenfixkosten	45 000 DM	29 100 DM
Periodenkapazität	2 000 Stunden	1 500 Stunden

---

22 Vgl. auch die mit relativen Deckungsbeiträgen arbeitende Beispielsrechnung im nächsten Abschnitt »Programmoptimierung«. Gegebenenfalls sind Opportunitätskosten in Form von entgangenen engpaßorientierten Deckungsbeiträgen in die kurzfristige Preisuntergrenze des aufzunehmenden Produktes hineinzurechnen. Vgl. hierzu das Beispiel und die Ausführungen zu der in Ansatz zu bringenden Höhe der Opportunitätskosten bei vollbeschäftigten Betrieben bei Männel, W., 1990, S. 103f.

Auf diesen Maschinen können die Produkte A, B, C und D in beliebigen Stückzahlen hergestellt werden. Alle Produkte beanspruchen jeweils beide Maschinen.

Zu den Produkten liegen nachstehende Informationen vor:

Produkt	maximale Absatzmenge (Stück)	Preis (DM/Stück)	variable Kosten (DM/Stück)	Kapazitätsbeanspruchung (Maschinenstunden/Stück)	
				Maschine 1	Maschine 2
A	300	250	120	2,0	1,5
B	300	440	200	3,2	0,4
C	500	290	150	1,0	0,5
D	400	500	450	0,5	1,0

Zu ermitteln ist das gewinnmaximale Produktions- und Absatzprogramm.
Lösung:

Produkt	Menge (Stück)	Kapazitätsbeanspruchung (Maschinenstunden)	
		Maschine 1	Maschine 2
A	300	600	450
B	300	960	120
C	500	500	250
D	400	200	400
benötigte Kapazität		*2 260*	1 220
Periodenkapazität		2 000	1 500

Auf Maschine 1 besteht der Engpaß. Für die Beurteilung der Förderungswürdigkeit bestimmter Produkte ist zunächst deren relativer Deckungsbeitrag zu ermitteln:

Produkt	A	B	C	D
absoluter Stückdeckungsbeitrag (DM)	130	240	140	50
Kapazitätsbeanspruchung auf Maschine 1 (Maschinenstunden)	2,0	3,5	1,0	0,5
engpaßbezogener (relativer) Stückdeckungsbeitrag (DM/Maschinenstunde)	65	75	140	100
Prioritäten	*4*	*3*	*1*	*2*

Durch die ermittelten Prioritäten ergibt sich folgendes *optimales Produktionsprogramm:*

Produkt C:	500 Stück • 1,0 M'stunden/Stück =	500 M'stunden
Produkt D:	400 Stück • 0,5 M'stunden/Stück =	200 M'stunden
Produkt B:	300 Stück • 3,2 M'stunden/Stück =	960 M'stunden
Produkt A:	*170* Stück • 2,0 M'stunden/Stück =	340 M'stunden
	1 370 Stück	2 000 M'stunden

Das Gesamtergebnis beträgt dadurch:

Deckungsbeitrag C:	70 000 DM
Deckungsbeitrag D:	20 000 DM
Deckungsbeitrag B:	72 000 DM
Deckungsbeitrag A:	22 100 DM
Gesamtdeckungsbeitrag:	184 100 DM
– Fixkosten:	74 100 DM
Gesamtergebnis:	*110 000 DM*

Wäre die Produktreihenfolge beispielsweise nach den *absoluten* Deckungsbeiträgen ausgerichtet worden, ergäbe sich ein *niedrigeres* Gesamtergebnis:

Produkt	Stückzahlen	Kapazitäts-beanspruchung (M'stunden)	Gesamt-deckungsbeitrag (DM)
B	300	960	72 000
C	500	500	70 000
A	*270*	540	35 100
D	-	-	-
Summe	1 070	2 000	177 100
Fixkosten			74 100
Gesamtergebnis			*103 000*

mehrere Engpässe

Bei Vorliegen mehrerer Engpässe ist der rechnerische Aufwand zur Feststellung des optimalen Fertigungsprogrammes naturgemäß größer als bei nur einem Engpaß. Bei mehreren Engpässen und zwei Produkten ist u.a. eine graphische Ermittlung möglich. Je mehr Produkte jedoch betrachtet werden und je mehr Engpässe vorliegen, um so umfangreicher und auch unübersichtlicher wird die Rechnung. In solchen Fällen bietet sich die Simplex-Methode an.[23]

Eigenfertigung/ Fremdbezug

Eigenfertigung und Fremdbezug:

Beispiele

Entscheidungen über Eigenfertigung oder Fremdbezug können sämtliche betriebliche Funktionsbereiche betreffen. Darunter fallen beispielsweise Entscheidungsrechnungen über

- die Eigenherstellung oder den Kauf von Anlagegegenständen,
- die Eigenfertigung oder die Fremdvergabe von Einzelteilen,
- eine eigene Werbeabteilung oder die Inanspruchnahme einer Agentur,
- eine eigene Kantine oder den Bezug von Großküchenessen
- eine eigene Instandhaltungsabteilung oder die Inanspruchnahme von Fremdhandwerkern,
- usw.

Konsequenzen einer Vollkostenbetrachtung bei Unterbeschäftigung

Würde ein *unterbeschäftigter* Betrieb in einer Entscheidungsrechnung über die Eigenfertigung oder den Fremdbezug bestimmter Leistungen die Vollkosten dem Fremdbezugspreis gegenüberstellen, wären in den Kosten der Eigenfertigung fixe Bestandteile enthalten, die unabhängig davon anfallen, ob die betreffende Leistung im eigenen Betrieb erstellt oder von außen bezogen wird. Diese Fixkosten sind für die Entscheidungsrechnung irrelevant. Hinzu käme

23 Für eine eingehendere Beschäftigung mit dieser Thematik sei beispielsweise verwiesen auf Ehrmann, H., 1992, S. 273ff.; Däumler, K.-D./Grabe, J., 1989, S. 121ff.; Wenz, E., 1992, S. 512ff.

durch die künstliche Fixkostenproportionalisierung der Effekt, daß bei Unterauslastung steigende Verrechnungssätze entstehen. Die Entscheidung fiele dann zugunsten des Fremdbezugs und die unterbeschäftigten Bereiche des eigenen Unternehmens erhielten keine Aufträge. Deshalb sind auch für derartige Entscheidungsrechnungen (bei Unterbeschäftigung) die *zusätzlichen variablen Kosten* dem Fremdbezugspreis gegenüberzustellen.

Kostenvergleich bei Vollbeschäftigung

In Zeiten der Voll- oder gar Überbeschäftigung können die Rechnungsvarianten vielfältig sein.

Sollen bestehende Kapazitäten anderen Verwendungen zugeführt werden, indem z.B. Sortimentserweiterungen vorgesehen sind oder Absatzsteigerungen bestimmter Produkte der hohen Nachfrage angepaßt werden, wären die *Mehrkosten des Fremdbezugs mit den Deckungsbeiträgen*[24] *der zusätzlich absetzbaren Produkte* zu vergleichen. Liegen die Mehrkosten unter den Deckungsbeiträgen, empfiehlt sich ein Übergang zum Fremdbezug. Da in diesem Fall keine Fixkosten auf- oder abgebaut werden, sind sie entscheidungsirrelevant.

Der Komplexitätsgrad der Rechnungen steigt auch hier mit der Anzahl der Engpässe. Bei mehreren Engpässen wird die lineare Optimierung in Form von Kostenminimierungs- oder Ersparnismaximierungsmodellen einzusetzen sein.[25]

langfristige Entscheidungsrechnungen über Eigenfertigung oder Fremdbezug

Werden *langfristige* Entscheidungsrechnungen über Eigenfertigung oder Fremdbezug getroffen, gehen auch die fixen Kosten als entscheidungsrelevante Größen in die Rechnung ein. Allerdings handelt es sich im Kern um die Frage, ob eine *Investition* durchgeführt werden soll oder nicht. Hier sollten auch investitionsrechnerische Lösungsansätze gesucht werden.[26]

weitere Entscheidungskriterien

Neben den rechnerischen Lösungen sollten in der Entscheidung zugunsten einer Fremdvergabe z.B. auch Qualitätsaspekte, Lieferterminfragen, Fragen zur Abhängigkeit vom Lieferanten usw. Berücksichtigung finden.

---

24 Vor dem Hintergrund der Vollbeschäftigung sind nicht die Stückgewinne (also nicht Erlöse minus Vollkosten) heranzuziehen, sondern die Deckungsbeiträge, da die Fixkosten auch in dieser Rechnung keine Rolle spielen.

25 Vgl. hierzu die Beispiele bei Ehrmann, H., 1992, S. 278f. und 269ff.; Däumler, K.-D./Grabe, J., 1989, S. 208ff.

26 Vgl. z.B. Däumler, K.-D./Grabe, J., 1989, S. 216ff.

8.3. Kostenmanagement

8.3.1. Prozeßkostenrechnung

prozeßkostenorientierter Ansatz

Viele Betriebe sind heute einer sich immer weiter beschleunigenden technologischen Entwicklung durch einen hohen Automatisierungsgrad und einer wachsenden Internationalisierung des Wettbewerbs unterworfen. Planende, steuernde und überwachende Tätigkeiten nehmen zu und damit der Umfang an *indirekten Leistungen*, z.B. durch Forschung und Entwicklung, Einkauf, Logistik, Produktionsplanung und Steuerung, Qualitätssicherung und -prüfung, Auftragsabwicklung, Vertrieb und Verwaltung.[27] Damit ergeben sich Verschiebungen in den Kostenstrukturen, die insbesondere auf Variantenreichtum und Produktkomplexität beruhen. Es besteht die Gefahr, daß die Gemeinkosten zu global verrechnet werden, da die sich neu bildenden Zusammenhänge und Abhängigkeiten nicht mehr nur durch die Zugrundelegung von wertabhängigen Bezugsgrößen dargestellt werden können. Hier müssen neue Lösungsansätze gefunden werden, um dem Verursachungsprinzip gerecht zu bleiben. Die Diskussion hierüber hat sich in *prozeßkostenorientierten* Ansätzen konkretisiert und führte zu Vorschlägen für die Ausgestaltung einer *Prozeßkostenrechnung* (Activity-Based-Costing, Prozeßorientierte Kostenrechnung).

Ziele

Mit der Prozeßkostenrechnung zielt man auf

- eine verursachungsgerechte Kalkulation.
- eine effiziente Planung und Kontrolle der Gemeinkosten.
- eine Erhöhung der Kostentransparenz in den indirekten Bereichen.

Prämissen der Prozeßkostenrechnung

Die für die Anwendung der Prozeßkostenrechnung notwendigen Voraussetzungen sind:[28]

- Der Prozeßkostenrechnung liegen sich wiederholende Tätigkeiten zugrunde.
- Zwischen den gemeinkostentreibenden Faktoren und den verursachten Kosten muß ein proportionaler Zusammenhang bestehen.
- Die gemeinkostentreibenden Faktoren hängen von den spezifischen Produktions- und Verwaltungsgegebenheiten ab, so daß sie individuell für jedes Unternehmen festgestellt werden müssen.
- Die Daten über Prozesse und Kosten müssen detailliert vorliegen.
- Für die Durchführung der Prozeßkostenrechnung sind Tätigkeitsanalysen unabdingbar.

---

27 Vgl. hierzu auch Fröhling, O./Krause, H., 1992, S. 384f.
28 Vgl. hierzu weiterführend Pfohl, H.-C./Stölzle, W., 1991, S. 1288f.

Aktivitäten als Ausgangspunkt

Auch die Prozeßkostenrechnung bedient sich der Kostenarten-, Kostenstellen- und Kostenträgerrechnung. Der wesentliche Unterschied jedoch besteht in der Wahl der Bezugsgrößen zur Kostenverrechnung in der Kostenstellen- und Kostenträgerrechnung. Die Prozeßkostenrechnung stellt in den Mittelpunkt ihrer Betrachtung die *Aktivitäten*, die die Produkte in Anspruch nehmen. Diese Aktivitäten werden mit Kosten bewertet. Die Summe der Kosten aller Aktivitäten wiederum stellen Produktkosten dar.

cost drivers

Damit ein Produkt marktfähig wird, bedarf es einer Vielzahl von Aktivitäten und Prozessen. Diese Aktivitäten sind als die kostentreibenden Faktoren der entprechenden Abteilungen zu sehen. Man spricht in diesem Zusammenhang von *cost drivers*.[29] Dahinter steht die Maßgröße für die Kostenverursachung in einem bestimmten Bereich und meint – die im Zusammenhang mit der Zuschlagskalkulation angesprochene – *direkte Bezugsgröße*[30]. Da mit der Prozeßkostenrechnung indirekte Leistungen über Prozeßkostensätze auf die Produkte verrechnet werden, müssen die Beziehungen zwischen Produkt und den dafür notwendigen Prozessen definiert werden.

Ermittlung der Prozeßkostensätze

Für die Ermittlung der Prozeßkostensätze sind folgende Schritte notwendig:

- *Bestimmung der Prozesse*
- *Festlegung der Bezugsgrößen*
- *Bildung von Prozeßkostensätzen.*

29 Vgl. Johnson, H.T./Kaplan, R.S., 1987, S. 237; Cooper, R., 1992, S. 361.
30 Vgl. Pfohl, H.-C./Stölzle, W., 1991, S. 1284.

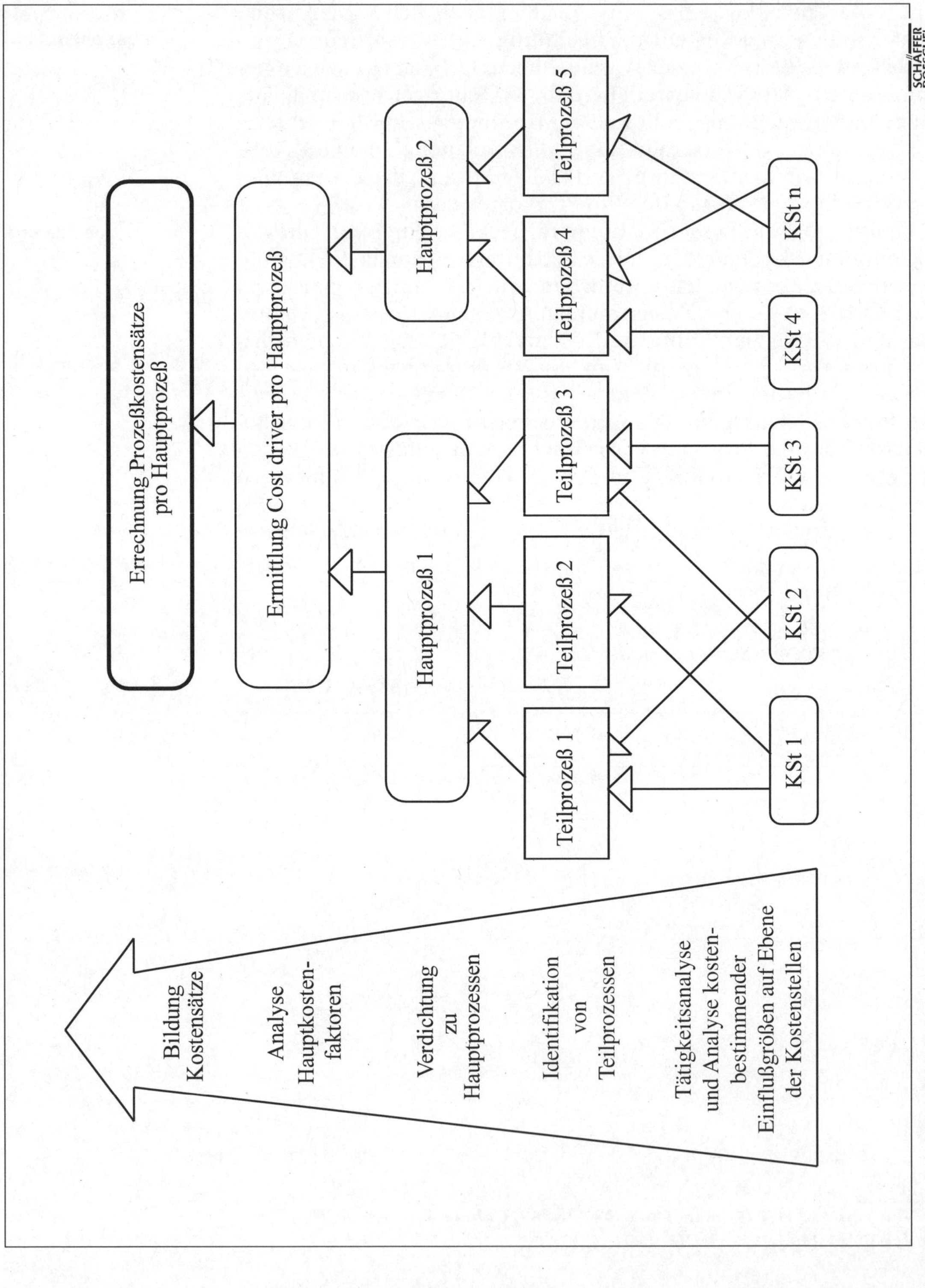

Abb. 70: *Methodik der Prozeßkostenrechnung*

Bestimmung der Prozesse

Tätigkeitsanalyse

Die Prozeßkostenrechnung betrachtet sich wiederholende (repetitive) Tätigkeiten (= Prozesse). Dazu ist eine intensive *Tätigkeitsanalyse* der betroffenen Kostenbereiche notwendig. In Gesprächen mit den zuständigen Kostenstellenleitern sind im einzelnen die für einen festgelegten Zeitraum durchgeführten Tätigkeiten und der dahinterstehende Zeitbedarf zu ermitteln. Die Aktivitäts- oder Tätigkeitsanalyse bildet die Grundlage der Prozeßkostenrechnung. Aus ihr ist eine *Prozeßliste* zu erstellen. Die in dieser Prozeßliste pro Kostenstelle aufgeführten *Teilprozesse* sind daraufhin kostenstellenübergreifend zu *Hauptprozessen* zusammenzufassen, die die Grundlage für die Prozeßkostenkalkulation darstellen. Diese Aggregierung hat den Vorteil, daß sie die Kalkulation erleichtert. Andererseits lassen sich für zu starke Zusammenfassungen schwieriger mengenabhängige Bezugsgrößen finden.

Teilprozesse
Hauptprozesse

B

Aus den für vier Kostenstellen durchgeführten Tätigkeitsanalysen läßt sich aus den Teilprozessen der Hauptprozeß *Material beschaffen* bilden:[31]

Kostenstelle Einkauf	Kostenstelle Warenannahme	Kostenstelle Qualitätsprüfung	Kostenstelle Lager
Teilprozesse: *Material einkaufen* Hilfs- und Betriebsstoffe einkaufen Geräte und Anlagen einkaufen Dienstleistungen einkaufen	Teilprozesse: *Materiallieferung entgegennehmen*	Teilprozesse: Prüfung für Werkstofftechnik durchführen *Eingangsprüfung für Material durchführen* Chemische Kontrollen durchführen	Teilprozesse: Hilfs- und Betriebsstoffe lagern *Material lagern* Unfertige Erzeugnisse lagern Fertige Erzeugnisse lagern

Der Hauptprozeß Material beschaffen besteht aus den Teilprozessen *Material einkaufen, Materiallieferung entgegennehmen, Eingangsprüfung für Materialien durchführen* und *Material lagern.*

31 In Anlehnung an Coenenberg, A.G., 1992, S. 202.

Festlegung der Bezugsgrößen

Nachdem die Teilprozesse zu zweckadäquaten Hauptprozessen verdichtet wurden, sind die kostentreibenden Faktoren (cost drivers) zu bestimmen. Sie müssen geeignet sein, den auf den entsprechenden Prozeß entfallenden Betrag feststellen zu können. Auch hier sollte bedacht werden, daß diese Maßgrößen einfach ableitbar, proportional zur Beanspruchung der Ressourcen, durchschaubar und verständlich sind. Dabei ist zu unterscheiden – je nach Abhängigkeit von dem durch eine Kostenstelle zu erbringenden Leistungsvolumen – zwischen *leistungsmengeninduzierten* (lmi) und *leistungsmengenneutralen* (lmn) Prozessen.[32] Während einerseits die Tätigkeit »Bestellungen aufgeben« mit der Bezugsgröße »Anzahl der Bestellungen« quantifiziert werden kann, ist das »Leiten der Kostenstelle« als leistungsmengenneutral einzustufen. Weitere Bezugsgrößen für leistungsmengeninduzierte Prozesse können z.B. Anzahl der Produktänderungen, Lieferscheinpositionen, Materialbestellungen, Materialbestellungen, Kundenaufträge, Frachtbriefe usw. sein. Naturgemäß entfallen für die leistungsmengen*neutralen* Prozesse die Ermittlung von cost drivers. Die Zurechnung dieser Prozesse muß traditionell erfolgen.

leistungsmengen-induzierte/-neutrale Prozesse

Bildung von Prozeßkostensätzen

In der nächsten Stufe erfolgt die Zuordnung von Kapazitäten und Kosten zu den gebildeten Prozessen. Grundlage für die Zuordnung kann eine analytische Vorgehensweise (durch Berechnungen, Messungen oder Funktionsanalysen) oder eine Ableitung aus Budgetwerten o.ä. sein.

Das ermittelte Prozeßkostenvolumen ist dann durch die Bezugsgröße zu dividieren, und man erhält den Prozeßkostensatz als durchschnittliche Kosten einer einmaligen Durchführung dieses Prozesses.

Es empiehlt sich, die Kosten der leistungsmengenneutralen Prozesse nach dem Durchschnittsprinzip auf die Prozeßkostensätze zu verteilen.

Würdigung

In der Diskussion um das Für und Wider werden u.a. nachstehende Argumente vorgetragen:[33]

Verbesserung des Verursachungsprinzips

Die Befürworter der Prozeßkostenrechnung sehen in ihr eine Weiterentwicklung zu den heute verbreiteten Kostenrechnungssystemen. Insbesondere die eingangs angesprochenen Ursachen be-

32 Vgl. Horváth, P./Mayer, R., 1989, S. 216f. Cooper spricht von *volumenbezogenen* und *volumenneutralen* Bezugsgrößen. Vgl. hierzu Cooper, R., 1992, S. 360ff.

33 Vgl. auch die Diskussion bei Coenenberg, A.G., 1992, S. 213ff.; Pfohl, H.-C./Stölzle W., 1991, S. 1291ff.; Fröhling, O., 1992, S. 723ff.; Christmann, A., 1994, S. 160f.

gründen die Notwendigkeit einer Prozeßkostenrechnung für eine *verursachungsgerechte Verrechnung* der Gemeinkosten. Wie hoch der Grad der Prozeßorientierung in der Produktkalkulation sein soll, hängt von der Struktur der Produktpalette ab. Die Verwendung der Zuschlagskalkulation bei sehr homogenen Produktgruppen mit in etwa gleichbleibenden Mengengerüsten dürfte als befriedigend angesehen werden. Sobald ein aus differenzierten Kundenwünschen hervorgegangenes breites Produktspektrum vorliegt, deren Kostenverursachung in den einzelnen betrieblichen Bereichen sehr unterschiedlich ist, steigt der Anteil der über definierten Prozessen abgerechneten Kosten. *Die herkömmliche Vollkostenrechnung hat eine nivellierende und die Prozeßkostenrechnung eine differenzierende Wirkung.*

Gemeinkostentransparenz

Naturgemäß werden durch die am Anfang stehende Tätigkeitsanalyse unwirtschaftliche Abläufe erkannt, so daß schon in der Einführungsphase Rationalisierungpotentiale oder Unterauslastungen aufgedeckt werden können. Die *Transparenz der Gemeinkosten* erhöht sich. Die Prozeßkostenrechnung bietet eine deutlichen Informationsgewinn, da sie einen Großteil der Gemeinkosten als beeinflußbar erkennt. Andererseits steigt der Anteil der leistungsmengenneutralen Prozeßkosten, je höher der Anteil heterogener und komplexer Aktivitäten und der Anteil des Planungs-, Koordinations- und Kontrollaufwands in einer Kostenstelle ist (z.B. Verwaltungskostenstellen).

Kostenbewußtsein

Die Prozeßkostenrechnung prägt ein feineres Kosten- und Leistungsbewußtsein und übt damit eine gewisse Verhaltenssteuerung aus. Sie führt dazu, daß im innerbetrieblichen Denken *Leistungen* in Anspruch genommen werden, *die etwas kosten.* Die herkömmliche Kostenumlage hat nicht diese gezielte Wirkung auf das Kostenbewußtsein.

Vollkostencharakter

Dennoch bleibt die Produktkalkulation in der Prozeßkostenrechnung eine *Vollkostenkalkulation.* Und Vollkostenkalkulationen haben grundsätzlich den Nachteil, daß sie auch Fixkosten verrechnen (müssen), aber diese eben nicht richtig auf die Erzeugnisse aufteilen können. Auch die Prozeßkostenrechnung ist letztlich nicht in der Lage, vollständig befriedigende Lösungen anzubieten. So wird ihr zwar eine verursachungsgerechte Produktkalkulation zugeschrieben, doch erscheint diese Zielsetzung wieder fragwürdig, wenn es um die Einbeziehung der Gemeinkosten von sehr produktfernen Bereichen geht.

Kostenschlüsselung

Kritisch wird auch die *Schlüsselung der Kosten auf die einzelnen Prozesse* gesehen. Die praktische Realisierung bringt zwangsläufig eine gewisse Problematik mit sich, da die Prozeßkostenrechnung eine Vollkostenrechnung ist und systemimmanent in einem wesentlichen Umfang damit eine *Fixkostenrechnung* ist. Hinter den einzelnen Prozessen können sich ganz unterschiedliche Kostenarten verbergen. Dies kann u.U. zu einer bis zu fünffachen Schlüsselung von Kosten- und Mengengrößen führen.[34]

Ergänzungscharakter

Vollkostenkalkulationen werden damit begründet, daß sie die Informationen für *langfristige* Preisuntergrenzen liefern (strategische Bedeutung). Die Prozeßkostenrechnung als Vollkostenrechnung sollte deshalb nur als *Ergänzung*, aber nicht als Ersatz für bestehende Kostenrechnungssysteme dienen, wenn es um die Bereitstellung von Informationen für *kurzfristige* Entscheidungen geht. Dies resultiert daraus, daß für kurzfristige Entscheidungen Fixkosten als nicht entscheidungsrelevant angesehen werden, aber die meisten von der Prozeßkostenrechnung erfaßten Gemeinkosten als fix zu betrachten sind.

hoher Einführungsaufwand

Auch unterliegt die Ausgestaltung von Kostenrechnungssystemen *wirtschaftlichen Gesichtpunkten*. Die vollständige Einführung der Prozeßkostenmethode führt zu einem sehr zeit- und kostenintensiven Unterfangen. Der mit der Einführung eines zusätzlichen Kostenrechnungssystems verbundene Aufwand läßt sich nur begrenzen, wenn nur solche Gemeinkostenbereiche einbezogen werden, deren Kostenvolumen einerseits hoch, sich aber andererseits durch mangelnde Transparenz hinsichtlich der Kostenverursachung auszeichnet.

Akzeptanz

Erfahrungsgemäß stößt auch die Einführung einer Prozeßkostenrechnung auf psychologische Widerstände bei der Belegschaft, was sich insbesondere aus der zu erstellenden Tätigkeitsanalyse ergibt. Hier bedarf es einer umfangreichen Informations- und Überzeugungsarbeit.

Ausblick

Die Prozeßkostenrechnung wird im Rechnungswesen sicher eine wesentliche Aufgabe als effizientes Instrument des Fixkosten- und Gemeinkostencontrolling übernehmen. Angesichts der zu bewältigenden praktischen Probleme während der Phase der Planung und Vorbereitung, der Phase der Einführung und Umstellung sowie der erfahrbaren Anlaufprobleme erfordert die Prozeßkostenrechnung jedoch viel Ausdauer, Zeit und Beharrlichkeit.

34 Vgl. Mayer, R./Glaser, H., 1991, S. 301.

8.3.2. Target Costing

Ansatz

Das aus Japan kommende Konzept des Target Costing[35] leitet die Kosten aus dem *Markt* ab und kann als *strategisches Controllinginstrument* eingesetzt werden. Als Element des strategischen Kostenmanagements umfaßt das Zielkostenkonzept die Entwicklung einer Methodik für eine marktorientierte Kostenplanung, -steuerung und -kontrolle im Gesamtprozeß der Erzeugnisentstehung. *Es steht am Anfang der Produktentwicklung.* Dabei handelt es sich nicht um ein Kostenrechnungssystem oder -verfahren. Es zielt nicht, wie die traditionelle Kostenrechnung, auf die Produktion ab, sondern wurde entwickelt, um

- über die Konzentration auf die Gestaltung und Herstellung der einzelnen Produkte das ganze Unternehmen auf den Markt auszurichten und
- Produktrentabilitäten auch bei steigender Wettbewerbsintensität zu erhalten oder zu steigern.

Gerade beim Target Costing besitzen die frühen Phasen wie Produktentwicklung und -konstruktion sowie die Planung für die Produktionstechniken die größte Bedeutung, da hier nicht nur die Produktions-, sondern auch die Servicekosten im voraus bestimmt werden.

Beginn der Aktivitäten

Zielkostenmanagement setzt kostenplanerisch in der *Entwicklungsphase* eines Produktes ein und zielt damit auf eine Kostenbeeinflussung (in Abhängigkeit von den Anforderungen des Marktes) in einer Phase ab, in der die größten Effekte zu erzielen sind. Das Wesentliche am Zielkostenmanagement ist die umfassende Marktorientierung. Kernelement ist die Ausrichtung der Aktivitäten an den vom Markt gewünschten Produktmerkmalen und -eigenschaften, die sich wiederum in Produktfunktionen ausdrücken lassen. Das Target Costing sorgt wertmäßig für ein direktes Hineinwirken marktlicher Veränderungen in das Unternehmen und eine direkte Reaktion.

herkömmliche Kontrollkomponente

Die herkömmliche Kontrollkomponente, also vor allem die fertigungsbezogene *Abweichungsanalyse*, spielt im Rahmen des Zielkostenmanagements wegen dessen primärer Ausrichtung am Produktentstehungsprozeß *eine relativ geringe Rolle.*

35 Vgl. insbesondere Seidenschwarz, W., 1991, S. 198ff.; Horváth, P./Seidenschwarz, W., 1992, S. 142ff.; Franz, K.-P., 1993, S. 124ff.; ders., 1992, S. 128ff.; Hieke, H., 1994, S. 498ff.; Peemöller, V.H., 1993, S. 375ff.; Sakurai, M./Keating, P.J., 1994, S. 84ff.; Heßen, H.-P./Wesseler, S., 1994, S. 148ff.; Hahn, D., 1993, S. 110f.

Einsatz

Target Costing soll in erster Linie Unternehmen unterstützen, die auf wettbewerbsintensiven Märkten kurzen Produktlebenszyklen und hohem Preisdruck ausgeliefert sind (z.B. Elektronik-, Automobil-, Feinmechanikindustrien). Durchaus hohe Bedeutung wird dem Konzept auch in der massenverarbeitenden Industrie zugesprochen, da dort wegen des relativ geringen Modellwechsels Kostenwirkungen von Produkt- und Produktionsgrundsatz-Entscheidungen in aller Regel sehr langfristig spürbar sind. Kaum oder keine Bedeutung besitzt Target Costing hingegen in der Veredelungsindustrie.

Konzept

Das Konzept des Target costing ist in Abb. 71 dargestellt:[36]

36 Vgl. Hieke, H., 1994, S. 498.

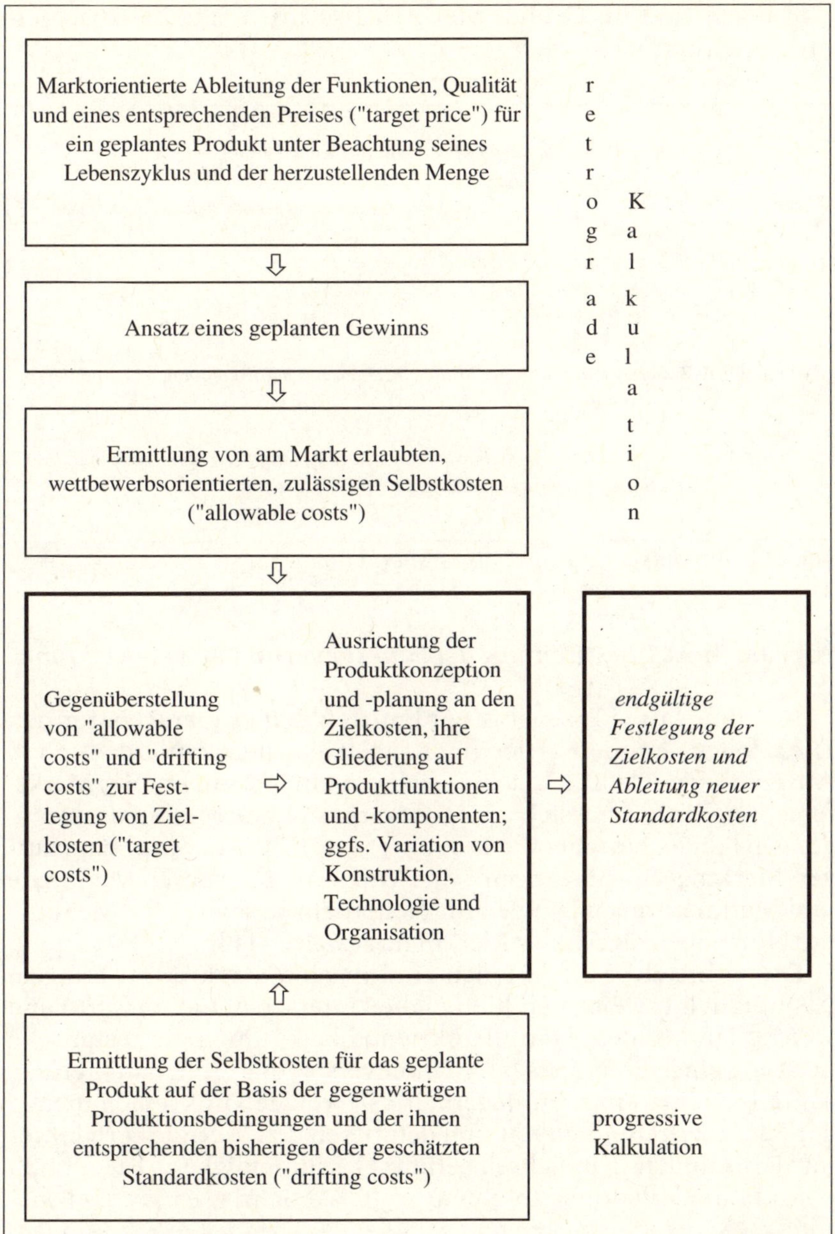

Abb. 71: *Zielkostenermittlung*

Zielkostenermittlung (Arbeitsschritte)

Danach sind im Grunde vier Arbeitsschritte zur Zielkostenermittlung vorzunehmen:

Arbeitsschritt 1 *Bestimmung der Funktionen und ihre Gewichtung*

Arbeitsschritt 2 *Festlegung der Zielkosten und Grobentwurf eines neuen Erzeugnisses*

2a Ermittlung der Allowable Costs
2b Ermittlung der Drifting Costs
2c Festlegung der Zielkosten

Arbeitsschritt 3 *Zielkostenermittlung für die einzelnen Erzeugniskomponenten und deren Gewichtung*

Arbeitsschritt 4 *Bestimmung der Zielkostenindizes der Erzeugniskomponenten und ihre Optimierung mittels Zielkostenkontrolldiagramm*

Abb. 72: *Arbeitsschritte zur Zielkostenermittlung* SCHÄFFER POESCHEL

Arbeitsschritt 1 *Bestimmung der Funktionen und ihre Gewichtung:*

Ermittlung der Funktionen

Das innovative Erzeugnis wird mittels seiner marktkonformen Funktionen definiert. Hier findet vielfach die *Conjoint-Analyse* Anwendung. »Dabei handelt es sich um ein Instrument der Marktforschung, mit dem sich eine Überprüfung der Merkmalsausprägungen bereits bestehender Produkte, eine (Vor-)Auswahl innovativer Merkmalsausprägungen, eine Auswahl relevanter Merkmale und Merkmalsausprägungen für Neuprodukte sowie eine Messung der Nutzenbeiträge dieser Merkmale gestalten läßt.«[37]

Gewichtung der (Teil-)Funktionen

Die ermittelten Funktionen sind in eine Struktur zu bringen. Als nützlich erweist sich hierbei die Unterscheidung in *harte* und *weiche* Funktionen. Harte Funktionen bestimmen die technische Leistung eines Produktes (z.B. Tintenversorgung, Spitzenhalterung, Tintenspeicher eines Füllfederhalters), weiche Funktionen dienen der Benutzerfreundlichkeit und definieren den Wert des Produktes für den Kunden (z.B. Schreibgefühl, Geschmeidigkeit, Federstrich eines Füllfederhalters). In einem weiteren Schritt ist die *Gewichtung zwischen den harten und weichen Funktionen* durch Kundenbefragung zu ermitteln. Sodann sind mit Unterstützung der potentiellen Kunden die Gewichte der einzelnen Teilfunktionen innerhalb der zwei Funktionsgruppen festzulegen.

37 Horváth, P./Seidenschwarz, W., 1992, S. 145.

Arbeitsschritt 2 *Festlegung der Zielkosten und Grobentwurf eines neuen Produktes:*

Teilschritt 2a Ermittlung der Allowable Costs:

allowable costs

Die Zielkosten sollten aus den am Markt erzielbaren Preisen und der Gewinnplanung abgeleitet werden (Market into Company)[38]. Bei Market into Company handelt es sich um die Reinform des Target Costing. Ausgangspunkt ist der am Markt erzielbare Preis für ein geplantes Produkt, der durch die Marktforschung fixiert wird. Durch Abzug des geplanten Gewinns von den erzielbar erscheinenden Umsätzen werden die *Allowable Costs* ermittelt.

Teilschritt 2b Ermittlung der Drifting Costs:

drifting costs

Drifting Costs sind die Standardkosten (Plankosten) für das geplante Produkt, die sich bei Fortsetzung der aktuell im Unternehmen vorhandenen Technologien und der derzeitigen Produktivität ergeben würden.

Teilschritt 2c Festlegung der Zielkosten:

Differenz zwischen allowable und drifting costs

In der Regel dürften die Drifting Costs über den Allowable Costs liegen. An dieser Stelle sind die speziellen *Ansatzpunkte zur Verbesserung und Kostensenkung* zu sehen, da alle Aktivitäten auf das Erreichen der Allowable Costs gerichtet sind. Hier sind Struktur- und Technologieanpassungen im Unternehmen vorzunehmen, indem u.a. die Fertigungstiefe möglicherweise verringert sowie die Einbeziehung der Zulieferer in die Erzeugnisrealisierung neu gestaltet werden. Der Unterschied zwischen den Allowable Costs und den Drifting Costs zeigt den bestehenden Abstand, der durch innovative Maßnahmen zu schließen ist.

Arbeitsschritt 3 *Zielkostenermittlung für die einzelnen Erzeugniskomponenten und deren Gewichtung:*

Zielkostenhöhe der Erzeugniskomponenten

Der zu erstellende Grobentwurf des neuen Erzeugnisses bestimmt die erforderlichen Komponenten, die ihrerseits die angestrebten Funktionen realisieren sollen. Es muß nun eingeschätzt werden, in welcher Höhe *Zielkosten* zur Fertigung der Erzeugnis*komponenten* erforderlich sein werden, um davon ausgehend den vorläufigen Kostenanteil an den Gesamtzielkosten zu errechnen. Die grundlegende Schwierigkeit dieses Schrittes besteht darin, die Zielkosten eines Erzeugnisses für dessen Komponenten detailliert vorzugeben. Auf der Grundlage der *Wertschätzungen der Kunden* für einzelne

38 Zu weiteren, allerdings weniger empfehlenswerten Möglichkeiten vgl. Buggert, W./Wielpütz, A., 1995, S. 78ff.

Teilfunktionen wird unterstellt, daß *hoch eingeschätzten Funktionen höhere Kosten*, d.h. Produktentwicklungsbemühungen, zugestanden werden als den niedrig eingeschätzten.

Arbeitsschritt 4 *Bestimmung der Zielkostenindizes*[39] *der Erzeugniskomponenten und ihre Optimierung mittels Zielkostenkontrolldiagramm*

Zielkostenindex

Die Zuordnung der anteiligen Zielkosten soll im Verhältnis der Teilgewichte der Funktionen erfolgen. Das Verhältnis der Teilgewichte der einzelnen Komponenten (bezogen auf die harten als auch auf die weichen Funktionen) zu den entsprechenden Kostenanteilen signalisiert, inwieweit die anteiligen Zielkosten im richtigen Verhältnis zu den Teilgewichtsummen der Komponenten stehen (= Zielkostenindex). Idealerweise müßte er jeweils den Wert 1 annehmen, dann wären die Kosten proportional zu der Komponente verteilt.

Komponenten	Kostenanteil	Harte Funktionen		weiche Funktionen	
		Teilgewichte	*Zielkostenindex (Sp.3 : Sp.2)*	Teilgewichte	*Zielkostenindex (Sp.5 : Sp.2)*
K 1	6,9	17,3	*2,51*	22,0	*3,19*
K 2	18,5	18,3	*0,99*	16,9	*0,91*
K 3	6,5	10,9	*1,68*	5,2	*0,80*
:	:	:	:	:	:
K 6	36,3	28,8	*0,79*	31,0	*1,67*
:	:	:	:	:	:
Σ	100%	100%		100%	

Abb. 73: *Zielkostenindex für Komponenten*[40]

Der Zielkostenindex weist darauf hin, ob die Ausgestaltung einer Funktion zu teuer (kleiner 1) oder zu billig (größer 1) ist. Dabei ist der Wert 1 sicherlich ein zu enger Wert.

Zielkostenzone

Deshalb sollte eine optimale Zielkosten*zone* definiert werden, in der sich die Zielkostenindizes der einzelnen Komponenten befinden müßten (*Zielkostenkontrolldiagramm*). Hier wird eine Zielkostenzone vorgeschlagen, deren Außenlinien definiert sind (Abb. 74).[41] Die Zone wird vom Management gesetzt:

---

39 Index: statistischer Meßwert, durch den eine Veränderung bestimmter wirtschaftlicher Tatbestände ausgedrückt wird.

40 Vgl. Horváth, P./Seidenschwarz, W., 1992, S. 147; Hieke, H., 1994, S. 502.

41 Vgl. Horváth, P./Seidenschwarz, W., 1992, S. 147.

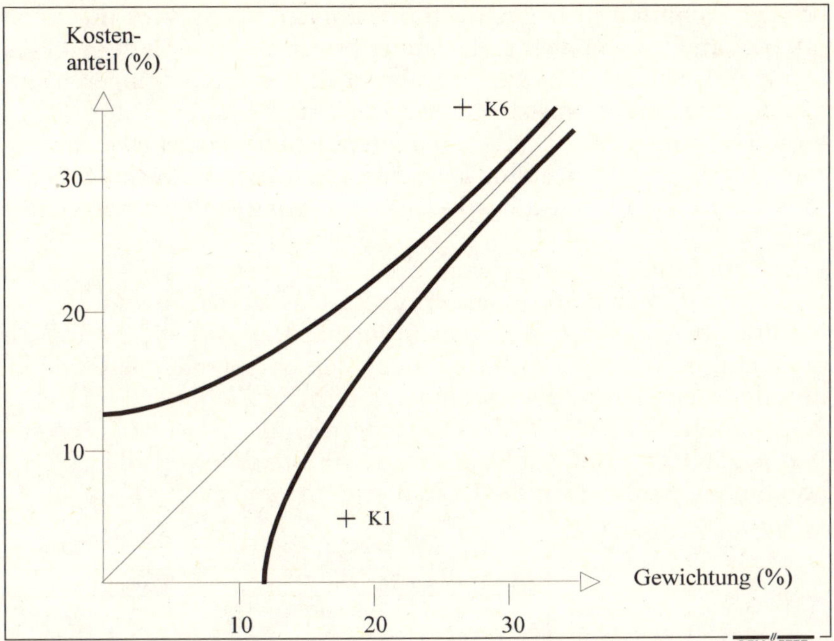

Abb. 74: *Zielkostenzone*

SCHÄFFER POESCHEL

Kneten von Kosten und Produktfunktionen

In das Zielkostenkontrolldiagramm sind beispielweise die Zielkostenpunkte der Komponenten K1 und K6 für die harten Funktionen eingetragen. Die Ergebnisse zeigen, daß sie außerhalb der Zielkostenzone liegen. Die Komponente K6 ist zu teuer. Hier ist ein Kostensenkungspotential gegeben. Bei Komponente K1 ist zu prüfen, ob nicht angesichts der zu niedrigen Kostenanteile eine Funktionsverbesserung angebracht ist. Die Optimierung des Zielkostenindexes (möglichst nahe 1) ist bereits ein kraftvolles Instrument für die Festlegung der Zielkosten.

Würdigung

Target Costing ist ein Ansatz des strategischen Kosten*managements*, nicht der Kosten*rechnung*. Das Rechnen mit Zielkosten benötigt allerdings traditionelle Formen der Kostenrechnung, insbesondere zur Ermittlung der Standardkosten. Zudem ist deutlich geworden, daß der Ausgangspunkt der Betrachtung nicht im Unternehmen, sondern am Markt liegt. Nicht das Unternehmen plant, sondern der Markt gibt vor. Target Costing bindet auch Veränderungen der Unternehmensstrukturen in die Kostenplanung mit ein.

Auch bedingen Zielkosten insofern eine neue Sicht, als die Aufmerksamkeit auf ihre prognostische Bestimmung gelenkt wird. Die vom Markt erlaubten Kosten bilden die strategische *Preisuntergrenze*. Auf vielen wettbewerbsintensiven Märkten sieht sich der Vertrieb eines Unternehmens so starkem Kundendruck ausgesetzt, daß die kurzfristige Preisuntergrenze, die aus der Deckungsbeitragsrechnung hervorgeht, diesen Kurzfristcharakter nur noch offiziell, nicht mehr aber real besitzt. Target Costs verändern dieses Denken. Sie sind *Vollkosten*. Kostenstrukturverschiebungen resultieren insbesondere aus steigenden Fixkostenanteilen. Damit ist es nicht mehr möglich, diese – wie in der Deckungsbeitragsrechnung – in der Kalkulation außer acht zu lassen. Die Allowable Costs müssen die – vom Markt bestimmte – langfristige Preisuntergrenze sein.

Kontrollfragen und Aufgaben

Kontrollfragen zum Kapitel 1

1.1 Nennen Sie die Hauptaufgaben des Controllers nach dem Financial Executive Institute.
1.2 Beschreiben Sie stichwortartig das Anforderungsprofil für einen Controller.
1.3 Wie unterscheiden sich die Begriffe »control« und »Kontrolle«?
1.4 Sollte ein neu eingeführtes Controlling organisatorisch dauerhaft im Rechnungswesen angesiedelt werden?
1.5 Charakterisieren Sie operatives und strategisches Controlling!
1.6 Wie ist die Kosten- und Leistungsrechnung in das Controlling einzuordnen?
1.7 Wie läßt sich das Rechnungswesen eines Unternehmens gliedern?

Kontrollfragen zum Kapitel 2

2.1 Welche Aufgaben soll eine Kosten- und Leistungsrechnung erfüllen?
2.2 In welche Teilgebiete sollte eine Kosten- und Leistungsrechnung untergliedert werden?
2.3 Ordnen Sie die speziellen Aufgaben den Teilgebieten der Kosten- und Leistungsrechnung zu.
2.4 Welche Kostenverrechnungsprinzipien kennen Sie und was sagen sie aus?
2.5 Aus welchen Gründen wurde neben der Finanzbuchhaltung mit der Kosten- und Leistungsrechnung die Entwicklung eines weiteren Informationsinstrumentes des Unternehmens notwendig?
2.6 Vergleichen Sie die Kostenträgerzeitrechnung und die Gewinn- und Verlustrechnung.
2.7 Wie ist die Bedeutung der Kosten- und Leistungsrechnung bei der Bestimmung des Verkaufspreises einzuschätzen?
2.8 Welche gesetzlichen Vorschriften müssen in der Kosten- und Leistungsrechnung beachtet werden?
2.9 Von welchen Einflußgrößen ist der Aufbau einer Kosten- und Leistungsrechnung abhängig?
2.10 Nennen Sie Beispiele für Entscheidungsrechnungen, die mit Hilfe der Kosten- und Leistungsrechnung vorbereitet werden können.
2.11 Wie unterscheiden sich Prognose- und Vorgabekosten?
2.12 Welche Arten der Kostenkontrolle lassen sich unterscheiden?

2.13 Warum sind die für unternehmensexterne Zwecke ermittelten Zahlen oftmals nicht für unternehmensinterne Zwecke geeignet?

2.14 Werden in einer Teilkostenrechnung nur Teile von Kosten berücksichtigt?

Übungsaufgaben und Kontrollfragen zum Kapitel 3

Durch welche Abgrenzungsbegriffe sind die folgenden Geschäftsvorfälle gekennzeichnet? (Geben Sie auch immer den jeweiligen Betrag an.)

3.1 Für die regelmäßige Wartung einer Maschine wurden DM 400,–, für die Reparatur eines Schadens, der durch einen Brand in der Werkshalle an der Maschine entstanden ist, DM 800,– berechnet. DM 500,– wurden bar bezahlt, für den Rest wurde ein Zahlungsziel eingeräumt. In der Kostenrechnung wurden im laufenden Monat DM 600,– Wagniskosten für Betriebsmittelrisiken verrechnet.

3.2 Für die Gebäude betrugen die bilanziellen Abschreibungen DM 20 000,–, die kalkulatorischen Abschreibungen DM 20 000,–. Gebäude im Wert von 10% des Gesamtwertes aller Gebäude wurden zu betriebsfremden Zwecken genutzt.

3.3 Aus dem Wertpapiervermögen wurden in der laufenden Abrechnungsperiode Aktien verkauft: Anschaffungswert DM 10 000,–, Buchwert am Periodenanfang DM 8 000,–, Verkaufserlös DM 5 000,–.

3.4 Auf dem Weltmarkt ist der Preis für einen Rohstoff um 10% gefallen. Der Vorrat von DM 10 000,– wird nun niedriger bewertet.

3.5 Im laufenden Monat wurden Urlaubslöhne i.H.v. DM 500,– gezahlt. In der Kostenrechnung werden die gesamten (geschätzten) Jahresurlaubslöhne i.H.v. DM 24 000,– gleichmäßig auf zwölf Monate verteilt.

3.6 Aufgrund von Garantieverpflichtungen aus dem vergangenen Jahr mußte die Unternehmung DM 2 000,– in bar auszahlen; sie hat in der vergangenen Abrechnungsperiode jedoch nur Rückstellungen für Garantieleistungen i.H.v. DM 1 000,– gebildet.

3.7 An Personalkosten sind (einschließlich eines kalkulatorischen Unternehmerlohns von DM 5 000,–) DM 80 000,– angefallen. Löhne und Gehälter i.H.v. DM 40 000,– werden bar ausgezahlt, der Rest (Versicherungszahlungen) wird erst im Folgemonat fällig.

3.8 Ein Betriebsangehöriger zahlt ein ihm gewährtes Darlehen von DM 3 000,– zurück und entrichtet zugleich Zinsen für den laufenden Monat i.H.v. DM 100,–.

3.9 Ein Kunde zahlt die von ihm im vergangenen Monat (DM 1 800,–) und im laufenden Monat (DM 2 300,–) gekauften Waren und leistet zugleich eine Vorauszahlung für weitere Lieferungen (DM 1 000,–) per Banküberweisung.

Übungsaufgaben und Kontrollfragen zum Kapitel 4

4.1 Aus welchem Grund wird die Kostenartenrechnung auch als Abgrenzungsrechnung bezeichnet ?

4.2 Ist eine Kostenkontrolle in der Kostenartenrechnung möglich?

4.3 Nach welchen Kriterien lassen sich die Kosten gliedern?

4.4 Welche Kostenartenkategorien unterscheidet das Kriterium *Art der verbrauchten originären Produktionsfaktorarten*? Wie werden diese Kostenarten üblicherweise bezeichnet?

4.5 Was sind sekundäre Kosten? Erläutern Sie dies an einem Beispiel.

4.6 Was versteht man unter unechten Gemeinkosten, was unter unsauberen Kostenarten ?

4.7 Kann in der Kostenartenrechnung eine Auflösung der Kostenarten in fixe und variable Bestandteile vorgenommen werden?

4.8 Welche Verfahren können zur Ermittlung des Werkstoff*verbrauchs* herangezogen werden ?
Nach welchem Kriterium ist deren Brauchbarkeit für die Kosten- und Leistungsrechnung zu beurteilen ?

4.9 Was bedeuten das Lifo-, das Fifo-, das Hifo- und das Lofo-Verfahren ?

4.10 Die Abrechnung eines Rohstoffes ergab folgende Daten:

Anfangsbestand (lt. Inventur)	1 000 kg à 10 DM
03.04.19.. Zugang (Bareinkauf)	300 kg à 12 DM
05.04.19.. Zugang (Kauf auf Ziel)	100 kg à 8 DM
08.04.19.. Verbrauch	400 kg
Endbestand (lt. Inventur)	800 kg

Die tatsächliche Verbrauchsfolge entspricht dem *Hifo*-Verfahren. Zu bewerten ist der Verbrauch und der Endbestand.

4.11 Welche Bewertungsansätze sind für die Materialverbrauchsmengen denkbar? Wie sind die Verbrauchsfolgeverfahren einzuordnen? Welche Bewertungsmethode ist für die Kosten- und Leistungsrechnung am besten geeignet?

4.12 Nennen Sie Beispiele für Hilfslöhne.

4.13 Wie werden Zeitlöhne kostenrechnerisch behandelt?

4.14 Wie erfolgt die Behandlung des kalkulatorischen Unternehmerlohns und des allgemeinen Unternehmerrisikos in der Kosten- und Leistungsrechnung ?

4.15 Stellen Sie anhand eines Beispiels die Verrechnung von Urlaubs- und Krankheitslöhnen in der Kosten- und Leistungsrechnung dar.

4.16 Ein Arbeiter fertigt in einer Stunde 50 ME. Seine Entlohnung erfolgt nach dem (Stück-)Zeitakkord zu folgenden Bedingungen: Vorgabezeit: 5 Minuten/ME; Geldfaktor: 0,08 DM/Minute.

- Wieviel verdient er in dieser Stunde ?
- Wie hoch muß der Stücklohn bei der Umstellung auf Geldakkord sein, damit der Arbeiter bei gleicher Leistung gleich viel verdient ?

4.17 Nennen Sie die Ursachen für den Werteverzehr von Potentialfaktoren.

4.18 Ein Lastkraftwagen mit einem Wiederbeschaffungswert von 200 000 DM soll vier Jahre lang in einem Unternehmen genutzt werden. Nach dem vierten Jahr ist sein Verkauf geplant, es wird mit einem Wiederveräußerungswert von 48 020 DM gerechnet.

a. Ermitteln Sie die Abschreibungsbeträge pro Jahr der Nutzungsdauer nach der

- linearen
- arithmetisch-degressiven
- geometrisch-degressiven Abschreibungsmethode.

b. Ermitteln Sie die Abschreibungsbeträge pro Jahr der Nutzungsdauer mit dem Verfahren der geometrisch-degressiven Abschreibung für den Fall, daß der Restwert des LKW nach vier Jahren gleich Null ist:

- Unterstellen Sie einen Abschreibungsprozentsatz von 30 % und verteilen Sie den Abschreibungssummenrest auf die Abschreibungsperioden.
- Unterstellen Sie einen *theoretischen* Restwert von 48 020 DM.
- Gehen Sie nach dem zweiten Jahr auf die lineare Abschreibungsmethode über.

4.19 Worauf kann sich die Schätzung der Nutzungsdauer einer Anlage beziehen?

4.20 Wie werden außerordentliche Betriebsmittelverbräuche in der Kosten- und Leistungsrechnung behandelt ?

4.21 Wie sind kalkulatorische Zinsen zu ermitteln und welchem Zweck dienen sie?

4.22 Welche Probleme treten bei der Ermittlung kalkulatorischer Zinsen auf?

4.23 Nennen Sie Beispiele für Fremdleistungskosten.
4.24 Welche Einzelwagnisse kann man unterscheiden?
4.25 Die Finanzbuchhaltung eines Unternehmens weist einen Umsatz von 13 Mio. DM aus. Dem Umsatzerlös steht steuerlich abziehbarer Aufwand i.H.v. 11 Mio. DM gegenüber. Unternehmensgewinne sind einheitlich mit 56 % zu versteuern. Weitere Gewinnsteuern sollen nicht anfallen.
Dem steuerlich abziehbaren Aufwand entsprechen Kosten auf Basis von Wiederbeschaffungswerten i.H.v. 11,55 Mio. DM. Ferner sind Kosten (ebenfalls auf Basis von Wiederbeschaffungswerten) i.H.v. 0,45 Mio. DM aufgrund leistungsbezogener Gutsverbräuche angesetzt worden, für die keinerlei Aufwand steuerlich abziehbar ist. Eine Gewinnausschüttung findet nicht statt.
a. Beziffern Sie die Höhe der Substanzauszehrung, die das Unternehmen erleidet.
b. Bestimmen Sie das kalkulatorische Ergebnis.
c. Bestimmen Sie die Höhe des Umsatzerlöses, den das Unternehmen hätte erzielen müssen, um eine Substanzauszehrung bei gegebener Datenkonstellation zu vermeiden.
d. In der folgenden Abrechnungsperiode gelingt es dem Unternehmen bei sonst gleicher Datenkonstellation 14 Mio. DM zu erlösen. In welcher Höhe fällt jetzt Gewinnsteuer an und in welcher Höhe hat sie Kostencharakter?

Übungsaufgaben und Kontrollfragen zum Kapitel 5

5.1 Welche Hauptaufgaben hat die Kostenstellenrechnung ?
5.2 Wie ist die Notwendigkeit einer Kostenstellenrechnung in einem Einproduktunternehmen zu beurteilen ?
5.3 Nach welchem Kriterium hat die Kostenstellenbildung zu erfolgen, wenn eine möglichst verursachungsgerechte Kostenverteilung erreicht werden soll ?
5.4 Wann ist eine Kostenstellenbildung nach Verantwortungsbereichen sinnvoll ?
5.5 Welche Arten von Kostenstellen lassen sich unterscheiden ?
5.6 Stellen Sie Aufbau und Aufgaben des Betriebsabrechnungsbogens dar.
5.7 Wie werden primäre Gemeinkosten auf die Kostenstellen verteilt ?
5.8 Auf welche Weise lassen sich die folgenden Erzeugnisgemeinkosten auf die Kostenstellen verteilen ?
a. Prämien für die Feuerversicherung
b. Kalkulatorische Abschreibungen auf Maschinen

c. Kalkulatorische Abschreibungen auf Gebäude
d. Grundsteuer
e. Reparaturkosten
f. kalkulatorischer Unternehmerlohn
g. Gehälter der technischen Betriebsleitung
h. Kalkulatorische Wagniskosten (Betriebsmittelrisiko)
i. Hilfsstoffe
j. Betriebsstoffe

5.9 In einer Abrechnungsperiode sind an primären Stellengemeinkosten folgende Beträge angefallen:

- Putzfrauenlöhne 12 000 DM; Gebäudeabschreibungen 40 000 DM. Die Umlage erfolgt nach der Flächengröße.
- Feuerversicherungsprämie 15 000 DM; Kosten für Bewachung 6 000 DM. Die Umlage erfolgt nach dem Anteil einer Kostenstelle am betriebsnotwendigen Vermögen.
- Kosten aus der Benutzung des städtischen Hallenbades 2 000 DM. Die Umlage erfolgt nach der Anzahl der Arbeitnehmer.

Kostenstellen	Fläche (m^2)	betriebsnotwendiges Vermögen (DM)	Beschäftigte
Allgemeine Kostenstelle	10 000	600 000	25
Fertigungshilfskostenstelle	4 000	300 000	75
Fertigungshauptkostenstelle	40 000	1 200 000	300
Materialkostenstelle	30 000	600 000	50
Verwaltung und Vertrieb	20 000	450 000	50

5.10 Aus welchem Grund ist eine innerbetriebliche Leistungsverrechnung notwendig ?

5.11 Welches Hauptproblem entsteht bei der Verrechnung innerbetrieblicher Leistungen ?

5.12 Der Kostenstellenplan eines Betriebes weist zwei allgemeine Hilfskostenstellen (A_1 und A_2) sowie zwei Hauptkostenstellen (H_3 und H_4) aus.
Die primären Gemeinkosten pro Kostenstelle betragen:

$PSK_1 = 328$ DM $PSK_3 = 200$ DM
$PSK_2 = 160$ DM $PSK_4 = 530$ DM.

Der Austausch innerbetrieblicher Leistungen wird durch die folgende Leistungsaustauschmatrix dargestellt.

Dabei verwendete Symbolik: α jk • Lj ≡ Anteil des Gemeinkostenwertes der Gesamtleistungsmenge der Kostenstelle j, der der empfangenden Kostenstelle k zu belasten und der abgebenden Kostenstelle j gutzuschreiben ist.

Leistungsaustauschmatrix:

Empfangende Stellen → / Leistende Stellen ↓	A_1	A_2	H_3	H_4	$\sum_{k=1}^{4} \alpha_{jk} \cdot L_j$
A_1		$0{,}2\,L_1$	$0{,}5\,L_1$	$0{,}3\,L_1$	L_1
A_2	$0{,}3L_2$		$0{,}1\,L_2$	$0{,}6\,L_2$	L_2
H_3				$0{,}2\,L_3$	$0{,}2\,L_3$
H_4					

Bestimmen Sie die Endstellenkosten (ESK_{1-4}) pro Kostenstelle unter Berücksichtigung sämtlicher Leistungsströme.

5.13 In einer Abrechnungsperiode werden in der Allgemeinen Kostenstelle 1 (Fuhrpark) an primären Gemeinkosten 8 200 DM und eine Leistung von insgesamt 20 000 km verzeichnet, in der Allgemeinen Kostenstelle 2 (Reparatur) bei primären Gemeinkosten von 22 000 DM insgesamt 500 Stunden geleistet. Der Fuhrpark verzeichnet 1 000 km für die Reparaturstelle und verbraucht 40 Reparaturstunden. Die übrigen Leistungen werden an Hauptkostenstellen abgegeben.

a. Wie hoch sind die Verrechnungspreise p_1 (DM/km) und p_2 (DM/Std.) ?

b. Wieviel Gemeinkosten werden an die Hauptkostenstellen weiterverrechnet ?

5.14 Ein Industriebetrieb ist abrechnungstechnisch in drei Hilfskostenstellen (A_1, A_2, A_3) und drei Hauptkostenstellen (H_4, H_5, H_6) unterteilt, wobei jede Kostenstelle nur eine homogene Leistungsart erzeugt, die zudem mengenmäßig erfaßbar, d. h. quantifizierbar ist.

Die (Erzeugnis-)Gemeinkosten werden als primäre Stellenkosten (PSK) den Kostenstellen wie folgt belastet:

$PSK_1 = 275,-$ DM $PSK_2 = 300,-$ DM $PSK_3 = 275,-$ DM
$PSK_4 = 300,-$ DM $PSK_5 = 450,-$ DM $PSK_6 = 750,-$ DM

Folgende innerbetriebliche Leistungsströme m_{jk} (j = abgebende Stelle, k = empfangende Stelle) liegen vor; diese werden in Leistungseinheiten der jeweiligen Kostenstelle gemessen:

$m_{13} = 10$ $m_{15} = 30$ $m_{21} = 25$ $m_{22} = 5$ $m_{23} = 25$
$m_{24} = 10$ $m_{34} = 10$ $m_{36} = 10$ $m_{64} = 40$.

Die Endleistungen der Hauptkostenstellen betragen:
$e_4 = 80$ $e_5 = 50$ $e_6 = 160$.

Bestimmen Sie die Endstellenkosten (ESK) der Hauptkostenstellen und die Gemeinkostenwerte (q_j) der Endleistungen pro Leistungseinheit (Kalkulationssätze).
Legen Sie dabei der innerbetrieblichen Leistungsverrechnung das Treppenverfahren (Stufenleitersystem) zugrunde. Die Kostenstellen sind so zu gruppieren, daß möglichst sämtliche Leistungsströme erfaßt werden.

5.15 Der Kostenstellenplan eines Betriebes weist zwei allgemeine Kostenstellen (A_1 u. A_2) sowie drei Hauptkostenstellen (H_3, H_4 u. H_5) aus. Als Ergebnis der Verteilung der primären (Erzeugnis-)Gemeinkosten auf die Kostenstellen ergeben sich folgende primären Stellenkosten je Kostenstelle:

PSK_1 = 450,– DM PSK_2 = 757,– DM
PSK_3 = 1197,– DM PSK_4 = 1750,– DM PSK_5 = 915,– DM.

Der Austausch innerbetrieblicher Leistungen wird durch die folgende Leistungsaustauschmatrix dargestellt*:

nach → / von ↓	A_1	A_2	H_3	H_4	H_5	$\sum_{k=1}^{4} \alpha_{jk} \cdot L_j$
A_1		$0{,}15\,L_1$	$0{,}4\,L_1$		$0{,}45\,L_1$	L_1
A_2	$0{,}2L_2$		$0{,}3\,L_2$	$0{,}2\,L_2$	$0{,}3\,L_2$	L_2
H_3					$0{,}1\,L_3$	0,1 L3
H_4					$0{,}05\,L_4$	$0{,}05\,L_4$
H_5			$0{,}2\,L_5$			$0{,}2\,L_5$

* Dabei verwendete Symbolik:
$\alpha_{jk} \cdot Lj \equiv$ Anteil des Gemeinkostenwertes der Gesamtleistungsmenge der Kostenstelle j, der der empfangenden Kostenstelle k zu belasten und der abgebenden Kostenstelle j gutzuschreiben ist.

Zu ermitteln sind die *Endstellenkosten* (ESK) *je Kostenstelle,* wobei *alle* innerbetrieblichen Leistungsbeziehungen verursachungsgerecht zu berücksichtigen sind.

5.16 Der Kostenstellenplan einer GmbH weist die beiden Allgemeinen Stellen A_1 und A_2 sowie zwei Hauptstellen H_3 und H_4 aus. Die primären Stellenkosten (PSK) der vier Kostenstellen betragen:

PSK_1 = 140 DM; PSK_2 = 200 DM;
PSK_3 = 500 DM; PSK_4 = 460 DM.

Der Austausch innerbetrieblicher Leistungen zwischen den Kostenstellen wird durch folgende Leistungsaustauschmatrix dargestellt, wobei die innerbetrieblichen Leistungsströme in absoluten Leistungseinheiten ausgedrückt sind:

Empfangende Stellen → / Leistende Stellen ↓	A_1	A_2	H_3	H_4
A_1		20	60	120
A_2	10	50	20	20
H_3				
H_4			50	

Die Endleistungen der Kostenstelle H_4 betragen 200 Einheiten. Bestimmen Sie die Endstellenkosten der vier Kostenstellen unter Verwendung des Treppenverfahrens (!).

5.17 Vervollständigen Sie den nachstehenden BAB-Auszug:

	Fertigungs-hauptkostenstelle	Material-hauptkostenstelle	Verwaltungs-kostenstelle	Vertriebs-kostenstelle
Ist-Gemeinkosten	210 000 DM	7 000 DM	23 940 DM	43 890 DM
Zuschlagsbasis	Fertigungslohn 42 000 DM	Materialeinzel-kosten 140 000 DM	Herstellkosten	Herstellkosten
Ist-Zuschlagssatz				
Normal-Zuschlagssatz	400 %	4 %	6 %	12 %
Normal-gemeinkosten				
Über-/Unter-deckung				

Übungsaufgaben und Kontrollfragen zum Kapitel 6

6.1 Nennen Sie die Aufgaben der Kostenträgerrechnung.
6.2 Systematisieren Sie die verschiedenen Kostenträgerarten.
6.3 Welcher Zusammenhang besteht zwischen den Kalkulationsverfahren und den Fertigungstypen?
6.4 Was versteht man unter Serienfertigung?
6.5 Würdigen Sie die summarische Zuschlagskalkulation.
6.6 Unterscheiden Sie Materialgemeinkosten und Gemeinkostenmaterial.
6.7 Wodurch unterscheiden sich Herstell- und Herstellungskosten?
6.8 Welche Voraussetzungen gelten für die einstufige Divisionskalkulation?
6.9 Erläutern Sie die Vorgehensweise der stufenweisen Ermittlung der Stückkosten bei der mehrstufigen Divisionskalkulation.
6.10 Was versteht man unter Äquivalenzziffern?
6.11 Nennen Sie die Ursachen für eine mehrstufige Äquivalenzziffernrechnung.
6.12 Worin liegen die Probleme bei der Kalkulation von Kuppelprodukten?
6.13 Würdigen Sie die Restwertmethode.
6.14 Für eine anlagenintensive Fertigungskostenstelle sind folgende Daten gegeben:

kalkulatorische Abschreibungen der Maschinen*	1 500 000 DM
gesamte Fertigungsgemeinkosten	20 000 000 DM
Fertigungslohn	250 000 DM

* einschl. Abschreibungen auf Ver- und Entsorgungseinrichtungen, Werkzeuge, Förder- und Transportmittel, die jedoch nicht zur Unterstützung menschlicher Tätigkeiten dienen

Teilen Sie die Fertigungsgemeinkosten auf die beiden Bezugsgrößen Maschinenzeit und Fertigungslohn auf.

6.15 In einer Zweiproduktunternehmung wurden in der laufenden Abrechnungsperiode 100 ME des Erzeugnisses 1 und 200 ME des Erzeugnisses 2 produziert, während 90 ME des Erzeugnisses 1 und 200 ME des Erzeugnisses 2 verkauft wurden. Die jeweiligen Stückeinzelkosten sind wie folgt ermittelt worden:

	Erzeugnis 1	Erzeugnis 2
Stückmaterialeinzelkosten	DM 4 000,–	DM 2 500,–
Stückfertigungseinzelkosten in der Kostenstelle Fertigung I	DM 1 500,–	DM 750,–
Stückfertigungseinzelkosten in der Kostenstelle Fertigung II	DM 2 000,–	DM 2 000,–.

Gemäß BAB liegen folgende Angaben vor:

	Fertigungs-kostenstelle I	Fertigungs-kostenstelle II	Material-kostenstelle	Verwaltungs-kostenstelle	Vertriebs-kostenstelle
Istendstellen-kosten	330 000,- DM	564 000,- DM	99 000,- DM	535 660,- DM	267 830,- DM
Normal-zuschlagssätze	104%	96%	10%	20%	12%
Zuschlagsbasis	Fertigungs-einzelkosten I	Fertigungs-einzelkosten II	Material-einzelkosten	Herstellkosten der abgesetzten Mengen	

Ermitteln Sie für beide Erzeugnisarten die Stückselbstkosten auf Basis der Istkosten und auf Basis der Normalkosten (Normalkosten nur insoweit, als in den Selbstkosten Gemeinkosten enthalten sind).

6.16 In einer Ziegelei wurden für eine Rechnungsperiode die folgenden Daten festgestellt:

Vorgänge	Erzeugte Menge in t	Kosten in DM
Förderung des Rohmaterials	34 650	346 500
Formen der Gesamtmenge	31 500	283 500
Brennen von 30 000 t	20 000	400 000
Innerbetrieblicher Transport von 21 420 t aus der Brennerei ins Fertigproduktelager, wobei 420 t Bruch entstehen		189 000

Abgesetzte Menge: 20 000 t; Verwaltungs- und Vertriebskosten: 210 000 DM

Ermitteln Sie die Herstellkosten und die Selbstkosten pro Tonne Ziegel.

6.17 Ein Unternehmen erzeugt fünf in ihrer Kostenstruktur verwandte Produkte. Die Herstellkosten der einzelnen Produktarten verhalten sich proportional zur Fertigungszeit. Die Verwaltungs- und Vertriebsgemeinkosten werden auf der Basis der abgesetzten Mengen verteilt. Es gelten folgende Daten:

Produkt	Fertigungszeit je Produkt-einheit (Minuten)	produzierte Menge (Stück)	abgesetzte Menge (Stück)	Sondereinzel-kosten des Vertriebs (DM/Stück)
1	50	2 000	2 000	-
2	75	3 500	3 000	-
3	60	6 000	6 500	-
4	100	1 500	2 000	5
5	40	4 000	5 000	-
Summe		17 000	18 500	

Die Gesamtkosten der Abrechnungsperiode betragen 515 500 DM.

Davon stellen 102 500 DM Verwaltungs- und Vertriebskosten dar.

- Bestimmen Sie die Stückherstellkosten der fünf Produktarten.
- Führen Sie dazu eine Kontrolle durch.
- Bestimmen Sie die Stückselbstkosten der fünf Produktarten.

6.18 In einem Kuppelproduktionsprozeß werden ein Hauptprodukt und drei Nebenprodukte erzeugt. Die Herstellkosten betragen 89 350,– DM.

Vom Hauptprodukt werden 5 500 kg hergestellt.

Für die Nebenprodukte gelten folgende Daten:

Produkt	Menge (kg)	Aufbereitungs-/ Vernichtungskosten (DM/kg)	Sondereinzelkosten des Vertriebs (DM/kg)	Marktpreis (DM/kg)
1	1 000	0,90	0,50	5,10
2	1 200	-	0,20	3,20
3	900	0,50	-	-

Aus dem BAB ist zu entnehmen, daß 8 250,– DM Verwaltungs- und Vertriebsgemeinkosten angefallen sind. Außerdem sind 2,30 DM/kg Verpackungskosten und 2 % Verkaufsprovision auf den Marktpreis (25 DM/kg) für das Hauptprodukt zu verrechnen.

Bestimmen Sie die gesamten Selbstkosten und die Selbstkosten pro kg des Hauptproduktes nach der Restwermethode.

6.19 Warum müssen beim Gesamtkostenverfahren die Bestandsveränderungen berücksichtigt werden?

6.20 Würdigen Sie das Gesamtkosten- und das Umsatzkostenverfahren.

6.21 In einer Zweiproduktunternehmung wurden in der abzurechnenden Periode 10 000 ME des Erzeugnisses 1 und 8 000 ME des Erzeugnisses 2 produziert. Vom Erzeugnis 1 wurden hingegen 9 000 ME zu einem Stückpreis von 10 DM und von Erzeugnis 2 10 000 ME zu einem Stückpreis von 6 DM abgesetzt. Die Kostenartenrechnung weist für den Abrechnungszeitraum Kosten von insgesamt 119 000 DM aus; darin sind 19 000 DM Verwaltungs- und Vertriebskosten enthalten, die sich gleichmäßig (pro ME) auf die abgesetzten Erzeugnismengen der Produkte 1 und 2 verteilen. Die Herstellkosten verteilen sich auf die Produktion der Erzeugnisse im Verhältnis 3 : 2.
Die Stückherstellkosten der in den vorhergehenden Perioden auf Lager produzierten Erzeugnisse sind um 1 DM niedriger als die Stückherstellkosten in der abzurechnenden Periode.
Für den Abrechnungszeitraum ist das Betriebsergebnis
- nach dem Gesamtkostenverfahren (ohne und mit Bestandsveränderungen)
- nach dem Umsatzkostenverfahren

zu ermitteln.

Übungsaufgaben zum Kapitel 7

Buchen Sie bitte die folgenden Geschäftsvorfälle nach dem Umsatzkostenverfahren unter Verwendung der Kontenklasse 9 des Industrie-Kontenrahmens (IKR) ohne Berücksichtigung der Umsatzsteuer. Fälle, durch die die Klasse 9 nicht betroffen wird, sind zu streichen. Der nachstehende Kontenplan ist nötigenfalls um weitere Stellen zu ergänzen. Zwischen den einzelnen Buchungen besteht kein Zusammenhang.

KONTENPLAN:
90 Abgrenzung zur Geschäftsbuchführung, 91 Kostenrechnerische Korrekturen, 92 Verrechnete Leistungen und Kosten, 93 Kostenstellen, 94 Kostenträger, 95 Erzeugnisse, 96 Interne Lieferungen und Leistungen, sowie deren Kosten (= Fertiggestellte selbsterstellte Anlagen), 97 Umsatzkosten, 98 Umsatzerlöse, 990 Betriebsergebnis I, 991 Betriebsergebnis II, 992 Neutrales Ergebnis, 993 Gesamtergebnis.

	Konto	Soll	Haben
Umsatzerlöse 100 TDM			
Fertigungslöhne Kostenträger A 4 TDM, Kostenträger D 3 TDM			
Rohstoffverbrauch Kostenträger I 2 TDM, Kostenträger III 4 TDM			
Kalkulatorische Abschreibungen auf Anlagen der Kostenstelle III 4 TDM, der Stelle V 6 TDM; bilanzmäßig werden diese Anlagen um 9 TDM abgeschrieben			
Abschreibungen auf selbsterstellte Anlagen: kalkulatorisch 8 TDM, bilanziell 9 TDM			
Kalkulatorischer Unternehmerlohn 7 TDM			
Kalkulatorische Anlagewagnisse der Kostenstelle III 5 TDM			
Entnahme von Gemeinkostenmaterial für die Stellen VI 2 TDM und VII 3 TDM			
Spende an die FH Würzburg 4 TDM			
Zinserträge aus Pfandbriefen 2 TDM			
50 TDM Gemeinkosten werden den Kostenträgern zugeschlagen			
Die Kostenstelle 933 gibt innerbetriebliche Leistungen im Wert von 2 TDM an die Stelle 935 ab			
500 ME des Produktes X, bewertet mit je 12,- DM, werden fertiggestellt			
Die Herstellkosten der verkauften Erzeugnisse betragen 99 TDM			
Kauf eines Computers für die Vertriebskostenstelle			
Geben Sie die Buchungssätze für den Abschluß der Konten BE I, BE II und Neutrales Ergebnis an			

Übungsaufgaben und Kontrollfragen zum Kapitel 8

8.1 Wieso ist mit der starren Plankostenrechnung keine Kostenkontrolle möglich?

8.2 Was besagt die Beschäftigungsabweichung?

8.3 Was besagt die Verbrauchsabweichung?

8.4 Erläutern Sie die prinzipielle Vorgehensweise bei der flexiblen Plankostenrechnung auf Vollkostenbasis.

8.5 Worin unterscheidet sich die Grenzplankostenrechnung von der flexiblen Plankostenrechnung auf Vollkostenbasis?

8.6 In einer Fertigungshauptstelle wurde eine Periodenleistung von 9 000 Stück erwartet. Dabei wurden Fixkosten in Höhe von 18 000 DM und ein Plan-Vollkostenverrechnungssatz von 6 DM/Stück geplant. Nach Ablauf der Periode waren Ist-Gesamtkosten (zu Planpreisen) von 62 000 DM bei einer Ist-beschäftigung von 10 000 Stück entstanden. Ermitteln Sie die Beschäftigungs- und Verbrauchsabweichung.

8.7 Berechnen Sie die Sollkosten, die variablen Stückkosten und die Fixkosten für eine Istbeschäftigung von 800 t. Gegeben sind:

Planbeschäftigung:	1 000	t
Verrechnete Plankosten	5	DM/Stück
Beschäftigungsabweichung	+ 400	DM.

8.8 In die Planungsrechnung einer Abrechnungsperiode gehen folgende Daten ein:

Produkt	Absatzmenge	Gesamtdeckungsbeitrag
A	2 000 Stück	20 000 DM
B	1 000 Stück	18 000 DM
C	500 Stück	3 000 DM
D	1 000 Stück	9 000 DM

Die Fixkosten betragen 30 000 DM.

- Ermitteln Sie die Höhe des geplanten Gewinns.
- In welcher Reihenfolge sind die Produkte zu fertigen, damit die Gewinnzone möglichst schnell erreicht werden kann?
- Zeichnen Sie die Deckungsgradlinie.

8.9 Ein zu 60% ausgelasteter Produzent verkauft monatlich 4 000 Stück eines Erzeugnisses zu einem Stückpreis von 50 DM. Die Fixkosten betragen monatlich 100 000 DM. Mit einem längerfristigen Zusatzauftrag würde ein Stückpreis von 40 DM erzielbar sein. Wie hoch muß der Zusatzauftrag pro Monat sein, wenn bei variablen Stückkosten von 30 DM ein Gewinn von 10 000 DM erreicht werden soll?

8.10 Ein Unternehmen hat eine Maschinenkapazität von 600 Stunden pro Abrechnungsperiode. Für die kommende Periode liegen nachstehende Aufträge vor:

Auftrag Nr.	Maschinenzeit	Deckungsbeitrag
1	90 Stunden	18 000 DM
2	190 Stunden	9 500 DM
3	130 Stunden	23 400 DM
4	100 Stunden	12 000 DM
5	300 Stunden	18 000 DM
6	20 Stunden	4 800 DM

Zu ermitteln ist, in welcher Rangfolge welche Aufträge angenommen werden können.

8.11 Welche Prämissen gelten bei der Prozeßkostenrechnung?

8.12 Wieso spielt die herkömmliche Kontrollkomponente der traditionellen Kostenrechnungssysteme beim Target Costing nur eine untergeordnete Rolle?

Lösungshinweise zu den Kontrollfragen und Aufgaben

Lösungen zu den Kontrollfragen zum Kapitel 1

1.1 Planung, Berichterstattung und Interpretation, Bewertung und Beratung, Steuerangelegenheiten, Berichterstattung an staatliche Stellen, Vermögenssicherung, volkswirtschaftliche Analysen.

1.2 Wirtschaftswissenschaftlicher Studienabschluß mit dem Schwerpunkt Rechnungswesen; ggfs. Teilnahme an Lehrgängen von spezifischen Controlling-Instituten; Kenntnisse aus allen Funktionsbereichen, insbesondere auf den Gebieten: Externes und internes Rechnungswesen, Organisation und Datenverarbeitung, Marketing, Personal (Führungsstile, Moderation), operative und strategische Planung; (mindestens englische) Sprachkenntnisse; analytisches Denkvermögen; praktische Erfahrungen (schon während des Studiums); teamfähig, dynamisch, zuverlässig, durchsetzungsfähig, flexibel, belastbar, Verhandlungsgeschick.

1.3 »control« umfaßt gegenüber »Kontrolle« mehr, nämlich steuern, regeln, beeinflussen, informiert sein, beraten, koordinieren, um definierte Ziele verwirklichen zu können. Dazu müssen Methoden und Informationen bereitgestellt werden.

1.4 Zunächst zweckmäßigerweise ja. Da sich jedoch die Aufgaben insbesondere des externen Rechnungswesens von denen des Controlling unterscheiden, wird sich die Controlling-Funktion im Zeitablauf verselbständigen.
Ausgewählte Unterschiede:
(Insbesondere) Externes Rechnungswesen:
Buchführung dominiert, gesetzliche Vorgaben, fachspezifische Sprache, überwiegend vergangenheitsorientiert, zahlenbezogenes Arbeiten.
Controlling:
Zielsetzungen, Planung und Steuerung dominieren, Orientierung an den Bedürfnissen der Entscheidungsträger, empfängerorientierte Sprache, zukunftsorientiert, empfängerorientiertes Arbeiten.

1.5 Strategisches Controlling: Es interessieren sämtliche Größen, die für die langfristige Unternehmenssicherung bedeutsam sind. Dabei sind alle Einflüsse im Umfeld des Unternehmens in ihren Auswirkungen auf die zukünftige Unternehmensentwicklung zu berücksichtigen. Instrumente der strategischen Planung und strategischen Kontrolle (Frühwarnung) werden eingesetzt. Im Mittelpunkt stehen unternehmensexterne Größen wie Markt, Wettbewerb, Bedürfnisstruktur usw. einschließlich deren zukünftige Entwicklung. Hier interessieren insbesondere Daten der Unternehmensumwelt, woraus sich Stärken und Schwächen, Chancen und Risiken für das Unternehmen ergeben.

Operatives Controlling: Der betrachtete Zeithorizont ist kürzer (in der Regel ein Jahr). Die Planungsgrößen können sicherer festgelegt werden. Der Detaillierungsgrad ist größer. Größen wie Aufwand, Ertrag, Kosten und Leistungen stehen im Mittelpunkt für die Gewinnsteuerung. Die Handlungsmöglichkeiten sind durch feste Strukturen/Kapazitäten begrenzt.

1.6 Die Kosten- und Leistungsrechnung ist dem operativen Controlling zuzuordnen. Sie stellt das zentrale Steuerungsinstrument der Unternehmensführung dar und ist entsprechend für diese Zielsetzung auszurichten oder auszugestalten.

1.7 Sinnvoll ist eine Unterteilung hinsichtlich des Informationsgegenstandes und der -empfänger: Das externe Rechnungswesen bildet die finanziellen Beziehungen des Unternehmens zu seiner Umwelt und des/der internen Güterverbrauchs/-entstehung ab. Das interne Rechnungswesen hingegen konzentriert sich auf die Abbildung des wirtschaftlich bedeutsamen Geschehens im Unternehmen.

Lösungen zu den Kontrollfragen zum Kapitel 2

2.1 Allgemeine Aufgaben:
- Ermittlung und Darstellung des Güterverbrauchs, der Güterentstehung und -verwertung
- Planung von Kosten- und Leistungsgrößen
- Vorgabe von Richtwerten
- Kontrolle der Zielerreichung

Spezielle Aufgaben:
- Kalkulation
- Wirtschaftlichkeitskontrolle
- Informationsbereitstellung für Entscheidungsrechnungen
- Erfolgsermittlung und Bestandsbewertung

2.2 Kostenarten-, Kostenstellen- und Kostenträgerrechnung (mit Kalkulation und Betriebsergebnisrechnung).

2.3
- Kalkulation: insbesondere Kostenträgerstückrechnung
- Wirtschaftlichkeitskontrolle: insbesondere Kostenstellenrechnung

- Informationsbereitstellung für Entscheidungsrechnungen: alle Teilgebiete
- Erfolgsermittlung: insbesondere Kostenträgerzeitrechnung
- Bestandsbewertung: insbesondere Kostenträgerstückrechnung

2.4 Verursachungsprinzip: Zurechnung nur der Kosten auf die Kostenträger, die auch von diesen verursacht wurden. Die kalkulierten Selbstkosten einer Waschmaschine z.B. sollten keine Kostenbestandteile einer Geschirrspülmaschine enthalten.
Durchschnittsprinzip: Gleichmäßige Verteilung der Kosten auf die Einheit.
Tragfähigkeitsprinzip: Mangels feststellbarer Kostenverursachung werden dem Kostenträger proportional Kosten aufgrund einer festgelegten Verteilungsbasis zugerechnet.

2.5 Die Finanzbuchhaltung ist zu umfassend, um entscheidungsrelevante Informationen zu liefern, nicht präzise genug und ermöglicht keine zweckadäquate Bewertung.

2.6 Kostenträgerzeitrechnung:
Kalkulatorische Rechnung; Ermittlung nur des Erfolgs des betrieblichen Leistungserstellungsprozesses als Differenz zwischen Leistungen und Kosten einer Periode; kurze Periode.
Gewinn- und Verlustrechnung:
Pagatorische Rechnung; Ermittlung des Gesamterfolgs als Differenz zwischen Erträgen und Aufwendungen; Jahresperioden.

2.7 Grundsätzlich bestimmen Angebot und Nachfrage den Preis. Preisfestlegungen nur auf Basis der Kosten berücksichtigen nicht die vielfältigen Einflußgrößen auf einen Marktpreis (Konkurrenzprodukte, Qualitätsansprüche der Kunden, Nischenprodukte usw.). Die Kosten- und Leistungsrechnung kann höchstens lang- und kurzfristige Preisuntergrenzen im Absatzbereich oder Preisobergrenzen im Beschaffungsbereich ermitteln.

2.8 Grundsätzlich keine! Ausnahmen: 1. VPöA (Verordnung über die Preise bei öffentlichen Aufträgen) und LSP (Leitsätze für die Preisermittlung aufgrund von Selbstkosten); 2. Herstell*ungs*kostenermittlung für das externe Rechnungswesen.

2.9 Vom Rechnungszweck!

2.10 Annahme oder Ablehnung zusätzlicher Aufträge; Optimierung des Produktionsprogramms; Produktionsprogrammbereinigungen; Stillegungen; Verlagerungen; Eigenfertigung oder Fremdbezug; alternative Fertigungsverfahren; Kauf oder Miete.

2.11 Prognosekosten sind erwartete Kosten. Vorgabekosten haben bindenden Charakter und dienen der Durchsetzung getroffener Entscheidungen.

2.12 Zeitvergleich; Betriebsvergleich; Soll-Ist-Vergleich.

2.13 Bestimmung von steuerrechtlichen Überlegungen; gesetzlicher Rahmen; Bewertungsnormen; keine entscheidungsrelevante Aufbereitung.

2.14 Nein. Es werden alle Kosten erfaßt, jedoch nur die variablen Kosten (evt. nur die Einzelkosten) *verrechnet*, aber alle Kosten in der Betriebsergebnisrechnung berücksichtigt.

Lösungen zu den Übungsaufgaben und Kontrollfragen zum Kapitel 3:

3.1 Auszahlung DM 500,–
Ausgabe DM 1 200,–
(DM 500 Auszahlung + DM 700,– Schuldenzugang)
Aufwand DM 1 200,–
(DM 400,– Wartung + DM 800,– Brandschaden)
Kosten DM 1 000,–
(DM 400,– Wartung + DM 600 Wagniskosten)
Grundkosten = Zweckaufwand DM 1 000,–
Neutraler Aufwand DM 200,–

3.2 Aufwand DM 20 000,–
Kosten DM 20 000,–
Neutraler Aufwand DM 2 000,– (da betriebsfremd)
Zweckaufwand = Grundkosten DM 18 000,–
Zusatzkosten DM 2 000,– (da Kosten, nicht Aufwand)

3.3 Einnahme DM 5 000,–
Neutraler Aufwand DM 3 000,–

3.4 Neutraler Aufwand DM 1 000,– (leistungsfremd, Rohstoff diente bisher nicht zur Erstellung von betrieblichen Leistungen)

3.5 Auszahlung DM 500,–
Ausgabe DM 500,–
Aufwand DM 500,–
Kosten DM 2 000,–
Zweckaufwand = Grundkosten DM 500,–
Zusatzkosten DM 1 500,–

3.6 Auszahlung DM 2 000,–
Ausgabe DM 2 000,–
Neutraler Aufwand DM 1 000,–

3.7 Auszahlung DM 40 000,–
Ausgabe DM 75 000,–
Aufwand DM 75 000,–
Kosten DM 80 000,–
Zweckaufwand = Grundkosten DM 75 000,–
Zusatzkosten DM 5 000,–

3.8 Einzahlung DM 3 100,–
Einnahme DM 3 100,–
Neutraler Ertrag DM 100,–
Ausgabe DM 3 000,– (Forderungsabgang)

3.9 Einzahlung DM 5 100,–
Einnahme DM 5 100,–
Zweckertrag = Grundleistung DM 2 300,–
Ausgabe DM 2 800,–
(Schuldenzugang DM 1 000,– + Forderungsabgang DM 1 800,–)

Lösungen zu den Übungsaufgaben und Kontrollfragen zum Kapitel 4

4.1 Es werden in der Kostenartenrechnung Kosten und Aufwendungen voneinander abgegrenzt. Für Zwecke der Kosten- und Leistungsrechnung sind die neutralen Aufwendungen und Erträge auszuschließen, die aufwandsgleichen Kosten aus der Finanzbuchhaltung zu übernehmen und gegebenenfalls Anderskosten oder reine Zusatzkosten festzulegen.

4.2 In der Kostenartenrechnung ist nur sehr bedingt eine Kostenkontrolle möglich (summarische Kostenkontrolle).

4.3 (1) Ort der Kostenentstehung
(2) Betriebliche Funktionsbereiche
(3) Abhängigkeit vom Beschäftigungsgrad
(4) Art der Zurechnung auf die Kostenträger
(5) Herkunft der Kostengüter
(6) Art der verbrauchten originären Kostengüter

4.4 Kostenartenkategorien: (1) Personalkosten (2) Materialkosten (3) Kalkulatorische Abschreibungen (Betriebsmittelkosten) (4) Kalkulatorische Zinsen (Kapitalkosten) (5) Fremdleistungskosten (6) Steuern und steuerähnliche Abgaben (7) Wagniskosten.
Bezeichnung: Primäre Kostenarten.

4.5 Sekundäre Kosten setzen sich aus primären zusammen:
Bei eigenerzeugtem Strom setzen sich die Kosten je KWh zusammen aus Personalkosten, Materialkosten, kalkulatorischen Abschreibungen und Zinsen usw.

4.6 Unechte Gemeinkosten sind grundsätzlich direkt, d.h. als Einzelkosten zu verrechnende, aber als Gemeinkosten verrechnete Kosten.
Unsaubere Kostenarten entstehen dadurch, daß für die Kostenartengliederung mehrere Gliederungskriterien auf einer Gliederungsstufe verwendet werden.

4.7 Die Kostenauflösung in fixe und variable Bestandteile kann erst dort vorgenommen werden, wo die einzelnen Kosten entstanden sind. Sie findet somit in der Kostenstellenrechnung statt. Dabei zeigt sich oft, daß sich dieselbe Kostenart in verschiedenen Kostenstellen unterschiedlich verhalten kann.

4.8 (1) Zugangsrechnung (2) Befundrechnung (Inventurmethode) (3) Skontrationsrechnung (Fortschreibungsmethode) (4) Rückrechnung (retrograde Methode).
Ein wichtiges Kriterium für die Kosten- und Leistungsrechnung: Erfassung des außerordentlichen Materialverbrauchs.

4.9 Sie stellen Verbrauchsfolgeverfahren zur *Bewertung* insbesondere von Schüttgütern dar, d.h. es wird eine bestimmte Verbrauchsfolge *unterstellt:*
Lifo: Last in – first out; Fifo: First in – first out; Hifo: Highest in – first out; Lofo: Lowest in – first out.

4.10 ordentlicher Verbrauch:
300 kg à 12 DM + 100 kg à 10 DM = 4 600 DM (Materialkosten)
außerordentlicher Verbrauch:
200 kg à 10 DM = 2 000 DM (neutraler Aufwand)
Endbestand:
700 kg à 10 DM + 100 kg à 8 DM = 7 800 DM

4.11 Bewertungsansätze: Ist- oder Festpreise.
Die Verbrauchsfolgeverfahren basieren auf Istpreisen.
Für kostenrechnerische Zwecke ist das Festpreisverfahren besser als eines der Istpreisverfahren geeignet.

4.12 Löhne für Betriebselektriker, -schlosser, Reinemachefrauen, Boten.

4.13 In der Regel als Gemeinkosten.

4.14 Der kalkulatorische Unternehmerlohn ist in Personengesellschaften und Einzelunternehmen anzusetzen. Seine Verrechnung erfolgt über die Kostenstellenrechnung.
Das allgemeine Unternehmerrrisiko ist nicht kalkulierbar. (Die Richtlinien zur Vergabe von öffentlichen Aufträgen sehen allerdings eine Kalkulationsposition *kalkulatorischer Gewinn* vor.)

4.15 Geschätzte Urlaubs- und Krankheitslöhne pro Jahr 240 000 DM. Verrechnung pro Monat: 20 000 DM (und nicht nach tatsächlichem Anfall).

4.16 *Stückzeitakkord:*

Lohn/Stunde = 50 ME/Stunde • 5 Minuten/ME • 0,08 DM/Minute
(Vorgabezeit) (Geldfaktor)
Mengengerüst • Wertgerüst

Geldakkord:

Lohn/Stunde = 50 ME/Stunde • 0,40 DM/ME
(Stücklohn)
Mengengerüst • Wertgerüst
= 20 DM/Stunde

4.17
- Verbrauchsbedingte Ursachen: Abnutzung durch Gebrauch, natürlicher Verschleiß, Substanzverringerung, Wertminderung durch Katastrophen
- Wirtschaftliche Ursachen: technischer Fortschritt, Nachfrageverschiebungen, Sinken der Wiederbeschaffungskosten, Sinken der Absatzpreise, Wertminderungen von Forderungen, Fehlinvestitionen
- Zeitliche Ursachen: Beendigung eines Miet- und Pachtverhältnisses vor Beendigung der Nutzungsfähigkeit der Anlage; Ablauf von Schutzrechten; Ablauf von Konzessionen

4.18 a.

– in DM –

Jahr	linear	arithm.-degr.	geom.-degr.
1	37 995	60 792	60 000
2	37 995	45 594	42 000
3	37 995	30 396	29 400
4	37 995	15 198	20 580
Σ	151 980	151 980	151 980

b. – Verteilung des Abschreibungssummenrests:

gleichmäßig/prozentual

1. Jahr: 60 000 + 12 005/18 957,76 = 72 005/78 957,76
2. Jahr: 42 000 + 12 005/13 270,43 = 54 005/55 270,43
3. Jahr: 29 400 + 12 005/ 9 289,30 = 41 405/38 689,30
4. Jahr: 20 580 + 12 005/ 6 502,51 = 32 585/27 082,51

– über theoretischen Restwert:

P = 33,666 %

1. Jahr: 83 499,29 DM
2. Jahr: 55 388,13 DM
3. Jahr: 36 740,96 DM
4. Jahr: 24 371,62 DM

– Übergang auf lineare Abschreibung:

1. Jahr: 60 000 DM
2. Jahr: 48 000 DM
3. Jahr: 49 000 DM
4. Jahr: 49 000 DM

4.19 Eigene Erfahrungen; Erfahrungen Dritter; Herstellerangaben; Mengenverbräuche

4.20 Außerordentliche Betriebsmittelverbräuche werden in der Kosten- und Leistungsrechnung nicht in Form von außerordentlichen Abschreibungen, sondern in Form von Wagniskosten berücksichtigt.

4.21 Betriebsnotwendiges Anlagevermögen (Restwertmethode)
+ Betriebsnotwendiges Umlaufvermögen (Durchschnittsmethode)
– ggfs. Abzugskapital
= Betriebsnotwendiges Kapital
x Zinssatz
= Kalkulatorische Zinsen

Zweck: Erfassung des zeitlichen Vorrätigkeitsverbrauchs der reinen Kapitalnutzung nach dem Opportunitätskostenprinzip

4.22
- Ermittlung des betriebsnotwendigen Vermögens, da es aus der Bilanz nicht ohne weiteres ableitbar ist
- Berücksichtigung von Abzugskapital: ja oder nein ?
- Festlegung eines Zinssatzes.

4.23 Kosten für Dienstleistungen Externer: Transporte, Reparaturen, Rechtsberatung usw.

4.24 Bestände-, Anlage-, Ausschuß-, Gewährleistungs-, Entwicklungs-, Vertriebswagnis, sonstige Wagnisse.

4.25

a. Externes Rechnungswesen:

Erlöse	13 000 000 DM
– Aufwand	11 000 000 DM
= Gewinn vor Steuern	2 000 000 DM
– 56 % Steuern	1 120 000 DM
= Gewinn nach Steuern	880 000 DM

Der Gewinn nach Steuern i.H.v. 880 000 DM reicht zusammen mit den über die Umsatzerlöse liquide zufließenden Aufwandsgegenwerten von 11 000 000 DM (= 11 880 000 DM) nicht zur Ersatzbeschaffung aller verbrauchten Kostengüter aus. Da zur Ersatzbeschaffung aller Kostengüter

12 000 000 DM notwendig sind, findet eine Substanzauszehrung i.H.v. 120 000 DM statt.

b. Kosten- und Leistungsrechnung:

Erlöse	13 000 000 DM
– Kosten (ohne Steuer)	12 000 000 DM
= Betriebsergebnis ohne Steuer	1 000 000 DM
– Steuer mit Kostencharakter	1 120 000 DM
= Betriebsergebnis	– 120 000 DM

c. Der Umsatzerlös muß so hoch sein, daß gilt:
Gewinn nach Steuern = Scheingewinn + Sonstige Zusatzkosten

$$(c \cdot E - A) \cdot (1 - s) = ((1{+}b) \cdot A - A) + Z$$
$$(E' - 11) \cdot 0{,}44 = 1{,}05 \cdot 11 - 11 + 0{,}45$$
$$E' = 13{,}27..$$

Bei Umsatzerlösen von 13 272 727 DM reicht der Gewinn nach Steuern zusammen mit den über die Umsatzerlöse liquide zufließenden Aufwandsgegenwerten gerade zur Ersatzbeschaffung aller verbrauchten Kostengüter aus. Der finanzbuchhalterische Gewinn nach Steuern beträgt jetzt 1 000 000 DM, das Betriebsergebnis ist Null.

Externes Rechnungswesen:

Erlöse	13 272 727 DM
– Aufwand	11 000 000 DM
= Gewinn vor Steuern	2 272 727 DM
– 56 % Steuern	1 272 727 DM
= Gewinn nach Steuern	1 000 000 DM

Kosten- und Leistungsrechnung:

Erlöse	13 272 727 DM
– Kosten (ohne Steuern)	12 000 000 DM
= Betriebsergebnis ohne Steuern	1 272 727 DM
– Steuer mit Kostencharakter	1 272 727 DM
Betriebsergebnis	0 DM

d. Es fallen nunmehr Steuern i.H.v. 1,68 Mio. DM an, wovon jedoch nur 1,27 Mio. DM Kostencharakter haben. Die zusätzliche, zur Ersatzbeschaffung der Einsatzgüter nicht notwendige Erlösanhebung von 0,73 Mio. DM (14 Mio. DM – 13,27 Mio. DM) stellt realen Gewinn dar. Die auf den realen

Gewinn entfallende Steuer (0,56 · 0,73 Mio. DM = 0,407 Mio. DM) hat *keinen* Kostencharakter. Der *nach* Steuern verbleibende Teil des realen Gewinns i.H.v. 0,32 Mio. DM steht für Ausschüttungs- und/oder Kapazitätserweiterungszwecke zur Verfügung.

(in Mio. DM)

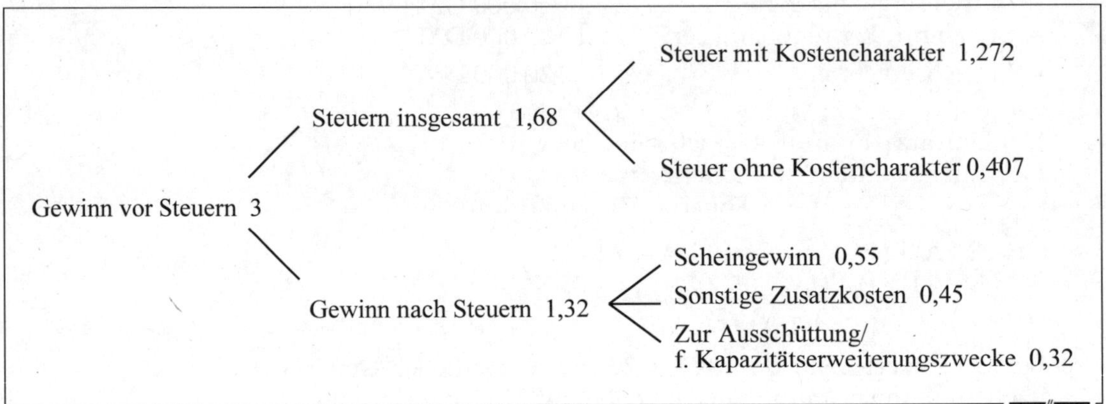

Lösungen zu den Übungsaufgaben und Kontrollfragen zum Kapitel 5

5.1
- Ermöglichung einer genaueren Verteilung der Gemeinkosten auf die Kostenträger
- Kontrolle der Wirtschaftlichkeit der einzelnen Kostenstellen

5.2 Für Zwecke der Kalkulation ist keine Kostenstellenrechnung notwendig, für Zwecke der Kostenkontrolle hingegen ja.

5.3 Nach dem Kriterium »Betriebliche Funktionsbereiche«. Hier werden gleichartige Arbeitsgänge zu einer Kostenstelle zusammengefaßt. Gleiche oder gleichartige Verrichtungen verursachen auch in gleichem Maße Gemeinkosten.

5.4 Die Kostenstellenbildung nach Verantwortungsbereichen ist dann sinnvoll, wenn der Hauptzweck der Kostenstellenrechnung in der Wirtschaftlichkeitskontrolle besteht.

5.5
- Allgemeine Kostenstellen (Leistungsempfänger können alle übrigen Kostenstellen sein)
- Hilfskostenstellen (Leistungsempfänger ist/sind eine oder mehrere zugeordnete Hauptkostenstelle/n)
- Hauptkostenstellen (Leistungsempfänger sind die für den Absatzmarkt bestimmten Erzeugnisse)

5.6 Vgl. Abb. 42.

5.7
- Stelleneinzelkosten können den Kostenstellen direkt zugerechnet werden
- (echte und unechte) Stellengemeinkosten können nur mittels eines Schlüssels auf die Kostenstellen verteilt werden

5.8
a. betriebsnotwendiges Vermögen der Kostenstellen
b. direkt auf die Kostenstellen zurechenbar
c. m^2 oder m^3
d. m^2
e. direkt zurechenbar (Stelleneinzelkosten)
f. nach dem Verhältnis des Arbeitseinsatzes (Zeitschlüssel)
g. entsprechend der Leistungsabgabe direkt auf die Kostenstellen (Zeitschlüssel)
h. nach dem kalkulatorischen Wert der Betriebsmittel
i. direkt zurechenbar
j. i.d.R. direkt zurechenbar

5.9

- in DM -	Σ	Allg.K'St.	Fert.hi'kst.	Fertigung	Material	Verw./Vtr.
Putzfrauenlöhne u. Gebäudeabschreibung	52 000	5 000	2 000	20 000	15 000	10 000
Feuerversicherung u. Bewachungskosten	21 000	4 000	2 000	8 000	4 000	3 000
Hallenbad-benutzungskosten	2 000	100	300	1 200	200	200
Σ PSK	75 000	9 100	4 300	29 200	19 200	13 200

5.10 Möglichst verursachungsgerechte Gemeinkostenverrechnung für die Leistungen, die nur mittelbar für Absatzleistungen erbracht werden.

5.11 Das Hauptproblem besteht in der gegenseitigen Leistungsverflechtung von Kostenstellen. Nicht alle Verfahren der innerbetrieblichen Leistungsverrechnung sind in der Lage, dann alle Leistungsbeziehungen zu berücksichtigen.

5.12 $ESK_1 = 328 + 0{,}3L_2 \quad - 0{,}2L_1 - 0{,}5L_1 - 0{,}3L_1 = 0$
$ESK_2 = 160 + 0{,}2L_1 \quad - 0{,}3L_2 - 0{,}1L_2 - 0{,}6L_2 = 0$
$ESK_3 = 200 + 0{,}5L_1 \quad + 0{,}1L_2 - 0{,}2L_3$
$ESK_4 = 530 + 0{,}3L_1 \quad + 0{,}6L_2 + 0{,}2L_3$

Bevor $ESK_{3 \text{ u. } 4}$ bestimmt werden können, müssen erst L_1, L_2 und L_3 ermittelt werden:

$L_1 = 328 + 0{,}3L_2$
$L_2 = 160 + 0{,}2L_1$
$L_3 = 200 + 0{,}5L_1 + 0{,}1L_2$

Durch gegenseitiges Einsetzen erhält man:

$L_1 = 400$
$L_2 = 240$
$L_3 = 424$

Jetzt können $ESK_{3 \text{ u. } 4}$ errechnet werden:

$ESK_3 = 339{,}20$ DM
$ESK_4 = 878{,}80$ DM

Probe:

$PSK_{1-4} = 328 + 160 + 200 + 530 = 1218$
$ESK_{1-4} = 0 + 0 + 339{,}20 + 878{,}80 = 1218$

5.13 a. $8\,200 + \quad 40p_2 = 20\,000p_1$
$\underline{22\,000 + 1\,000p_1 = \quad 500p_2}$
$p_1 = 0{,}50$ DM/km
$p_2 = 45$ DM/Std.

b. – beim Fuhrpark:
(20 000 km – 1 000 km) • 0,50 DM/km = 9 500 DM
– bei der Reparaturstelle:
(500 Std. – 40 Std.) • 45 DM/Std. = 20 700 DM
30 200 DM
(Probe: PSK_1 u. $_2$ = 8 200 DM + 22 000 DM = 30 200 DM)

5.14

nach / von	A_1	A_2	A_3	H_4	H_5	H_6	Σm_{jk}	e_j	M_j
A_1			10		30		40	–	40
A_2	25	5	25	10			60 + 5	–	60 + 5
A_3				10		10	20	–	20
H_4							–	80	80
H_5							–	50	50
H_6				40			40	160	200

Σm_{jk} = innerbetrieblich abgegebene Leistungsmenge von j an k
e_j = Endleistungsmenge der Stelle j
M_j = Gesamtleistungsmenge der Stelle j

Die Matrix zeigt, daß sich die *Gesamt*leistungsmenge einer Allgemeinen – oder Hilfskostenstelle *nur* aus innerbetrieblichen Leistungen, die einer Hauptkostenstelle nur aus Endleistungen (H_4, H_5) oder aus Endleistungen und vergleichsweisen geringen innerbetrieblichen Leistungen (H_6) zusammensetzt.

Kostenstellenreihenfolge:
1. Möglichkeit: $A_2 - A_1 - A_3 - H_6 - H_5 - H_4$
2. Möglichkeit: $A_2 - A_1 - A_3 - H_6 - H_4 - H_5$
3. Möglichkeit: $A_2 - A_1 - A_3 - H_5 - H_6 - H_4$

Begründung der Reihenfolge:
A_2 gibt *drei*mal Eigenleistungen an *Allgemeine* Stellen ab, A_1 nur *ein*mal, A_3 *kein*mal.
Bei den *Hauptstellen* muß lediglich gewährleistet sein, daß H_6 vor H_4 liegt, da H_6 an H_4 Eigenleistungen abgibt.

Lösung *ohne* Berücksichtigung des Eigenverbrauchs der Stelle A_2:

	A_2	A_1	A_3	H_6	H_5	H_4
Teil I (BAB): PSK	$L_2 = 300$	275	275	750	450	300
Teil II (BAB): innerbetriebliche Leistungsverrechnung Belastungen (+) Entlastungen (-)	– 300	+ 125 $L_1 = 400$ – 400	+125 + 100 $L_3 = 500$ – 500	 + 250 $L_6 = 1000$ – 200	 + 300	+ 50 +250 + 200
ESK	0	0	0	800	$L_5 = 750$	$L_6 = 800$
Zuschlagsbasis				$e_6 = 160$	$e_5 = 50$	$e_4 = 10$
Kalkulationssätze (q_j)				5 DM/ME	15 DM/ME	10 DM/ME

Erläuterung der Umlage am Beispiel A_2:

Belastung von A_1 mit (25 : 60) • 300 DM = 125 DM
Belastung von A_3 mit (25 : 60) • 300 DM = 125 DM
Belastung von H_4 mit (10 : 60) • 200 DM = 50 DM

Entlastung der Stelle A_2 = 300 DM

Die Darstellung verdeutlicht, daß der (Gemeinkosten)Wert der Gesamtleistungsmenge einer Kostenstelle (L)

bei den Allgemeinen Stellen:

den PSK (siehe A_2),
den PSK + Belastungen (siehe A_1 und A_3)

bei den Hauptstellen:

den ESK (siehe H_5 und H_4)
den ESK (siehe H_6)

sein kann.

Lösung *mit* Berücksichtigung des Eigenverbrauchs der Stelle A_2:

	A_2	A_1	A_3	H_6	H_5	H_4
Teil I (BAB): PSK	300	275	275	750	450	300
Teil II (BAB): innerbetriebliche Leistungsverrechnung Belastungen (+) Entlastungen (-)	+ 25 L_2 = 325 – 25 – 300	+ 125 L_1 = 400 – 400	+125 +100 L_3 = 500 – 500	+ 250 L_6 = 1000 – 200	+ 300	+ 50 +250 +200
ESK	0	0	0	800	L_5 = 750	L_6 = 800
Zuschlagsbasis				e_6 = 160	e_5 = 50	e_4 = 10
Kalkulationssätze (q_j)				5 DM/ME	15 DM/ME	10 DM/ME

Erläuterung der Umlage am Beispiel A_2:

Belastung von A_1 mit (25 : 65) · 325 DM = 125 DM
Belastung von A_2 mit (5 : 65) · 325 DM = 25 DM
Belastung von A_3 mit (25 : 65) · 325 DM = 125 DM
Belastung von H_4 mit (10 : 65) · 325 DM = 50 DM

Entlastung von A_2 325 DM

$L_2 = PSK_2 +$ Belastung (durch Eigenverbrauch)
$L_2 = 300 + (5 : 65)\, L_2$
$L_2 = 325$

5.15 $L_1 = 450 + 0{,}2\, L_2$
$L_2 = 757 + 0{,}15\, L_1$
$L_3 = 1197 + 0{,}4\, L_1 + 0{,}3\, L_2 + 0{,}2\, L_5$
$L_4 = 1750 + 0{,}2\, L_2$
$L_5 = 915 + 0{,}45\, L_1 + 0{,}3\, L_2 + 0{,}1\, L_3 + 0{,}05\, L_4$

$L_1 = 620$ TDM
$L_2 = 850$ TDM
$L_3 = 2050$ TDM
$L_4 = 1920$ TDM
$L_5 = 1750$ TDM

$\rightarrow$ $ESK_1 = 0$
$ESK_2 = 0$
$ESK_3 = 0{,}9 \cdot 2050 = 1845$ TDM
$ESK_4 = 0{,}95 \cdot 1920 = 1824$ TDM
$ESK_5 = 0{,}8 \cdot 1750 = 1400$ TDM

5.17 Problem: gegenseitiger Leistungsaustausch zwischen A_1 und A_2; Eigenverbrauch bei A_2.
Würde man den Eigenverbrauch aus Vereinfachungsgründen nicht berücksichtigen, gäben A_1 und A_2 gleich oft Eigenleistungen ab. Die Abrechnungsreihenfolge bei den Allgemeinen Stellen wäre egal. Als Hilfskriterium evt. die Gesamtleistungemenge heranzuziehen ist fragwürdig, da 200 ME bei A_1 durchaus weniger *Kosten* verursacht haben könnten als die 100 ME bei A_2.
Es wird vorgeschlagen, den Eigenverbrauch mitzuzählen, dann gibt A_2 ein Mal mehr innerbetriebliche Leistungen ab, und ist zuerst abzurechnen.
Bei den Hauptstellen ist H_4 vor H_3 wegen der innerbetrieblichen Leistungsabgabe abzurechnen.

ohne Eigenverbrauch	A_2	A_1	H_4	H_3
PSK	200	140	460	500
innerbetriebliche Leistungsverrechnung	- 200	+ 40 180 - 180	+ 80 + 120 660 – 132[1]	+ 80 + 60 + 132
ESK	0	0	528	772

[1] Gesamtleistungsmenge: 250 Einheiten!
$\rightarrow (50 : 250) \cdot 660 = 132$

mit Eigenverbrauch	A_2	A_1	H_4	H_3
PSK	200	140	460	500
innerbetriebliche Leistungs-verrechnung	+ 200 – 400[1)] – 200 – 200	 + 40 180 – 180	 + 80 + 120 660 – 132	 + 80 + 60 + 132
ESK	0	0	528	772

1) $L_2 = 200\ DM + (50 : 100)L_2$
$L_2 = 400\ DM$
→ Eigenverbrauch: 200 DM

5.17

	Fertigungs-hauptkostenstelle	Material-hauptkostenstelle	Verwaltungs-kostenstelle	Vertriebs-kostenstelle
Ist-Gemeinkosten	210 000 DM	7 000 DM	23 940 DM	43 890 DM
Zuschlagsbasis	Fertigungslohn 42 000 DM	Materialeinzel-kosten 140 000 DM	Herstellkosten *Ist: 399 000 DM* *Normal: 355 600 DM*	Herstellkosten *Ist: 399 000 DM* *Normal: 355 600 DM*
Ist-Zuschlagssatz	*500 %*	*5 %*	*6 %*	*11 %*
Normal-zuschlagssatz	400 %	4 %	6 %	12 %
Normal-gemeinkosten	*168 000 DM*	*5 600 DM*	*21 336 DM*	*42 672 DM*
Über-/Unter-deckung	*– 42 000 DM*	*– 1 400 DM*	*– 2 604 DM*	*– 1 218 DM*

Lösungen zu den Übungsaufgaben und Kontrollfragen zum Kapitel 6

6.1
- Ermittlung von Preisuntergrenzen
- Bewertung der Bestände von Halb- und Fertigfabrikaten und zu aktivierenden innerbetrieblichen Leistungen
- Festlegung von internen Verrechnungspreisen
- Erstellung einer kurzfristigen Erfolgsrechnung

6.2 Als Kostenträger gelten sowohl die für den Absatz bestimmten Leistungen als auch die innerbetrieblichen Leistungen. *Absatzleistungen* können wiederum einerseits aufgrund eines konkreten Kundenauftrages, andererseits auch für den anonymen Markt erstellt werden. Erfolgt die Fertigung in mehreren Produktionsstufen, entstehen i.d.R. Zwischenerzeugnisse, die ebenfalls Kostenträger darstellen. Bei den *Eigenleistungen* ist zu unterscheiden, ob es sich um einen zu aktivierenden Anlage- oder um einen nicht aktivierbaren Gemeinkostenauftrag handelt.

6.3 Bei der Einzel- und Serienfertigung ist i.d.R. eine differenzierte Zurechnung der Kosten auf die einzelnen Leistungen erforderlich. Deshalb wurde hierfür die (differenzierte) Zuschlagskalkulation entwickelt.

Bei der Sortenfertigung kann auf vereinfachte Kalkulationsverfahren zurückgegriffen werden. Mit Hilfe der Äquivalenzziffernkalkulation als eine Ausprägung der Divisionskalkulation wird dem Verursachungsprinzip in einem akzeptalen Maße Rechnung getragen.

Bei Massenfertigung sind durch eine einfache Division der Kosten durch ein Mengengerüst die Stückkosten ermittelbar.

Bei Kuppelproduktion können die Kosten den Produkten nicht mehr nach dem Verursachungsprinzip zugerechnet werden, so daß Hilfsverfahren entwickelt wurden (Restwert- und Verteilungsmethode), denen das Kostentragfähigkeits- oder Durchschnittsprinzip zugrundeliegt.

6.4 Bei Serienfertigung wird von einer einheitlichen Produktart eine begrenzte Anzahl neben- oder hintereinander gefertigt. Allerdings besteht zwischen den Produkten der verschiedenen Serien keine oder nur geringe Übereinstimmung. Je nach Auflagenhöhe unterscheidet man in Groß- und Kleinserienfertigung. Die Abgrenzung der Großserien- von der Massenfertigung einerseits und der Kleinserien- von der Sortenfertigung andererseits ist allerdings fließend.

6.5 Bei der summarischen Zuschlagskalkulation bedarf es keiner Kostenstellenrechnung, da die gesamten primären Gemeinkosten über einen Zuschlagssatz auf die Kostenträger verteilt werden. Dadurch wird unterstellt, daß alle Erzeugnisse im gleichen relativen Maße alle Gemeinkosten verursachen, was kaum realistisch sein dürfte.

6.6 Materialgemeinkosten: Endstellenkosten der Hauptkostenstelle(n) Material (z.B. Löhne und Gehälter der im Materialbereich Beschäftigten, kalkulatorische Abschreibungen auf im Materialbereich eingesetzte Betriebsmittel, auf den Materialbereich zurechenbaren Kapitalkosten usw.);
Gemeinkostenmaterial: der den Erzeugnissen nicht direkt zurechenbare Materialverbrauch (z.B. Betriebsstoffe) und somit in die Gemeinkosten der Kostenstellen einzurechnen (z.B. in die Fertigungsgemeinkosten, soweit dieser Verbrauch im Fertigungsbereich anfällt).

6.7 Dadurch, daß der Gesetzgeber Pflicht- und Wahlbestandteile beim Ansatz von Herstellungskosten zuläßt, ist jeweils eine handels- und steuerrechtliche Untergrenze und Obergrenze möglich. Zwischen Unter- und Obergrenze ist jeder Wertansatz zulässig.
Deshalb und vor dem Hintergrund, daß die Kosten- und Leistungsrechnung eine kalkulatorische, die Finanzbuchhaltung hingegen eine pagatorische Rechnung ist, können Herstell- und Herstellungskosten nicht identisch sein. Für bilanzbuchalterische Zwecke sind die Herstellkosten deshalb umzuwerten. Folgende Unterschiede können z.B. vorliegen:

- Enthalten die Herstellkosten Zusatzkosten wie kalkulatorischer Unternehmerlohn oder kalkulatorische Eigenkapitalzinsen, so sind diese wegen des pagatorischen Charakters herauszurechnen.
- Liegen den in den Herstellkosten enthaltenen bewerteten Güterverbräuchen Wiederbeschaffungswerte zugrunde (was i.d.R. der Fall ist), so ist das Anschaffungswertprinzip für die Herstellungskosten zu beachten.
- Kosten und Aufwand können sich auch deshalb nicht decken, weil für die kalkulatorischen Abschreibungen andere Nutzungsdauern oder andere Abschreibungsverfahren zugrunde gelegt werden.
- Sollen anteilige Verwaltungskosten in den Herstellungskosten enthalten sein, müßten sie noch aufgenommen werden, da in der Kosten- und Leistungsrechnung die Verwaltungskosten nicht Bestandteil der Herstellkosten sind.
- u.a.

6.8 Homogenitätsbedingung; Absatzbedingung; Mengenkontinuitätsbedingung

6.9 Bei der *stufenweisen* Ermittlung werden in der *ersten* Stufe die Kosten durch die Produktionsmenge dieser Stufe geteilt.
In die *zweite* Stufe gehen die mit den Kostensätzen der ersten

Stufe weiterverzuarbeitenden unfertigen Erzeugnisse ein. Addiert man dazu die zusätzlichen Kosten der Weiterverarbeitung der Stufe zwei und dividiert die sich ergebenden Gesamtkosten durch die Ausbringungsmenge dieser Stufe, erhält man die bis einschließlich der Stufe zwei angefallenen Stückherstellkosten.

Diese Methodik behält man *bis* einschließlich der *letzten* Fertigungsstufe durch. Auf diese Weise werden die Kosten von Stufe zu Stufe weitergewälzt. Man spricht bei dieser stufenweisen Rechnung deshalb auch von der *Durchwälzmethode.*

Hat man die für den gesamten Fertigungsprozeß angefallenen Stückherstellkosten ermittelt, sind noch die Stückverwaltungs- und -vertriebskosten (bezogen auf eine gegebenenfalls abweichende Absatzmenge) zu addieren.

6.10 Sorten besitzen eine ähnliche Fertigungsstruktur, aus der sich eine ähnliche Kostenstruktur ableiten läßt. Dies läßt sich vorzugsweise bei Brauereien, Ziegeleien, Zigarettenfabriken, Blechwalzwerken, Zementfabriken u.ä. vorfinden. Durch diese Ähnlichkeit entstehen zwar dennoch für die einzelnen Sorten unterschiedliche Kosten, doch lassen sich diese Unterschiede in der Kostenverursachung durch einen Gewichtungsfaktor (Umrechnungsfaktor) ausdrücken. Dies geschieht anhand der festzustellenden Äquivalenzziffern, die die relative Kostenverursachung verschiedener Sorten zum Ausdruck bringen.

6.11 Lassen sich die Kostenunterschiede der einzelnen Sorten nicht mehr mit Hilfe einer Äquivalenzziffernreihe erfassen, weil etwa ein unterschiedlicher Material- und Arbeitseinsatz, unterschiedliche Mengenabfälle, Abweichungen im Fertigungsverfahren u.ä. festzustellen sind, so sind mehrere Äquivalenzziffernreihen zu bilden und der Gesamtkostenblock diesen jeweiligen Reihen zuzuordnen. Dadurch werden die Kosten stufenbezogen mittels verschiedenen Äquivalenzziffernreihen verteilt.

6.12 Bei der Kuppelkalkulation handelt es sich um eine Stückrechnung, die für Produktionsprozesse zugrunde zu legen ist, in denen aus technischen Gründen heraus zwangsläufig verschiedene Produkte entstehen (verbundene Produktion). Bei einem einheitlichen Fertigungsvorgang fallen aus einem Ausgangsstoff mehrere Produkte (Kuppelprodukte) an. Meist liegen sogar starre Mengenverhältnisse vor. Das Problem, das für die Kosten- und Leistungsrechnung dabei entsteht, liegt in der Kostenzuordnung auf die einzelnen Kuppelprodukte. Dadurch, daß die verschiedenen Produkte teilweise einen gemeinsamen Produktionsprozeß (Kuppelprozeß) durchlaufen und der Anteil an den Kosten der gemeinsamen Produktion nicht erfaßbar ist, kann keine verursachungsgerechte Verrechnung der

Kosten auf die Kuppelprodukte erfolgen. Allein die im Anschluß an den Kuppelprozeß für die Weiterverarbeitung und Veräußerung einzelner Produkte zusätzlich anfallenden Kosten können den Kostenträgern zugerechnet werden. Dennoch müssen die gesamten Kosten beispielsweise für Zwecke der Angebotskalkulation oder Bestandsbewertung in eine Stückrechnung einfließen.

6.13 Nach der Restwert-(oder auch Subtraktions)methode hängen die vom Hauptprodukt zu tragenden Kosten von den Erlösen und den direkt zurechenbaren Kosten der Nebenprodukte ab. Schwanken insbesondere die Erlöse der Nebenprodukte, läßt sich der Restwert nicht eindeutig bestimmen. Für die Bewertung der Bestände der Neben- (oder Abfall-)produkte vermag die Restwertmethode wegen ihres retrograden Ansatzes keine Herstellkosten anzugeben. Ändern sich im Zeitablauf die Produktkategorien, indem sich beispielsweise ein Nebenprodukt zu einem Hauptprodukt entwickelt, ist die Restwertberechnung neu auszurichten. Ist eine eindeutige Einteilung in ein Haupt- und in ein Nebenprodukt nicht möglich, sollte die Verteilungsmethode oder eine Kombination aus beiden Verfahren zur Anwendung kommen.

6.14 1. Schritt: Ermittlung der Kennziffer

$$\text{Kennziffer} = \ln \frac{1\,500\,000}{250\,000} = 1{,}7918$$

2. Schritt: Ermittlung der prozentualen Aufteilung der FGK auf die beiden Bezugsgrößen Maschinenzeit und Fertigungslohn

(1) $51{,}207 + 13{,}396 \cdot \mathit{1{,}7918} =$	75,21 %	(Fertigungsgemeinkosten mit Bezugsgröße Maschinenzeit)
(2) $43{,}798 - 13{,}032 \cdot \mathit{1{,}7918} =$	20,45 %	(Fertigungsgemeinkosten mit Bezugsgröße Fertigungslohn)
(3) $4{,}993 - 0{,}363 \cdot \mathit{1{,}7918} =$	4,34 %	(Restfertigungsgemeinkosten)
	100,00 %	

3. Schritt: Ermittlung der absoluten Aufteilung der FGK

20 000 000 DM • 0,7521 = 15 042 000 DM
= Fertigungsgemeinkosten
bezogen auf die Maschinenzeit

20 000 000 DM • 0,2045 = 4 090 000 DM
= Fertigungsgemeinkosten
bezogen auf den Fertigungslohn

20 000 000 DM • 0,0434 = 868 000 DM
= Restfertigungsgemeinkosten

4. Schritt: Aufteilung der Rest-FGK

15 042 000 DM + 682 441 DM * = 15 724 441 DM
4 090 000 DM + 185 559 DM = 4 275 559 DM
20 000 000 DM

* 868 000 [15 042 000 : (15 042 000 + 4 090 000)] = 682 441

Von den gesamten 20 000 000 DM Fertigungsgemeinkosten wären 15 724 441 DM für eine »Maschinenstundensatzrechnung« heranzuziehen, 4 275 559 DM münden in einen Fertigungsgemeinkosten-Zuschlagssatz.

6.15

	auf Istkostenbasis		auf Normalkostenbasis	
- DM -	Erzeugnis 1	Erzeugnis 2	Erzeugnis 1	Erzeugnis 2
Stückmaterial-einzelkosten	4 000,-	2 500,-	4 000,-	2 500,-
Stückmaterial-gemeinkosten 1)	440,-	275,-	400,-	250,-
Stückfertigungs-einzelkosten I	1 500,-	750,-	1 500,-	750,-
Stückfertigungs-gemeinkosten I 2)	1 650,-	825,-	1 560,-	780,-
Stückfertigungs-einzelkosten II	2 000,-	2 000,-	2 000,-	2 000,-
Stückfertigungs-gemeinkosten II 3)	1 880,-	1 880,-	1 920,-	1920,-
◊ Stückherstell-kosten	11 470,-	8 230,-	11 380,-	8 200,-
Stückverwaltungs-kosten 4)	2 294,-	1 646,-	2 276,-	1 640,-
Stückvertriebs-gemeinkosten 5)	1 147,-	823,-	1 365,60	984,-
Stückselbstkosten	14 911,-	10 699,-	15 021,60	10 824,-

1) Ist:

(100 ME • 4 000 DM/ME) + (200 ME • 2 500 DM/ME) = 900 000 DM (Zuschlagsbasis)

(99 000 DM : 900 000 DM) • 100 = 11 %

11 % von 4 000 DM/2 500 DM = 440 DM/275 DM

Normal:

10 % von 4 000DM/2 500 DM = 400 DM/250 DM

2) Ist:

(100 ME • 1 500 DM/ME) + (200 ME • 750 DM/ME) = 300 000 DM (Zuschlagsbasis)

(330 000 DM : 300 000 DM) • 100 = 110 %

110 % von 1.500 DM/750 DM = 1 650 DM/825 DM

3) Ist:

Zuschlagsbasis: 600 000 DM

Zuschlagssatz: 94 %

4) 5)

Ist-Herstellkosten der abgesetzten Mengen:

90 ME • 11 470 DM =	1 032 300 DM
200 ME • 8 230 DM =	1 646 000 DM
	2 678 300 DM

Ist-Verwaltungskostenzuschlagssatz: 20 %

Ist-Vertriebsgemeinkostenzuschlagssatz: 10 %

6.16 Lösung nach dem Simultanansatz:

$$k_h = \frac{346500}{34650} \cdot \frac{34650}{31500} \cdot \frac{30000}{20000} \cdot \frac{21420}{21000} + \frac{283500}{31500} \cdot \frac{30000}{20000} \cdot \frac{21420}{21000} + \frac{400000}{20000} \cdot \frac{21420}{21000} + \frac{189000}{21000}$$

$$= 16{,}83 + 13{,}77 + 20{,}40 + 9{,}00 = 60 \text{ DM/t}$$

$$k_s = 60 + \frac{210000}{20000}$$

$$= 70{,}50 \text{ DM/t}$$

Stufenweise Lösung:

Herstellkosten pro Tonne:

Stufe I: $\frac{346500}{34650} = 10,\text{- DM/t}$

Stufe II: $\frac{(43650 \, . \, 10) + 283500}{31500} = 20,\text{- DM/t}$

Stufe III: $\frac{(30000 \, . \, 20) + 400000}{20000} = 50,\text{- DM/t}$

Stufe IV: $\frac{(21420 \, . \, 50) + 189000}{21000} = 60,\text{- DM/t}$

Selbstkosten pro Tonne: s. Simultanansatz

6.17

$$r = \frac{(515500 - 102500)}{(2000 \,.\, 0{,}5)+(3500 \,.\, 0{,}75)+(6000 \,.\, 0{,}6)+(1500 \,.\, 1)+(4000 \,.\, 0{,}4)}$$

r = 40 DM/Stück

k_{h1} = 20 DM/Stück

k_{h2} = 30 DM/Stück

k_{h3} = 24 DM/Stück

k_{h4} = 40 DM/Stück

k_{h5} = 16 DM/Stück

Probe:

HK1 = 2000 Stück . 20 DM/Stück =	40 000 DM
HK2 = 3500 Stück . 30 DM/Stück =	105 000 DM
HK3 = 6000 Stück . 24 DM/Stück =	144 000 DM
HK4 = 1500 Stück . 40 DM/Stück =	60 000 DM
HK5 = 4000 Stück . 16 DM/Stück =	64 000 DM
HK gesamt	= 413 000 DM

Stückverwaltungs- und Vertriebs*gemein*kosten

(102 500 DM - 2000 Stück . 5 DM/Stück) : 18 500 Stück = 5 DM/Stück

k_{s1} = 20 + 5 = 25 DM/Stück

k_{s2} = 30 + 5 = 35 DM/Stück

k_{s3} = 24 + 5 = 29 DM/Stück

k_{s4} = 40 + 5 + 5 = 50 DM/Stück

k_{s5} = 16 + 5 = 21 DM/Stück

6.18

	89 350 DM	Herstellkosten des Kuppelprozesses
–	6 850 DM *	Nettoerlös der Nebenprodukte
	82 500 DM	
+	8 250 DM	10 % Verw.- u. Vertriebsgemeinkosten
+	12 650 DM	Sondereinzelkosten des Vertriebs (Hauptprodukt)
+	2 750 DM	Verkaufsprovision des Hauptproduktes
	106 150 DM	

106 150 DM : 5 500 kg = 19,30 DM/kg

*	(5,10 – 0,50 – 0,90)	• 1000 =	+ 3 700
	(3,20 – 0,20)	• 1200 =	+ 3 600
	(0,50)	• 900 =	– 450
			6 850

6.19 Beim Gesamtkostenverfahren werden den gesamten Erlösen einer Abrechnungsperiode die *gesamten Kosten* der Abrechnungsperiode gegenübergestellt, wobei die Kosten nach Kostenarten (Personal-, Materialkosten, kalkulatorische Abschreibungen usw.) gegliedert einfließen. Bei nicht absatzsynchroner Fertigung (produzierte Menge ≠ abgesetzte Menge) enthalten die einzelnen Komponenten zur Ergebnisermittlung jedoch nicht das gleiche Mengengerüst. Die in den Gesamtkosten enthaltenen Herstellkosten beziehen sich auf die produzierte, die Umsatzerlöse auf die abgesetzten Mengen. Nur wenn Produktion und Absatz übereinstimmen, können die gesamten Kosten den Erlösen gegenübergestellt werden. Da dies aber nur im Falle nicht lagerfähiger Güter (z.B. Strom oder Dienstleistungen) der Fall ist, müssen die Bestandsveränderungen berücksichtigt werden.

6.20 Das Gesamtkostenverfahren zeichnet sich durch seine Einfachheit aus, da die Kosten aus der Kostenartenrechnung in die Kostenträgerzeitrechnung übernommen werden können. Dies relativiert sich jedoch, wenn im Falle von Bestandsveränderungen die Bestände durch die Inventur ermittelt werden müßten. Zudem sind Nebenrechnungen erforderlich, um die Herstellungskosten in Herstellkosten umzurechnen. Insofern ist doch eine Kostenträgerstückrechnung erforderlich.

Ein großer Nachteil des Gesamtkostenverfahrens besteht auch darin, daß man für die Erfolgsanalyse der Erzeugnisarten keine Informationen erhält. Die Kosten werden nicht nach Erzeugnisarten differenziert ausgewiesen, und man kann nicht erkennen, welche Produkte in welchem Umfang zum Gesamterfolg beitragen.

Mit dem Umsatzkostenverfahren kann der Erfolgsbeitrag eines jeden Erzeugnis zum Gesamterfolg festgestellt werden. Es zeigt die Erfolgsquellen auf und ist deshalb erheblich aussagekräftiger als das Gesamtkostenverfahren. Die Anwendung des Umsatzkostenverfahrens empfiehlt sich deshalb für Unternehmen mit differenzierter Fertigung. Für diesen Fall ist eine ausgeprägte Kostenstellen- und Kostenträgerstückrechnung notwendig, damit die Selbstkosten ermittelbar sind. Für eine Erfolgsanalyse für kurzfristige Entscheidungen sollte jedoch beachtet werden, daß sie im Falle des Umsatzkostenverfahrens auf Vollkostenbasis nur bedingt aussagekräftig ist. Es enthält dann nicht entscheidungsrelevante Kosten, deren Einbeziehung sogar zu Fehlentscheidungen führen kann. Bei langfristiger Fertigung (z.B. im Schiffsbau) enthält die Ergebnisrechnung nach dem Umsatzkostenverfahren für einzelne Abrechnungsperioden keine Werte, wenn keine Umsätze getätigt werden und dementsprechend keine ausweisbaren Herstellkosten zur Erzielung der Umsatzerlöse angefallen sind.

6.21 Gesamtkostenverfahren ohne Bestandsveränderungen:

Ergebnis =
9 000 ME • 10 DM/ME + 10 000 ME • 6 DM/ME – 119 000 DM
= 31 000 DM

Gesamtkostenverfahren mit Bestandsveränderungen:

Ergebnis =
150 000 DM + (10 000 ME – 9 000 ME) • 6 DM/ME [1])
+ (8 000 ME – 10 000 ME) • 4 DM/ME [2]) – 119 000 DM
= 29 000 DM

1) 2)

$$k_{h1} = \frac{60\,000\text{ DM}}{10\,000\text{ ME}} = 6\text{ DM/ME}$$

$$k_{h2} = \frac{40\,000\text{ DM}}{8\,000\text{ ME}} = 5\text{ DM/ME (Vorperiode: 4 DM/ME)}$$

Betriebsergebniskonto

Gesamtkosten	119 000	Umsätze	150 000
Bestandsminderung	2 000		
Betriebsgewinn	29 000		

Umsatzkostenverfahren:

$$\text{Stückverw.- und -vertriebskosten} = \frac{19\,000\text{ DM}}{19\,000\text{ ME}} = 1\text{ DM/ME}$$

$$k_{s1} = 6\text{ DM/ME} + 1\text{ DM/ME} = 7\text{ DM/ME}$$

$$k_{s2neu} = 5\text{ DM/ME} + 1\text{ DM/ME} = 6\text{ DM/ME}$$

$$k_{s2alt} = 4\text{ DM/ME} + 1\text{ DM/ME} = 5\text{ DM/ME}$$

Ergebnis =
9 000 ME • 10 DM/ME + 10 000 ME • 6 DM/ME
– 9 000 ME • 7 DM/ME
– (2 000 ME • 5 DM/ME + 8 000 ME • 6 DM/ME)
= 29 000 DM

Betriebsergebniskonto

Umsatzkosten Erzeugnis 1	63 000	Umsätze Erzeugnis 1	90 000
Umsatzkosten Erzeugnis 2 (alt: 10 000 neu: 48 000)	58 000	Umsätze Erzeugnis 2	60 000
Betriebsgewinn	29 000		

Lösungen zu den Übungsaufgaben zum Kapitel 7

	Konto	Soll	Haben
Umsatzerlöse 100 TDM	92	100	
	98..		100
Fertigungslöhne	941	4	
Kostenträger A 4 TDM, Kostenträger D 3 TDM	944	3	
	92		7
Rohstoffverbrauch	941	2	
Kostenträger I 2 TDM, Kostenträger III 4 TDM	943	4	
	92		6
Kalkulatorische Abschreibungen auf Anlagen der Kostenstelle III 4 TDM,	933	4	
der Stelle V 6 TDM; bilanzmäßig werden diese Anlagen um 9 TDM	935	6	
abgeschrieben	92		10
	91	1	
	992		1
Abschreibungen auf selbsterstellte Anlagen:	93..	8	
kalkulatorisch 8 TDM, bilanziell 9 TDM	96		8
	992	1	
	91		1
Kalkulatorischer Unternehmerlohn 7 TDM	93..	7	
	92		
			7
	91	7	
	992		7
Kalkulatorische Anlagewagnisse der Kostenstelle III	933	5	
5 TDM	92		5
	91	5	
	992		5
Entnahme von Gemeinkostenmaterial für die Stellen VI 2 TDM und VII 3	936	2	
TDM	937	3	
	92		5
Spende an die FHWSA 4 TDM	992	4	
	90		4
Zinserträge aus Pfandbriefen 2 TDM	90	2	
	992		2
50 TDM Gemeinkosten werden den Kostenträgern zugeschlagen	94..	50	
	93..		50
Die Kostenstelle 933 gibt innerbetriebliche Leistungen im Wert von 2 TDM	935	2	
an die Stelle 935 ab	933		2
500 ME des Produktes X, bewertet mit je 12,- DM, werden fertiggestellt	95..	6	
	94..		6
Die Herstellkosten der verkauften Erzeugnisse betragen 99 TDM	97..	99	
	95..		99
Kauf eines Computers für die Vertriebskostenstelle 7 TDM	-	-	-
Geben Sie die Buchungssätze für den Abschluß der Konten BE I, BE II und Neutrales Ergebnis an	z.B. BE I: 990 an 991 BE II: 991 an 993 NE: 992 an 993		

Lösungen zu den Übungsaufgaben und Kontrollfragen zum Kapitel 8

8.1 Die starre Plankostenrechnung erlaubt keine Aufspaltung der Gesamtabweichung in die Beschäftigungs- und Verbrauchsabweichung. Als Vergleichsdaten stehen den Istkosten nur die Plankosten für eine bestimmte Planbeschäftigung und die verrechneten Plankosten zur Verfügung. Sollkosten sind wegen der fehlenden Kostenauflösung nicht ermittelbar.

8.2 Die Beschäftigungsabweichung, die nur in der Plankostenrechnung auf Vollkostenbasis auftritt, ergibt sich als Differenz zwischen den Sollkosten und verrechneten Plankosten bei der jeweiligen Istbeschäftigung. Es werden eine bestehende Unterbeschäftigung oder Überkapazitäten erkennbar. Sie kann auch als Abrechnungsdifferenz zwischen der Kostenstellenrechnung und Plankalkulation gesehen werden.

8.3 Die Verbrauchsabweichung bezeichnet die Differenz zwischen den Istkosten (Istmengen bewertet zu Planpreisen) und den Sollkosten (planmäßige Istmengen bewertet zu Planpreisen) bei der jeweiligen Istbeschäftigung. Damit geht sie auf *un*planmäßige Faktormengenverbräuche zurück und stellt eine Mengenabweichung dar.

8.4
- Bestimmung der Planbeschäftigung
- Planung der Einzelkosten
- Planung der Gemeinkosten
- Auflösung der Gemeinkosten in fixe und variable Bestandteile (für Zwecke der Kostenkontrolle)
- Ermittlung der Kostenstellenverrechnungssätze (Vollkostensätze) für die Kostenträgerrechnung.

8.5 Die Grenzplankostenrechnung plant keine anteiligen Fixkosten in den Kostenstellen und damit keine Vollkosten pro Leistungseinheit für unterschiedliche Beschäftigungsgrade. Es erfolgt eine konsequente Trennung der fixen und variablen Kosten. Die Fixkosten stellen eine feste Kostenvorgabe der Planperiode dar, die in die Planergebnisrechnung eingeht. Durch den Verzicht, anteilige Fixkosten pro Leistungseinheit zu ermitteln, werden in der Grenzplankostenrechnung keine Beschäftigungsabweichungen ausgewiesen.

8.6 Variable Planstückkosten = 6 – (18 000 : 9 000) = 4 DM/Stück

Istkosten zu Planpreisen	62 000 DM
– Sollkosten = 18 000 + (10 000 • 4)	58 000 DM
= Verbrauchsabweichung	4 000 DM
Sollkosten	58 000 DM
– verrechnete Plankosten (10 000 • 6)	60 000 DM
= Beschäftigungsabweichung	– 2 000 DM

(Gesamtabweichung: + 2 000 DM).

8.7 Plankosten (1 000 t • 5 DM/t) 5 000 DM
Sollkosten (800 t • 5 DM/t) + 400 DM 4 400 DM

Variable Stückkosten (5 000 – 4 400) : (1 000 – 800) = 3 DM/Stück
Fixkosten 5 000 – (1 000 • 3) = 2 000 DM.

8.8

Gesamtdeckungsbeitrag	50 000 DM
– Fixkosten	30 000 DM
Geplanter Gewinn	20 000 DM

Stückdeckungsbeitrag A: 10 DM/Stück
Stückdeckungsbeitrag B: 18 DM/Stück
Stückdeckungsbeitrag C: 6 DM/Stück
Stückdeckungsbeitrag D: 9 DM/Stück

Rangfolge: B – A – D – C

Produkt	Menge	DB (DM)	kummulierter Gewinn (DM)
B	1 000	18 000	18 000 - 30 000 = - 12 000
A	2 000	20 000	20 000 - 12 000 = + 8 000
D	1 000	9 000	9 000 + 8 000 = + 17 000
C	500	3 000	3 000 + 17 000 = + 20 000

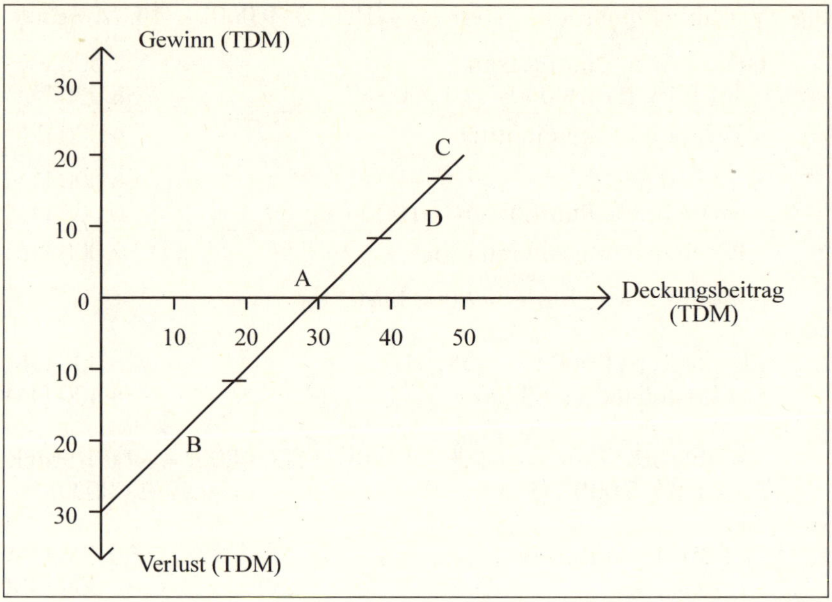

8.9 Istsituation: [(50 – 30) • 4 000] – 100 000 = – 20 000 DM
angestrebter Gewinn = + 10 000 DM

erforderliche Gewinnveränderung = + 30 000 DM

Zusatzauftrag: 30 000 : (40 – 30) = 3 000 Stück.

8.10

Auftrag Nr.	Deckungsbeitrag/ Stunde (DM)	Rang
1	200	2
2	50	6
3	180	3
4	120	4
5	60	5
6	240	1

Maschinenbelegung:

Kapazität		600 Stunden
Auftrag 6	–	20 Stunden
Auftrag 1	–	90 Stunden
Auftrag 3	–	130 Stunden
Auftrag 4	–	100 Stunden
Auftrag 5	–	260 Stunden

Nicht gefertigt werden können Auftrag 5 mit 40 Stunden (falls teilbar) und Auftrag 2.

8.11 • Der Prozeßkostenrechnung liegen sich wiederholende Tätigkeiten zugrunde.
- Zwischen den gemeinkostentreibenden Faktoren und den verursachten Kosten muß ein proportionaler Zusammenhang bestehen.
- Die gemeinkostentreibenden Faktoren hängen von den spezifischen Produktions- und Verwaltungsgegebenheiten ab, so daß sie individuell für jedes Unternehmen festgestellt werden müssen.
- Die Daten über Prozesse und Kosten müssen detailliert vorliegen.
- Für die Durchführung der Prozeßkostenrechnung sind Tätigkeitsanalysen unabdingbar.

8.12 Zielkostenmanagement setzt kostenplanerisch in der Entwicklungsphase eines Produktes ein und zielt damit auf eine Kostenbeeinflussung in einer Phase ab, in der die größten Effekte zu erzielen sind. Die herkömmliche Kontrollkomponente, vor allem die fertigungsbezogene Abweichungsanalyse, spielt im Rahmen des Zielkostenmanagements wegen dessen primärer Ausrichtung am Produktionsentstehungsprozeß eine relativ geringe Rolle.

Literaturverzeichnis

Andreas, D./Reichle, W.: Das Rechnen mit Maschinenstundensätzen, 6. überarbeitete Auflage, Frankfurt 1987

Brauner, W.: Verfahren der Betriebsergebnisrechnung, in: krp. Kostenrechnungspraxis, 6/1991, S. 328 – 331

Bergner, H.: Der Ersatz fixer Kosten durch variable Kosten, In: ZfbF, 1967, S. 141 – 162

Bergner, H.: Leistungsverrechnung, innerbetriebliche, in: Grochla, E./Wittmann, W. (Hrsg.): HWB, Bd. 2, 4. Auflage, Stuttgart 1975, Sp. 2483 – 2496

Bockholt, H. et al.: Praktisches Lehrbuch Rechnungswesen, Landsberg am Lech 1986

Bramsemann, R.: Handbuch Controlling. Methoden und Techniken, 2., überarbeitete und erweiterte Auflage, München et al. 1990

Buggert, W.: Kosten- und Leistungsrechnung, 11., überarbeitete Auflage, Darmstadt 1994

Buggert, W./Wielpütz, A.: Target Costing. Grundlagen und Umsetzung des Zielkostenmanagements, München et al. 1995

Cassel, G.: Grundsätze für die Bildung der Personentarife auf den Eisenbahnen, in: Archiv für Eisenbahnwesen, 23. Jg., 1900, S. 116 – 146 und 402 – 424 (zitiert nach Hummel, S./Männel, W., 1990)

Christmann, A.: Alternativen zur traditionellen Gemeinkostenschlüsselung, in: controller magazin, 3/1994, S. 154 – 161

Christmann, A./Jórasz, W.: Kalkulation von Fertigungsgemeinkosten bei Verwendung mehrerer Bezugsgrößen, in: Männel, W. (Hrsg.): Handbuch Kostenrechnung, Wiesbaden 1992, S. 563 – 574

Coenenberg, A.G.: Kostenrechnung und Kostenanalyse, Landsberg am Lech 1992

Cooper, R.: Activity-Based Costing, in: Männel, W. (Hrsg.): Handbuch Kostenrechnung, Wiesbaden 1992, S, 360 – 383

Däumler, K.-D./Grabe, J.: Kostenrechnung 2. Deckungsbeitragsrechnung, 3., überarbeitete Auflage, Herne/Berlin 1989

Däumler, K.-D./Grabe, J.: Kostenrechnung 1. Grundlagen, 6., vollständig neubearbeitete Auflage, Herne/Berlin, 1993

Däumler, K.-D./Grabe, J.: Kostenrechnung 3. Plankostenrechnung, 4., neubearbeitete und erweiterte Auflage, Herne/Berlin 1993a

Deyhle, A.: Controller-Praxis. Führung durch Ziele – Planung – Controlling, Bd. I: Unternehmensplanung und Controllerfunktion, 9. Auflage, Gauting b. München 1992

Deyhle, A.: Controller-Praxis. Führung durch Ziele – Planung – Controlling, Bd. II: Soll-Ist-Vergleich und Führungs-Stil, 9. Auflage, Gauting b. München 1992

Ebert, G./Koinecke, J./Peemöller, V. H.: Controlling, 4., überarbeitete Auflage, Landsberg am Lech 1990

Ehrmann, H.: Kostenrechnung, München et al. 1992

Erhard, U.: Betriebsstatistik, in: Bockholt, H. et al.: Praktisches Lehrbuch Rechnungswesen, Landsberg am Lech 1986, S. 341 – 426

Fiedler, R.: Wissensbasiertes Ergebniscontrolling, in: Männel, W. (Hrsg.): Handbuch Kostenrechnung, Wiesbaden 1992, S. 733 – 743

Franz, K.-P.: Moderne Methoden der Kostenbeeinflussung, in: krp. Kostenrechnungs-Praxis, 3/1992, S. 127 – 134

Franz, K.-P.: Target Costing. Konzept und kritische Bereiche, in: Controlling, 1993, S. 124 – 130

Fröhling, O.: Thesen zur Prozeßkostenrechnung, in: ZfB, 1992, S. 723 – 741

Fröhling, O./Krause, H.: DV-gestützte Prozeßkostenrechnung – Integrationsaspekte und Umsetzung auf Standard-Softwarebasis, in: Männel, W. (Hrsg.): Handbuch Kostenrechnung, Wiebaden 1992, S. 384 – 398

Götzinger, M./Michael, H.: Kosten- und Leistungsrechnung, 6. Auflage, Heidelberg 1993

Haberstock, L.: Kostenrechnung II – (Grenz-)Plankostenrechnung, 7., durchgesehene Auflage, Hamburg 1986

Haberstock, L.: Kostenrechnung I – Einführung-, 8., durchgesehene Auflage, Hamburg 1987

Hahn, D.: Kostenrechnung und Controlling, in: Männel, W. (Hrsg.): Handbuch Kostenrechnung, Wiesbaden 1992, S. 154 – 166

Hahn, D.: Target Costing – ein überlebenswichtiges Konzept, in: Controlling, 1993, S. 110 – 111

Heinhold, M.: Der Jahresabschluß, dritte, vollständig überarbeitete und erweiterte Auflage, München et al. 1995

Heßen, H.-P./Wesseler, S.: Marktorientierte Zielkostensteuerung bei der Audi AG, in: Controlling, 1994, S. 148 – 156

Hieke, H.: Rechnen mit Zielkosten als Controllinginstrument, in: WiSt, 1994, S. 498 – 502

Horváth, P.: Controlling, 5., überarbeitete Auflage, München 1994

Horváth, P./Herter, R. N.: Benchmarking – Vergleich mit den Besten der Besten, in: Controlling, 1992, S. 4 – 11

Horváth, P./Mayer, R.: Prozeßkostenrechnung – Der neue Weg zu mehr Kostentransparenz und wirkungsvolleren Unternehmenstrategien, in: Controlling, 1989, S. 214 – 219

Horváth, P./Seidenschwarz, W.: Zielkostenmanagement, in: Controlling, 1992, S. 142 – 150

Huch, B.: Einführung in die Kostenrechnung, 4. Auflage, Würzburg et al. 1974

Hummel, S./Männel, W.: Kostenrechnung 1. Grundlagen, Aufbau und Anwendung, 4., völlig neu bearbeitete und erweiterte Auflage, Wiesbaden 1990

Johnson, H.T./Kaplan, R.S.: Relevance Lost. The Rise and Fall of Management Accounting, Boston 1987

Jórasz, W.: Industrielle Schichtarbeit. Eine betriebswirtschaftliche Untersuchung, Pfaffenweiler 1984

Jórasz, W./Christmann, A.: Anwendung von differenzierten Bezugsgrößenkalkulationen in anlagenintensiven Unternehmen, in: krp. Kostenrechnungs-Praxis, 3/1989, S. 101 – 109

Jórasz, W.: Aufteilung von Fertigungsgemeinkosten bei Verwendung der Bezugsgrößen Fertigungslohn und Maschinenzeit, in: Manufacturing Management, Vol. 1, 1994, S. 5 – 9

Jórasz, W.: Vollkostenrechnungen versus Teilkostenrechnungen, in: Manufactoring Management, Vol. 2, 1995, S. 20 – 25

Jórasz, W.: Rachunek kosztów i wydajności, Zielona Góra 1996 (in Vorbereitung)

Kilger, W.: Flexible Plankostenrechnung und Deckungsbeitragsrechnung, 9., verbesserte Auflage, Wiesbaden 1988

Kloock, J./Sieben, G./Schildbach, Th.: Kosten- und Leistungsrechnung, 6., überarbeitete und erweiterte Auflage, Düsseldorf 1991

Koch, H.: Zur Diskussion über den Kostenbegriff, in: ZfhF, 1958, S. 355 – 399

Kosiol, E.: Die Unternehmung als wirtschaftliches Aktionszentrum, Reinbeck bei Hamburg 1972

Lücke, W.: Die kalkulatorischen Zinsen im betrieblichen Rechnungswesen, in: ZfB, 1965, Ergänzungsheft, S. 3 – 28

Lücke, W. (Hrsg.): Lexikon der Betriebswirtschaft, 4., völlig überarbeitete Auflage, Landsberg am Lech 1990

Mann, R./Mayer, E.: Controlling für Einsteiger. Rezeptbuch zum Selbstaufbau eines Gewinnsteuerungssystems, Freiburg i. Br. 1992

Männel, W.: Kostenrechnung 2. Moderne Verfahren und Systeme, 3. Auflage, Wiesbaden 1990

Männel, W. (Hrsg.): Handbuch Kostenrechnung, Wiesbaden 1992

Mayer, E. (Hrsg.): Der Controlling-Berater (CB), Loseblatt-Zeitschrift, Freiburg i. Br. 1983ff

Mayer, R./Glaser, H.: Die Prozeßkostenrechnung als Controllinginstrument. Pro und Contra, in: Controlling, 1991, S. 296 – 303

Möser, H.-D.: Finanz- und Investitionswirtschaft in der Unternehmung, 2. Auflage, Landsberg am Lech 1993

Niethammer, R.: Grundsätze und Beispiele zur Systematisierung von Kostenarten und Kostenstellen, in: Männel, W. (Hrsg.): Handbuch Kostenrechnung, Wiesbaden 1992, S. 399 – 415

Peemöller, V. H.: Controlling. Grundlagen und Einsatzgebiete, Herne/Berlin 1990

Peemöller, V.H.: Zielkostenrechnung für die frühzeitige Kostenbeeinflussung, in: krp. Kostenrechnungs-Praxis, 6/1993, S. 375 – 380

Pfohl, H.-C./Stölzle, W.: Anwendungsbedingungen, Verfahren und Beurteilung der Prozeßkostenrechnung in industriellen Unternehmen, in: ZfB, 1991, S. 1281 – 1305

Plaut, H.-G.: Die Grenz-Plan-Kostenrechnung. 1. Teil, in: ZfB, 1953, S. 347 – 363

Plaut, H.-G.: Die Grenz-Plan-Kostenrechnung. 2. Teil, in: ZfB, 1953, S. 402 – 413

Plinke, W.: Industrielle Kostenrechnung. Eine Einführung, 2. Auflage, Berlin et al. 1991

Riebel, P.: Einzelkosten- und Deckungsbeitragsrechnung, 4., wesentlich erweiterte Auflage, Wiesbaden 1982

Rose, G.: Steuer, Definition gem. § 3 Abs. 1 AO, in: Lücke, W. (Hrsg.): Lexikon der Betriebswirtschaft, 4., völlig überarbeitete Auflage, Landesberg am Lech 1990a, S. 1078 – 1079

Rose, G.: Steuerarten, in: Lücke, W. (Hrsg.): Lexikon der Betriebswirtschaft, 4., völlig überarbeitete Auflage, Landsberg am Lech 1990b, S. 1079

Sakurai, M./Keating, P.J.: Target Costing und Activity-Based Costing, in: Controlling, 1994, S. 84 – 91

Schmalenbach, E.: Kostenrechnung und Preispolitik, 8. Auflage, bearbeitet von Bauer, R., Köln et al. 1963

Schneider, D.: Investition und Finanzierung, 5., neu bearbeitete Auflage, Wiesbaden 1980

Schockenhoff, J.: Kontenpläne und integrierte Rechnungswesensysteme, in: krp. Kostenrechnungs-Praxis, 4/1992, S. 201 – 204

Seidenschwarz, W.: Target Costing. Ein japanischer Ansatz für das Kostenmanagement, in: Controlling, 1991, S. 198 – 203

Seischab, H.: Demontage des Gewinns durch unzulässige Ausweitung des Kostenbegriffs, in: ZfB, 1952, S. 19ff

Veit, Th./Walz,H./Gramlich, D.: Investitions- und Finanzplanung. Eine Einführung in finanzwirtschaftliche Entscheidungen unter Sicherheit, 3., völlig neubearbeitete und erweiterte Auflage, Heidelberg 1990

Vollmuth, H. J.: Controlling-Instrumente von A – Z, Planegg/München 1992

Vormbaum, H./Rautenberg, H.G.: Kostenrechnung III für Studium und Praxis. Plankostenrechnung, Baden-Baden et al. 1985

Wenz, E.: Kosten- und Leistungsrechnung mit einer Einführung in die Kostentheorie, Herne/Berlin 1992

Wildemann, H./Schmidt, K.-J.: Fertigungstypen, in: Lücke, W. (Hrsg.): Lexikon der Betriebswirtschaft, 4., völlig überarbeitete Auflage, Landsberg am Lech 1990, S. 373

Wöhe, G.: Einführung in die Allgemeine Betriebswirtschaftslehre, 16., überarbeitete Auflage, München 1986

Wöhe, G.: Bilanzierung und Bilanzpolitik, 7., völlig neubearbeitete und erweiterte Auflage, München 1987

Wöhe, G.: Steuersystem, in: Lücke, W. (Hrsg.): Lexikon der Betriebswirtschaft, 4., völlig überarbeitete Auflage, Landsberg am Lech 1990, S. 1090–1093

Stichwortverzeichnis

Der Verlag Schäffer-Poeschel sieht die Berücksichtigung von Umweltgesichtspunkten als Teil seiner Unternehmenskultur und bezieht sie in besonderer Weise in seine Entscheidungen mit ein.

Bei der Produktion unserer Bücher verwenden wir ausschließlich aus chlorfrei gebleichtem Zellstoff hergestelltes und im pH-Wert neutrales Papier.

Die zur Verpackung und zum Schutz der Umschläge eingesetzten Folien sind aus recyclefähigem Polyethylen und schneiden gegenüber anderen Verpackungsmaterialien in der Umweltbilanz positiv ab.

Wir haben zusammen mit unserem Produktions-Partner
- der Franz Spiegel Buch GmbH in Ulm -
ein Verfahren entwickelt (Spiegel-ProPrint), das eine besonders umweltschonende Herstellung unserer Bücher ermöglicht:

- Durch filmlosen Druck (computer-to-plate) werden Ressourcen gespart und kann auf umweltbelastende Chemikalien verzichtet werden.
- Durch Standardisierung der Formate und gemeinsame Fertigung gleichartiger Titel wird das zum Einrichten der Maschinen erforderliche Material minimiert und Abfall reduziert.
- Durch bedarfsgerechte Produktion (Printing-on-demand) werden Überdrucke und ihre Entsorgung vermieden.